Recursos Criminais, Sucedâneos Recursais Criminais e Ações Impugnativas Autônomas Criminais

C758r Constantino, Lúcio Santoro de
          Recursos criminais, sucedâneos recursais criminais e ações impugnativas autônomas criminais / Lúcio Santoro de Constantino. 4. ed. rev., atual. e ampl. – Porto Alegre: Livraria do Advogado Editora, 2010.
          404 p., 23 cm.
          ISBN 978-85-7348-670-4

          1. Recurso: Processo Penal. 2. Decisão judicial. I. Título.
                                    CDU – 343.156

          Índices para o catálogo sistemático:
          Recurso: Processo Penal
          Decisão judicial

          (Bibliotecária responsável: Marta Roberto, CRB-10/652)

Lúcio Santoro de Constantino

Recursos Criminais, Sucedâneos Recursais Criminais e Ações Impugnativas Autônomas Criminais

4ª EDIÇÃO
revista, atualizada e ampliada
em especial com as Leis

11.672/08 (Recursos repetitivos)
11.689/08 (Procedimento do Júri)
11.690/08 (Provas)
11.719/08 (Procedimentos)
11.900/09 (Interrogatório por videoconferência)
12.016/09 (Mandado de Segurança)

livraria
DO ADVOGADO
editora

Porto Alegre, 2010

© Lúcio Santoro de Constantino, 2010

Capa, projeto gráfico e diagramação
Livraria do Advogado Editora

Revisão
Rosane Marques Borba

Direitos desta edição reservados por
Livraria do Advogado Editora Ltda.
Rua Riachuelo, 1338
90010-273 Porto Alegre RS
Fone/fax: 0800-51-7522
editora@livrariadoadvogado.com.br
www.doadvogado.com.br

Impresso no Brasil / Printed in Brazil

Aos leitores

O presente trabalho é instigado pela necessidade de revisar, atualizar e ampliar o ensaio promovido sobre recursos criminais, sucedâneos recursais criminais e ações impugnativas autônomas criminais.

Tanto nesta terceira edição, como nas anteriores, a valorização de questões jurídicas úteis sempre foi o norte perseguido, pois é de melhor proveito aos estudantes e profissionais da área.

Embora já dito na primeira edição, no sacerdócio da advocacia encontrei numerosos obstáculos na defesa de interesses dos meus clientes, cuja singularidade não restava amparada na doutrina ou na jurisprudência pátrias. A insistência em vencer tais óbices permitiu vivenciar experiências interessantíssimas, as quais divido com extrema satisfação.

Já como professor universitário, as indagações preciosas dos estudantes, que não vinham solucionadas pelos escritos jurídicos, me obrigavam a propor esclarecimentos complexos, em equações simples. Isto originou questões jurídicas atrativas, as quais revelo.

Não tenho pretensões literárias e, tampouco, renovadoras ou satisfatórias às prementes questões do direito. Assim, justifico as omissões, as quais desde já me desculpo. Entrementes, esclareço que este escrito foi firmado com o intento de auxiliar o leitor com informações básicas e úteis. E é desta forma que espero, humildemente, contribuir.

Boa leitura.

Lúcio Santoro de Constantino
lucioconstantino@via-rs.net

Prefácio

Sinto-me honrado em prefaciar a obra *Recursos Criminais, Sucedâneos Recursais Criminais e Ações Impugnativas Autônomas Criminais*, de Lúcio Santoro de Constantino, cuja deferência credito à amizade de um colega de magistério na Faculdade de Direito da PUCRS que, num determinado momento, tive o privilégio de ter sido professor de um aluno que sempre se apresentava vivamente interessado, estudioso e participativo, e já se antevendo um futuro brilhante, como efetivamente está se confirmando na sua vida profissional e nas letras jurídicas.

Ao escrever sobre importante tema, que envolve a garantia e afirmação do direito, o autor discorre e justifica a imprescindibilidade de conhecimento dos princípios recursais. Discute pontos básicos no estudo de cada instituto, quanto à conceituação, natureza jurídica, cabimento, legitimidade, interesse para recorrer, efeitos e procedimento adotado, abordando, quando necessário, sobre o juízo de admissibilidade e quanto ao prequestionamento, mostrando a finalidade do pedido de revisão da matéria decidida.

Realmente, o reexame de uma decisão pelo próprio órgão que a proferiu, nos casos previstos, como nos embargos de declaração e protesto por novo júri, assim como a busca de reapreciação do que foi julgado, através de um órgão jurisdicional hierarquicamente em plano superior, em outros casos, como apelação e recurso em sentido estrito, significa caminhar na direção de um outro princípio que é o da segurança jurídica, possibilitando alicerçar o princípio do duplo grau de jurisdição que, embora não conste expressamente na nossa Constituição, está na concepção revisional das decisões.

Essa idéia fundamental de embasar um recurso tem base na presunção de inocência, insculpida no art. 5º, LVII, da Magna Carta brasileira, um emblema a representar respeito e proteção a quem é acusado de algum tipo de delito e que, ainda, não definitivamente julgado, precisa estar amparado para oferecer sua inconformidade e reclamar por justiça. Por isso a revisão dos julgamentos dos juízes singulares pode ocorrer por eles mesmos num primeiro momento quanto a equívocos e erros; numa segunda etapa, pelos Tribunais e também pelas Turmas Recursais dos Juizados Especiais. Elogiável o desenvolvimento do estudo da matéria recursal, na preocupação de encontrar o direito para a situação concretizada no processo, como se vê, igualmente, quando discute outros sucedâneos recursais na área processual penal, como é o caso da correição parcial, bem como nas ações autônomas de impugnação, como a revisão criminal. Soma-se o destaque que é feito ao inestimável valor do *habeas corpus* no sentido de garantia do direito de liberdade, e ao mandado de segurança, como remédio constitucional a proteger direito líquido e certo.

Na matéria processual penal, por ser de ordem pública, o interesse para recorrer não se circunscreve, não é exclusivo da parte, mas esse interesse recursal se apresenta para toda a sociedade, pois a utilização do recurso visa a reformar ou a obter alguma modificação do ato decisório, para que se reaprecie a prova e os fatos, Com isso, viabiliza-se uma análise das pretensões que foram deduzidas em juízo, e cujo resultado terá reflexos particulares e amplos. Dessa forma, parece importante destacar que não se pode admitir um recurso que não se apresente com algum interesse a beneficiar o recorrente, pois, trata-se de um pressuposto subjetivo, porque não havendo má-fé, até mesmo a interpretação de um recurso por outro não se torna empecilho para que seja processado e conhecido, graças à utilização do princípio da fungibilidade.

Também dentre outras abordagens de pontos importantes no âmbito da motivação recursal, há destaque para a mudança de rumo quanto ao recurso interposto, numa substituição por outro, a ser efetivada pelo órgão julgador, no chamado princípio da convolação, que será de maior proveito para o réu. Essas situações jurídicas, dentre inúmeras outras, estão presentes e claramente apresentadas pelo autor em tão importante trabalho sobre recursos em matéria criminal. Realmente efetiva um estudo e estabelece uma discussão sobre posições e interpretações diversas, tanto na doutrina como na jurisprudência e, assim, não só demonstra a importância dos fundamentos e das razões de um recurso para justificar a inconformidade da parte, como a necessidade de rever parâmetros e vencer barreiras excessivamente formais, atendendo efetiva instrumentalidade do processo, na realização do direito e concretização da justiça.

É importante essa idéia de realização da justiça de natureza criminal, sempre buscando um ponto de equilíbrio entre a acusação e a defesa, porque havendo um confronto, são os recursos que ensejam rediscutir, no âmago da mesma relação jurídica processual, a possibilidade de nova interpretação em respeito ao sagrado direito da mais ampla defesa, previsto no art. 5º, LV, da Constituição Federal. Não se pode evoluir no mundo do direito se não acreditarmos no valor da liberdade do homem, porque ela representa a responsabilidade de cada um por seus próprios atos. O direito caminha sempre na diretriz traçada pela sociedade, e os conflitos que resultam da convivência social necessitam de solução que atenda ao interesse da harmonização das partes controversas. A própria Constituição estabelece garantias processuais no interesse público, tendo no campo recursal um horizonte para que a justiça prevaleça na definição das controvérsias instaladas num determinado momento na sociedade.

Ora, sabidamente, os recursos assumem relevância porque propiciam corrigir algum erro da decisão judicial, não podendo servir, porém, para procrastinar a finalização do processo que significaria prejuízo para a própria sociedade. A presente obra terá grande utilidade e aceitação, não só no meio universitário, como também para todos os operadores do direito, porque realiza um estudo com base jurídica, com enriquecimento da doutrina e da jurisprudência, enumerando e analisando de forma didática, numa linha própria de quem, além do mister de advogado, exercita com reconhecida competência o magistério, esclarecendo da razão e conveniência em utilizar o direito de rever as decisões, como instrumento jurídico a serviço da Justiça.

Proclama-se, há muito tempo, que o fato da existência de uma legislação ultrapassada precisa de ventos renovatórios no direito processual penal, tal como vem ocorrendo na área processual civil, e tem razão de ser, não só pela quantidade de recursos existentes e que contribuem para a demora na solução dos conflitos, mas porque é preciso algumas mudanças, como já se avizinham com a futura reforma processual penal, pois urge que repense a sistemática de processamento dos recursos, não só suprimindo ou substituindo institutos recursais, mas enfim buscando a simplificação dos procedimentos, enfrentando também pontos obscuros e que precisam ser aclarados no sentido de maior agilidade no andamento das causas.

Constata-se essa tendência de reforma no direito processual, principalmente com a evolução constitucional em que se destacam garantias processuais, valorizando o homem e dando-lhe ampla oportunidade de realizar sua defesa para encontrar justiça no campo penal.

O lançamento de tão importante obra sobre recursos merece o aplauso e o reconhecimento da comunidade jurídica sul-rio-grandense e, por certo, terá também em âmbito nacional, por mostrar caminhos que conduzem o processo como instrumento democrático para a solução dos litígios, atendendo aos anseios de uma efetiva Justiça Penal.

Porto Alegre, agosto de 2003.

Silvestre Jasson Ayres Torres

Desembargador do Tribunal de Justiça do Rio Grande do Sul.
Mestre em Direito pela PUCRS; Professor na área de Processo Civil/PUCRS,
de Direito de Trânsito, processo civil e processo penal, nos Cursos de Pós-Graduação
da Fundação Irmão José Otão (FIJO) da PUCRS e Direito Processual Civil e
Direito do Consumidor na Escola Superior da Magistratura do RS.

Sumário

1. Recursos Criminais   19
1.1. Fundamento   19
1.2. Conceito   20
1.3. Natureza jurídica   20
1.4. Juízos recursais   20
1.4.1. Juízo *a quo*   20
1.4.2. Juízo *ad quem*   21
1.5. Principiologia   21

2. Princípios recursais   23
2.1. Do duplo grau de jurisdição   22
2.2. Da fungibilidade   26
2.3. Favor rei   28
2.4. Da conversão   29
2.5. Da taxatividade   30
2.6. Da unirrecorribilidade   30
2.7. Da variabilidade   31
2.8. Da dialeticidade   32
2.9. Da personalidade   33
2.10. Da disponibilidade   33
2.11. Da irrecorribilidade   36
2.12. Da *reformatio in pejus*   36
2.13. Do *reformatio in melius*   41

3. Pressupostos recursais   43
3.1. Pressupostos recursais objetivos   43
3.1.1. Previsão Legal   43
3.1.2. Tempestividade   43
3.1.2.1 Intimação   45
3.1.3. Forma de Interposição   46
3.1.3.1. Assinatura   47
3.1.3.2. Razões   47
3.1.3.3. Interposição recursal via sistema de transmissão de dados e imagens e através de meio eletrônico – informatização   48
3.1.4. Prisão Provisória (deserção)   50
3.1.5. Preparo   51
3.1.6. Ausência de fatos extintivos ou impeditivos   52
3.2. Pressupostos recursais subjetivos   53
3.2.1. Interesse das Partes   53
3.2.2. Legitimidade   58
3.2.2.1. Legitimidade *ad causam*   59
3.2.2.2. Legitimidade *ad processum*   59
3.2.2.3. *Jus postulandi*   59

4. Da vontade do acusado em recorrer, contrária à do advogado   61

5. Recurso promovido pelo assistente da acusação   63
5.1. Do assistente da acusação no ângulo processual   63
5.2. Quem poderá ser assistente   64
5.3. Função do Assistente   65
5.4. Finalidade do Assistente   66
5.5. Momento para habilitação do assistente   68
5.6. Irrecorribilidade da decisão que admite, ou não, a habilitação   68
5.7. Prazo recursal para o assistente   69
5.8. Recurso e sucedâneo do assistente   69
5.9. Possibilidade de corréu se habilitar como assistente da acusação   72

6. Recurso *ex officio*   74
6.1. Nome   74
6.2. Origem   74
6.3. Natureza do recurso *ex officio*   74
6.4. Fundamento do recurso *ex officio*   75
6.5. Decisões que obrigam o reexame necessário   75
6.6. Da constitucionalidade do recurso *ex officio*   76
6.7. Recurso *ex officio* concomitante com recurso voluntário   78

7. Efeitos dos recursos   79
7.1. Efeito devolutivo   79
7.2. Efeito suspensivo   79
7.3. Efeito extensivo (personalidade)   80
7.4. Efeito translativo   80
7.5. Chamado efeito regressivo (iterativo)   81

8. Decisões judiciais criminais   82
8.1. Despacho de expediente   82
8.2. Decisões interlocutórias   83
8.2.1. Decisão interlocutória simples   83
8.2.2. Decisão interlocutória mista   83
8.2.2.1. Decisão interlocutória mista terminativa   84
8.2.2.2. Decisão interlocutória mista não terminativa   84
8.3. Sentença   84
8.3.1. Relatório   84
8.3.2. Motivação   85

8.3.3. Fundamentação 85
8.3.3.1. Distinção entre motivação
e fundamentação 85
8.3.3.2. Motivação e fundamentação
remissiva ou adotada 86
8.3.4. Dispositivo 86
8.3.5. Autenticidade 86
8.4. Acórdão 87
**8.5. Casuística – Decisão de cessação
de instância 87**

9. Do juízo de admissibilidade 89
10. Recursos em espécie 90
10.1. Recurso em sentido estrito 90
10.1.1. Nome 90
10.1.2. Origem 90
10.1.3. Conceito 91
10.1.4. Previsão legal 91
10.1.5. Órgão julgador 91
10.1.6. Prazo 91
10.1.7. Efeitos 92
10.1.8. Cabimento 92
10.1.8.1. Que não receber a denúncia ou a queixa 93
10.1.8.2. Que concluir pela incompetência do juízo 95
10.1.8.3. Que julgar procedentes as exceções,
salvo a de suspeição 96
10.1.8.4. Que pronunciar (Lei nº 11.689/08) 97
10.1.8.5. Que conceder, negar, arbitrar, cassar ou
julgar inidônea a fiança, indeferir requerimento
de prisão preventiva ou revogá-la, ... 98
10.1.8.6. O artigo 581, VI do CPP e que permita
o recurso em sentido estrito... 101
10.1.8.7. Que julgar quebrada a fiança ou perdido o
seu valor 101
10.1.8.8. Que decretar a prescrição ou julgar, por outro
modo, extinta a punibilidade do acusado 102
10.1.8.9. Que indeferir pedido de reconhecimento da
prescrição ou de outra causa extintiva
da punibilidade 102
10.1.8.10. Que conceder ou negar a ordem de
habeas corpus 103
10.1.8.11. Que conceder, negar ou revogar a
suspensão condicional da pena 104
10.1.8.12. Que conceder, negar ou revogar livramento
condicional 104
10.1.8.13. Que anular processo da instrução criminal,
no todo ou em parte 105
10.1.8.14. Que incluir jurado na lista geral ou desta
o excluir 106
10.1.8.15. Que denegar a apelação ou a
julgar deserta 107
10.1.8.16. Que ordenar a suspensão do processo, em
virtude de questão prejudicial 108
10.1.8.17. Que decidir sobre a unificação de penas 110
10.1.8.18. Que decidir o incidente de falsidade 111
10.1.8.19. Que decretar medida de segurança, depois
de transitar a sentença em julgado 111
10.1.8.20. Que impuser medida de segurança por
transgressão de outra 112
10.1.8.21. Que mantiver ou substituir a medida de
segurança, nos casos do art. 774 112
10.1.8.22. Que revogar medida de segurança 112
10.1.8.23. Que deixar de revogar medida de segurança,
nos casos em que a lei admita a revogação 112
10.1.8.24. Que converter a multa em detenção ou
prisão simples 113
10.1.9. Procedimento 113
10.1.10. Do instrumento 114
10.1.11. Considerações 114
10.1.11.1. A quem se dirige o recurso 114
10.1.11.2. É cabível o recurso em sentido estrito no
tribunal? 115
10.1.11.3. Cabe recurso em sentido estrito de
despacho? 115
10.1.11.4. Leis especiais que referem o recurso em
sentido estrito 115
10.1.11.5. Do recurso em sentido estrito sem
possibilidade de retratação 117
10.2. Apelação 117
10.2.1. Nome 117
10.2.2. Origem 117
10.2.3. Conceito 118
10.2.4. Previsão Legal 118
10.2.5. Órgão julgador 119
10.2.6. Prazo 119
10.2.6.1. Dos prazos das razões e contra-razões no
recurso do processo de contravenção 119
10.2.6.2. Prazo do assistente da acusação 121
10.2.6.3. Prazo do edital 121
10.2.7. Efeitos 122
10.2.8. Cabimento 122
10.2.8.1. Sentenças definitivas de condenação ou
absolvição proferidas por juiz singular 123
10.2.8.2. Decisões definitivas ou com força de definitivas
proferidas por juiz singular nos casos não previstos
no Capítulo anterior 123
10.2.8.3. Decisões do tribunal do júri 124
10.2.8.4. Sentença de impronúncia 134
10.2.8.5. Sentença de absolvição sumária 135
10.2.9. Procedimento 136
10.2.10. Do instrumento 137
10.2.11. Considerações 137
10.2.11.1. Apelação subsidiária do apelo oficial 137
10.2.11.2. Réu recolhido à prisão para apelar 138
10.2.11.3. Apelação do réu contra sentença de
absolvição 138
10.2.11.4. Apelação limitada, mas julgamento
ilimitado 140
10.2.11.5. Apresentação das razões em superior
instância 141
10.2.11.6. Apelação e recurso em sentido estrito 141
10.2.11.7. A quem se dirige o Recurso 141
10.2.11.8. Descabimento de apelação contra
decisão do tribunal 142
10.2.11.9. Apelação do réu contra a absolvição
do corréu 142
10.2.11.10. Pode apelação da sucessão do
réu falecido? 143

10.2.11.11. Decisão dos jurados manifestamente contrária à lei 144
10.2.11.12. Absolvição pelo júri por inexigibilidade de conduta diversa 144
10.2.11.13. Deserção da apelação 146
10.2.11.14. Apelação na Lei nº 9.099/95 146
10.2.11.15. Apelação para afastar a rejeição da denúncia 147
10.2.11.16. Apelação com assistência do defensor 148
10.2.11.17. Réu renuncia à apelação sem assistência de defensor, mas este apela 148
10.2.11.18. Oportunidade para contra-arrazoar o recurso 148
10.2.11.19. Provimento de apelação que reforma decisão do júri, absolvendo ou condenando o acusado 148
10.2.11.20. Apelação sem razões ou com apresentação de razões a destempo 149
10.2.11.21. Apeleção no ECA e assistente de acusação 150
10.3. Protesto por novo júri 151
10.3.1. Nome 151
10.3.2. Origem 151
10.3.3. Conceito 152
10.3.4. Previsão Legal 152
10.3.5. Órgão Julgador 152
10.3.6. Prazo 152
10.3.7. Efeitos 153
10.3.8. Cabimento 153
10.3.8.1. Do concurso material 153
10.3.8.2. Do concurso formal e crime continuado 154
10.3.9. Procedimento 156
10.3.10. Considerações 156
10.3.10.1. Protesto por novo júri e apelação invalidada 156
10.3.10.2. Em vez de protestar, o réu apela 156
10.3.10.3. Protesto por novo júri e apelação suspensa 157
10.3.10.4. Novo julgamento, outros jurados 158
10.3.10.5. Direito de protestar em liberdade 158
10.3.10.6. Da fuga e recebimento do protesto 159
10.3.10.7. Recurso contra a decisão que não defere o protesto 159
10.3.10.8. Pena imposta em 2º grau 159
10.3.10.9. *Reformatio in Pejus* no protesto 161
10.3.10.10. Protesto sem razões 163
10.4. Embargos de declaração 164
10.4.1. Nome 164
10.4.2. Origem 164
10.4.3. Conceito 164
10.4.4. Previsão Legal 164
10.4.5. Órgão julgador 165
10.4.6. Prazo 165
10.4.7. Efeitos 165
10.4.8. Cabimento 166
10.4.8.1. Ambigüidade 166
10.4.8.2. Obscuridade 166
10.4.8.3. Contradição 166
10.4.8.4. Omissão 167
10.4.8.5. Erro material 167
10.4.9. Procedimento 167
10.4.9.1. No Juiz singular 167
10.4.9.2. No tribunal 167
10.4.10. Considerações 168
10.4.10.1. A confusa ementa do decisório 168
10.4.10.2. Embargos para o prequestionamento 168
10.4.10.3. Na decisão já embargada 168
10.4.10.4. Da decisão dos embargos como extensão 169
10.4.10.5. Embargos declaratórios e efeitos de infringentes 169
10.4.10.6. Suspensão ou interrupção do prazo para outro recurso 170
10.4.10.7. Embargos declaratórios e seu efeito aos prazos dos recursos das partes e de terceiros 173
10.4.10.8. Embargos protelatórios e o efeito no prazo dos demais recursos 174
10.4.10.9. Embargos não conhecidos ou rejeitados e o efeito nos prazos dos demais recursos 175
10.4.10.10. Embargos declaratórios e a Lei 9.099/95 175
10.4.10.11. Embargos declaratórios e multa 176
10.5. Embargos infringentes e embargos de nulidade 176
10.5.1. Nome 176
10.5.2. Origem 176
10.5.3. Conceito 177
10.5.4. Previsão Legal 178
10.5.5. Órgão julgador 178
10.5.6. Prazo 178
10.5.7. Efeitos 179
10.5.8. Cabimento 179
10.5.9. Procedimento 179
10.5.10. Considerações 180
10.5.10.1. Distinção nas fundamentações 180
10.5.10.2. Voto vencido 180
10.5.10.3. Do voto médio 180
10.5.10.4. Decisão de segunda instância 181
10.5.10.5. Os embargos e os recursos especial e extraordinário 182
10.5.10.6. Embargos inadmissíveis ao réu 183
10.5.10.7. Embargos infringentes no Supremo 184
10.5.10.8. Embargos infringentes e de nulidade e a Lei nº 9.099/95 184
10.5.10.9. Embargos infringentes e de nulidade e o assistente de acusação 184
10.5.10.10. Embargos infringentes ou de nulidade e retratação 185
10.6. Carta testemunhável 185
10.6.1. Nome 185
10.6.2. Origem 185
10.6.3. Conceito 186
10.6.4. Previsão legal 186
10.6.5. Órgão julgador 187
10.6.6. Prazo 187
10.6.7. Efeitos 187
10.6.8. Procedimento 188
10.6.9. Cabimento 189
10.6.10. Considerações 189

10.6.10.1. Carta testemunhável no indeferimento do protesto por novo júri 189
10.6.10.2. Quando inicia o prazo para a carta 190
10.6.10.3. Como se conta o prazo de horas para a carta 191
10.6.10.4. Suspensão do escrivão 192
10.6.10.5. Peças obrigatórias no traslado da carta 192
10.6.10.6. A carta e o princípio da convensão 193
10.7. Recurso extraordinário 193
10.7.1. Nome 193
10.7.2. Origem 193
10.7.3. Conceito 193
10.7.4. Previsão legal 194
10.7.5. Órgão julgador 194
10.7.6. Prazo 194
10.7.7. Efeitos 194
10.7.8. Cabimento 195
10.7.9. Admissibilidade 195
10.7.9.1. Tipificação formal 196
10.7.9.2. Legitimidade 196
10.7.9.3. Interesse 196
10.7.9.4. Tempestividade 197
10.7.9.5. Regularidade formal 197
10.7.9.6. Preparo 197
10.7.9.7. Inexistência de fato extintivo ou impeditivo para recorrer 198
10.7.10. Do enquadramento legal 200
10.7.10.1. A decisão recorrida contrariar dispositivo desta Constituição 200
10.7.10.2. Declarar inconstitucionalidade de tratado ou Lei Federal 200
10.7.10.3. Julgar válida lei ou ato de governo local contestado em face desta Constituição 201
10.7.10.4. Julgar válida lei local contestada em face de lei federal 201
10.7.11. Procedimento 201
10.7.11.1. Do recurso extraordinário, quando admitido 202
10.7.11.2. Do recurso extraordinário, quando denegação for agravada 202
10.7.11.3. Da interposição do recurso extraordinário em concomitância do recurso especial 203
10.7.12. Considerações 203
10.7.12.1. Prequestionamento 203
10.7.12.2. Da repercussão geral das questões constitucionais 206
10.7.12.3. Do aprisionamento do réu enquanto se processa o recurso extraordinário 207
10.7.12.4. Decisões passíveis de extraordinário 209
10.7.12.5. Dissídio jurisprudencial sobre matéria constitucional 209
10.7.12.6. Recurso extraordinário e a Lei 9.099/95 210
10.7.12.7. Recurso extraordinário com prazo de três dias para interposição 210
10.7.12.8. Recurso extraordinário contra liminar 211
10.8. Recurso especial 211
10.8.1. Nome 211
10.8.2. Origem 211
10.8.3. Conceito 212
10.8.4. Previsão legal 212
10.8.5. Órgão Julgador 212
10.8.6. Prazo 213
10.8.7. Efeitos 213
10.8.8. Cabimento 213
10.8.9. Admissibilidade 214
10.8.9.1. Tipificação formal 214
10.8.9.2. Legitimidade 215
10.8.9.3. Interesse 215
10.8.9.4. Tempestividade 215
10.8.9.5. Regularidade formal 215
10.8.9.6. Preparo 216
10.8.9.7. Inexistência de fato extintivo ou impeditivo para recorrer 216
10.8.10. Do enquadramento legal 218
10.8.10.1. Contrariar tratado ou lei federal, ou negar-lhes vigência 218
10.8.10.2. Julgar válida lei ou ato de governo local contestado em face de lei federal 218
10.8.10.3. Der a lei federal interpretação divergente da que lhe haja atribuído outro tribunal 219
10.8.11. Procedimento 220
10.8.11.1. Do recurso especial, quando admitido 220
10.8.11.2. Do recurso especial, quando a denegação for agravada 221
10.8.12. Considerações 221
10.8.12.1. Do aprisionamento do réu enquanto se processa o recurso especial 221
10.8.12.2. Recurso especial e a Lei nº 9.099/95 222
10.8.12.3. Recurso especial contra uma das motivações do acórdão 223
10.8.12.4. Recurso especial e a repetição dos recursos (Lei 11.672/08)
10.9. Recurso ordinário constitucional 224
10.9.1. Nome 224
10.9.2. Origem 224
10.9.3. Conceito 225
10.9.4. Previsão legal 225
10.9.5. Órgão julgador 225
10.9.6. Prazo 225
10.9.6.1. Do Recurso ordinário em *habeas* para o Superior Tribunal de Justiça 226
10.9.6.2. Do Recurso ordinário em mandado de segurança 226
10.9.6.3. Do Recurso ordinário em crime político 226
10.9.7. Efeitos 226
10.9.8. Cabimento 227
10.9.8.1. Do Recurso ordinário em *mandamus* 227
10.9.8.2. Do Recurso ordinário em crime político 227
10.9.9. Procedimento 228
10.9.9.1. Do recurso ordinário em *habeas* para o Superior Tribunal de Justiça 228
10.9.9.2. Do recurso ordinário em mandado de segurança 228
10.9.9.3. Do recurso ordinário em crime político 229
10.9.10. Considerações 230
10.9.10.1. Prequestionamento 230
10.9.10.2. Substituição do recurso ordinário por *habeas* 230

10.9.10.3. Decisão denegatória   231
10.9.10.4. Interposição de recursos ordinário e extraordinário contra a mesma decisão   231
10.9.10.5. Quem pode interpor recurso ordinário em *habeas corpus*   232
10.9.10.6. Impossibilidade de apreciação de matéria nova no recurso ordinário   232
10.9.10.7. Em caso de empate na votação do recurso ordinário   232
10.9.10.8. Do juízo de admissibilidade no recurso ordinário   233
10.9.10.9. Do recurso ordinário e decisão da turma recursal do juizado especial criminal   233
10.10. Agravo na execução penal   234
10.10.1. Nome   234
10.10.2. Origem   234
10.10.3. Conceito   234
10.10.4. Previsão legal   234
10.10.5. Órgão julgador   235
10.10.6. Prazo   235
10.10.7. Efeitos   235
10.10.8. Cabimento   235
10.10.9. Procedimento   236
10.10.10. Considerações   237
10.10.10.1. Quem pode ser agravante   237
10.10.10.2. Do procedimento e prazo do agravo na execução   237
10.10.10.3. Das decisões recorríveis com agravo na execução   239
10.10.10.4. Do agravo na execução e a feitura de instrumento   241
10.10.10.5. Denegação do agravo na execução   241
10.10.10.6. Ação penal originária dos tribunais   241
10.10.10.7. Agravo da execução e a Lei nº 9.099/95   242
10.10.10.8. Agravo da execução e o efeito suspensivo do art. 558 do CPC   242
10.10.10.9. Agravo da execução e a Lei nº 11.187/05   243
10.10.10.10. Agravo da execução e execução da multa penal   243
10.10.10.11. Da autenticidade das peças do traslado   244
10.10.10.12. Agravo na execução penal e o assistente da acusação   244
10.11. Agravo de instrumento criminal   245
10.11.1. Nome   245
10.11.2. Origem   245
10.11.3. Conceito   245
10.11.4. Previsão legal   245
10.11.5. Órgão julgador   245
10.11.6. Prazo   246
10.11.7. Efeitos   246
10.11.8. Cabimento   246
10.11.9. Procedimento   246
10.11.10. Considerações   247
10.11.10.1. Da admissibilidade do agravo de instrumento   247
10.11.10.2. Do prazo do agravo de instrumento   247
10.11.10.3. Do traslado   248
10.11.10.4. Obrigatoriedade de encaminhamento do agravo de instrumento   248
10.11.10.5. Juntada extemporânea de traslado   248
10.11.10.6. Da autenticidade das peças do traslado   249
10.11.10.7. Do agravo de instrumento e custas   250
10.11.10.8. Interposição mediante fax   250
10.12. Agravo em agravo de instrumento   250
10.12.1. Nome   250
10.12.2. Origem   251
10.12.3. Conceito   251
10.12.4. Previsão legal   251
10.12.5. Órgão julgador   251
10.12.6. Prazo   251
10.12.7. Efeitos   251
10.12.8. Cabimento   252
10.12.9. Procedimento   252
10.12.10. Considerações   252
10.12.10.1. Da clareza na fundamentação   252
10.12.10.2. Do prazo do agravo em agravo de instrumento   252
10.12.10.3. Do traslado   252
10.13. Embargos de divergência   253
10.13.1. Nome   253
10.13.2. Origem   253
10.13.3. Conceito   253
10.13.4. Previsão legal   253
10.13.5. Órgão julgador   254
10.13.6. Prazo   254
10.13.7. Efeitos   254
10.13.8. Cabimento   254
10.13.9. Procedimento   255
10.13.9.1. Procedimento junto ao STF   255
10.13.9.2. Procedimento junto ao STJ   256
10.13.10. Considerações   256
10.13.10.1. Dos embargos de divergência e os infringentes   256
10.13.10.2. Da admissibilidade   256
10.13.10.3. Dos embargos de divergência no Supremo Tribunal Federal   257
10.13.10.4. Dos embargos de divergência e Súmula nº 598 do STF   257
10.13.10.5. Dos embargos de divergência em agravo regimental   257
10.14. Recurso adesivo   258
10.14.1. Nome   258
10.14.2. Origem   258
10.14.3. Conceito   259
10.14.4. Previsão legal   259
10.14.5. Órgão julgador   260
10.14.6. Procedimento   260
10.14.7. Prazo   261
10.14.8. Efeitos   261
10.14.9. Cabimento   261
10.14.10. Cabimento no processo penal   261
10.14.11. Considerações   262
10.14.11.1. Do *favor sententiae*   262
10.14.11.2. Cabimento do adesivo somente em favor da defesa   263

10.14.11.3. Descabimento de adesivo em embargos infringentes ou de nulidade 264
10.14.11.4. Cláusula especial no adesivo 264
10.14.11.5. Recurso adesivo na Lei nº 9.099/95 265

11. Sucedâneos recursais criminais 266
11.1. Correição parcial 267
11.1.1. Nome 267
11.1.2. Origem 267
11.1.3. Conceito 267
11.1.4. Previsão legal 268
11.1.5. Órgão julgador 269
11.1.6. Prazo 269
11.1.7. Efeitos 269
11.1.8. Cabimento 270
11.1.9. Procedimento 271
11.1.10. Considerações 272
11.1.10.1. Da crítica 272
11.1.10.2. Da constitucionalidade 272
11.1.10.3. Natureza jurídica 273
11.1.10.4. Correição parcial e a Lei nº 9.099/95 274
11.1.10.5. Correição parcial em relação ao inquérito policial 275
11.1.10.6. Correição parcial em relação à execução penal 275
11.1.10.7. Legitimidade do assistente de acusação para pedir correição parcial 276
11.1.10.8. Do juízo de retratação 276
11.1.10.9. Distinção da correição parcial e do mandado de segurança 277
11.1.10.10. Correição parcial e fungibilidade 277
11.1.10.11. Correição parcial e *error in procedendo* 278
11.1.10.12. Conselho da Justiça Federal e decisão de caráter vinculante 278
11.2. Agravo regimental 278
11.2.1. Nome 278
11.2.2. Origem 279
11.2.3. Conceito 279
11.2.4. Previsão legal 279
11.2.5. Órgão julgador 279
11.2.6. Procedimento 279
11.2.7. Prazo 280
11.2.8. Efeitos 280
11.2.9. Cabimento 280
11.2.10. Considerações 280
11.2.10.1. Do agravo regimental e do agravo em agravo 280
11.2.10.2. Da constitucionalidade 281
11.2.10.3. Interposição mediante fax 281
11.2.10.4. Da decisão do colegiado 281
11.2.10.5. Objeto do agravo regimental 282
11.2.10.6. Conserto através do agravo regimental 282
11.2.10.7. O agravo regimental e sua adoção no regimento do tribunal que não o prescreve 282
11.2.10.8. O agravo regimental e o protocolo integrado 283

12. Ações impugnativas autônomas criminais 284
12.1. Revisão criminal 284
12.1.1. Nome 284
12.1.2. Origem 284
12.1.3. Conceito 285
12.1.4. Previsão legal 285
12.1.5. Órgão julgador 285
12.1.6. Prazo 286
12.1.7. Legitimidade 286
12.1.8. Interesse em agir 286
12.1.9. Possibilidade Jurídica 286
12.1.10. Competência 286
12.1.11. Recursos 287
12.1.11.1. Recurso necessário 287
12.1.11.2. Embargos declaratórios 288
12.1.11.3. Embargos infringentes ou de nulidade 288
12.1.11.4. Recurso extraordinário 289
12.1.11.5. Recurso especial 289
12.1.11.6. Agravo regimental 289
12.1.12. Cabimento 290
12.1.12.1. Quando a sentença condenatória for contrária ao texto expresso da lei penal ou à evidência dos autos 290
12.1.12.2. Quando a sentença condenatória se fundar em depoimentos, exames ou documentos comprovadamente falsos 292
12.1.12.3. Quando, após a sentença, se descobrirem novas provas de inocência do condenado ou... 292
12.1.13. Procedimento 293
12.1.14. Considerações 294
12.1.14.1. Revisão e a coisa julgada 294
12.1.14.2. Coisa julgada absolutória e impossibilidade de revisão 295
12.1.14.3. Coisa julgada absolutória forte em documento falso e impossibilidade de revisão 295
12.1.14.4. Revisão criminal frente à retroatividade da jurisprudência benigna 296
12.1.14.5. Quem pode pedir a revisão 298
12.1.14.6. Da revisão junto à execução criminal 298
12.1.14.7. Da reiteração do pedido revisional 299
12.1.14.8. Da fuga do revisionando 299
12.1.14.9. Da possível indenização 300
12.1.14.10. Do *quantum* da indenização na revisão criminal 301
12.1.14.11 Conseqüências do eferimento da revisão 301
12.1.14.12. Natureza jurídica da revisão 302
12.1.14.13. Taxatividade do cabimento e nulidade absoluta 302
12.1.14.14. Revisão de decisões do júri 303
12.1.14.15. A revisão e o advogado a subscrevendo 304
12.1.14.16. Revisão em caso de extinção de punibilidade 304
12.1.14.17. Indeferimento liminar de revisão 305
12.1.14.18. Revisão em caso de absolvição 305
12.1.14.19. Revisão em caso de perdão judicial 306
12.1.14.20. *Reformatio in pejus* 307
12.1.14.21. Revisão face à Lei nº 9.099/95 308
12.1.14.22. Da procuração na revisão criminal 308
12.1.14.23. Competência para julgar revisão, frente Recurso Extraordinário ou Recurso Especial 308

12.1.14.24. Revisão e homologação de sentença estrangeira 309
12.1.14.25. Revisão e valor da causa 310
12.1.14.26. Revisão e decisões definitivas ou com força definitiva 311
12.1.14.27. In dubio pro societate e in dubio pro reo 311
12.1.14.28. Revisão: reexame ou análise? 312
12.2. Habeas corpus 312
12.2.1. Nome 312
12.2.2. Origem 312
12.2.3. Conceito 313
12.2.4. Previsão legal 313
12.2.5. Prazo 313
12.2.6. Legitimidade 313
12.2.6.1. Legitimidade ativa 313
12.2.6.2. Legitimidade passiva 314
12.2.7. Interesse de agir 314
12.2.8. Possibilidade jurídica 315
12.2.8.1. Impossibilidade jurídica 315
12.2.9. Competência 317
12.2.10. Recursos 319
12.2.10.1. Recurso necessário 319
12.2.10.2. Recurso voluntário 319
12.2.11. Cabimento 320
12.2.11.1. Não houver justa causa 320
12.2.11.2. Alguém estiver preso por mais tempo do que determina a lei 323
12.2.11.3. Quem ordenar a coação não tiver competência para fazê-lo 325
12.2.11.4. Houver cessado o motivo que autorizou a coação 326
12.2.11.5. Não for alguém admitido a prestar fiança, nos casos em que a lei autoriza 327
12.2.11.6. Processo for manifestamente nulo 328
12.2.11.7. Extinta a punibilidade 329
12.2.12. Procedimento 330
12.2.13. Considerações 330
12.2.13.1. Legitimidade da intervenção do assistente de acusação 330
12.2.13.2. Direito líquido e certo e matéria de simples cognição 331
12.2.13.3. Particular como coator 332
12.2.13.4. Pessoa jurídica pode ser paciente? 333
12.2.13.5. Além do ser humano, algum semovente pode ser paciente? 333
12.2.13.6. Da impossibilidade de embargos infringentes ou de nulidade na decisão do habeas 334
12.2.13.7. Natureza jurídica do habeas 334
12.2.13.8. Eficácia preponderante no habeas 334
12.2.13.9. Espécies de habeas 335
12.2.13.10. Formas de impetração 337
12.2.13.11. Requisitos da petição de habeas 337
12.2.13.12. Produção de provas (ouvida de testemunha) 338
12.2.13.13. Da liminar em habeas 338
12.2.13.14. Dos efeitos da concessão da liminar junto à denegação da ordem 339
12.2.13.15. Da reiteração do pedido de habeas 339
12.2.13.16. Habeas corpus de ofício 340
12.2.13.17. Habeas corpus na prisão administrativa (artigo 650, § 2º, do CPP) 340
12.2.13.18. Habeas corpus penal e habeas corpus extrapenal 341
12.2.13.19. Habeas corpus com eficácia condenatória 341
12.2.13.20. Procuração para impetração de habeas corpus 342
12.2.13.21. Habeas corpus e a Lei nº 9.099/95 342
12.2.13.22. Habeas corpus e a Súmula 691 do STF 342
12.2.13.23. Não cabimento de habeas corpus frente à pena de valor 343
12.2.13.24. Não cabimento de habeas corpus frente à extinção de punibilidade 343
12.2.13.25. Direitos que o impetrante sem jus postulandi possui na ação de habeas corpus 344
12.2.13.26. Ministério Público como coator 344
12.2.13.27. Habeas corpus para evitar o uso de algemas 345
12.2.13.28. Habeas corpus como writ 345
12.2.13.29. Habeas corpus para agilizar processamento 346
12.3. Mandado de segurança 346
12.3.1. Nome 346
12.3.2. Origem 347
12.3.3. Conceito 347
12.3.4. Previsão legal 347
12.3.5. Prazo 348
12.3.6. Legitimidade 348
12.3.6.1. Legitimidade ativa 348
12.3.6.2. Legitimidade passiva 350
12.3.7. Interesse de agir 351
12.3.8. Possibilidade Jurídica 351
12.3.9. Competência 353
12.3.10. Recursos 354
12.3.10.1. Recurso necessário 354
12.3.10.2. Recurso voluntário 354
12.3.11. Cabimento 357
12.3.11.1. De ato que caiba recurso administrativo com efeito suspensivo, independente de caução 357
12.3.11.2. De despacho ou decisão judicial, quando haja recurso previsto nas leis processuais ou possa ser modificado por via de correição 358
12.3.11.3. De ato disciplinar, salvo quando praticado por autoridade incompetente ou com inobservância de formalidade essencial 359
12.3.12. Procedimento 360
12.3.13. Considerações 361
12.3.13.1. Exemplos de cabimento de mandado de segurança criminal 361
12.3.13.2. Direito líquido e certo 362
12.3.13.3. Legitimidade do litisconsorte necessário 363
12.3.13.4. Da prova no mandado de segurança 363
12.3.13.5. Autoridade coatora 364
12.3.13.6. Natureza jurídica do mandado de segurança 365
12.3.13.7. Eficácia preponderante no mandado de segurança 365
12.3.13.8. Forma de impetração 363

12.3.13.9. Requisitos da petição do mandado de segurança 366
12.3.13.10. Mandado de segurança e matéria de fácil cognição 366
12.3.13.11. Da liminar em mandado de segurança 367
12.3.13.12. Suspensão da liminar concedida 367
12.3.13.13. Da extinção da liminar 368
12.3.13.14. Notificação do impetrado e suas informações 368
12.3.13.15. Mandado de segurança e embargos de terceiros 369
12.3.13.16. Mandado de segurança na Lei 9.099/95 369
12.3.13.17. Mandado de segurança do *parquet* e citação do acusado 370
12.3.13.18. Mandado de segurança e a coisa julgada 371
12.3.13.19. Mandado de segurança contra a coisa julgada 371
12.3.13.20. Distinção do mandado de segurança da correição parcial 372
12.3.13.21. Efeitos da liminar no mandado de segurança 372
12.3.13.22. Mandado de segurança e valor da causa 373
12.3.13.23. Direito líquido e certo e controvérsia sobre matéria de direito 373
12.3.13.24. Embargos infringentes e de nulidade na decisão de mandado de segurança 373
12.3.13.25. Pedido de reconsideração na esfera administrativa e efeitos no prazo de impetração do mandado de segurança 374
12.3.13.26. Mandado de segurança frente à pena de valor 374
12.3.13.27. Mandado de segurança para dar efeito suspensivo ao recurso 375
12.3.13.28. Substituição do acórdão pelas notas taquigráficas 375
12.3.13.29. Preferência para julgamento 375
12.3.13.30. Crime de desobediência 376
12.3.13.31. Concessão de liminar por ofício 376
12.3.13.32. Impetrados 376
12.3.13.33. Extinção do feito face à conduta do impetrante 377
12.3.13.34. Exigência de caução, fiança ou depósito 377
12.3.13.35. Carência de informações ou de parecer do *parquet* 377
12.3.13.36. Recurso da autoridade coatora 378
12.4. Reclamação 378
12.4.1. Nome 378
12.4.2. Origem 378
12.4.3. Conceito 378
12.4.4. Previsão legal 379
12.4.5. Órgão julgador 379
12.4.6. Prazo 379
12.4.7. Legitimidade e interesse 379
12.4.8. Procedimento 379
12.4.9. Cabimento 380
12.4.10. Considerações 380
12.4.10.1. Natureza jurídica da reclamação 380
12.4.10.2. A usurpação promovida pelos Poderes 381
12.4.10.3. Quem pode propor a reclamação 381
12.4.10.4. Da distinção com reclamação da lista geral do júri 381
12.4.10.5. Exemplos de possibilidade de reclamação 382
12.4.10.6. A reclamação se condiciona a ato não julgado definitivamente 382
12.4.10.7. Da reclamação e dos embargos infringentes 382
12.4.10.8. Do cabimento (ou não) da reclamação para todos os tribunais 383
12.4.10.9. Cabimento da reclamação contra decisão judicial 383
12.4.10.10. Cabimento da reclamação contra decisão em feito de execução 383
12.4.10.11. Descabimento da reclamação face à coisa julgada 384
12.4.10.12. Do cabimento de agravo regimental em reclamação 384
12.4.10.13. Da função corregedora da reclamação 384
12.4.10.14. Reclamação, ação e prisão domiciliar para advogado 384
12.4.10.15. Reclamação por mera demonstração de desrespeito 385

13. Recursos, sucedâneos recursais e ações impugnativas no Juizado Especial Criminal 386
13.1. Recurso em Sentido Estrito 386
13.2. Apelação 387
13.3. Recurso adesivo 388
13.4. Embargos declaratórios 388
13.5. Agravo da execução 389
13.6. Carta testemunhável 390
13.7. Recurso extraordinário 390
13.8. Agravo de instrumento 391
13.9. Outros recursos 391
13.10. Correição parcial 392
13.11. Revisão criminal 392
13.12. *Habeas corpus* 393
13.13. Mandado de segurança 394

14. Parecer do Ministério Público na segunda instância sem o contraditório 396

15. Decisão de natureza civil em processo criminal – agravo de instrumento 399

16. Bibliografia 401

1. Recursos criminais

1.1. FUNDAMENTO

É certo afirmar que todo indivíduo traz em sua alma um sentimento próprio de justiça. E este sentimento torna-se bem mais aguçado quando envolve o próprio interesse pessoal. Dessa forma, face à natureza humana, o indivíduo sempre restará insurreto diante de uma decisão que lhe é desfavorável. Assim, o recurso torna-se um instrumento que se harmoniza com a natural busca de satisfação do homem.[1]

De outra banda, existe a falibilidade humana. Ou seja, a possibilidade da pessoa do julgador se equivocar. Seja em razão do ínfimo conhecimento ou de um mero engano de interpretação, resta, sempre presente, o risco de erro no julgamento.

Por fim, não se pode olvidar do caráter didático que a expectativa do recurso promove no espírito do julgador. Sabendo ele que sua decisão pode ser revisada por outros julgadores, ou pessoas mais experientes, certamente se esforçará mais para julgar melhor r.

Entrementes, a par de tudo que foi dito, é de se destacar alguns aspectos que colidem com a figura recursal. O fato de o magistrado de primeiro grau ter, em razão dos princípios da imediação e da identidade física do juiz, um contato mais aproximado com as provas e as partes, permite a conclusão de que estaria mais preparado para o justo convencimento do que o tribunal, o qual permaneceu distante da feitura probatória e dos protagonistas processuais. Por esta razão, veio o entendimento de que o recurso deveria, apenas, rever questões de direito, e não aspectos fáticos do julgar.[2]

Também, há crítica face ao aspecto do princípio da economia processual quando o recurso proposto resta improvido e mantém a sentença hostilizada. Ou quando existe parte obsidente por recursos protelatórios, com fito único de delongar o feito.

---

[1] Exemplificando, podemos observar aquele filho, que frente à recusa da mãe, recorre ao pai para a promoção de seu agrado.

[2] O Código de Processo Penal argentino, Província de Tucuman, estabelece que as apelações só poderão versar sobre assuntos que envolvam questões de direito.

Inclusive, já se entendeu que a existência de recurso geraria cerceamento no pensar do juiz, que decidiria não afinado com seu próprio ideário, mas nas palavras já traçadas pelo tribunal.

Todavia, nosso direito formal pátrio, com fito na perfeição dos julgados, concretizou a figura do recurso, assegurando a sua existência como elemento garantidor da justiça, admitindo, em determinados casos, inclusive a possibilidade de reexame das questões de fato.

1.2. CONCEITO

A origem etimológica da expressão *recurso* firma-se no vocábulo latino *recursus*, derivado do verbo *recuerrere*, que significa *retornar, retroagir, retroceder*.

O processo possui um curso que se traduz em um movimento para a frente. O reexame de uma decisão faz voltar os olhos a um aspecto pretérito. Assim, não poderia deixar de ser chamado tal reexame de recurso, pois reflete um retrocesso no curso processual.

Afastando-se deste ideário preliminar, Prado e Bonilha (2000, p. 272) conceituam recurso como sendo:

> [...] providência legal imposta ao juiz ou concedida à parte interessada, consistente em um meio de se obter nova apreciação da decisão ou situação processual, com o fim de corrigi-la, modificá-la ou confirmá-la.

De outra banda, é indiscutível que o recurso se trata de uma medida a ser utilizada no desenvolvimento do processo. Assim, sempre se dará antes de o processo restar findo.

Dessa forma, conceituamos recurso como instrumento utilizável para que seja apreciada uma condição processual que não restou preclusa.

1.3. NATUREZA JURÍDICA

Muitos já defenderam a ideia de que o recurso seria uma própria ação. Ou seja, uma ação promovida no ventre de outra. Para Tornaghi (1988, p. 322-3), o recurso pode ser visto como uma ação nova dentro do mesmo processo.

Todavia, obtemperamos o diverso. Dizer que o recurso é uma ação seria o mesmo que negar a subsistência do recurso para reconhecer, somente, na vida jurídico-processual, a existência da ação. Desta forma, entendemos a natureza jurídica do recurso como um direito existente dentro da ação. Ou um instrumento inserido no direito de ação.

1.4. JUÍZOS RECURSAIS

1.4.1. Juízo *a quo*

É possível se ter a expressão latina *a quo* com o significado de *o dia a partir do qual se começa a contar um prazo*.

Quando se utiliza a expressão juízo *a quo* no instituto recursal, a referência que se faz é sobre o juiz ou tribunal de cuja decisão se resta inconformado e se interpõe recurso.

1.4.2. Juízo *ad quem*

No vocábulo latino, temos que *ad quem* significa *para que, para o qual*.

Já a expressão juízo *ad quem*, frente aos recursos, traduz-se no tribunal para o qual se recorre de uma decisão, ou seja, se dirige o recurso.

1.5. PRINCIPIOLOGIA

O princípio estabelece orientação ao sistema de normas legais e se refere ao que principia na sistemática, ou seja, que chega primeiro. Em uma visão de regramento, trata-se de elemento refletor e que atua de forma direta nas posteriores diretrizes.

Nas lições de Ávila (2004, p. 29), princípios:

> São deveres de otimização aplicáveis em vários graus segundo as possibilidades normativas e fáticas: normativas, porque a aplicação dos princípios depende dos princípios e regras que a eles se contrapõem; fáticas porque o conteúdo dos princípios como normas de conduta só pode ser determinado quando diante dos fatos.

De outra banda, os princípios estabelecem elementos para a interpretação e aplicação da norma, na ampla área da sistemática do direito. Para Freitas (l995, p.41)

> Por princípio ou objetivo fundamental, entende-se o critério ou a diretriz basilar de um sistema jurídico, que se traduz numa disposição hierarquicamente superior, do ponto de vista axiológico, em relação às normas e aos próprios valores, sendo linhas mestras de acordo com as quais se deverá guiar o intérprete quando se defrontar com antinomias jurídicas...

Para Reale (1991), os princípios aparecem de forma explícita, ou não, e encontram-se por detrás das leis, regendo-as, pois trata-se de enunciações normativas de valor genérico, que condicionam e orientam a compreensão do ordenamento jurídico, quer para sua aplicação e integração, quer para a elaboração de novas normas.

É desta forma que os princípios possuem uma forte proximidade com as normas, estabelecendo valores que deverão ser trilhados pelo preceito legal.

No presente estudo, passaremos a examinar os princípios que efetivamente se jungem aos recursos.

2. Princípios recursais

2.1. DO DUPLO GRAU DE JURISDIÇÃO

O princípio do duplo grau de jurisdição visa a garantir ao vencido a oportunidade do reexame integral de uma decisão de primeiro grau, por um órgão de jurisdição superior. A referência de reexame integral deve-se à ideia de reexame fático e de direito.

Para Chiovenda (1969, p. 246),

> O princípio consagrado em nosso direito, do duplo grau de jurisdição consiste em que toda a causa, com exceção dos casos enumerados na lei, deve poder transitar pela plena cognição de dois tribunais sucessivamente; e esse duplo grau, na intenção do legislador, representa uma garantia para os cidadãos [...]

O supedâneo do duplo grau de jurisdição está no reexame integral da causa por um órgão de jurisdição superior. Conforme a ementa do julgamento do *Habeas* nº 79.785-7, pelo Supremo Tribunal Federal, publicada em 22.11.2002, temos:

> Para corresponder à eficácia instrumental que lhe costuma ser atribuída, o duplo grau de jurisdição há de ser concebido, à moda clássica, com seus dois caracteres específicos: a possibilidade de um reexame integral da sentença de primeiro grau e que esse reexame seja confiado à órgão diverso do que a proferiu e de hierarquia superior na ordem judiciária.

O pacto de São José da Costa Rica, convenção americana dos direitos humanos, ratificada pelo Estado brasileiro em 1992, e que se tornou lei através do Decreto nº 678, de 06.11.1992, prescreve em seu art. 8º, nº 2, "h", I, que:

Artigo 8º Garantias Judiciais.

> 2 – Toda pessoa acusada de delito tem direito a que se presuma sua inocência enquanto não se comprove legalmente sua culpa. Durante o processo, toda pessoa tem direito, plena igualdade, às seguintes garantias mínimas:
>
> h) direito de recorrer da sentença a juiz ou tribunal superior.

E mais, o aludido pacto firmou-se na esfera legal pátria face ao supedâneo do art. 5º, § 2º, da Carta Magna e que estabelece:

Os direitos e garantias expressos nesta Constituição não excluem outros decorrentes do regime e dos princípios por ela adotados, ou dos tratados internacionais em que a República Federativa do Brasil seja parte.

Mas teria essa regra, estatuída pelo pacto, independentemente do Decreto nº 678/92, *status* constitucional? O tema é curioso. Duas posições sobre a convenção americana dos direitos humanos têm se destacado: a primeira, em uma interpretação sistemática do texto constitucional, reconhece que as normas internacionais jungidas aos tratados dos quais o Brasil é signatário, possuem valor semelhante às normas constitucionais, razão pela qual se conferem àquelas o *status magnus*. E a segunda entende que os tratados internacionais se equiparam à lei infraconstitucional, com semelhante hierarquia às leis federais. Por sua vez, o Supremo Tribunal Federal enfrentou a questão e decidiu que os tratados e as convenções internacionais possuem paridade normativa com as leis ordinárias.[3] Dessa forma, haverá sempre a prevalência da Carta Política pátria sobre os pactos internacionais em que o Brasil seja subscritor.[4] Ocorre que esta posição merece uma complementação. É que o art. 5º, § 3º, da CF, trazido pela Emenda Constitucional nº 45/04, estabelece que os tratados e convenções internacionais sobre direitos humanos que forem aprovados, em cada casa do Congresso Nacional, em dois turnos, por três quintos dos votos dos respecitvos membros, serão equivalentes às emendas constitucionais. Nesta esteira, se os tratados ou convenções internacionais sobre direitos humanos se equipararem às emendas constitucionais, os mesmos assumirão *status* constitucional, ou seja, com mesma hierarquia das normas constitucionais originárias.

Todavia, retornando ao nosso tema proposto, muito embora a Constituição não expresse diretamente a existência do duplo grau de jurisdição, é de se reconhecer que a mesma acolheu este princípio de forma implícita em diversas situações. A leitura do capítulo III do Título IV, a partir do artigo 92 do texto magno, deixa claro o reconhecimento do duplo grau face às referências existentes à estrutura do Poder Judiciário.[5]

---

[3] "Tratados e convenções internacionais-tendo-se presente o sistema jurídico existente no Brasil (RTJ 83/809) guardam estrita relação de paridade normativa com as leis ordinárias editadas pelo Estado brasileiro. A normatividade emergente dos tratados internacionais, dentro do sistema jurídico brasileiro, permite situar esses atos de direito internacional público, no que concerne à hierarquia das fontes, no mesmo plano e no mesmo grau de eficácia em que se posicionam as leis internas do Brasil. A eventual precedência dos atos internacionais sobre as normas infraconstitucionais de direito interno brasileiro, somente ocorrerá – presente o contexto de eventual antinomia com o ordenamento doméstico –, não em virtude de uma inexistente primazia hierárquica, mas, sempre, em face da aplicação do critério cronológico (*lex posterior derogat priori*) ou, quando cabível, do critério de especialização. Precedentes." RTJ 164/420.

[4] Outrossim, o Decreto nº 592/92, integrado ao direito brasileiro, tendo como fonte o Pacto Internacional dos Direitos Civis e Políticos, consubstancia o duplo grau de jurisdição. Salienta-se que o artigo 14.5 do aludido pacto informa: "Toda pessoa declarada culpada por delito terá o direito de recorrer da sentença condenatória e da pena a uma instância superior. em conformidade com a lei.".

[5] Exemplo é o disposto previsto no art. 108, II, da Carta Política e que prevê competência ao Tribunal Regional Federal para julgar em grau de recurso as causas julgadas pelos juízes federais ou juízes estaduais, no exercício da competência daqueles.

Entrementes, é de se gizar que haverá casos em que o reconhecimento do duplo grau de jurisdição restará prejudicado. Trata-se dos dispositivos que firmam, por exemplo, julgamentos em uma única instância. Nessas situações, o duplo grau enfrentará um óbice constitucional.

O princípio do duplo grau de jurisdição está jungido ao recurso que carrega determinada intimidade revisória. Ou seja, este princípio vincula-se à figura de reexame amplo de fato e de direito em segundo grau. Assim, determinados recursos, entre eles, por exemplo, o Recurso Extraordinário, Especial, não estarão firmados neste princípio.[6]

O duplo grau de jurisdição pressupõe um único reexame integral da decisão, não privilegiando outros recursos multiplicadores de instâncias revisoras. Nestas condições, a negativa de seguimento de um Recurso Especial, por exemplo, jamais se configuraria em uma ofensa ao princípio do duplo grau de jurisdição.

Giza-se que nos casos de julgamentos cuja competência seja originária dos tribunais, mais uma vez restará prejudicado o princípio do duplo grau de jurisdição, pois não caberá recurso ao Supremo Tribunal Federal ou para os tribunais superiores, com a finalidade de reexaminar a matéria fática.[7] Desta forma, a competência, por prerrogativa de função, apresenta uma circunstância desfavorável ao condenado. O supedâneo das decisões que estabelece a impossibilidade do duplo grau de jurisdição nas decisões originárias dos tribunais está na Constituição Federal, a qual enumera taxativamente os recursos cabíveis para o Supremo Tribunal Federal e para os tribunais superiores. Ademais, a própria Carta Política não estabelece explicitamente o duplo grau de jurisdição como garantia constitucional, pois o regramento existente sobre a matéria é infraconstitucional.

De outra banda, não é demais lembrar que não pode a segunda instância julgar questão que não foi examinada pelo primeiro grau, sob pena de supressão de jurisdição. Assim, jamais poderá o tribunal *ad quem* pronunciar-se sobre pedido que não foi apreciado pelo juízo *a quo*.[8] Exemplificando, se um juiz deixar de receber uma denúncia e, face ao recurso promovido, o tribunal cassar este decisório e receber a inicial, não poderá este tribunal promover, desde já, o julgamento do mérito do feito.

---

[6] As Súmulas nº 279 do STF e nº 7 do STJ não admitem o reexame de prova nos recursos extraordinário e especial, respectivamente.

[7] O Supremo Tribunal Federal, em decisão relatada pelo Ministro Sepúlveda Pertence, decidiu que: "Em processo criminal da competência originária do Tribunal de Justiça, não é possível a interposição de recurso para o Superior Tribunal de Justiça objetivando o reexame da matéria de fato." RHC 79.785-RJ, j. 29.3.2000.

[8] "O recurso devolve ao Tribunal o conhecimento e julgamento da matéria apreciada na decisão recorrida. Impossível acrescentar tema novo, isto é, não apreciado na instância originária. Afetar-se-ia a competência, suprimindo grau de jurisdição" (STJ RHC 2.317-3. Rel. Luiz Vicente Cernicchiaro, j. 3.11.92)

É nessa esteira que observamos o princípio do duplo grau de jurisdição como um avanço processual, seja em razão do controle da atividade jurisdicional ou da maior confiabilidade do sistema judicante. O desprezo a este princípio admite a ideia anacrônica de uma legislação tirana.[9]

2.2. DA FUNGIBILIDADE

O direito processual penal é, como se poderia dizer, filho franciscano da sistemática formal. Tal situação se observa frente às diversas inovações trazidas na processualística civil, cuja legislação se contemporiza, diferentemente da legislação formal penal que, atrasada, parece ser olvidada pelo poder legiferante.[10]

A ausência de modernidade no processo penal, em especial no que tange aos recursos, muitas vezes faz experimentar dúvida sobre qual o instrumento correto, ou o recurso, a ser interposto. É que a realidade processual criminal, muitas vezes perversa, dificulta a visualização do recurso cabível para a situação faceada. Muito embora se socorra junto aos amparos doutrinários ou jurisprudenciais para solucionar ambiguidade, a falta de amparo legal é empecilho desastroso.

Para evitar qualquer prejuízo face a um possível lapso sobre a forma, impedindo a efetiva finalidade processual, firmou-se o princípio da fungibilidade que estabelece o aproveitamento do incorreto recurso interposto pelo efetivamente cabível.[11] Ou seja, o juízo recebe o recurso equivocado, adaptando a este o rito do recurso correto, tornando eficaz o instrumento de insurreição. Nessas condições, pelo princípio da fungibilidade, admite-se o recurso impróprio, o qual é coberto por uma vestimenta procedimental que lhe regulariza.

---

[9] A Lei nº 4, de 10.06.1865, estabelecia em seu artigo 4º a impossibilidade de qualquer recurso para as condenações aos escravos que cometessem crimes contra seus senhores. Ilustra-se que a pena de morte estava incluída como uma das possíveis sanções irrecorríveis.

[10] A Lei de Execução Penal, nº 7.210/84, em seu art. 197, estabeleceu a figura do Agravo como recurso cabível no feito executório. "Das decisões proferidas pelo juiz caberá recurso de agravo, sem efeito suspensivo". Ocorre que a referida lei não firmou o prazo para interposição e, tampouco, prescreveu como se daria o molde de interposição. A razão disto é que aguardava-se a aprovação do Projeto de Lei nº 1.655/83, que estabeleceria o novo Código de Processo Penal, onde haveria a figura do Agravo, à semelhança do processo civil, com prazo e forma de interposição. Ocorre que o aludido projeto não restou em lei, o que obrigou a jurisprudência, após diversas desavenças doutrinárias, a firmar o procedimento. Até a presente data, inexiste legislação específica sobre este assunto.

[11] "O recurso, como se sabe, nada mais representa senão o inconformismo do vencido, no caso o réu, ante a decisão de 1º grau. E este inconformismo ora se reveste da forma do recurso em sentido estrito, ora de apelação, ora de embargos. Ora de carta testemunhável etc. Mas todas estas formas conduzem a um único objetivo: levar ao órgão superior a irresignação daquele que se sente injustiçado pela sentença. Daí porque o oferecimento dos recursos não pode e não deve se revestir de formalismo ou rigor excessivo." (TACRIM-SP-Rec. Rel. Wiess Andrade. JUTACRIM-SP 53/227).

O princípio da fungibilidade, também chamado de *Teoria do Recurso Diferente*, vem expressamente previsto no art. 579 do CPP:

Salvo a hipótese de má-fé, a parte não será prejudicada pela interposição de um recurso por outro.

Parágrafo único. Se o juiz desde logo reconhecer a impropriedade do recurso interposto pela parte, mandará processá-lo de acordo com o rito do recurso cabível.

Conforme se observa, o texto legal faz uma ressalva no que tange à questão da má-fé. Muito embora a processualística penal não preveja, como faz o Código de Processo Civil, a reputação de alguém como litigante de má-fé, o fato é que a referência legal criminal reconhecerá má-fé naquele que se utilizar da figura da fungibilidade com a efetiva intenção de inverter o recurso correto por outro. Tal propósito poderia se dar em razão da utilização de um recurso de maior amplitude cognitiva ou que provocasse uma maior delonga no julgamento. Outrossim, encontrar-se-ia má-fé naquele recorrente que optasse por outro recurso, de maior prazo para interposição. Nesse aspecto, é de se destacar que é incabível o aproveitamento de um recurso equivocado quando interposto a destempo do prazo legal estatuído ao recurso correto. Ou seja, não será recebido o recurso promovido dentro de seu prazo legal, mas distinto do prazo destinado para objurgar a decisão.

Conforme se depreende, o art. 579 do CPP se dirige, apenas, para a má-fé, sem aludir a questão do erro grosseiro. Entrementes, tem sido equiparado o erro grosseiro com a má-fé, pois quando a lei, de forma límpida e cristalina, estabelece um recurso, o qual não sofre controvérsias doutrinárias ou jurisprudenciais, não há motivo para qualquer equívoco rude.[12] Lembra-se que as partes sempre estarão litigando por meio de seus representantes legais, pessoas capacitadas tecnicamente, razão que conhecedoras do regime processual estarão aptas a evitar erro grosseiro.[13]

Todavia, entendemos haver uma exceção à regra na comparação do erro grosseiro com a má-fé. São nos casos dos recursos contra decisões denegatórias de *habeas corpus*, impetrados por pessoa sem *jus postulandi*. Ora, se o impetrante, que não é advogado ou representante do Ministério Público, pode ingressar com *habeas corpus*, é certo que ele também pode recorrer da decisão.[14] Aqui há a emersão do princípio de *quem pode o mais pode, também, o menos*. Nesse caso, admitindo-se que um cidadão do povo recorresse contra a

---

[12] JTACrSP 53/469 refere que o erro grosseiro, havido com a interposição de recurso impróprio, é demonstração de má-fé.
[13] Conforme julgado STJ-HC 36363/RJ, j. 02/06/2005, DJ 20.06.2005 p.305, o princípio da fungibilidade estará afastado, quando evidenciado o erro grosseiro e inescusável, como por exemplo na oposição equivocada de "Embargos Infringentes c/c de Nulidade" em face de acórdão que denegou Habeas Corpus, quando o correto seria a interposição de Recurso Ordinário.
[14] RT670/285. Mesmo sentido: RSTJ 43/8, RT 577/435 e RT 631/389.

decisão denegatória de *habeas*, utilizando recurso grosseiramente errado, sua condição atécnica pessoal permitiria o conhecimento de sua peça. Aqui, o erro grosseiro não poderia ser equiparado à má-fé, pois incabível a exigência de amplo conhecimento.

Ratificamos que tem prevalecido o entendimento de que a fungibilidade não será admitida nos casos em que o recurso indevido não tenha sido interposto dentro do prazo estabelecido ao recurso cabível, pois tal situação tratar-se-ia de um prenúncio de má-fé. Mirabete (2001, p. 615) professa:

> Não se permite ainda que se conheça do recurso indevido, ainda que no prazo a este concedido, se se esgotou o prazo do recurso devido. Caso contrário, possibilitar-se-ia a fraude daquele que, vendo ter-se esgotado o prazo do recuso adequado, impetrasse outro, cujo prazo ainda não estaria vencido.

Para Noronha (1989, p. 342),

> Ressalva do princípio é também a da má-fé do recorrente, nas mais das vezes, por haver a parte perdido o prazo do recurso adequado, usando, então, cavilosamente, de outro.

Contudo, poderá haver casos de boa-fé, nos quais por mero equívoco o recorrente interponha recurso impróprio, dentro do prazo estabelecido a este, todavia fora do prazo legal previsto ao recurso correto. Nestas circunstâncias, onde a razoabilidade do engano, e que determinou a interposição do recurso equivocado, presume a boa-fé, é de se sugerir o aproveitamento do recurso errado. Veja-se que tal equívoco pode ter se originado, por exemplo, de divergências jurisprudenciais ou doutrinárias. Logo, não haveria em que se dizer sobre má-fé.

2.3. FAVOR REI

São admitidas no processo penal interpretações que resultam por beneficiar os acusados, já que privilegiam seus direitos, em especial o da liberdade, em detrimento da pretensão punitiva do Estado. Assim, desprezando o regular equilíbrio entre as partes na relação processual, o princípio *favor rei* é visto como efetiva prerrogativa da defesa.

E não poderia ser diferente, já que na Carta Magna impera o princípio da proteção dos inocentes que irradia seus efeitos na processualística penal como preceitos de segurança. Prescreve Tovo (1995, p. 13/14):

> Por conseguinte, podemos denominar o Direito Processual Penal: direito protetivo dos inocentes. Inocentes não no sentido de santidade ou angelicalidade, mas, sim, de inocentes (não nocentes) da acusação que lhes é imputada.

E é assim que se firma este princípio, com a finalidade de proteger ao máximo o indivíduo acusado, sempre se alinhando com o estado de inocência critério garantidor do inocente.[15]

Os reflexos deste princípio poderão ser observados em diversas situações jurídicas. Como por exemplo, nos julgamentos de recursos pelo colegiado cuja votação resulte em empate, razão que decisório deverá beneficiar a defesa, ou nos próprios embargos infringentes ou de nulidade, os quais só serão admitidos em favor do acusado.

Outrossim, o próprio julgamento do recurso será orientado pela dimensão deste princípio, frente ao estabelecimento da disposição do *in dubio pro reo*.

E mesmo frente ao recurso imperfeito os juízes e os tribunais têm competência para expedir de ofício ordem para sanar eventual coação ilegal. Por certo, trata-se do *habeas* de oficio, ato previsto no artigo 654, § 2º, do CPP e que servirá para afastar o constrangimento ilegal ou risco deste junto ao acusado.

Por certo, o princípio *favor rei* não é um critério solitário e irrazoável, mas sim uns dos elementos estruturantes de uma interpretação processual constitucional.

2.4. DA CONVERSÃO

Existem casos em que o recurso interposto é o correto, porém não concluiu seu destino ao juízo competente para julgá-lo. Ou seja, resta no juízo incompetente. Nessas situações, emerge o princípio da conversibilidade e que permite que o juízo equivocado promova a conversão, encaminhando o recurso ao juízo correto. Como exemplo para visualizar o princípio da conversão, poderíamos citar o recurso direcionado equivocadamente à câmara criminal do Tribunal de Justiça, quando deveria ser para o grupo criminal. Neste caso, o juiz daquele tribunal ordena, através da conversão, a remessa do recurso ao órgão competente, para que este o julgue. Observa-se, então, que a preocupação está em evitar prejuízo ao recorrente.

Há, também, entendimento de que a conversão se faz presente nos casos em que o recurso interposto permite o julgamento de outro recurso, através de uma transposição do exame recursal. Assim, haverá a conversão nos casos do artigo 28, §§ 3º e 4º, da Lei nº 8.038/90, que prevê na hipótese de provimento do agravo contra as denegações de recursos extraordinário ou especial, se o instrumento contiver os elementos necessários ao julgamento do mérito do recurso inadmitido, o relator determinará, desde logo, sua inclusão em pauta, observando-se, daí por diante, o procedimento relativo àqueles recursos.

---

[15] Para Tovo, não se trata de presunção, nem de inocência, nem de não culpabilidade, e sim de incidência do princípio de proteção dos inocentes. (TOVO, Paulo Cláudio, *Estudos de Direito Processual Penal*, Livraria do Advogado, 1995, Porto Alegre, p. 46).

Não é de se ver o princípio da conversibilidade como um simples corolário da fungibilidade. Enquanto o objeto deste é a impropriedade do recurso interposto, o objeto daquele é o juízo competente para julgar o recurso.

2.5. DA TAXATIVIDADE

O princípio da taxatividade estabelece que todos os recursos devem estar previstos legalmente. Assim, tanto a Constituição Federal, como o Código de Processo Penal e as leis especiais enumeram taxativamente os recursos cabíveis, estabelecendo quais são os admissíveis na esfera criminal.

O art. 22, I, da Carta Magna prevê que compete à União legislar sobre direito processual. Desta forma, os Estados, Municípios e Distrito Federal não podem legislar sobre processo.

Por esse princípio, resta prejudicado dizer-se sobre recursos inominados, por falta de previsão legal. E com este fundamento é que o Supremo Tribunal Federal não tem conhecido remédios com a natureza recursal, não firmados no texto legal.[16]

Não se pode negar ser acertado o princípio da taxatividade, pois inadmissível seria a promoção de uma multiplicidade de recursos não previstos em lei e capazes de procrastinar os feitos.

Alguns defendem a ideia de que se inexistir recurso taxativamente previsto é possível, forte no artigo 3º do CPP, por aplicação analógica, interpor-se recurso outro, previsto nos demais ramos do direito. Porém, deve-se se ter cuidado para evitar a adoção de um recurso estranho, quando o legislador efetivamente buscou não estabelecer qualquer recurso.

2.6. DA UNIRRECORRIBILIDADE

Se a decisão for recorrível, só haverá um único recurso adequado. Trata-se do princípio da singularidade, que proíbe que a mesma parte interponha mais de um recurso contra a mesma decisão.[17]

A unirrecorribilidade, por vezes, se deparará com decisão que poderá gerar equívocos, face à existência de dois recursos cabíveis à primeira vista. Pegue-se o exemplo do juiz que, ao sentenciar o feito, condena o réu e julga quebrada a fiança, por qualquer razão. Inconformado, o condenado busca recorrer, somente, da decisão de quebramento de fiança. Assim, o recurso cabível não será o Recurso em Sentido Estrito, previsto no artigo 581, VII, do CPP, mas

---

[16] Informativo 183 do STF, título Ação Originária e Duplo Grau de Jurisdição.
[17] RT 644/287.

sim, a Apelação, forte no art. 593, I, combinado com o § 4°, face à existência de condenação.

Quando cabível a apelação, não poderá ser usado o recurso em sentido estrito, ainda que somente de parte da decisão se recorra.

Entretanto, o princípio da unirrecorribilidade pode possuir exceção quanto à matéria da objurgação. Imagine-se uma decisão que não permitiu ao réu ouvir as oito testemunhas arroladas em sua defesa prévia, em procedimento ordinário. Tal decisão ofendeu o princípio da ampla defesa, previsto no artigo 5°, LV, da CF e o disposto no artigo 398 do CPP. Assim, caberá recurso extraordinário, forte no artigo 102, III, "a", e também caberá Recurso Especial, forte no artigo 105, III, "a", todos da Constituição Federal, respectivamente. Ou seja, neste caso serão admissíveis dois recursos contra uma única decisão.

2.7. DA VARIABILIDADE

Estabelece que a parte pode variar de recurso, desde que o faça dentro do prazo de interposição. Logo, a promoção de um recurso não vincula o recorrente integralmente à impugnação do decisório, pois poderá trazer outras razões, desistir deste recurso ou interpor outros recursos, se dentro do prazo legal.

Veja-se que o réu poderá desistir do seu recurso apresentado. Aqui temos a presente variabilidade. Contudo, o artigo 576 do CPP prevê que o Ministério Público não poderá desistir dos recursos interpostos por ele. Logo, temos uma restrição ao princípio da variabilidade a este órgão acusador.

Mas poderia haver a preclusão consumativa no processo penal, face à não apresentação das razões por ocasião da interposição do recurso? Inicialmente, devemos destacar que tal preclusão se trata de uma exceção ao princípio da variabilidade, e que estabelece que a parte não poderá mais arrazoar seu recurso interposto, tampouco promover outro recurso, por já haver passado a oportunidade de fazê-lo. Esta preclusão consumativa existe na processualística civil, pois conforme o entendimento prevalente os recursos devem ser propostos na companhia de suas razões.

Ocorre que na processualística penal, em alguns casos, é permitida a apresentação das razões de recurso após sua interposição. Por exemplo, a apelação e o recurso em sentido estrito admitem o oferecimento das razões após a interposição do termo ou da petição de recurso (artigo 578, *caput*, combinado com os artigos 588, *caput*, e 600 do CPP). Assim, na seara criminal a situação é distinta da civil.

Porém, atenção. No caso específico do procedimento do Júri, a Súmula n° 713 do STF estabelece que o efeito devolutivo da apelação contra decisões do júri é adstrito aos fundamentos da sua interposição. Logo, não poderá o tribunal ultrapassar o objeto definido no recurso e julgar além ou fora do pedido. Assim, se por exemplo, o réu apelar contra a decisão dos jurados, forte no art.593, III, "a" do CPP, pretendendo a nulificação do decisório, posteriormente não poderá arrazoar forte, também, na alínea "d", dizendo que a decisão do júri é manifestamente contrária a evidência dos autos. Este último argumento restará prejudicado e não será examinado no julgamento, o qual somente decidirá sobre a questão da nulidade.

Outrossim, deve-se observar que com relação as nulidades, o tema da variabilidade deve ser gizado. É que não poderá o colegiado reconhecer nulidade contra o acusado, que não tiver sido arguida no recurso apelativo da acusação. A própria Súmula nº 160 do Supremo Tribunal Federal define esta questão:

> É nula a decisão do tribunal que acolhe, contra o réu, nulidade não argüida no recurso de acusação, ressalvados os casos de recurso de ofício.

Destarte, se a acusação recorrer e não argumentar nulidade contra o réu, prejudicada estará o exame desta.

2.8. DA DIALETICIDADE

O recurso, como petitório à instância superior, deve vir acompanhado de elementos persuasivos, capazes de trazer convencimento ao juízo *ad quem* da imperiosidade do provimento.Tais elementos podem se caracterizar como as razões recursais. Conforme aduz Nery Junior, face ao processo civil (1997, p. 146),

> [...] o recurso deverá ser dialético, isto é, discursivo. O recorrente deverá declinar o porquê do pedido de reexame da decisão. Só assim a parte contrária poderá contra-arrazoá-lo, formando-se o imprescindível contraditório em sede recursal.
>
> O procedimento recursal é semelhante ao inaugural de ação civil. A petição de interposição de recurso é assemelhável à petição inicial, devendo, pois, conter os fundamentos de fato e de direito que embasariam o inconformismo do recorrente, e, finalmente, o pedido de nova decisão. Tanto é assim, que já se afirmou ser causa de inépcia a interposição de recurso sem motivação.

Para Tovo (1995), trata-se do princípio da motivação recursal, pois sem motivação não seria admissível o reexame da matéria. Contudo, e como bem alerta o doutrinador, deve-se observar o artigo 601 do CPP.

Ocorre que no processo penal é admissível que o recurso de apelação suba ao tribunal, sem as razões, e seja julgado. O artigo 601 do CPP refere que, findos os prazos para razões, os autos serão remetidos à instância superior, com as razões ou sem elas.

Logo, o princípio da dialeticidade é mitigado por exceções que admitem o conhecimento e o provimento do recurso sem a presença das razões.

Por fim, deve-se gizar que os recursos acompanhados de arrazoados sem valor deverão também ser processados. Assim, eventuais recursos firmados em vanilóquios serão recebidos.

2.9. DA PERSONALIDADE

Em amplo sentido, a ideia do princípio da personalidade é de que o efeito do recurso somente beneficiará quem o interpôs. Contudo, no direito processual penal, esta regra não se impõe, pois a decisão do recurso interposto somente por um dos réus poderá refletir ao outro, de forma benéfica, quando os motivos não forem de caráter pessoal. O artigo 580 do CPP prescreve que, no caso de concurso de agentes, a decisão do recurso interposto por um dos réus, se fundado em motivos que não sejam de caráter exclusivamente pessoal, aproveitará aos outros.

Nessas condições, tem-se admitido estender-se a decisão do recurso ao corréu que não recorreu quando se estiver frente à inexistência material do fato ou atipicidade do fato ou extinção de punibilidade. Assim, se, por exemplo, o réu recorre contra a condenação, alegando que o fato não é crime, julgado procedente o recurso, a decisão aproveitará aos réus que não recorreram e nas mesmas condições foram condenados. Porém, frente a motivos de caráter exclusivamente pessoal, como exemplo, a circunstância atenuante de ser o agente maior de 70 anos (art. 65, CP), tal benefício não será estendido.

Julgados, alargando mais a aplicabilidade do dispositivo formal do artigo 580 do CPP, admitem, inclusive, a extensão dos efeitos dos julgamentos da Revisão Criminal e do *habeas corpus*, quando benéficos, ao cocondenado, por exemplo.[18]

2.10. DA DISPONIBILIDADE

O recurso é um instrumento disponível da parte. Assim esta decide, voluntariamente, se recorre ou não. Na realidade, junto à vontade encontra-se a insatisfação com o decisório. Contudo, não é a inconformidade o elemento basilar para o conhecimento do recurso, mas sim o interesse em recorrer. Veja-se que de nada adianta a insurreição sem a pretensão de mudança. Essa demonstra o real interesse na reforma, elemento imprescindível no recurso.[19]

É nesse sentido que muitos atribuem ao princípio da disponibilidade, outrossim, o nome de voluntariedade.

---
[18] RTJ 101/127.
[19] Embora não se deva negar, em todos os casos, o direito do réu de recorrer da anulação integral do processo, não é de se conhecer da impugnação quando o insurgente não esclareça, nem dos autos se possa inferir, seu interesse em ver convalidada a relação processual. (RT 612/342)

Ocorre que no processo penal o princípio da disponibilidade vem mitigado face à natureza indisponível da relação jurídica. Assim, estabelece o artigo 574 do CPP:

> Os recursos serão voluntários, excetuando-se os seguintes casos, em que deverão ser interpostos, de ofício, pelo juiz.
> I – da sentença que concede *habeas corpus*;
> II – da que absolve desde logo o réu com fundamento na existência de circunstância que exclua o crime ou isente o réu de pena, nos termos do art. 411.

Logo, teremos casos em que, independentemente da parte, haverá recurso. Este será chamado de recurso necessário. Assim, deverá ser promovido o recurso obrigatório frente à sentença que concede *habeas corpus,* ou a sentença que absolve desde logo o réu com fundamento na existência de circunstância que exclua o crime ou isente o réu de pena. Também no decisório firmado no artigo 411, na decisão absolutória nos delitos contra a Economia Popular ou a Saúde Pública (artigo 7º da Lei nº 1.521/51), ou na determinação de arquivamento de inquérito policial nos crimes contra a Economia Popular ou a Saúde Pública (artigo 7º da Lei nº 1.521/51), ou no indeferimento *in limine* de revisão criminal ou na sentença concessiva de reabilitação criminal (artigo 746 CPP).

Dessa forma, o princípio da disponibilidade resulta inócuo frente às previsões legais dos recursos necessários. Conforme pode-se depreender, o recurso voluntário é aquele interposto pela parte. Já o recurso necessário é aquele promovido pelo juiz. No voluntário, temos uma faculdade da parte, porquanto no recurso necessário, uma obrigação do juiz. Assim, é certo afirmar que a efetiva diferença de tais recursos se encontra no aspecto de um ser direito e outro ser dever.

O recurso voluntário é caracterizado pela possibilidade de extinção, forte na própria disponibilidade. Tratar-se-ia de uma extinção provocada, que pode ser em razão da Desistência ou Deserção. A Desistência é uma manifestação expressa promovida após a interposição do recurso e que impede o seu julgamento, se apresentada antes. Na desistência, existe a necessidade de pedido.[20] No caso da deserção por falta de preparo, pois não se deve mais falar em deserção face à fuga do condenado, temos que visualizar o dispositivo do artigo 806, § 2º, do CPP e que estabelece que a falta de pagamento das custas, referente a recurso da queixa-crime, nos prazos fixados, importará na deserção do recurso interposto. Conforme se concluiu, na ação penal privada, os recursos deverão vir acompanhados do preparo.

Existe também a renúncia, causa impeditiva que é uma manifestação expressa ou tácita, anterior à interposição do instrumento recursal e que determina a preclusão ou o trânsito em julgado.

---

[20] RT 476/388.

Logo, temos que a renúncia é anterior, e a desistência é após a interposição.

O Ministério Público não está obrigado a recorrer das decisões judiciais. Contudo, uma vez que tenha recorrido, não poderá desistir do recurso. É o que preceitua o artigo 576 do CPP. Nesta esteira, ilustra-se que as razões do Ministério Público deverão seguir o termo do recurso interposto, pois se as mesmas não acompanharem os limites estabelecidos por ocasião da interposição, haverá uma parcial desistência. Assim, não é possível que o Ministério Público, diante da proibição de desistência do recurso, restrinja o âmbito de suas razões. Veja-se o caso do Promotor Público que, inconformado com a decisão dos jurados que absolveu o réu, ingressa com termo de apelação, forte no art. 593, III, "a" e "b", do CPP, em razão de nulidade posterior à pronúncia e sentença contrária à lei expressa, respectivamente. Todavia, por ocasião da apresentação do arrazoamento, o órgão acusador apenas fundamenta seu recurso na alínea "a", ou seja, nulidade. Nestas condições, face à impossibilidade de desistência parcial, o tribunal ainda assim julgará o recurso com o fundamento nas alíneas "a" e "b", firmadas por ocasião do termo.

O art. 577 do CPP admite também que o recurso seja interposto pelo réu ou pelo seu advogado. Mas o réu pode recorrer sozinho, ou seja, sem o seu defensor?

Considerando o artigo 133 da Constituição Federal e que estabelece que o advogado é indispensável à administração da justiça, é impossível que o réu, desacompanhado do profissional, recorra. Além do mais, é importante destacar que haveria desequilíbrio em admitir que o réu, atécnico, esgrimasse contra um profissional extremamente qualificado como, por exemplo, o representante do Ministério Público. Estaria límpido o cerceamento de defesa, pois o réu não usufruiria da amplitude defensiva que inclui a defesa técnico-jurídica.

Contudo, para evitar o não conhecimento, entendemos que é de admitir-se o recurso interposto diretamente pelo réu, somente após vista e manifestação do defensor público ou dativo para ratificação da peça. Exemplificando: O réu é condenado, e seu advogado é intimado no dia 1º de fevereiro. O defensor não promove apelação. No dia 20 de fevereiro, o réu toma ciência da sentença e informa, quando firma sua assinatura no mandado, seu desejo de recorrer. Entrementes, o advogado não propõe o recurso nos cinco dias subsequentes a esta última intimação. Neste caso, deverá haver o desenvolvimento de um recurso de apelação, mesmo sem as razões, o que é permitido pelo artigo 601 do CPP. Contudo, o juízo, de ofício, nomeará um advogado para ter vista e manifestar-se de forma confirmatória à impugnação. As razões de não ratificação deverão ser julgadas pelo juízo.

Dúvidas haveria face à desistência recursal promovida pelo defensor. Para que isto ocorra, é necessário que o advogado tenha poderes especiais para desistir do recurso.[21] Desta forma, é impossível que um defensor dativo desista.[22]

2.11. DA IRRECORRIBILIDADE

Uma vez estabelecido pela taxatividade que todos os recursos dependam de previsão legal, podemos concluir que as decisões que não tenham recursos previstos serão tidas como irrecorríveis.

Pegue-se o exemplo do recebimento da denúncia em procedimento comum. Inexiste qualquer recurso previsto na lei para objurgar esta decisão. Assim, restamos frente a um pronunciamento irrecorrível.

Nesses casos, é bom destacar que se estivermos face ao risco de constrangimento ilegal à liberdade de locomoção poderemos interpor *habeas*, no jaez profilático, a fim de trancar a ação penal.

Diferente do processo civil, o feito de cognição penal não possui o recurso de agravo, estatuído no artigo 522 do CPC, contra as decisões interlocutórias. Desta forma, a processualística criminal restringe-se no âmbito recursal.

A lei formal penal admite interpretação extensiva e aplicação analógica no art. 3º do CPP. Todavia, outrossim, é certo que face à ausência de recursos para certas decisões e à manutenção desta irrecorribilidade, tem-se demonstrado o descabimento recursal e a impossibilidade de socorro em outras ramificações formais.

Por fim, é viável se dizer que frente a uma decisão irrecorrível não há que se referir sobre preclusão, pois uma decisão que não cabe recurso não restará preclusa. Por certo, em havendo nulidade deverá se observar o momento oportuno de arguição, face a possibilidade de convalidação.

2.12. DA *REFORMATIO IN PEJUS*

Face à natureza protetiva do direito processual penal, a *reformatio in pejus* é estudada apenas sob o ângulo de visão do acusado, por se tratar de mais um benefício jurídico ao indivíduo. A ideia basilar do princípio *reformatio in pejus* é que não poderá haver, face ao recurso promovido somente pelo acusado, piora na sua situação. Assim, para nossos estudos, ao invés de utilizarmos a expressão "não *reformatio in pejus*" diremos, apenas, *reformatio in pejus*.

O recurso interposto pelo recorrente sempre deverá pretender a reforma do decisório a fim de melhorar sua condição estabelecida na decisão ataca-

---
[21] RT 424/321 e 466/338.
[22] RT 472/320.

da. Na realidade, a pretensão do recorrente é buscar situação mais vantajosa. Assim, inadmissível que a inconformidade do acusado reste por lhe prejudicar, piorando sua situação. É aqui que nasce o princípio da não reforma para pior ou *reformatio in pejus*.

O princípio *reformatio in pejus* não é novidade no direito, basta ver que em 1806 o Conselho de Estado francês, apenas 17 anos após a queda da Bastilha, já informava que não poderia haver piora na situação do acusado, se somente ele recorrer. Outrossim, a processualística penal do Estado do Rio Grande do Sul, quando os Estados-Membros estavam constitucionalmente autorizados a legislar sobre matéria processual, foi pioneira em prescrever *reformatio in pejus*, que posteriormente foi adotado pelos demais Códigos estaduais. A própria Constituição brasileira de 1891 estatuiu, no art. 81, § 2º, a proibição *reformatio in pejus* às revisões criminais.

Várias razões firmam este benefício. O princípio do *tantum devolutum quantum appellatum*, e que determina que somente a matéria levada a julgamento é que deverá ser examinada, impede que exista uma decisão fora dos contornos do petitório. Também a conformidade da acusação em não recorrer e a questão da coisa julgada parcial demonstram a impossibilidade da piora da situação do acusado. Agregamos, ainda, mais uma razão para a fundamentação da *reformatio in pejus*. É que a interposição de recurso nada mais é do que um direito na ação. Assim, não parece lógico que o acusado utilize um direito que tem e, por isso, seja traído face piora de sua situação. Se o direito processual penal protetivo do não nocente é uma realidade, o aproveitamento do direito de recorrer jamais poderá determinar uma infidelidade ao acusado.

A *reformatio in pejus* vem delineada no artigo 617 do CPP e que prevê que o tribunal, câmara ou turma atenderá nas suas decisões ao disposto nos artigos 383, 386 e 387, no que for aplicável, não podendo, porém, ser agravada a pena, quando somente o réu houver apelado da sentença. Outrossim, o artigo 626, parágrafo único, do CPP estabelece que nos casos de revisão criminal a pena imposta pela decisão revista não poderá ser agravada.

Dessa forma, por exemplo, se a mesma sentença condenar o réu em um crime e o absolvê-lo em outro, é certo que, se somente ele recorrer, e sua apelação for contra a condenação, o tribunal, se improver o seu recurso, não poderá, de ofício, rever a absolvição. Isto ocorrerá, outrossim, se existir ilegalidade no decisório. Exemplo: Se o réu, condenado à pena de 3 meses de detenção, por crime de lesões corporais de natureza grave, cuja pena mínima é de 2 anos de reclusão, apelar, e o acusador não, o tribunal *ad quem* não poderá reajustar a pena para os moldes mínimos exigidos por lei.

É óbvio que diferente será se houver recurso do acusador e que possa piorar a situação do acusado. Neste caso, não se dirá sobre *reformatio in pejus*.[23]

Contudo, devemos nos ater ao aspecto de que o tribunal não poderá admitir nulidade contra o acusado e que não tenha sido objeto de postulação no recurso da acusação. Conforme a Súmula 160 do STF:

> É nula a decisão do tribunal que acolhe, contra o réu, nulidade não argüida no recurso de acusação, ressalvados os casos de recurso de ofício.

Assim, se, por exemplo, o Ministério Público recorrer contra a absolvição do réu, buscando, apenas, sua condenação, sem arguir nulidade existente por cerceamento do contraditório da acusação, o tribunal não poderá decretar de ofício esta nulidade absoluta. Entretanto, não se deve esquecer da exceção prevista na aludida súmula, no que tange aos casos de recurso de ofício. Exemplo: Se o Ministério Público recorrer contra a absolvição sumária do réu, buscando, apenas, a pronúncia, sem arguir nulidade existente por cerceamento do contraditório da acusação, o tribunal poderá decretar, de ofício, esta nulidade absoluta, pois, havendo previsão de recurso necessário para esta absolvição (art.574,II do CPP), segue a exclusão prevista na parte final da Súmula 160 do STF.

Uma questão interessante seria sobre a *reformatio in pejus* indireta. Imaginemos o exemplo do réu que, condenado pelo juiz singular a uma pena de 4 anos, recorra e traga preliminar de nulidade absoluta por cerceamento de defesa. O tribunal, dando provimento à preliminar, resulta por cassar a sentença e determinar nova instrução. Concluído o cursivo instrutório, o juiz, novamente, sentencia e condena o réu, mas, desta vez, à pena de 6 anos. Aqui, observamos a *reformatio in pejus* indireta, o que também não é admitido. Não seria lógico que o recurso promovido pelo réu viesse a lhe prejudicar, mais adiante, com o aumento de pena. No exemplo ofertado, temos que o juízo *a quo* não poderia ultrapassar a pena, anteriormente, fixada, ou seja, de 4 anos. Nestas situações, reconhece-se que a sentença anterior, mesmo nula, gerará efeitos na decisão seguinte.[24] Porém, é de se destacar que existem entendimentos contrários, admitindo a reforma para pior, por considerar impossível, juridicamente, o ato nulo limitar o exercício da jurisdição.[25]

---

[23] Tratando-se de recurso exclusivo da acusação, o agravamento da pena, na segunda condenação, não constitui *reformatio in pejus*. (JSTJ 109/289)

[24] *Reformatio in pejus* indireta. "Anulada, em *habeas corpus*, por falta de fundamentação, a primitiva aplicação da pena, não é mais possível fixá-la em quantum mais elevado, ainda que motivadamente". STF, HC 69.307, DJU 18.12.92, p. 24.376. Outrossim, segue julgado: "Não pode o réu ser condenado a pena superior à que ficou estabelecida na sentença anulada. Trata-se da aplicação do princípio que proíbe a *reformatio in pejus*, integrada no sistema processual, encontrada nos arts. 3º, 617 e 625 do CPP." RT 682/337 Mesmo sentido: RT 609/295, RJTJSP 110/518.

[25] "Tranqüila a jurisprudência pretoriana no sentido de que, anulado o processo por incompetência absoluta do juízo, não há que se cogitar *reformatio in pejus* direta, dada a impossibilidade jurídica de o ato nulo limitar o pleno exercício da jurisdição por parte do juiz natural." STJ-RHC 5857, DJU 12.08.97, p. 36.282.

Porém, se nos depararmos com documento que reproduz sentença condenatória, mas prolatada por alguém sem jurisdição, temos, sim, um ato inexistente.[26] Nesse caso, não se fala em nulidade, entretanto, sim, em ato que não existe. Veja-se que para haver nulificação é necessário que o ato processual exista juridicamente.[27] Nessa situação, sobrevindo sentença condenatória mais gravosa, não haverá *reformatio in pejus* indireta, pois inexistiu julgamento anterior.[28]

Imagine-se, agora, o exemplo do réu, e somente ele, que tenha recorrido de uma sentença prolatada pelo tribunal do júri e que lhe condenou à pena de 6 anos de reclusão, por homicídio simples, e que sua apelação tenha sido provida para cassar a decisão dos jurados, determinando novo julgamento pelo júri. Realizado este julgamento, o réu tenha sido novamente condenado, por homicídio simples, mas à pena de 7 anos de reclusão. Está correta esta pena? Não. É que a pena firmada não poderá seguir além dos 6 anos impostos no primeiro julgamento (*reformatio in pejus* indireta).

Todavia, podemos examinar outro exemplo: O réu pronunciado por homicídio qualificado foi condenado pelo júri à pena mínima de 6 anos de reclusão por homicídio simples, razão pela qual, somente ele, ingressou com recurso de apelação. Este restou provido e anulou o julgamento do júri. Em novo julgamento, o réu foi condenado pelo júri, mas desta vez, por homicídio qualificado, com pena mínima de 12 anos. Será válida esta decisão? Duas correntes respondem.

A primeira entende que não, pois efetivamente se trata de *reformatio in pejus* indireta, destacando que se o réu não houvesse recorrido, sua situação estaria melhor. Ademais, para o acusador, os moldes da primeira condenação estariam perfeitos, pois sequer ele recorreu. Assim não poderia o recurso do réu resultar, mais adiante, em uma piora de sua situação. Neste sentido, entendendo haver ofensa ao princípio da *reformatio in pejus*, seguem julgados.[29]

Mesmo sentido, RTJ 163/230, STJ. REsp 66081, DJU 26.02.96, p. 4.038 e STJ. REsp. 31626, DJU 26.02.96, p. 4038.

[26] "Se falta ao juiz jurisdição, a sentença não é nula e sim inexistente. Onde não há jurisdição não pode haver julgamento e o ato, quaisquer que sejam seus característicos e finalidade, é considerado não existente." RT 582/319.

[27] "Para ser anulado é necessário que o ato processual jurídico exista. Ato juridicamente inexistente, pura e simplesmente, haverá de ser desconhecido, sem necessidade de qualquer prévia e oficial declaração de sua inanidade. Falecendo jurisdição ao órgão, não haverá julgamento; e manifestação aparentemente decisória sobre assunto que lhe refuja deverá ser considerada não existente. Os órgãos das Justiças especiais só têm jurisdição nas estritas balizas da competência que a Lei taxativamente lhes defere. A Justiça Comum, em princípio de jurisdição genérica, demite de si a competência quanto às matérias que a lei venha a retirar de seu âmbito cognitivo, para confiá-las a Justiças Especiais. Se Justiça Especial lavra sentença sobre matéria desgarrada de seu absolutamente delimitado âmbito jurisdicional, não atuará, na verdade, como órgão judicante. Juridicamente, não terá havido julgamento; e o aparente veredicto de direito é de ser considerado como não existente, não podendo adquirir jamais a autoridade de coisa julgada." RT 521/378. Mesmo sentido: JUTACRIM-SP 66/50 e RT582/319.

[28] RT558/414, RTJ 100/927.

[29] "A reprienda imposta em julgamento anterior do qual só o réu apelou não pode ser agravada, quando da renovação do julgamento do Júri, sob pena de *reformatio in pejus* indireta, vedado pelo sistema penal". (RT 668/269) Mesmo sentido: RT 630/280, RJTJSP 102/467.

Já a segunda corrente, e que tem predominado,[30] reconhece que está assegurada à instituição do júri a soberania dos veredictos (artigo 5º, XXXVIII, "c", da Constituição Federal) e que os jurados são independentes. Desta forma poderia, sim, o novo julgamento resultar na piora da situação do acusado.[31]

Contudo, para nós, é curioso que a proibição da *reformatio in pejus* indireta, princípio processual criminal que veda inexoravelmente que a punição seja agravada no novo julgamento, não seja amplamente aplicada aos julgamentos promovidos pelo júri popular. Veja-se que a soberania do veredicto do tribunal do júri, estatuída no artigo 5º, XXXVIII, "c", da Constituição Federal está limitada aos termos estabelecidos pela pronúncia e pelo libelo. Ora, se a instituição do júri não pode fugar desta limitação, sua independência é restrita. Ademais, é bom lembrar que a soberania dos jurados é relativa, o que se observa pelos termos do artigo 593, III, *d*, do CPP. Desta forma, criticamos o afastamento da proibição da reforma para pior junto à decisão dos jurados.

De outra banda, não poderá haver reforma para pior na sentença de pronúncia, que, muito embora não tenha o condão de condenar ou absolver, pode ser objeto de recurso e agravamento de pena. O Supremo Tribunal Federal já tem assentada esta proibição.[32]

Conforme se depreende da leitura dos artigos 617 e 626, parágrafo único, do CPP, a proibição da *reformatio in pejus* está jungida ao recurso de apelação e à revisão criminal. Porém, pergunta-se: Poderá ser este princípio aplicado a outros recursos ou ações distintas? Indubitavelmente que sim, pois se trata de um critério firmado em nome da proteção dos inocentes. Logo, é de se observar

---

[30] "A redação da *reformatio in pejus* indireta não tem aplicação para limitar a soberania do Tribunal do Júri decorrente de preceito constitucional. Não pode, pois, a lei ordinária impor-lhe limitações que lhe retirem a liberdade de julgar a procedência ou a improcedência da acusação, bem como a ocorrência ou não de circunstâncias que aumentem ou diminuam a responsabilidade do réu em virtude de anulação de veredicto anterior por decisão da Justiça togada. Isso implica dizer que tem o novo Júri, nos limites da pronúncia e do libelo, liberdade de responder diferentemente do anterior aos quesitos que lhe são apresentados. Contudo, aplica-se o preceito do art. 617 do CPP se o novo Júri, corrigida a deficiência de quesitos que poderia ter prejudicado o réu (e, por isso, o julgamento do primeiro foi anulado), vier a responder da mesma forma por que o primeiro respondeu quanto ao crime e às circunstâncias influentes na pena. Não há, aqui, obstáculo a soberania constitucional do Júri, nem, tampouco, em respeito dela, a exasperação da pena em consequência de respostas, pelo novo Júri, que a determinem. Se a exasperação da pena resulta somente da sentença do juiz togado que a fixa em sentença, essa, que não goza de atributo da soberania, sendo, pois, suscetível de ser modificada nessa fixação – é de aplicar-se o princípio da *reformatio in pejus* indireta." RT 650/270.

[31] "O tribunal do Júri é soberano. A *reformatio in pejus* não pode alcançar essa soberania. Recurso conhecido e provido para reformar a decisão recorrida e restabelecer a decisão do tribunal do Júri". (STJ-Resp. 15.880-0, j. 04.08.93, DJU 23.08.93, p. 16.589). Mesmo sentido: RSTJ 17/286, RT 701, 394.

[32] "Se apenas o réu recorre na pronúncia, não pode o tribunal piorar sua situação, incluindo qualificadora não contida, de fato e de direito, na sentença." RTJ 119/685. Mesmo sentido: "Tendo sido pronunciado, na primeira sentença, por homicídio simples, não poderia, após a anulação do julgado, em razão de provimento de recurso, interposto apenas pela Defesa, ser pronunciado, depois, por homicídio qualificado. Evidenciada, nessa hipótese, a *reformatio in pejus*, é de se anular, em parte, a sentença e o acórdão que a confirmou, ou seja, apenas para que o paciente seja submetido a julgamento perante o Tribunal do Júri, por homicídio simples- e não por homicídio qualificado." RTJ 156/534.

a aplicação do princípio que proíbe a reforma para pior nos demais recursos[33] e ações criminais, além das revisionais.[34]

2.13. DO *REFORMATIO IN MELIUS*

Por outro prisma, mas mantendo-nos no mesmo ideário de proteção, encontra-se o princípio da *reformatio in melius*, que poderia ser visto como um resultado que melhorou a situação do réu, advindo do julgamento de um recurso interposto pela acusação contra uma decisão, a qual não se insurgiu o acusado. Aqui temos que a acusação recorreu exclusivamente, e o novo decisório veio a favorecer a situação do réu, que não recorreu.

Debates dão conta sobre a possibilidade ou não da *reformatio in melius* na processualística penal.

De um lado, encontram-se os que a inadmitem. Os argumentos são os mais variáveis, que vão desde a ausência de previsão legal, passando pelo princípio do *tantum devolutum quantum appellatum*, o que impediria o exame da matéria não levada ao tribunal *ad quem*, determinando que esse julgue de acordo com os limites fornecidos pelo recorrente, e não *extra* ou *ultra petita*, seguindo até a ilação de que tal reforma determinaria uma *reformatio in pejus* para o recorrente. Para Silva (1999, p. 157),

> Se o réu não apelou porque não quis, simplesmente, ou até por esquecimento, não se justifica que o tribunal venha a reformar a sentença para favorecê-lo, havendo apelo do Ministério Público para agravar a pena; não só pelos motivos já expostos acima, como também porque existe o instituto da revisão criminal da qual pode o réu se valer se houver erro na condenação ou na dosimetria da pena. Se o art. 617 trata da *reformatio in pejus*, vedando-se quando apenas o réu apela da sentença, sem fazer referência à *reformatio in mellius*, é porque, obviamente, para esta, o tratamento adequado está expresso no Capítulo da Revisão Criminal do Código de Processo Penal. Aqui, terá ele, se inconformado com alguma injustiça que vier a constatar após o trânsito em julgado da sentença, maior amplitude para buscar mitigação da pena ou a absolvição.

Tanto o Supremo Tribunal Federal[35] como o Superior Tribunal de Justiça,[36] em diversos julgados, já referiram a inadmissibilidade da *reformatio in melius*. Contudo, existe pensamento diverso.

---

[33] Muito embora não exista mais o recurso de Protesto por Novo Júri, o presente julgado permite um parâmetro. "Não se pode admitir que o segundo julgamento, em decorrência do protesto por novo Júri – favor dispensado à liberdade – tenha resultado mais gravoso para o acusado, a quem o recurso, privativo da defesa, visa a beneficiar." (RT 575 / 365).

[34] Se o *habeas* anula decisão, a nova sentença não pode aplicar pena mais grave que a anterior. (RTJ 84/654). Mesmo sentido: JUTACRIM-SP 69/350 e STF-HC 69.307, DJU 18.12.92, p. 24.376.

[35] "O princípio do *tantum devolutum quantum appellatum* configura obstáculo à *reformatio in melius*, diante de recurso exclusivo da acusação, pleiteando o agravamento da pena." RTJ 112/471, mesmo sentido: RTJ 103/398, RT 567/402, 569/425, 587/424).

[36] "Se o recurso foi interposto somente pela acusação, não se admite a aplicação do princípio da *reformatio in melius*, ainda que tal circunstância venha a beneficiar o réu." RT 748/579, mesmo sentido: STJ-Resp. 72.745, DJU 22.4.97, p. 14.458.

Inicialmente, é de se destacar que a argumentação de ausência de previsão legal não é e nunca será razão para o juiz deixar de decidir sobre matéria de direito indisponível.

De outra banda, resta mitigado o princípio do *tantum devolutum quantum appellatum* face ao constitucionalismo existente. É que o indivíduo adquiriu a seu favor direitos fundamentais os quais devem ser protegidos por todos os poderes, em especial pelo judicante, através de um posicionamento moldado aos textos constitucionais. Destarte, o Poder Judiciário deve ofertar acurada atenção aos seus julgamentos, fiscalizando de forma ampla e eterna os equívocos que lesionem os direitos e as garantias fundamentais dos indivíduos. Assim, a proteção destes direitos e garantias jamais restringiriam-se às simples postulações.

Por fim, a ideia de que *reformatio in melius* ensejaria *reformatio in pejus* ao recorrente resta prejudicada, pois o que a lei efetivamente proíbe é a reforma prejudicial ao acusado, e não ao seu acusador.

Desta forma, julgados, em especial de tribunais de segundo grau, dão conta da admissibilidade da *reformatio in melius*.[37] Inclusive julgados do próprio Superior Tribunal de Justiça.[38]

A nosso ver, a questão sobre a admissibilidade ou não do *reformatio in melius* seria um tema despiciendo frente à possibilidade do *habeas* de ofício. É que a simples aplicação do artigo 654, § 2º, do CPP, que prevê a concessão de *habeas* sem postulação quando os juízes e os tribunais verificarem, no curso do processo, que alguém sofre ou está na iminência de sofrer coação ilegal, resta por firmar a possibilidade de reforma para melhor. Ou seja, a *reformatio in melius* estaria consagrada como corolário lógico do *habeas* sem provocação das partes.

São nestes termos que entendemos ser cabível a *reformatio in melius* no direito formal criminal.

---

[37] "Caso o MP recorra de decisão condenatória buscando a exacerbação da pena, não está o Juízo de segunda instância impedido de reduzir pena imposta em 1º grau ou até absolver o réu, procedendo assim à *reformatio in melius*". RJD 7/51, mesmo sentido: JUTACRIM-SP 73/395, RT 561/355.

[38] "O recurso de apelação do MP devolve ao tribunal o exame de mérito e da prova. Nessas circunstâncias, se o tribunal verifica que houve erro na condenação ou na dosimetria da pena, não está impedido de corrigi-lo em favor do réu, ante o que dispõe o art. 617 do CPP, que somente veda a *refomatio in pejus* e não a *reformatio in melius*. Argumentos de lógica formal não devem ser utilizados na Justiça criminal para homologar erros ou excessos. E não é razoável remeter-se, na hipótese, o interessado para um revisão criminal de desfecho provavelmente tardio, após cumprida a pena, com prejuízos para o indivíduo e para o Estado: àquele pela perda da liberdade, a este, pela obrigação de reparar o dano (art. 630 do CPP). Recurso especial do MP conhecido pela divergência jurisprudencial, mas improvido." (STJ – REsp. Rel. Assis Toledo. RT 659/335; RSTJ 17/415; JSTJ 17/217.

3. Pressupostos recursais

Como foi visto, o fundamento original de um recurso calca-se na insurreição de alguém, frente a uma decisão que lhe é desfavorável, e na procura de uma satisfação.

Contudo, haverá, ainda, pressupostos imprescindíveis para o recurso. Em uma visão didática, é possível estabelecer pressupostos recursais objetivos e subjetivos.

3.1. PRESSUPOSTOS RECURSAIS OBJETIVOS

3.1.1. Previsão Legal

Este pressuposto recursal está intimamente ligado ao princípio da taxatividade e que estabelece que todos os recursos dependam de previsão legal. Seja com amparo legal na Constituição Federal ou no Código de Processo Penal ou nas leis especiais, ou enfim em qualquer mandamento legal, o fato é que a promoção do recurso depende de lei. Logo, as decisões que não tenham recursos previstos serão irrecorríveis. Presente, então, o princípio recursal da irrecorribilidade e que impossibilita que o despacho ou a decisão seja objurgado. Diferentemente do princípio da unirrecorribilidade que proíbe que a mesma parte interponha mais de um recurso contra a mesma decisão, quando previsto em lei.

3.1.2. Tempestividade

Como os recursos no processo penal estão taxativamente previstos em lei, esta mesma lei estabelece os prazos recursais os quais inobservados determinarão o não conhecimento do recurso interposto. Para cada recurso haverá um prazo.

O recurso deve ser promovido dentro do prazo legal. Nem antes e nem depois. Assim, será extemporâneo o recurso interposto antes de iniciar o prazo, ou seja aquém do termo inicial,[39] bem como aquele promovido após o escoamento do prazo, além do termo final.[40]

---

[39] STJ AgRg no Resp 445117/SP, DJ 09.12.03.
[40] AgRg no Ag 860727/SP, DJ 25.05.07.

Os prazos serão contínuos e peremptórios, não se interrompendo por férias, domingo ou feriado. O dia do começo do prazo não se computa, e o prazo se prorrogará até o primeiro dia útil, não se findando em domingo ou feriado. É o que prevê o art. 798 do CPP. A Lei nº 1.408/51 prevê que os prazos que se encerrarem ou iniciarem aos sábados, nos foros em que haja expediente até o meio-dia, serão prorrogados para o primeiro dia útil. Por sua vez, a Súmula 310 do STF esclarece que quando a intimação tiver lugar na sexta-feira, ou a publicação com efeito de intimação for feita nesse dia, o prazo judicial terá início na segunda-feira imediata, salvo se não houver expediente, caso em que começará no primeiro dia útil que se seguir.

O dia do prazo findará conforme o horário de expediente forense. Assim, se no último dia do prazo ocorrer encerramento do foro antes do horário normal, o prazo será prorrogado para o primeiro dia útil seguinte.[41]

A Defensoria Pública terá prazo em dobro, forte Lei Complementar nº 80/94, art. 128, I. Porém não se tem admitido este tipo de prazo ao defensor dativo ou ao advogado que não pertence aos quadros da Defensoria do Estado sendo, inclusive, irrelevante a existência de convênio com a Ordem dos Advogados do Brasil.[42]

A promoção do recurso de forma extemporânea determina a coisa julgada formal nas decisões que dependam unicamente daquele recurso para reforma. Esta coisa julgada formal torna imutável, processualmente, a decisão que poderia ser atacada. Porém, é certo que se tratando de direito público subjetivo do réu, a coisa julgada restará mitigada na processualística penal.

É de se gizar que a contagem dos prazos processuais é totalmente diferente da contagem dos prazos materiais. Ocorre que esta distinção se dá em razão das regras legais existentes. Enquanto a contagem dos prazos processuais se firma no Código de Processo Penal, a dos prazos materiais se firma no Código Penal. Assim, o artigo 10 do Código Penal estabelece que o dia do começo se inclui no cômputo do prazo, enquanto o artigo 798, § 1º, do Código de Processo Penal prevê que não se computa no prazo o dia do começo.

Dúvidas poderiam recair se o início da contagem do prazo se daria a partir da intimação ou da juntada do instrumento de intimação. Muito embora o texto legal deixe claro que o prazo começa a correr a partir da efetiva intimação (art. 798, § 5º, "a", do CPP), a Súmula nº 710 do STF espancou qualquer ambiguidade ao preconizar que no processo penal os prazos são contados da data da intimação e não da juntada aos autos do mandado ou da carta precatória ou de ordem.

---

[41] RT 617/281.

[42] STJ- AgRg no Ag 765142 / SP: 2006/0077822- Rel. Ministro Carlos Alberto Menezes Direito, DJ 12.03.07, p.226. Mesmo sentido: STJ-EDcl no REsp 164093 / SP:1998/0009912-3- Rel. Ministro Arnaldo Esteves Lima, DJ 24.04.2006 p. 432.

Prevê o art. 575 do CPP que não serão prejudicados os recursos que, por erro, falta ou omissão dos funcionários, não tiverem seguimento ou não forem apresentados dentro do prazo. E não poderia ser diferente, face à ausência de culpa do recorrente. Inclusive a Súmula 475 do STF prevê que não fica prejudicada a apelação entregue em cartório no prazo legal, embora despachada tardiamente.

Muito embora o Supremo Tribunal Federal já admitisse a interposição de recurso através de instrumentos de transmissão de dados e imagens tipo fac-símile ou outro similar,[43] a Lei nº 9.800/99 veio a admitir a utilização destes novos sistemas, para a prática de atos processuais que dependam de petição escrita. Contudo, é de se ressaltar sobre a necessidade de remessa da peça original em até 5 dias da data do término do prazo, sob pena de prejudicar a interposição.

É importante destacar que nos termos da Lei nº 11.419/06, quando a petição eletrônica for enviada para atender prazo processual, serão consideradas tempestivas as transmitidas até as 24 (vinte e quatro) horas do seu último dia. Esta circunstância afasta a preocupação referente ao horário de expediente do juízo.

3.1.2.1. Intimação

A regra é que todos os prazos correrão a partir da intimação, ou do dia, se não for prazo em horas, em que a parte tiver ciência ou manifestar ciência inequívoca da decisão.

Destaca-se que o Ministério Público (Lei nº 8.265/93, art. 41, IV; Lei Complementar nº75/93, art. 18, II, "h", bem como art. 370, § 4º, do CPP) e a Defensoria Pública (Lei Complementar nº 80/94, art. 128, I) deverão ser intimados pessoalmente. Outrossim, a intimação do defensor nomeado será pessoal (art. 370, § 4º, do CPP). Com relação ao defensor dativo, atualmente vem se entendendo que é indispensável sua intimação pessoal.[44]

É de se ilustrar que se por primeiro for intimada a defesa técnica e depois o réu, ou ao contrário, o prazo deverá iniciar, sempre, a partir da última intimação.[45]

Acompanhando o avanço tecnológico deu-se a emersão da Lei nº11.419/06, a qual passou a admitir a interposição de recurso por simples petição eletrônica. Nos termos de seu art. 5º, as intimações serão feitas por meio eletrônico quando ocorrer o devido cadastramento, sendo reconhecido o dia da intimação como aquele em que o intimando efetivar a consulta eletrônica. Se esta ocorrer em

---

[43] REsp. Crim. nº 164.294, de 17/06/93, DJU 05/08/93, p. 14.807.
[44] STJ-HC 29239, DJU 16.04.07, p.226. Mesmo sentido: STJ-REsp 628820. DJU 02.04.07, p. 299.
[45] RT646/382.

dia não útil, a intimação será considerada como realizada no primeiro dia útil seguinte. Precavendo-se de eventual omissão, o art. 5º, § 3º, da Lei nº 11.419/06 estabelece que a consulta eletrônica deverá ser feita em até 10 (dez) dias corridos contados da data do envio da intimação, sob pena de considerar-se a intimação automaticamente realizada na data do término desse prazo.

3.1.3. Forma de interposição

A interposição de um recurso deve ser promovida com total atenção aos ditames estabelecidos em lei e aos princípios recursais, pois o recurso, para ter seu desenvolvimento legal, necessita acompanhar a formalidade estatuída.

Em via de regra, os recursos devem ser promovidos mediante petição. Todavia, existem recursos que podem ser interpostos mediante termo. O artigo 578 do CPP prevê que recurso será interposto por petição ou por termo nos autos, assinado pelo recorrente ou por seu representante. O termo é uma formalidade que permite a manifestação oral da interposição do recurso. Assim, existem recursos que basta o recorrente falar que quer recorrer para que sua manifestação seja reduzida a termo, por exemplo, pelo escrivão do cartório criminal. Como foi visto, esta forma de interposição é admitida somente para alguns recursos, como por exemplo: Recurso em sentido estrito (artigo 578 do CPP), apelação (artigo 600, § 4º, do CPP).

Porém, o termo não é admitido para outros recursos, entre eles embargos declaratórios (artigo 619 do CPP), recurso especial (artigo 105, III, da CF), recurso extraordinário (artigo 102, III, da CF), carta testemunhável (artigo 639 do CPP), embargos infringentes ou de nulidade (artigo 609, parágrafo único, do CPP).

É de se gizar que não se deve estabelecer uma forma sagrada aos termos, de observação dogmática obrigatória. Para Cabral Netto (1997, p. 357):

> Não há forma sacramental em tema de interposição de recursos. Fundamental é que fique bem clara a manifestação da vontade recursal, a irresignação com a decisão prolatada. Verdade é que a lei elenca a petição ou o termo como formas processuais de interposição de recursos. Elas não esgotam, no entanto, as formas de inconformismo com a decisão, a fim de que esta possa ser reformada. Noutras palavras, os recursos podem ser interpostos de outra forma e, se tempestivos, conhecidos.

Por exemplo, no que tange à interposição de apelação, uma vez provado, seja de qual forma for, o manifesto desejo de reexaminar a decisão, deve ser conhecido o recurso. Julgados seguem neste sentido para receber recursos, frente apenas a uma fransciscana manifestação.[46] Giza-se que se restar consignado na ata de julgamento do júri o interesse de apelar, interposto estará o recurso.

---
[46] Seja por intermédio de simples cota nos autos, ao tomar conhecimento da decisão (RTJ 77/119), bem como pela expressão, após a sentença, *Ciente. Apelo* (RT 606/314) tem se considerado interposta a apelação. A quarta

No que tange à forma, é necessário examinar, ainda, a assinatura e as razões.

3.1.3.1. Assinatura

É fundamental que a interposição do recurso venha acompanhada da assinatura. Conforme prevê o artigo, o recurso será assinado pelo recorrente ou por seu representante. Já o artigo 578, § 1º, refere que, não sabendo ou não podendo o réu assinar o nome, o termo será assinado por alguém, a seu rogo, na presença de duas testemunhas. Desta forma, jamais se aceitará a interposição recursal apócrifa.

3.1.3.2. Razões

As razões são fundamentais para o recebimento dos recursos. Contudo, registra-se que esta regra possui exceção. Como já foi visto, as razões estão inerentes ao princípio da dialeticidade e que trata do arrazoamento do recorrente com fundamentos capazes de persuadir o juízo em busca do provimento. Conforme professa Tovo (1995, p. 53-54):

> Sem motivação não seria admissível provocar o reexame da questão decidida.

Para Tourinho Filho (1995, p. 259),

> Seria um contra-senso sem nome permitir-se ao vencido o direito de recorrer, sem que fosse obrigado a dizer quais as razões que o levaram a discordar da decisão recorrida. Se ele se rebela contra uma decisão, deve ter motivos para tal. Natural, pois, devam eles ser expostos. A motivação é, pois, necessária. Recurso sem motivação é recurso inepto e não pode ser conhecido.

Ocorre que na processualística penal é admissível que a apelação siga ao tribunal mesmo sem as razões. Observe-se que o artigo 601 do CPP prevê que, findos os prazos para razões, os autos serão remetidos à instância superior, com as razões ou sem elas. Neste caso, então, as razões não serão fundamentais, mas auxiliarão junto à convicção do juízo.

Não é demais destacar que os recursos acompanhados de arrazoados sem valor deverão ser processados, pois não é possível avaliar-se a inteligência do escrito sem um julgamento eficaz. Assim, os recursos firmados em vanilóquios deverão ser recebidos.

---

câmara criminal do Tribunal de Justiça do Estado do Rio Grande do Sul, no julgamento firmado no dia 14.12.00, no processo nº 70001820976, referiu: "Carta testemunhável. Basta qualquer manifestação de inconformidade, mesmo sob o título de pedido de reconsideração, para que se tenha por interposto o recurso. Carta julgada procedente."

3.1.3.3. Interposição recursal via sistema de transmissão de dados e imagens e através de meio eletrônico – informatização

A Lei nº 9.800/99 estabelece que é permitida às partes a utilização de sistema de transmissão de dados e imagens tipo fac-símile ou outro similar para a prática de atos processuais que dependam de petição escrita. Destarte, é possível a interposição de recurso através de *fac-símile* ou *e-mail*.

O artigo 2º e parágrafo único da referida lei determinam que os originais sejam entregues em juízo, necessariamente, no prazo de até cinco dias da data do término do prazo legal ou, no caso de o ato não estar sujeito a prazo, em até cinco dias da data da recepção do material.

Destarte, se o recurso for interposto através de sistema de transmissão de dados e imagens o petitório original deverá seguir no prazo de cinco dias, na forma acima referida, sob pena de não conhecimento do recurso. Neste sentido, já se entendeu que é intempestivo o recurso interposto via fac-símile, dentro do prazo legal, quando os originais somente ingressam no Tribunal *a quo* após o quinquídio previsto na lei.[47]

Veja-se que mesmo que o prazo esteja estabelecido em dias, é de se observar o horário de expediente do juízo. Assim, não se tem por válida a interposição de recurso pelo sistema fac-símile quando a transmissão se dá fora do horário de atendimento ao público.[48]

E mais, deve-se atentar para que o recurso original seja apresentado ao tribunal competente para seu julgamento, no prazo legal, sob pena de não ser conhecido.[49]

Ilustra-se que já se entendeu que, em caso de recurso que necessite traslado, haverá a necessidade de transmissão das peças obrigatórias à formação do instrumento, sob pena de inadmissibilidade.[50] Contudo, em sentido distinto, existe julgado que interpreta que como a Lei nº 9.800/99 não disciplina nem o dever nem a faculdade de, ao usar o protocolo via fac-simile, transmitir, além da petição de razões do recurso, cópia dos documentos que o instruem, é inviável se fazer uma interpretação fora das diretrizes que levaram o legislador a editá-la. Assim, como não há prejuízo para a defesa do recorrido, porque só será

---

[47] AI 485794 AgR/RO – RONDÔNIA.Julgamento: 06/09/2005 Órgão Julgador: Segunda Turma Publicação: DJ 30.09.2005, p. 40 EMENT, v. 2207-08, p. 1478.

[48] RMS 23507 AgR / DF – DISTRITO FEDERAL, Julgamento: 28/11/2000 Órgão Julgador: Primeira Turma Publicação: DJ 02.03.2001. p. 3 EMENT v. 2021-01, p. 62.

[49] RE 394655 ED/MG – MINAS GERAIS Julgamento: 23/08/2005 Órgão Julgador: Segunda Turma Publicação: DJ 16.09.2005, p. 54 EMENT v. 2205-02 PP-00362. Mesmo sentido: AI 467491 AgR / SP – SÃO PAULO, Julgamento: 01/03/2005 Órgão Julgador: Segunda Turma Publicação: DJ 27.05.2005, p. 23, EMENT v. 02193-04, p. 809.

[50] AI 461660 AgR / SP – SÃO PAULO, Julgamento: 17/11/2005 Órgão Julgador: Primeira Turma Publicação: DJ 09-12-2005.

intimado para contra-arrazoar após a juntada dos originais aos autos e é vedado ao recorrente fazer qualquer alteração ao juntar os originais, além de se evitar o congestionamento nos trabalhos forenses, é possível ausência de transmissão das cópias que formam o instrumento de agravo, desde que as peças obrigatórias ou facultativas sejam juntadas com a entrega do original.[51]

Giza-se que a fim de facilitar o acesso ao Poder Judiciário, bem como agilizar a prestação jurisdicional, deu-se a emersão da Lei n°11.419/06 a qual passou a admitir o uso de meio eletrônico na tramitação de processos judiciais, comunicação de atos e transmissão de peças processuais.

Nos termos da Lei n° 11.419/06, considera-se meio eletrônico qualquer forma de armazenamento ou tráfego de documentos e arquivos digitais, sendo a transmissão eletrônica toda forma de comunicação a distância com a utilização de redes de comunicação (preferencialmente a rede mundial de computadores).

Desta forma, é cabível a interposição de recursos por simples petição eletrônica, sem a necessidade de deslocamento até o foro ou tribunal.

Nos termos do artigo 2° da respectiva lei, o envio de recurso por meio eletrônico será admitido mediante uso de assinatura eletrônica. Esta assinatura eletrônica se constitui em identificação inequívoca do signatário e se dará através de assinatura digital baseada em certificado digital emitido por Autoridade Certificadora credenciada, na forma de lei específica, bem como cadastro de usuário no Poder Judiciário, conforme disciplinado pelos órgãos respectivos. A identidade digital poderá ser adquirida por qualquer pessoa junto às autoridades certificadoras que integram a Infra-Estrutura de Chaves Públicas Brasileiras.

Por fim, é de se gizar que quando a petição eletrônica for enviada para atender prazo processual, serão consideradas tempestivas as transmitidas até as 24 (vinte e quatro) horas do seu último dia. Este aspecto, é extremamente importante, pois rechaça a preocupação atinente ao horário de expediente do juízo. Assim, contrariamente a interposição através de sistema de transmissão de dados e imagens, a eletrônica não se preocupará com o horário comum de atendimento ao público. Neste sentido, o parágrafo único do artigo 3° da Lei n° 11.419/06 estabelece que a petição eletrônica será considerada tempestiva uma vez transmitida até as 24 (vinte e quatro) horas do seu último dia.

A interposição recursal via sistema de transmissão de dados e imagens e através de meio eletrônico – informatização é uma realidade que deve ser enfrentada, inclusive frente às novas circunstâncias jurídicas. Basta ver a recente redação do art.185 do CPP, dada pela Lei n° 11.900/09, e que institui o interrogatório por videoconferência. Conforme o referido dispositivo, haverá condições do interrogatório vir a ser feito através de videoconferência ou ou-

---

[51] STJ/Resp.n° 901.556 – SP, j.21.05.08.

tro recurso tecnológico de transmissão de sons e imagens em tempo real, nos termos da lei. Desta forma, é essencial que as partes tenham instrumentos de objurgação *on line*, em especial para garantir a correta aplicação da lei, junto ao sofisticado procedimento virtual.

3.1.4. Prisão provisória (deserção)

Com a promulgação da Lei n°11.719/08 ocorreu o afastamento da deserção recursal por força da fuga do réu. Conforme o art.387, parágrafo único do CPP, cabe ao juiz, na sentença condenatória, decidir, fundamentadamente, sobre a manutenção ou imposição de prisão preventiva ou de outra medida cautelar, sem prejuízo do conhecimento da apelação que vier a ser interposta.

Dessa forma, restou tacitamente revogado o artigo 595 do CPP, que dispunha *se o réu condenado fugir depois de haver apelado, será declarada deserta a apelação,* e afastadas todas as questões que diziam respeito ao aspecto de o réu já restar fugado, dias antes da sentença, e recorrer desta, através de seu advogado, ou de ser condenado, apelar e fugir, sendo preso durante o transcurso do prazo da apelação.[52]

Destaca-se que o Superior Tribunal de Justiça editou a Súmula 347 a qual prescreve que o conhecimento do recurso de apelação independe da prisão do réu.

Por sua vez, o próprio plenário do Supremo Tribunal Federal entendeu que o artigo 595 do CPP não restava harmônico com a ordem jurídico-constitucional vigorante,[53] por revelar pressuposto insensato de recorribilidade, qual seja, a prisão do condenado, em conflito com o princípio da não culpabilidade.

Outrossim, sob os mesmos argumentos de inconstitucionalidade,[54] restou prejudicado o artigo 594 do CPP, que determinava que o réu não poderia apelar sem recolher-se a prisão ou prestar fiança, salvo se fosse primário e de bons antecedentes, assim reconhecido na sentença condenatória, ou condenado por crime que pudesse se livrar solto.

No Código de Processo Penal, além dos artigos 594 e 595, o artigo 585, que prevê que o réu não poderia recorrer da pronúncia senão depois de preso, salvo se prestar fiança, obviamente, restou atingido. E nesta esteira, outrossim, ficaram prejudicados:

O artigo 2°, § 2°, da Lei n° 8.072/90 (crimes hediondos), que estabelece que em caso de sentença condenatória, o juiz decidirá fundamentadamente se o réu poderá apelar em liberdade.

---
[52] RT 149/96.
[53] STF- HC 85961, j. 05/03/2009.
[54] STF-HC 92006, j. 24/06/2008.

O artigo 9º, da Lei nº 9.034/95 (crime organizado), que dispõe que para os tipos de crime organizado, o réu não poderá apelar em liberdade.

O artigo 59, da Lei nº11.343/06 (entorpecentes), que prescreve que para determinados tipos criminais, o réu não poderá apelar sem recolher-se à prisão, salvo se for primário e de bons antecedentes, assim reconhecido na sentença condenatória. (Destaca-se também estará atingido o art. 44, que refere a proibição da liberdade provisória, bem como prejudicado o art.1º, § 3º, da Lei nº 11.464/2007 que estabelece que o réu não poderá apelar em liberdade.)

Já com relação a Súmula nº 9 do Superior Tribunal de Justiça, e que preceitua que a exigência da prisão provisória, para apelar, não ofende a garantia constitucional da presunção de inocência, devemos lembrar que no manto da ordem constitucional é inegável que as prisões provisórias restam limitadas à figura da imperiosidade. Se não for necessária a custódia, inexiste razão para a prisão cautelar. Dessa forma, o mero aspecto de o réu ser condenado em sentença recorrível não obriga seu recolhimento à prisão sem a evidência da necessidade.[55] Veja-se que a decisão condenatória recorrível apenas confirma *fumus bonis juris*, mas não o *periculum*. Nesta esteira, julgados reconhecem que se o réu respondeu o feito em liberdade pode, outrossim, atacar a sentença condenatória, recorrendo em liberdade[56] ou mantendo-se em liberdade.[57]

Porém, ratificamos não se deve confundir a atual orientação de que o conhecimento de apelação da defesa independe do recolhimento do réu à prisão, em razão da ampla defesa, bem como do duplo grau de jurisdição e dos pactos internacionais assinados pelo Brasil posteriormente à edição do CPP,[58] com a necessidade de prisão. É que no caso de sobrevir sentença penal condenatória, a manutenção da custódia do réu para apelar, mormente porque esteve preso durante toda a instrução criminal por força de decisão judicial motivada, não ofende a garantia constitucional da presunção da inocência.[59]

3.1.5. Preparo

O preparo, que se trata da quantia depositada em juízo para pagamento das custas processuais, vem aludido no artigo 806, § 2º, do CPP, diploma que estabelece que a não satisfação das custas determinará a deserção do recurso proposto. Os prazos de lei ou estabelecidos pelo juiz são sagrados, razão pela qual, nas ações penais privadas, deverão ser preparados os recursos, para o seu devido processamento, nos prazos regulares.

---

[55] STJ – HC 5.085, j. 12.11.96.
[56] TRF 3ª Reg. HC 5353, RTFR 3ª Reg. 28/213.
[57] RT 689/393, RT 725/654 e RT 756/612.
[58] STF- RHC nº 83.810. j.05.02.2009. Mesmo sentido STF-HC98987, j.14.05.09.
[59] STJ-HC 112.169/SP, j.10/02/2009.

Efetivamente, se o recorrente é pobre, deverá abrigar-se junto à gratuidade da justiça, através do deferimento deste benefício. Ocorre que, por vezes, a parte necessitada atua no feito sem requerer o benefício, razão que este resulta por não ser deferido, e quando ocorre o recurso deixa de efetuar o preparo. Para estas situações, tem se entendido possível o recebimento do recurso, mesmo que desacompanhado de preparo, pois além de não ter sido determinado o recolhimento de custas, resta presumida a gratuidade.[60]

A Lei nº 9.756, de 13.12.98, que acrescentou o § 2º ao artigo 511 do CPC, preceitua que a insuficiência no valor do preparo implicará deserção se o recorrente, intimado, não vier a supri-lo no prazo de cinco dias. Nestas condições, é de se perguntar se tal dispositivo legal civil pode, outrossim, ingressar na órbita processual penal. Obtemperamos que sim. Como se trata de inovação legislativa, é de se estribar no artigo 3º do CPP, e que informa que a lei processual admitirá a aplicação analógica. Como se sabe a aplicação analógica é fonte formal do direito processual penal e, havendo lacuna legal, poderá ser promovida analogia com lei que disponha sobre fato semelhante. Veja-se que a processualística penal apenas refere, em seu artigo 806, § 2º, que haverá a deserção ao recurso interposto, face à falta do pagamento das custas. Inexiste qualquer previsão sobre a possibilidade de satisfação parcial. Neste caso, como a lei formal penal não refere, a faculdade de se cobrir as custas *a posteriori* e como o sistema processual se complementa, é viável suprir esta lacuna com lei processual civil e que verse sobre a questão. Giza-se que somente em casos excepcionais, como no telado, deverá ser admitida a heterointegração. Destarte, exemplificando, se o querelante, inconformado com o decisório final, apela e não satisfaz integralmente o preparo, deverá ser intimado para no prazo de 5 dias satisfazê-lo, sob pena de deserção.

Em nome da Ampla Defesa e do princípio do Estado de Inocência tem se entendido atualmente que o acusado, nas ações penais públicas, não está obrigado a satisfazer custas para seu recurso.[61]

Por fim, não é demais lembrar que Ministério Público jamais estará sujeito a pagamento de custas.

3.1.6. Ausência de fatos extintivos ou impeditivos

Fatos impeditivos são aqueles que, por surgir antes do recebimento do recurso, obstaculizam o seu prosseguimento. Já fatos extintivos são aqueles que, por surgir após o recebimento da insurreição, exterminam o recurso promovido. Assim, fatos impeditivos podem ser a renúncia ou o aceite à decisão. Já fatos

---

[60] Recurso Crime Nº 71001002963, Turma Recursal Criminal, Turmas Recursais, Relator: Nara Leonor Castro Garcia, Julgado em 04/12/2006)
[61] STJ-HC41793/PE, DJU 01.08.05, p. 495.

extintivos podem ser a desistência do recurso, nos casos em que a lei não proíbe a parte de desistir,[62] e a deserção. Lembra-se que a disponibilidade se trata de um princípio recursal íntimo, apenas, do recurso voluntário.

Assim, a inviabilidade do julgamento do recurso poderia ser provocada, entre outras, em razão da renúncia, desistência ou deserção.

O ato de renunciar refere-se à manifestação anterior à interposição do instrumento recursal e que resulta na preclusão ou no trânsito em julgado.

Já o ato de desistir representa a manifestação expressa promovida após a interposição do recurso e que impossibilita o seu julgamento.

Por sua vez, a deserção no processo penal vem caracterizada pela falta de preparo. O artigo 806, § 2º, do CPP prevê que a falta de pagamento das custas, nos prazos de lei ou marcados pelo juiz, resultará na deserção do recurso proposto. Conforme se concluiu, na ação penal privada, os recursos deverão vir acompanhados do preparo.

3.2. PRESSUPOSTOS RECURSAIS SUBJETIVOS

3.2.1. Interesse das partes

Para que haja o recurso, é imperioso que a parte tenha efetivo interesse em reformar o decisório.

O interesse caracteriza-se como um dos pressupostos recursais subjetivos e que se firma na utilidade e necessidade de se recorrer de uma sentença.

O artigo 577, parágrafo único, do CPP preceitua que não se admitirá recurso da parte que não tiver interesse na reforma ou modificação da decisão. Nesta esteira, não será conhecido recurso por falta de interesse quando, por exemplo, o acusado recorrente buscar a condenação, ou agravação de pena, do corréu. Ou quando o recorrente tiver interesse meramente moral ou ético ou científico, como pretender a afirmação de uma doutrina. Ou quando ocorrer extinção de punibilidade, antes de ser prolatada sentença condenatória ou absolutória.[63] Outrossim, carecerá de interesse o recurso promovido contra uma das motivações do decisório e não contra o próprio decisório.[64] A doutrina clássica junge o interesse à existência de sucumbência. No magistério de Mirabete (2001, p. 610),

---

[62] O Ministério Público não pode desistir do recurso interposto por ele (art. 576 do CPP).

[63] Ilustra-se com o caso do réu acusado de estupro e que teve extinta a punibilidade. Inconformado, pois buscava ser absolvido em sentença, recorreu contra a extinção e pleiteou a continuidade da instrução para que restasse julgado e absolvido. Ora, como o feito penal é uma persecução criminal, uma vez extinta a punibilidade, não há mais razão ao persecutório.

[64] Ex.: Se o juiz reconheceu na sentença que o réu pensou em abordar sexualmente a vítima, mas o absolveu por não ter praticado crime de estupro, não pode o réu ingressar com recurso para que seja extraído da decisão a referência sobre o pensamento.

Tem interesse apenas aquele que teve seu direito lesado pela decisão. É desse interesse que nasce a sucumbência [...]

A sucumbência vincula-se à ideia de designação de prejuízo ao vencido. Quando a decisão traz uma lesão ao interesse da parte, temos a sucumbência. Silva (1999, p. 19) ensina que:

> Sucumbência significa a derrota da parte no processo, ou seja, é a perda, o prejuízo de uma situação juridicamente viável, resultante da decisão judicial, que passa a ser o pressuposto lógico para oposição de recurso. É da sucumbência que emerge o interesse na reforma ou modificação da decisão, de conformidade com o parágrafo único do art. 577, do CPP.

Desta forma, muitos defendem que a ausência de gravame ao recorrente impede o conhecimento do recurso por faltar interesse. Inclusive alguns julgados reconhecem na sucumbência importância tal que a elevam a pressuposto recursal.[65]

Contudo, discordarmos do entendimento de que o interesse esteja vinculado à sucumbência. É que existem situações em que não haverá sucumbência, mas, somente interesse jurídico, e o recurso será cabível.

Exemplificando, imagine-se o Ministério Público recorrendo em uma queixa-crime e que resultou na condenação injurídica do querelado, o qual não recorreu. Esta apelação será conhecida e julgada. Veja-se que neste caso existe interesse do Ministério Público, mas não há sucumbência. Peguemos outro exemplo: O réu foi absolvido em ação penal pública, e o Ministério Público não recorreu. Após a sentença e dentro do prazo de 15 dias, do artigo 598, parágrafo único, do CPP, é promovida a habilitação do assistente da acusação que como parte processual, muito embora não sucumbente, ingressa com recurso. Veja-se, então, que existe interesse em recorrer, mesmo sem sucumbência.

Moreira (1968, p. 145) professa, em tese publicada, que é inadequado falar-se em sucumbência como requisito de admissibilidade do recurso, pois o interesse está jungido ao binômio utilidade-necessidade, ou seja, *no proveito prático legalmente possível e para cuja obtenção se precisa utilizar tal meio*. O feliz posicionamento do autor dispensa o ideário da sucumbência e, ao admitir a utilidade e necessidade como pressupostos do interesse, permite ilustrar a existência deste, mesmo frente à ausência de condição sucumbencial.

O artigo 577, parágrafo único, do CPP deixa límpido o interesse, como um dos pressupostos subjetivos recursais. Pois bem, a vinculação desta condição ao elemento sucumbência desfigura o ideário jurídico do interesse.

---

[65] "Como é de trivial sabença, o pressuposto fundamental de todo e qualquer recurso é a sucumbência, a qual se consubstancia na lesividade do vencido. Noutras palavras, sem esta não se há de cogitar de interesse em recorrer." (RJTACRIM 36/346). "O pedido alternativo de desclassificação formulado pela defesa e nesses termos acolhido pelo Juiz da sentença não consustancia lesividade sanável via recursal, pois inexiste, no caso, um dos pressupostos subjetivos para o recurso, ou seja, a sucumbência." (RT 741/632).

É de ressaltar que a mudança pragmática da junção entre o interesse e a sucumbência, embora já tenha início no campo jurisprudencial, deverá firmar-se na legislação com a aprovação do novo Código de Processo Penal, onde admite o recurso da acusação pública em favor do réu.[66]

Como visto, o interesse não resta jungido à sucumbência. Contudo, no exame da sucumbência como efetivo prejuízo à parte, ou seja, gravame que a decisão determinou, a doutrina tradicional apresenta determinada classificação que não deixaremos de referir. Neste sentido, tem-se classificado a sucumbência quanto ao interesse das partes, à relação processual e ao pedido.

Quanto ao interesse das partes, a sucumbência pode ser única ou múltipla.

Única, se a lesão atingir interesse de uma das partes. (ex. O réu requer o reconhecimento da decadência, e o juiz indefere.)

Múltipla, se a lesão atingir vários interesses. Sendo múltipla, a sucumbência pode ainda se subdividir em paralela, se a lesão atingir interesses idênticos (ex. Dois réus são condenados), ou recíproca, se a lesão atingir interesses opostos. (ex. O juiz condena o réu, não firmado no tipo trazido na acusação, mas por outro menos grave.)

Quanto à relação processual, a sucumbência pode ser direta ou reflexiva.

Direta, se a lesão atingir somente uma das partes do processo. (ex. O réu foi condenado.)

Reflexiva, se a lesão atingir terceiros (ex. Absolvido o réu em crime cujo ofendido faleceu, a sucessão deste apela, face habilitação como assistente).[67]

Quanto ao pedido das partes, a sucumbência pode ser total ou parcial.

Total, quando o pedido for integralmente rechaçado (ex. O pedido da acusação julgado improcedente).

Parcial, quando o pedido for acolhido apenas em parte (ex. O pedido da acusação busca condenar o réu em três crimes, mas a sentença só o condena em um).

Voltando ao tema do interesse, curiosa seria a questão sobre a possibilidade de o réu recorrer contra sentença que lhe absolveu. É cabível tal recurso? Sim, desde que haja interesse jurídico. Veja-se que o réu poderia pretender novo enquadramento da absolvição para afastar a possibilidade de indenização na seara do civil. Neste caso existirá interesse jurídico, mas não sucumbência.

---

[66] O projeto de Código de Processo Penal, que atualmente se encontra no Senado Federal, prevê no artigo 501, § 1º, que o órgão do Ministério Público pode recorrer também em favor do acusado.

[67] Correto seria não se falar em sucumbência reflexiva, pois aquele que não está no feito jamais poderá ser sucumbente.

O art.386 do CPP, com redação dada pela Lei n°11.690/08, preceitua que o juiz absolverá o réu, mencionando a causa na parte dispositiva, desde que reconheça:

– *Estar provada a inexistência do fato*. Ou seja, ficou demonstrado que o acontecimento narrado na acusação não ocorreu. Frisa-se que a decisão absolutória firmada neste aspecto é de muita importância em razão das repercussões que produz na esfera extrapenal. O art. 935 do Código Civil, estabelece que a responsabilidade civil é independente da criminal, não se podendo questionar mais sobre a existência do fato, quando estas questões se acharem decididas no juízo criminal. Nestas condições, haverá interesse jurídico ao réu, para recorrer à favor desta absolvição a fim de fazer efeito na responsabilidade civil;

– *Não haver prova da existência do fato*. Não se nega que o fato tenha ocorrido, porém não existe prova desta ocorrência. Logo, pode ser que até o fato tenha existido, porém a inexistência de prova impede o juízo condenatório. Nestas condições, o decisório criminal não repercute na esfera extrapenal. Logo, não haverá interesse jurídico ao réu, para recorrer à favor desta absolvição a fim de fazer efeito na responsabilidade civil;

– *Não constituir o fato infração penal*. Trata-se da atipicidade material. Ou seja, o acontecimento apontado como crime, efetivamente não é delito, porém não significa dizer que tal fato não poderá ser ilícito extrapenal. Nestas condições, por exemplo, o decisório penal não impede uma ação civil. Assim, não haverá interesse jurídico ao réu, para recorrer à favor desta absolvição a fim de fazer efeito na responsabilidade civil;

– *Estar provado que o réu não concorreu para a infração penal*. Trata-se de novidade trazida pela Lei n°11.690/08 e que permite a absolvição do réu face comprovação de que ele não concorreu para o crime. Na orientação legal anterior, a referência era, apenas, à inexistência de provas de sua participação. Agora, absolvido por estar provado que não concorreu para a infração penal, haverá incidência do art.935 do Código Civil e que estabelece que não se poderá mais questionar sobre quem seja o autor, quando esta questão já se achar decidida no juízo criminal. Logo, haverá interesse jurídico ao réu, para recorrer à favor desta absolvição a fim de fazer efeito na responsabilidade civil;

– *Não existir prova de ter o réu concorrido para a infração penal*. Forte na Lei n°11.690/08, esta nova regra permite que o réu seja absolvido pelo simples fato de não haver prova de que ele tenha concorrido ao crime. Não significa dizer que ele não tenha praticado o delito, mas, apenas, que há falta de comprovação. Tal absolvição não impede a promoção de ação extrapenal. Assim, não haverá interesse jurídico ao réu, para recorrer à favor desta absolvição a fim de fazer efeito na responsabilidade civil;

– *Existirem circunstâncias que excluam o crime ou isentem o réu de pena (ou mesmo se houver fundada dúvida sobre sua existência)*. A Lei nº 11.690/08 abriu um leque de situações para a absolvição do réu, seja em razão de circunstância que exclua o crime, isente o réu de pena ou que permita dúvida sobre estes institutos. Nesta esteira, é importante destacar o art. 65 do CPP e que firma que faz coisa julgada no cível a sentença penal que reconhecer ter sido o ato praticado em estado de necessidade, em legítima defesa, em estrito cumprimento de dever legal ou no exercício regular de direito. Logo, haverá interesse jurídico ao réu, para recorrer à favor desta absolvição, se confirmada a certeza, e não dúvida, da absolvição a fim de fazer efeito na responsabilidade civil;

– *Não existir prova suficiente para a condenação*. Trata-se do *in dubio pro reo*. No caso de dúvida, se absolve. Tal decisório absolutório não trará efeitos a seara extrapenal. Assim, perfeitamente possível que a prova, incapaz de condenar no juízo criminal, permita a responsabilidade no juízo civil. Destarte, não haverá interesse jurídico ao réu, para recorrer à favor desta absolvição a fim de fazer efeito na responsabilidade civil.

De outra banda, o Ministério Público terá interesse jurídico para recorrer contra sentença condenatória, face eventual ilegalidade no decisório. Discussões existem sobre a possibilidade do Ministério Público recorrer contra absolvição feita nos moldes de seu pedido em alegações finais. Para alguns, o Ministério Público não poderia recorrer pois lhe faltaria sucumbência.[68] Já para outros seria cabível o recurso para se observar o fiel cumprimento da lei.[69] Este entendimento, inclusive, é reforçado por Avena (2005, p. 336), que professa:

> [...] cremos que nada impede tal recurso, compreendendo-se que, na realidade, a definição da sucumbência do Ministérto Público encontra-se na denúncia, em que explícita ou implicitamente sempre há um pedido de condenação, e não nas alegações escrita. Ademais, não se pode ignorar que, no seio da instituição do Ministério Público, a par do princípio da indivisibilidade, vigora a independência funcional, permitindo, destarte, que um promotor de justiça, discordando da posição do seu antecessor que postulara a absolvição do réu, recorra, pleiteando, ao contrário a condenação.

Entretanto, ousamos discordar. Seja em razão da questão da sucumbência, quando deveria ser interesse jurídico, como visto anteriormente, bem como em razão do aspecto de que se o Ministério Público, em feito que atuar como sujeito parcial ativo, requerer absolvição em suas alegações finais e o juízo absolver na forma requerida, carecerá o *parquet* de interesse jurídico para recorrer desta decisão. Desimporta que o petitório vestibular busque a condenação, pois como recém estudamos, é o interesse jurídico, e não a sucumbência, o essencial pressuposto subjetivo recursal. Assim, se o derradeiro requerimento do Ministério Público é acolhido em sua integralidade e inexiste qualquer aspecto superveniente para firmar razoabilidade a um distinto pedido, esta contradição deverá

---
[68] TRF 1ª Região, Apel.Criminal 96.01.07791-0/PA.
[69] RT665/380.

ser afastada em nome da segurança jurídica do não nocente. O princípio da independência funcional não poderá servir de válvula de escape para acolhida de manifestações acusativas incoerentes.

Por fim, ainda com relação ao Ministério Público, o mesmo não poderá apelar na ação penal privada quando o querelado for absolvido e o querelante não recorrer. É que nesta espécie de ação firma-se o princípío da disponibilidade, o que permite ao autor particular, senhor da ação, desistir, renunciar, perdoar etc.

Quanto ao assistente de acusação, observa-se que o mesmo, uma vez habilitado, tem interesse jurídico em recorrer para ver a aplicação do direito junto ao delinquente. O assistente, por ser interveniente é, outrossim, parte processual com direito a requerer jurisdição. (Sugerimos a leitura do item 5, com o título *recurso promovido pelo assistente de acusação*.)

3.2.2. Legitimidade

O *caput* do artigo 577 do CPP refere que o recurso poderá ser interposto pelo Ministério Público, pelo querelante, pelo réu, seu procurador ou seu defensor. Nas ações públicas, sejam estas condicionadas ou incondicionadas, o recurso poderá ser promovido, também, pelo assistente da acusação, o qual, uma vez habilitado, estará legitimado nos termos do artigo 268 do CPP. Assim, legítimo será aquele que pode estar em juízo.

Alguns doutrinadores trazem a concepção de legitimidade jungida à sucumbência. Professa Tourinho Filho (1995, p. 261) que a legitimidade é

> [...] a pertinência subjetiva dos recursos, vale dizer, somente a parte lesionada pela decisão, a parte que sofreu o gravame, é que poderá recorrer.

Contudo, como já estudado, não nos parece que gravame seja o instituidor do interesse, o qual, por consectário, oferte a legitimidade ao recorrente. Lembremos que o interesse na reforma ou na modificação da decisão resta da utilidade e necessidade, e não, simplesmente, da sucumbência. Ademais, presentes os pressupostos para compor o ângulo processual, não significa, por si só, interesse em recorrer.

Além dos artigos 577 e 268 do CPP, existem outros diplomas que firmam em diferentes figuras a legitimidade para o recurso. O artigo 439, parágrafo único, do CPP, estabelece como legítimo qualquer um do povo para promover a reclamação contra a inclusão ou exclusão na lista geral dos jurados. Outrossim, será legítimo o jurado para interpor recurso em sentido estrito quando desejar ser excluído ou incluído na lista geral. (art. 581, XIV, do CPP.) Deve-se destacar, ainda, que a Lei nº 1.508/51, que trata do regulamento do processo de contravenção, preceitua em seu artigo 6º que qualquer um do povo poderá interpor recurso em sentido estrito quando sua representação ao Ministério Público, para provocar o processo contravencional, for arquivada.

Resta, outrossim, legitimada a vítima para ingressar na relação processual, como litisconsorte ativo através da habilitação do assistente da acusação. Contudo, em caso de morte dela, ou restando declarada sua ausência, poderá sucedê-la, como assistente, o cônjuge, ascendente, descendente ou irmão. Veja-se que, conforme o artigo 584, § 1º, do Código de Processo Penal, poderá o assistente interpor recurso em sentido estrito contra a sentença de impronúncia ou no caso de decretação de extinção de punibilidade. Já o artigo 598 do mesmo diploma refere a possibilidade de apelar nas decisões dos crimes de competência do tribunal do júri, ou do juiz singular, se não houver apelação do Ministério Público.

3.2.2.1. Legitimidade ad causam

Trata-se da pertinência subjetiva que as partes, efetivos titulares da relação jurídica, possuem junto à causa. Desta forma, a pessoa interessada e com possibilidade de figurar na lide estará legitimada para promover o recurso cabível. Como exemplo, podemos citar a legitimação *ad causam* o querelante para recorrer.

3.2.2.2. Legitimidade ad processum

Ocorre que não basta apenas que as partes tenham pertinência subjetiva na causa. Necessitam, ainda, de uma representação processual. Assim, a legitimidade *ad processum* trata-se de um requisito formal. Veja-se, no exemplo a seguir, que se o querelante for menor, haverá a necessidade de alguém lhe representar em juízo, para em seu nome recorrer.

3.2.2.3. jus postulandi

Por fim, é imperioso que se tenha o *jus postulandi,* pois o recurso deve ser promovido por quem tenha habilitação legal.

O art. 577 do CPP expressa que além do Ministério Público e do defensor, o recurso poderá ser interposto pelo querelante, ou pelo réu ou pelo seu procurador. Por esta leitura, parece que o texto legal traz a ideia de que o querelante e o réu têm *jus postulandi* de recorrer sem a companhia de advogado. E mais, o próprio procurador do réu poderia recorrer sem defensor. Nesta esteira, seguem julgados compreendendo que existe a obrigatoriedade de o advogado interpor o recurso,[70] e outros não.[71]

Contudo, obtemperamos que os recursos deverão ser promovidos sempre por aquele que tenha direito de postular em juízo, seja advogado, defensor, Ministério Público etc. No caso do advogado, o artigo 133 da CF estabelece que:

> O advogado é indispensável à administração da justiça, sendo inviolável por seus atos e manifestações no exercício da profissão, nos limites da lei.

E o artigo 1º, I, da Lei nº 8.906/94 estabelece que:

> São atividades privativas de advocacia:
> I – a postulação a qualquer órgão do Poder Judiciário e aos juizados especiais;

Destarte, os recursos, mesmos provocados por réus, querelantes ou quem quer que seja, deverão sempre vir assinados por alguém habilitado. Nos casos extremos em que a pessoa do acusado recorrer, sem *jus postulandi*, o juízo deverá dar vista a um defensor dativo ou público para que ratifique o recurso, para, somente após, processar o mesmo. E não poderia ser diferente, pois para se assegurar a garantia do equilíbrio das partes no feito e a paridade de armas é necessário que existam técnicos nos ângulos processuais. Não seria lógico ter-se no embate judicial de um lado um *expert* e de outro alguém sem conhecimento jurídico material ou formal.

Entretanto, deve-se observar uma exceção à regra recém-imposta. No recurso contra decisão denegatória de *habeas corpus* impetrado por pessoa que não tenha direito de postulação, a questão é diferente. É que o § 1º da Lei nº 8.906/94 exclui da atividade privativa de advocacia a impetração de *habeas*. Ora, se o impetrante, sem *jus postulandi*, pode ingressar com a ação de *habeas*, também poderá, sozinho, recorrer da decisão, face ao princípio de *Quem Pode o Mais Pode o Menos*. Assim, se ele pode promover a ação pode, também, promover o recurso, que nada mais é do que um direito na ação.

---

[70] "Os embargos infringentes, que devem vir fundamentados, não podem ser interpostos por quem não possui a necessária habilitação legal". (JUTACRIM-SP 35/92). Mesmo sentido: RT 441/328, 415/82.

[71] "Se ao réu é permitido apelar pessoalmente, desacompanhado de advogado, não se vê motivo para que não possa apresentar embargos, pois estes se fundamentam sempre no voto vencido, sendo desnecessário até que se desenvolvam razões". RT488/348. Mesmo sentido: JUTACRIM-SP 49/61 e RT 429/366.

4. Da vontade do acusado em recorrer, contrária à do advogado

No entendimento de Jesus (1998, p. 423), temos que a prevalência da vontade do réu é imperiosa, pois pertence ao acusado a titularidade do direito disponível de recorrer. Logo, para o autor deve-se observar a vontade do réu para se promover o recurso.

Todavia, não é de se confundir vontade com interesse jurídico. Enquanto a vontade é desejo pessoal, o interesse é um aspecto jurídico que retrata um dos pressupostos subjetivos recursais.

Desta forma, em alguns casos poderá inexistir vontade de recorrer, mas ao mesmo tempo haver interesse, ou vice-versa. Veja-se, inclusive, que o acusado poderá não desejar recorrer por próprio desconhecimento da utilidade e necessidade do recurso.

Logo, a manifestação do profissional é fundamental para auxiliar o acusado na visualização do benefício ou prejuízo jurídico possível. Como o defensor é técnico, com conhecimento específico, este deverá esclarecer ao acusado sobre os benefícios de um recurso.

Inicialmente, parece ser certo que a vontade do defensor jamais poderá suprimir a do acusado. Mas se a vontade do réu contrariar a lógica processual, deverá, ainda assim, prevalecer sobre a do defensor? Nestas condições, deverá ser promovida uma efetiva mensuração sobre as condições e os benefícios do recurso a ser interposto, para se observar o que deverá prevalecer.

Peguemos o exemplo de um réu condenado, por unanimidade, em segundo grau, e que deseja recorrer para ser absolvido, pois a sentença contraria a evidência dos autos. Ocorre que não são cabíveis os recursos especial e extraordinário para reexame da matéria fática. Neste caso, a vontade do réu não deverá prevalecer.[72]

Grinover, Gomes Filho e Scarance (1999, p. 80) professam que:

---
[72] Deverá ser pretendido logo o trânsito em julgado para ser promovida imediata revisão criminal (artigo 621, I, do CPP).

Nessa ótica, a análise do interesse-utilidade, no caso concreto, seria a pedra de toque para dirimir o conflito entre a vontade de recorrer do acusado e a renúncia do defensor, ou vice-versa. Se houver, nas circunstâncias concretas, vantagem prática que se possa alcançar pelo recurso, prevalecerá a vontade de recorrer, tenha sido ela manifestada no exercício da autodefesa ou da defesa técnica, e seja esta desempenhada por advogado, constituído ou nomeado. Mas se a vantagem concreta for duvidosa, ou houver valores contrastantes em jogo, prevalecerá a vontade do defensor técnico, salvo manifestação de renúncia do réu tomada por termo, na presença de seu defensor, que deverá esclarecê-lo sobre as conseqüências da renúncia e os benefícios do recurso.

De outra banda, não é demais destacar que se o advogado desistir do recurso ou renunciá-lo, contra a vontade do recorrente, é certa a emersão de cerceamento de defesa, com consequente nulidade absoluta. Já se o réu renunciar ao seu direito de apelar contra a sentença, sem a assistência de seu defensor, a apelação, por ventura promovida por este, será admitida. Neste sentido, segue a Súmula nº 705 do STF e que prescreve que a renúncia do réu ao direito de apelação, manifestada sem a assistência do defensor, não impede o conhecimento da apelação por este interposta.

Por fim, a jurisprudência segue no sentido de que em havendo divergência entre o réu e o seu defensor quanto à eventual interposição de recurso, deve prevalecer o entendimento da defesa técnica, porquanto, sendo profissional especializado, o defensor tem condições de melhor analisar a situação processual do acusado e, portanto, na avaliação da conveniência ou não das medidas legais a serem utilizadas, garantir-lhe o pleno exercício do direito de defesa com o patrocínio mais eficaz possível. A defesa técnica é a melhor preparada para avaliar a necessidade da impugnação.[73]

Giza-se que no caso do acusado defendido pela assistência judiciária, a fim de se rechaçar a ideia de que tal defesa seja uma simples formalidade, o excelso tribunal já decidiu que se a Constituição assegura aos acusados a ampla defesa com os meios e recursos a ela inerentes e, para dar efetividade a este direito fundamental, determina que o Estado prestará assistência judiciária integral e gratuita aos insuficientes de recursos (art. 5º, LV, 2ª parte, e LXXIV, do CC), a Defensoria Pública, como instituição essencial à função jurisdicional do Estado, deve orientar e promover a defesa, em todos os graus, dos necessitados (art. 134 e parágrafo único do CC). Assim, para afastar o mito da defesa meramente formal, ou da aparência da defesa judicial dos necessitados, é dever do Defensor Público esgotar todos meios que garantam a ampla defesa do necessitado, sendo que mesmo a manifestação da vontade de não recorrer, dada por réu necessitado, deve ser assistida pela defesa técnica.[74]

---

[73] STJ-HC 96.001/SP, j. 26/02/2008, DJ 24/03/2008. Mesmo sentido: STJ-HC 110.941/RS, j. 27/11/2008, DJ 02/03/2009, HC 36.584/SP, j. 15/02/2005, DJ 07/03/2005, STF- RE 188703,j. 04/08/1995, DJ 13/10/1995.
[74] STF-HC 76526, j.17/03/1998, DJ 30/04/1998.

5. Recurso promovido pelo assistente de acusação

5.1. DO ASSISTENTE DE ACUSAÇÃO NO ÂNGULO PROCESSUAL

A fim de reprimir as condutas tidas como impróprias no relacionamento social, o Estado detém a titularidade do *jus puniendi*. Conforme professa Marques (1980, p.3):

O direito de punir é função exclusiva e irrenunciável do Estado.

De outra banda, nas ações públicas, o Ministério Público é o órgão titular do *jus accusationis*, pois é esta instituição que está legitimada a agir para assegurar os interesses indisponíveis da sociedade. Desta forma, resta no artigo 24 do CPP que, nos crimes de ação pública, esta será promovida por denúncia do Ministério Público, mas dependerá, quando a lei o exigir, de requisição do Ministro da Justiça ou de representação do ofendido, ou de quem tiver qualidade para representá-lo.

Haverá casos, ainda, em que o direito de acusar tem como titular o particular. Trata-se das ações de exclusiva iniciativa do ofendido. Nestas ações, o particular passa a ser o titular da ação penal e propõe o petitório acusativo conforme sua conveniência. É importante gizar que a ação de iniciativa do ofendido, embora tenha de plano a visualização de interesse pessoal, representa na realidade uma provocação do particular ao Estado, a fim de que seja exercido o *jus puniendi*, que mantém e garante de forma pacífica a rede social. Nas lições de Boschi (1997), o ofendido trata-se de um substituto processual que atua e move a jurisdição em nome do Estado, defendendo o interesse da sociedade na persecução e na punição do infrator, já que o Estado o credencia para exigir o pronunciamento da jurisdição.

O artigo 29 do Código de Processo Penal admite a ação penal privada nos crimes de ação pública se esta não for intentada no prazo legal. Neste caso, a omissão do acusador público enseja na promoção de ação privada subsidiária, por parte do ofendido, ou quem tenha qualidade para representá-lo.

Já o artigo 268 do CPP admite a intervenção do assistente do Ministério Público, positivando que em todos os termos da ação pública poderá intervir o ofendido ou seu representante legal ou, na falta, qualquer das pessoas mencionadas no art. 31 do CPP.

A intervenção do particular no processo penal deve ser vista como participação salutar e democrática no papel político da processualística penal. É certo que se tratando diretamente do ofendido, a vítima interveniente traz expressiva carga de parcialidade pessoal. Contudo, a lei não se firmou nesta argumentação para limitar a participação da vítima. Como bem refere o texto da lei, a vítima não é parte necessária no processo, mas sim parte contingente. Como não está obrigada a participar na relação processual, ela assume um caráter acessório junto ao Ministério Público, ingressando como litisconsórcio ativo. A ausência, renúncia ou desistência processual da vítima não atinge o feito, eis que o titular da ação pública é o Ministério Público, parte imprescindível para a manutenção do ângulo processual.

5.2. QUEM PODERÁ SER ASSISTENTE

Conforme os artigos 31 e 268 do CPP, poderá ser assistente de acusação o ofendido, seu representante legal, ou em caso de morte daquele ou declarado ausente, o cônjuge, ascendente, descendente ou irmão, os quais serão admitidos antes do trânsito em julgado da sentença e receberão a causa no estado em que se achar. Entretanto, o corréu não pode se habilitar como assistente. (art.270 do CPP)

Discussões existem sobre a possibilidade de o poder público intervir como assistente de acusação. Tourinho Filho (1995, p. 498/499) ensina:

> A nós nos parece que não. Se o órgão do Ministério Público atua em nome do Poder Público, seria uma superfetação a ingerência da Administração Pública na ação penal pública.

Em sentido oposto, Moreira (2003, p. 57), reconhecendo que os interesses dos entes públicos muitas vezes não coincidem com os do Ministério Público, até porque este, apesar de ser parte, também tem a obrigação de funcionar no processo como *custos legis*, obrigação a qual não estaria vinculada à administração pública, informa:

> Ora, se não é sempre coincidente a atuação do Ministério Público com a do outro órgão do Estado, afigura-se-nos possível a presença deste como assistente de acusação.

Ocorre que é possível sim que o poder público seja admitido como assistente de acusação, frente ao amparo legal existente. Veja-se que o Ministério Público representa o interesse coletivo e de fiscalização da lei, o que não é função própria do ente público.

Logo, o Decreto-Lei nº 201/67, e que dispõe sobre os crimes de responsabilidade dos Prefeitos e Vereadores, permite, em seu artigo 2º, § 1º que os órgãos federais, estaduais e municipais interessados na apuração da responsabilidade do prefeito possam intervir como assistentes de acusação.

Ademais, a Lei nº 7.492/86, que prevê os crimes contra o Sistema Financeiro Nacional, em seu artigo 26, parágrafo único, admite, como assistentes de acusação, a Comissão de Valores Mobiliários e o Banco Central do Brasil.

Já a Lei nº 8.078/90, sobre as infrações penais contra o consumo, prevê no artigo 80 que poderão servir como assistentes de acusação as entidades e órgãos da administração pública, direta ou indireta, ainda que sem personalidade jurídica.

Destarte, é de ser admitido o poder público como assistente de acusação.

Além do poder público e do ofendido (em caso de desaparecimento deste, o cônjuge, ascendente, descendente ou irmão) existe, outrossim, a possibilidade de associações, com finalidades específicas, serem assistentes de acusação.

A Lei nº 8.078/90, sobre as infrações penais contra o consumo, prevê no artigo 80 que poderão servir como assistentes de acusação as associações legalmente constituídas há pelo menos um ano e que incluam entre seus fins institucionais a defesa dos interesses e direitos protegidos pelo Código do Consumidor.

O art.530-H do CPP, trazido pela Lei nº 10.659/03, firma que as associações de titulares de direitos de autor e os que lhes são conexos poderão, em seu próprio nome, funcionar como assistente da acusação nos crimes previstos no art. 184 do Código Penal, quando praticados em detrimento de qualquer de seus associados.

Destarte, ampliou-se, e em muito, o rol das pessoas capazes de ser assistente de acusação, entretanto não é demais lembrar que tal assistência somente será admitida frente ação pública, já que na ação privada exclusiva ou subsidiária da pública a vítima agirá como autor, ou seja, titular da ação penal.

5.3. FUNÇÃO DO ASSISTENTE

Alguns doutrinadores reconhecem no assistente de acusação a função de um simples auxiliar, ou seja, o auxiliar da acusação. Para Rosa ([s.d.], p.202), trata-se de um mero auxiliar ou um acusador assessor. Marques (1961, p.249) escreve que a função do assistente não é de defender um direito seu e, sim, de auxiliar a acusação. Já para Silva (1996, p.308.) o assistente da acusação é um colaborador do Ministério Público.

Nesta esteira de orientações, já se entendeu que o recurso do assistente de acusação tem caráter complementar, ou seja, deverá suprir a omissão do Ministério Público,[75] razão que se a acusação pública recorrer, por exemplo contra a absolvição, não poderá fazer o mesmo o assistente.[76] E mais, já se decidiu que o assistente não poderá aditar peça acusatória oferecida pelo Ministério Público.[77]

Para nós, o assistente de acusação tem a função de efetivo sujeito parcial. No momento em que resta habilitado junto ao feito, torna-se parte processual e desta forma recebe tratamento igual ao dispensado às partes. Neste sentido, seguem julgados.[78] Assim, a função do assistente resta íntima a função de um sujeito parcial ativo, que atua como interveniente processual. Como o processo penal é um complexo de relações jurídicas em busca da aplicação da lei penal, o assistente tem o direito e a obrigação de, assumindo o papel ativo colateral, velar pela aplicação do direito e da justiça, através de suas provocações jurisdicionais.

5.4. FINALIDADE DO ASSISTENTE

Efervescente é o tema sobre a finalidade do assistente. Para Malcher (2002, p.180):

> [...] o ofendido quando é admitido no processo penal em curso, iniciado mediante ação pública, não vem aderir à pretensão punitiva do Estado simplesmente, mas auxiliar o Ministério Público em obter a condenação, não por esta, mas diante dos reflexos que a decisão criminal determinará sobre a relação obrigacional civil de que é credor e nascida do ato ilícito.

Para Tourinho Filho (2004, p. 512):

> Entendemos que a razão de se permitir a ingerência do ofendido em todos os termos da ação penal pública, ao lado do Ministério Público, repousa na influência decisiva que a sentença da sede penal exerce na sede civil.
>
> Segundo dispõe o art.91,I do CP, constitui um dos efeitos da sentença penal condenatória tornar certa a obrigação de indenizar o dano causado pelo crime. Por isso mesmo dispõe o art.63 do CPP que a sentença penal condenatória com trânsito em julgado constitui título certo e líquido em favor

---

[75] "O assistente do MP pode recorrer, mesmo que o tenha feito o MP, somente quando a irresignação deste for parcial, preenchendo, então, aquele espaço próprio, não coberto pela organização ministerial". (RT 591/399). Mesmo sentido: RT 590/365 e 562/358.

[76] "O recurso do assistente do MP tem caráter supletivo, assim, se o *parquet* apela da sentença absolutória, incabível é o recurso do assistente visando ao mesmo efeito" (RT 758/565). Mesmo sentido: RT 618/291 e 619/335.

[77] Pet. 1.030/SE, Rel. Min.Ilmar Galvão, DJ 01/07/96.

[78] "O assistente habilitado regularmente nos autos merece o mesmo tratamento dispensado às partes, inclusive deve-se-lhe abrir vista para diligências e razões finais (art. 500, II, do CPP) sob pena de nulidade". (RT 481/387). "O assistente do Ministério Público deve ser regularmente intimado dos atos processuais". (RT 529/310).

do direito à indenização, e, com esse título executório, o exeqüente não vai discutir o *an debeatur*, mas sim o *quantum debeatur*.

Desse modo, salta aos olhos que o Estado permitiu pudesse o ofendido ingressar no Processo Penal nos crimes de ação pública , para velar pelo seu direito à indenização.

Dessa forma, argumenta-se que a finalidade do assistente de acusação se resolve na simples pretensão de condenação penal do réu para futurística responsabilidade civil.

Destaca-se que este entendimento se harmoniza com as hipóteses recursais do artigo 581, IV e VIII, do CPP, recurso em sentido estrito contra a impronúncia ou extinção de punibilidade, que, face ao artigo 584, § 1º, admite ser promovido pelo assistente de acusação, e também, com a apelação, forte no art. 598 do CPP.

Assim, diversos julgados, apoiados no entendimento supra, firmam-se no aspecto de que a finalidade do assistente é obter a condenação[79] para o posterior ressarcimento civil.

Contudo, de outro lado, segue a orientação no sentido de que o assistente de acusação também tem a finalidade de colaborar com a *persecutio criminis*, buscando a correta aplicação da lei. Grinover, Gomes Filhos e Fenandes prelecionam (1999) que o assistente também intervém no processo com o fim de cooperar com a justiça, figurando como assistente do MP *ad coadjuvandum*.

Comungamos com o entendimento de que a finalidade do assistente de acusação é multifacetada, pois engloba interesse jurídico civil, bem como interesse jurídico penal. É que se vincularmos o assistente de acusação a única finalidade de obtenção da condenação, para efeitos indenizatórios civis, teremos, entre outras, a dificuldade de entender sua habilitação em feito de réu, notoriamente, miserável. E não é demais lembrar que vivemos em um país com inúmeras deficiências econômicas, cuja pobreza se aboleta, costumeiramente, no banco dos réus. Outrossim, restaria prejudicado o assistente nos casos de réu revel, quando suspenso o processo (art. 366 do CPP). Nesta situação, a ausência do acusado impediria a condenação e, por consequência, a reparação civil, através da ação *ex delicto*. De outra banda, ao aceitar a ideia da finalidade do assistente, unicamente como assegurador da futura ação civil, estaríamos afastando, em última análise, o interesse-utilidade da parte na aplicação da pena justa. Nesta esteira, por exemplo, impediríamos que o assistente recorresse para majorar a pena do acusado, quando esta fosse fixada de forma contrária a lei ou flagrantemente injusta.

Destarte, opinamos que o assistente de acusação não firma sua finalidade somente na busca da materialização de uma obrigação civil. Para nós, o

---

[79] "O assistente da acusação não tem legitimidade para recorrer visando tão-somente ao agravamento da pena, porquanto o interesse do ofendido e de sua família consiste apenas na condenação do réu, e nunca na dosagem maior ou menor da pena imposta". (RT 628/357). Mesmo sentido: RT546/379 e 520/436.

direito processual penal contemporâneo é um direito democrático que garante ao acusado um processo legal, com ampla defesa, e assegura a sociedade, e a vítima, a aplicação das normas estabelecidas. Assim, o assistente tem a finalidade, também, de pleitear a correta aplicação da lei penal e processual penal ou, dizendo de outro modo, exigir o cumprimento de um processamento devidamente legal.

5.5. MOMENTO PARA HABILITAÇÃO DO ASSISTENTE

O artigo 268 do CPP estabelece que o assistente poderá intervir em todos os momentos da ação penal pública. Já o artigo 269 do CPP prevê que o assistente será admitido enquanto não passar em julgado a sentença e receberá a causa no estado em que se achar. Assim, o assistente deverá ingressar no feito, através de sua habilitação, antes do trânsito em julgado. Giza-se que não caberá habilitação do assistente no inquérito policial ou na execução penal, já que nestas situações inexiste a figura da acusação.

Destaca-se que nos termos do artigo 598, parágrafo único, do CPP, poderá o assistente não habilitado se credenciar ao feito e recorrer dentro do prazo de 15 dias, após o término do prazo para a apelação da acusação pública. Neste caso, a formalidade determina que o ofendido requeira sua habilitação e, outrossim, apresente seu recurso dentro do prazo legal. Entretanto, entendemos que não resulta em óbice a interposição recursal do assistente, sem a companhia do pedido de habilitação, face ausência de nulidade. Destaca-se que a atuação do assistente de acusação, sem que tenha havido decisão formal de sua admissão, é considerada mera irregularidade, incapaz de produzir efeitos nocivos ao feito.[80] Nestas situações, o recebimento do recurso perfectibilizará a admissão.

A habilitação deverá ser promovida através de um requerimento de admissão, firmado por quem tenha capacidade postulatória e dirigido ao julgador da causa, o qual dará vista ao Ministério Público, decidindo, após, pela admissão ou não. Desta decisão, não caberá recurso.[81]

5.6. IRRECORRIBILIDADE DA DECISÃO QUE ADMITE, OU NÃO, A HABILITAÇÃO

O assistente poderá intervir em todos os momentos da ação penal pública, devendo promover seu ingresso no feito através da habilitação. A habilitação, nada mais é do que um requerimento acompanhado de elementos probatórios e que demonstram a legitimidade do interveniente em poder estar em juízo.

---

[80] HC nº3.382/RJ; 5ª T do STL; DJU de 06.11.95, p.37.579, Rel. Min. Assis Toledo.
[81] Caberá Mandado de Segurança. E se o assistente já estiver habilitado e o julgador o afastá-lo, caberá correição parcial. RT 618/294.

Requerida a habilitação, o juiz, após ouvir o Ministério Público, deferirá ou não a admissão.

Nos termos do artigo 273 do CPP, do despacho que admitir, ou não, o assistente, não caberá recurso, devendo, entretanto, constar dos autos o pedido e a decisão. Desta forma, estamos frente a uma decisão irrecorrível.

Contudo, para nós, se o ofendido, ou seus sucessores, podem intervir na ação penal pública, conforme texto expresso da lei, a decisão que indefere a habilitação impede, em última análise, o exercício do direito líquido e certo do ofendido. Nestas condições, cabível o mandado de segurança. Neste sentido, seguem julgados.[82]

Outrossim, defendemos que se o juiz deferir a habilitação de alguém que não seja o ofendido, ou seu sucessor, ou alguma das pessoas admitidas pela lei, caberá impetração de mandado de segurança, para sanar a situação e afastar o interveniente ilegal.

5.7. PRAZO RECURSAL PARA O ASSISTENTE

Inexiste qualquer dificuldade no que tange aos prazos recursais para o assistente, pois são semelhantes aos destinados às partes.

Todavia, não é de se olvidar a questão prevista no artigo 598, parágrafo único, do CPP. Trata-se da habilitação do assistente da acusação após a sentença. Neste caso, transcorridos os 5 dias sem a interposição do recurso do Ministério Público, o assistente poderá habilitar-se e apelar, supletivamente, no prazo de 15 dias.

Conforme a Súmula 448 do Supremo Tribunal Federal, este prazo só começará a correr a partir do término do prazo da acusação pública.

> O prazo para o assistente recorrer, supletivamente, começa a correr imediatamente após o transcurso do prazo do Ministério Público.

Entrementes, se o assistente já estiver habilitado, por ocasião da prolação da sentença, o prazo é de 5 dias.

5.8. RECURSO E SUCEDÂNEO DO ASSISTENTE

Segue entendimento de que o assistente de acusação tem legitimidade para recorrer em caráter supletivo,[83] ou seja, somente quando o Ministério Público abstiver-se de fazê-lo ou ainda, quando o seu recurso for parcial, não abrangendo a totalidade das questões discutidas. Assim, pode apelar e promover recurso

---

[82] RT667/334 e JTJ LEX137/567.
[83] STJ-HC 56.722/SP, j. 24/10/2006, DJ 05/02/2007.

em sentido estrito, entre outros. Porém, algumas questões são interessantes de serem examinadas:

– *Assistente e recurso para majorar a pena*

Veja-se que se a finalidade do assistente fosse unicamemente pecuniária, ou seja, a fim de assegurar a futura ação extrapenal, a questão da majoração estaria prejudicada, pois bastaria a condenação do agente para se permitir a responsabilidade civil, independentemente do *quantum* da pena.

Todavia, reconhecemos que a finalidade do assistente de acusação é multifacetada e como a de um colaborador da justiça, de alguém que busca aplicação do direito ou que exige o processamento legal, é perfeitamente viável que recorra, apenas, para aumentar a pena. Ora, se a pena for aplicada de forma ilegal, ou injusta, e o Ministério Público não se insurja, é possível que o assistente recorra para que seja firmado o direito e a justiça. Neste sentido, julgados, inclusive do Supremo Tribunal Federal, acompanham este posicionamento.[84] Ademais, inexiste qualquer proibição legal de o assistente recorrer para majorar a pena.

Entretanto, não se pode descuidar dos julgamentos que entenderam que o assistente não possuía legitimidade para recorrer a fim de agravar a pena.[85]

– *Assistente e recurso contra sentença de impronúncia*

Afirma a Súmula nº 210 do STF que o assistente do Ministério Público pode recorrer, inclusive extraordinariamente, na ação penal, nos casos dos arts. 584, § 1º, e 598 do CPP. Muito embora a sentença de impronúncia seja recorrida através de apelação e não mais por recurso em sentido estrito (art.416 do CPP ditado pela Lei nº11.689/08), a inteligência da súmula permanece inalterada.

Assim, o assistente de acusação é parte legitima para interpor recurso de contra sentença de impronúncia.[86] Pode, inclusive, interpor recurso a fim de reintroduzir as qualificadoras imputadas na denúncia e que não foram abrangidas na sentença que enviou o réu a Júri popular.[87]

– *Assistente e recurso contra concessão de* habeas corpus

Não há amparo legal para se permitir recurso do assistente de acusação contra a concessão de *habeas corpus*. Além do mais, inexiste condição lógica para tal recurso. É que no *habeas corpus* os sujeitos da relação processual são o órgão judiciário, competente para conhecer e julgar a ação, o impetrante, a

---

[84] "Não tendo o MP apelado, tem interesse legítimo para fazê-lo o assistente da acusação, a fim de obter o agravamento da pena." (RT 639/376). "O artigo 598 do CPP atribui legitimidade ao assistente da acusação para, supletivamente, na omissão do MP, interpor recurso de apelação para agravar a pena. Recurso extraordinário conhecido e provido". (RT 621/415). Mesmo sentido: RT 681/406, 409/100, 721/512.

[85] RT 628/357. Mesmo sentido RT 546/379 e 520/436.

[86] STF-HC 84022, j.14/09/2004, DJ 01-10-2004.

[87] STF-HC 71453, j. 06/09/1994, DJ 27-10-1994.

autoridade coatora e o Ministério Público, este na função de fiscal da lei. Logo, não sendo o *habeas corpus* uma ação pública ajuizada contra alguém e, sim, um meio de alguém fazer cessar constrangimento ilegal ou ameaça de constrangimento, o assistente de acusação não possui legitimidade para agir a qualquer título,[88] sequer recorrer.

– *Assistente e recurso contra decisão de suspensão processual*

Não existe preceito legal que permita ao assistente de acusação a possibilidade de promover recurso contra decisão sobre suspensão processual.

Logo, segue orientação de que o assistente é parte ilegítima para recorrer de decisão que concede ou homologa a suspensão condicional do processo, oferecida pelo *parquet*, pois o rol do artigo 271 do CPP é taxativo, não podendo ser incluídos novos meios recursais.[89]

– *Assistente e agravo na execução penal*

O assistente de acusação não pode se habilitar na execução penal, eis que neste procedimento não há qualquer tipo de acusação e sim, apenas, o a obrigação de cumprimento da pena. Assim, não poderá o assistente intervir e agravar na execução penal.

Giza-se que contra a decisão havida na execução penal podem agravar o Ministério Público e o executado, através de seu defensor.[90] Porém, em casos excepcionais, terceiros podem agravar, uma vez que demonstrem interesse jurídico.

– *Assistente e apelação no ECA*

Destaca-se que o assistente de acusação não poderá se habilitar no feito atinente ao Estatuto da Criança e do Adolescente e apelar. Tal impossibilidade se dá em razão da ausência de previsão legal, bem como pelo aspecto jurídico de que a Lei nº 8.069/90, em seu art. 198 (capítulo referente aos recursos), prevê a aplicação subsidiária das regras do CPC, motivo pelo qual não cabe estender a aplicação dos arts. 268 a 273 do CPP e que tratam do assistente de acusação.[91] Além do mais, é de natureza cível os procedimentos de atos infracionais, já que inexiste crime ou pena.

De outra banda, quando o artigo 206 da Lei 8.069/90 refere que *a criança ou o adolescente, seus pais ou responsável, e qualquer pessoa que tenha legítimo interesse na solução da lide poderão intervir nos procedimentos desta lei*, temos que não se trata da possibilidade de mais uma parte acusadora, mas

---

[88] STJ-HC136.517-ES, j.22.06.09.
[89] STJ-REsp. nº 604.379-SP, j. 02.02.06, DJU 06.03.06.
[90] Ausência de capacidade postulatória do apenado para ajuizar agravo. RJTERGS 189/106.
[91] STJ-REsp 1044203/RS, Dj. 16.03.09. Mesmo sentido STJ/Resp.605.025/MG, DJ. de 21/11/05.

sim de intervenientes para efetivar a proteção do menor. Assim, não se permite intervenções em desfavor do menor ou que agravariam sua situação.[92]

– *Assistente e embargos infringentes*

O cabimento dos embargos infringentes está vinculado, necessariamente, à decisão desfavorável ao réu, resultante de votação não unânime pelos integrantes do colegiado. Assim, é indispensável ter havido voto favorável à defesa para dar base e ensejar o recurso.

Como qualquer pretensão do assistente será desfavorável ao réu, haverá óbice para que este promova os embargos. Destarte, o assistente de acusação não terá legitimidade para interpor embargos infringentes ou de nulidade.[93]

– *Assistente e promoção de correição parcial*

Para alguns julgados, o assistente é ilegítimo para promover correição, pois esta não é recurso e o assistente não tem legitimidade para reclamar contra ato do juiz.[94] Entretanto, outros julgados entendem que o assistente de acusação tem legitimidade para propor correição parcial, porque é interessado no processo.[95]

De nosso lado, entendemos que o assistente de acusação é legítimo para promover correição parcial, desde que esteja legalmente habilitado ao feito. É que uma vez admitido, o assistente torna-se parte e assume direitos e obrigações de um sujeito parcial, razão que adquire capacidade de promover medidas, em especial contra ato de Juiz que importe erro de ofício ou abuso de poder, que cause inversão tumultuária do procedimento.

5.9. POSSIBILIDADE DE O CORRÉU SE HABILITAR COMO ASSISTENTE DE ACUSAÇÃO

Conforme o art. 270 do CPP, o corréu no mesmo processo não poderá intervir como assistente do Ministério Público. Destarte, inviável esta habilitação e não poderia ser diferente, sob pena de admitirmos o absurdo de alguém ser, na ação penal, acusado e acusador ao mesmo tempo. Assim, julgados entendem que o réu jamais poderá passar a ser acusador.[96]

Porém, entendemos que isto não seja óbice para que o corréu recorra contra a absolvição do réu. É que a lei estabelece que o corréu não poderá intervir

---

[92] STJ-Agravo de Instrumento nº 899.653-RJ, j.04/08/2009. Mesmo sentido TJRS, Apelação Cível nº 70027567296, j.em 29/04/2009.

[93] TJ/RS, embargos infringentes nº 70025322942, j. em 19/12/2008. Mesmo sentido: TJ/RS embargos Infringentes nº 70016462665, j.06/10/2006.

[94] TJRJ-Cor.Par. (RC) 8/93- Rel. José Lucas Alves de Brito- RT 717/422. TJSP-Cor.Par. 195.081-3-Rel. Celso Limongi- JTJ-LEX 185/328.

[95] TJPR-Cor.Par.58.260-3-Rel.Nunes do Nascimento-RT 748/693.

[96] RT 483/392 e 450/388.

como assistente no mesmo processo, contudo não impede que o corréu recorra contra a decisão que favoreça o outro réu. E nem poderia, sob pena de afrontar a regra estabelecida do interesse jurídico. Como já foi visto, o recurso é cabível para quem tenha interesse em recorrer (artigo 577, parágrafo único, do CPP). Logo, é possível que o corréu carregue interesse jurídico em recorrer contra a decisão atinente ao outro réu. E o seguinte exemplo esclarece: imaginemos que dois réus, "a" e "b" sejam processados por crime de homicídio culposo, cuja vítima era pai de "a". Paralelamente, "a" promove ação de indenização contra "b", em razão deste homicídio. Então, no processo criminal "b" resta absolvido forte art.386, IV do CPP, ou seja, estar provado que não concorreu para a infração penal. Como este tipo de absolvição repercutirá na ação civil promovida por "a", face ao art.935 do CC, e que estabelece que não se poderá mais questionar sobre quem seja o autor, quando esta questão já se achar decidida no juízo criminal, haverá interesse jurídico de "a" para recorrer contra a absolvição de "b". Nestas condições, "a" recorrerá sem se habilitar como assistente de acusação.

Destacam-se, outrossim, julgados que admitem que o corréu recorra, desde que não esteja habilitado nos autos.[97]

---

[97] STF-Ag. 28.318, j.02.05.63. Mesmo sentido: STJ-29.594/RJ, j.10.02.93

6. *Recurso* ex officio

6.1. NOME

Muitos reclamam, dizendo que não se trata de recurso, pois não visa à reforma, e, sim, à homologação, tampouco existe sucumbência, e o mesmo não é fundamentado. Ocorre que, muito embora as razoáveis considerações, a lei expressa-se na perífrase recurso de ofício. A leitura do artigo 574 do CPP traz a referência dos recursos interpostos necessariamente pelo juiz.

Seja com o nome de recurso de ofício, recurso obrigatório, recurso necessário, recurso do juiz, esta modalidade firmou-se em nossa legislação e coincide com a efetiva acepção do vocábulo *recurso* e que significa retroagir no curso do processo.

6.2. ORIGEM

O recurso necessário teve origem na apelação *ex officio*, instrumento utilizado para limitar os excessos promovidos pelos julgadores, nos processos inquisitivos, da Portugal do século XIV. Tal apelação necessária obrigava que a matéria julgada criminal fosse reexaminada por ouvidores reais. Desta forma, havia extremo controle na atividade do judicante a fim de se evitarem abusos.

6.3. NATUREZA DO RECURSO *EX OFFICIO*

No aspecto ontológico, é certo que o recurso obrigatório se difere do recurso voluntário. Entre outros, neste se busca a reforma da decisão; já, naquele, um exame confirmatório. E mais, no recurso voluntário, o recorrente deve carregar interesse jurídico, ou, às vezes, sucumbência. Contudo, no recurso necessário o juiz jamais terá interesse jurídico ou será sucumbente junto ao seu próprio decisório.

De outra banda, o recurso necessário não é fundamentado, pois o julgador não pretende, obviamente, persuadir o juízo superior.

Veja-se, ainda, que, no recurso necessário, resta mitigado o princípio da dialeticidade, pois é desnecessária a apresentação de razões. Bastará que o juízo sentenciante, ao final de seu decisório, determine a remessa do feito ao juízo competente para o devido reexame. Carvalho (2000, p.149) informa:

> Resume-se o presente recurso na simples remessa dos autos ao Tribunal competente, posto que suas razões são as constantes da decisão que se recorre.

Desta forma, não parece certo dizer que o recurso de ofício tem a natureza jurídica de um recurso. Nesta esteira, Grinover, Fernandes e Gomes Filho (1999) reconhecem o recurso obrigatório não com a natureza de recurso, mas, sim, de condição para a eficácia da decisão, que só transitará em julgado após a confirmação no grau superior. Neste trilhar, é de se lembrar que a Súmula nº 423 do Supremo Tribunal Federal dispõe que não transita em julgado a sentença por haver omitido o recurso *ex officio*, que se considera interposto *ex lege*.

É verdade que a natureza do recurso de ofício não é comum a de um recurso no sentido próprio e técnico, pois aquele apenas submete ao duplo grau de jurisdição a decisão.[98] Contudo, é de se ter a natureza jurídica do *ex officio* como a de um ato judicial, a que está compelido o juiz, a fim de concluir seu julgado.

6.4. FUNDAMENTO DO RECURSO *EX OFFICIO*

O fundamento do recurso de ofício está na presunção de que determinadas decisões, por refletirem interesse público especial, merecem ser submetidas ao duplo grau de jurisdição.

Muito embora já se tenha entendido que o recurso necessário, em qualquer hipótese, violaria os princípios da inércia jurisdicional, da dignidade do cidadão e da ampla defesa, sendo um resquício medieval do sistema inquisitório, a que estão afeitos os espíritos autoritários, incompatível com a vocação da Constituição cidadã (um resíduo de poluição antidemocrática varrida para baixo do tapete do Estado, que, vez por outra, é levantado por alguns juristas, a mostrar que ela não foi totalmente eliminada pela nova ordem constitucional[99]) o recurso de ofício é um instituto que se mantém no cenário jurídico pátrio.

6.5. DECISÕES QUE OBRIGAM O REEXAME NECESSÁRIO

O artigo 574 do CPP apresenta duas decisões que compelem ao recurso de ofício, ou seja, na sentença que concede *habeas corpus* e na sentença que absolve desde logo o réu com fundamento na existência de circunstância que exclua o crime ou isente o réu de pena, nos termos do artigo 411 do CPP.

---
[98] HC 74.714, STF, Rel. Min. Maurício Corrêa, DJ 22.08.97.
[99] Recurso de Ofício nº 698142767, TJRS, 5º Câmara Criminal, j.02.09.98, rel. Aramis Nassif.

Giza-se que como a lei se refere à sentença, é de ser entendida esta como decisão própria de juiz singular de primeiro grau.[100]

Ocorre que não são só nestes casos em que resta obrigatório o referido recurso. A leitura do artigo 7º da Lei nº 1.521/51 (delitos contra a economia popular ou saúde pública), bem como dos artigos 625, § 3º, do CPP (indeferimento liminar de revisão criminal) e 746 do CPP (reabilitação criminal concedida), demonstra outras decisões que obriga ao recurso.

Assim, em síntese, deverá haver recurso de ofício contra:

a) A sentença que concede *habeas corpus*;

b) A sentença que absolve desde logo o réu com fundamento na existência de circunstância que exclua o crime ou isente o réu de pena, nos termos do art. 411 do CPP;

c) A decisão absolutória nos delitos contra a economia popular ou a saúde pública (art. 7º da Lei nº 1.521/51);[101]

d) O arquivamento de inquérito policial nos crimes contra a economia popular ou a saúde pública (art. 7º da Lei nº 1.521/51);

e) O indeferimento *in limine* de revisão criminal insuficientemente instruída quando o relator dará recurso para as câmaras reunidas ou para o tribunal, conforme o caso (art. 625, § 3º, do CPP);

f) A sentença concessiva de reabilitação criminal (art. 746 CPP).

Por fim, destaca-se que a sentença que conceder mandado de segurança deverá, outrossim, ser submetida ao duplo grau de jurisdição (art. 14, § 1º, da Lei nº 12.016/09).[102] Muito embora seja controvertida a natureza do mandado de segurança, entendemos ser uma ação criminal quando, efetivamente, integrar a seara processual penal.

6.6. DA CONSTITUCIONALIDADE DO RECURSO *EX OFFICIO*

Alguns julgados entendem que recurso obrigatório, frente aos ditames do artigo 129, I, da CF e que afastou o sistema inquisitivo, constituindo função institucional do Ministério Público a promoção, privativa, da ação penal pública,

---

[100] Assim, se o tribunal conceder o hábeas ou absolver sumariamente o acusado, não há em que se dizer sobre recurso de ofício.

[101] Ressalta-se que vários delitos referidos na Lei nº 1.521/51 foram, posteriormente, previstos na Lei nº 8.137/90 como crimes contra relações de consumo. Como esta última lei não firmou recurso de ofício, a decisão referente aos crimes elencados por ela não obrigará reexame necessário.

[102] Deve-se examinar a Lei nº 10.352/01 e que alterou o arts. 475, §§ 2º e 3º, do CPC, afastando o recurso necessário quando a condenação ou direito controvertido for de valor certo não excedente a 60 salários mínimos ou a sentença estiver fundada em jurisprudência do plenário do Supremo Tribunal Federal ou em súmula deste Tribunal ou do tribunal superior competente.

estaria revogado.[103] Desta forma, o recurso de ofício seria inconstitucional, até porque se afastaria do espírito democrático da constituição.

Entrementes, a grande maioria dos julgados reconhece a constitucionalidade do recurso necessário, inclusive ressaltando que o artigo 129, I, da CF não o revogou, apenas aniquilou a ação penal promovida de ofício pela autoridade judiciária ou policial.[104] Neste trilhar, reconheceu-se inexistir qualquer incompatibilidade junto ao art. 129, I, da CF.[105]

Poderíamos divagar sobre o tema da constitucionalidade, ou não, do recurso *ex officio*. Porém, entendemos prudente, para nossos estudos, apenas destacar sobre a vigência da Súmula 423 do Supremo Tribunal Federal e que dispõe que não transita em julgado a sentença por haver omitido o recurso *ex officio*, que se considera interposto *ex lege*. Ou seja, para o tribunal máximo, guardião da Carta Política, o recurso necessário é constitucional.

Assim, muito embora a insurgência contra este recurso, que, como preleciona Nassif (2001, p. 68), é anacrônico, arbitrário, contrário a vocação nacional e serve contra as decisões judiciais que favorecem o acusado, a manutenção da Súmula arrefece qualquer discussão.

Contudo, deve-se destacar que no caso da sentença de *habeas corpus,* no tempo em que não cabia ao Ministério Público recorrer da decisão concessiva, face à lei anterior, razoável era a regra do recurso de ofício. Ocorre que atualmente é possível o recurso por parte do *parquet* contra tal decisão *(*Recurso em Sentido Estrito, art.581, X do CPP). Assim, não há mais razão para a manutenção do recurso necessário para este tipo de decisório. Contudo, julgados seguem o admitindo.[106]

Já no aspecto da absolvição sumária o tema tomou destaque face à Lei n° 11.689/2008. É que muito embora tenha sido revogado o art. 411 do CPP, o qual previa recurso de ofício para a absolvição sumária nos processos de competência do Tribunal do Júri, manteve-se inalterado o art. 574, II, do CPP e que estabelece o recurso de ofício para a absolvição sumária. E como a Lei n° 11.689/2008 alterou a redação do dispositivo processual que previa a absolvição sumária nos processos de competência do Tribunal do Júri, sendo que o art.415 do CPP, que entrou em vigor, não faz referência ao reexame necessário para a absolvição sumária, é de se compreender afastado este recurso. E assim

---

[103] RT 677/374. Mesmo sentido: 698/384 e 659/305.
[104] RT 755/600. Mesmo sentido: RT 689/369.
[105] HC 75.417, Rel. Min. Octávio Gallotti, DJ 20/03/98.
[106] TJSP, Recurso de Habeas Corpus 990081470675, j. 10/02/2009. Mesmo sentido: 990080325582, 28.08.08.

seguem julgados no sentido da abolição do recurso de ofício para absolvição sumária,[107] razão que deve ser inadmitido[108] face nova sistemática recursal.[109]

6.7. RECURSO *EX OFFICIO* CONCOMITANTE COM RECURSO VOLUNTÁRIO

Como visto, o recurso de oficio se assemelha a um ato homologatório, que é promovido sem sucumbência ou razões de reforma. E não poderia ser diferente, sob pena de visualizarmos um absurdo jurídico em que o juiz decidiria e recorreria de sua própria decisão, com uma nova argumentação.

Por certo, o recurso voluntário tem poder persuasivo, pois vem estribado em motivações que buscam convencer sua procedência. Assim, poderá o feito contar, ao mesmo tempo, com recurso *ex officio* e recurso voluntário.

Porém, é de se observar que a amplitude do recurso necessário permitirá o reexame de outras matérias, mesmo que não trazidas pelo recurso parcial. Neste caso é de se destacar a súmula 160 do STF e que preconiza ser nula a decisão do Tribunal que acolhe, contra o réu, nulidade não arguida no recurso da acusação, ressalvados os casos de recurso de ofício. Assim, por exemplo, se a acusação recorrer e se olvidar de arguir determinada nulidade absoluta em prejuízo do acusado, o Tribunal só poderá decretá-la se a decisão admitir recurso necessário. Caso contrário, se não for cabível o *ex officio*, a interposição do recurso voluntário sem arguição da nulidade absoluta determinará a convalidação desta.[110]

---

[107] TJSP, Proc. n° 993071269115, **j.** 28/10/2008. Mesmo sentido TJRS-Recurso Oficioso em Sentido Estrito, Proc.n° 70027512334, 19/06/2009 e Proc.n° 70029299906, 21/05/2009.
[108] TJRS, proc. n° 70025603671, J.16.10.08. Mesmo sentido: TJRS, proc. n° 70019119189, J. 28.08.08.
[109] TJSP, Recurso de Oficio, Proc. n°99308045382-9, j.23.10.08.
[110] Constantino, Lúcio Santoro. *Nulidades no Processo Penal*, 2ªed. Porto Alegre: Verbo Jurídico, 2006.

7. Efeitos dos recursos

A interposição dos recursos reflete em resultados específicos que chamamos de efeitos.

7.1. EFEITO DEVOLUTIVO

Este efeito é regra de todos os recursos, pois trata-se de novo julgamento da questão já decidida.

O efeito devolutivo determina, então, o reexame da matéria, pouco importando se é promovido pelo mesmo julgador que a prolatou ou por outro de instância superior. Quando o reexame é entregue ao próprio juízo prolator da decisão, temos um recurso de instância iterativa. Contudo, quando é devolvido para instância superior, trata-se de recurso de instância reiterativa.

Forte no efeito devolutivo, firmou-se o princípio do *tantum devolutum quantum appellatum*, que no processo penal é visto com restrição em favor da defesa.

7.2. EFEITO SUSPENSIVO

Trata-se do efeito que suspende o imediato resultado da decisão recorrida, adiando a produção do comando sentencial até o julgamento do recurso interposto.

Promovido o recurso em tempo, a suspensividade ocorre durante o período que intermedeia a publicação da decisão atacada até a publicação da decisão que julga o recurso.

Uma vez estabelecido o efeito em tela, a eficácia de decisão deverá restar suspensa. Todavia, é fato que medidas urgentes ou desalinhadas com o objeto da insurgência hão de ter um prosseguimento paralelo.

É de se destacar que muitas vezes o próprio texto legal estabelece a proibição de efeitos suspensivos aos recursos promovidos. Por exemplo, a Lei nº 7.210/84, em seu art.197, estabelece que das decisões proferidas pelo juízo da execução caberá agravo, sem efeito suspensivo.

7.3. EFEITO EXTENSIVO (PERSONALIDADE)

Trata-se do aproveitamento do resultado de um recurso pelo corréu que não recorreu. Muito embora o princípio da personalidade estabeleça que o efeito do recurso somente beneficiará quem o interpôs, esta regra vem mitigada na processualística penal, pois a decisão de um recurso interposto por um réu poderá se estender ao outro, em caso de concurso de agentes, quando a decisão do recurso não se fundar em motivos que não sejam de caráter exclusivamente pessoal. É o que prevê o artigo 580 do CPP.

Assim, tem-se entendido que o efeito extensivo pode alcançar o corréu que não recorreu, frente à inexistência material do fato, atipicidade do fato ou extinção de punibilidade. Imagine-se que quatro réus foram condenados por crime de formação de quadrilha (artigo 288 do CP). Todos restaram condenados, mas só o menor de 19 anos apelou. O recorrente destacou que o fato não se constituía em conduta típica. Provido o recurso, nestas condições, o recorrente foi absolvido forte no artigo 386, III, do CPP. Face ao efeito extensivo, os outros três réus condenados, e que não recorreram, serão, outrossim, absolvidos. Contudo, se o recurso não for provido por esta razão, mas sim apenas para reconhecer a atenuante em favor do recorrente frente à menoridade, a redução da pena não se estenderá aos demais não recorrentes em razão do caráter exclusivamente pessoal.

Não pode se olvidar que quem não recorreu não pode ter sua situação piorada. Exemplificando, se a acusação recorrer para aumentar a pena de um dos réus, o tribunal não poderá majorar a dos demais.

Muito embora o efeito extensivo seja aplicado aos recursos, existem situações em que seu reflexo é observado nas próprias ações impugnativas criminais, como nos casos da revisão criminal e do *habeas corpus*, em nome do instituto da proteção dos inocentes, assegurado no processo penal.

7.4. EFEITO TRANSLATIVO

Trata-se do efeito que remete ao julgador toda matéria.

Como se sabe, magistrado deve promover efetivamente o julgamento nos termos do petitório, não devendo fugir das linhas mestras ditadas pelo recorrente, sob pena de julgar *extra, ultra* ou *citra petita*. Ocorre que, muitas vezes, no processo penal, o direito público existente em favor do acusado torna-se o supedâneo de uma decisão distante do pedido e ofensiva ao princípio do *tantum devolutum quantum appellatum*. Nestes casos, o julgador está autorizado a julgar em desconformidade com as razões, desde que sempre em favor do réu, sem resultar a decisão em qualquer atipicidade. Conforme Nery Junior (1997, p. 409):

Isto ocorre normalmente com as questões de ordem pública, que devem ser conhecidas de ofício pelo juiz e a cujo respeito não se opera a preclusão.

Desta forma, podemos adotar o efeito translativo quando o julgamento do recursos resultar em uma decisão fora dos limites propostos pelo recorrente, mas em benefício do réu.

Porém, não se pode olvidar do recurso de ofício, que pode resultar em decisão favorável ou desfavorável ao réu.

7.5. CHAMADO EFEITO REGRESSIVO (ITERATIVO)

Para alguns existe, ainda, o efeito regressivo, que se caracteriza pela iteração do julgado. Ou seja, quem prolatou o decisório o reexaminará.

Ocorre que grande controvérsia existe em torno deste chamado efeito, pois festejados doutrinadores entendem que se trata, apenas, de uma característica do efeito devolutivo, e não um próprio efeito recursal. Grinover, Gomes Filho e Scarance (1999, p. 31) professam que:

> Tampouco constitui efeito do recurso o denominado efeito iterativo (também chamado regressivo ou diferido), indicando-se com esse conhecimento da matéria impugnada, a fim de que o mesmo confirme ou modifique a decisão. Trata-se do juízo de confirmação ou retratação, previsto para certos recursos (como o recurso em sentido estrito) e que nada mais representa do que um aspecto do próprio efeito devolutivo das referidas vias de impugnação.

Como a origem da expressão *devolução,* para caracterizar o efeito que carrega este nome, vem de priscas eras, quando o rei delegava o poder de julgamento aos juízes e, frente ao recurso, o julgamento era devolvido à majestade, manteve-se, por alguns, o entendimento de que a devolução era remeter ao tribunal *ad quem*, e a regressão era o julgamento pelo próprio julgador do *decisum*. Ocorre que no conceito atual de efeito devolutivo temos que este se trata de efetivo reexame da matéria, o qual será promovido pelo mesmo juiz que a prolatou ou por juízo de instância superior. Assim, resta prejudicado dizer que a iteração é um efeito recursal, quando na realidade é uma peculiaridade do efeito devolutivo, face à possibilidade de retratação pelo próprio julgador.

8. Decisões judiciais criminais

Decisão judicial criminal é qualquer pronunciamento promovido pelo juiz da esfera penal, seja antes, durante ou após o curso do processo.

Pelo princípio da correlação, a decisão judicial deve, sempre, guardar relação junto ao pedido. Desta forma, o julgador não pode estender seu julgamento junto ao que não foi pretendido. Assim, por exemplo, o juiz não poderá julgar o réu por aquilo de que ele não foi acusado. Neste aspecto, muito embora vigore no processo penal o princípio da livre dicção do direito (*narra mihi factum dabo tibi jus*),[111] é certo que o juiz não poderá se aventurar em passos distantes daqueles ofertados pela peça acusatória. Destaca-se que, excepcionando o princípio da correlação no processo penal, existem dois institutos: *emendatio libelli* (O art. 383 do CPP disciplina a corrigenda do juiz junto à classificação formulada pelo acusador) e *mutatio libelli*. (O art. 384 do CPP estabelece a possibilidade de o julgador intervir quando observar que a instrução processual determina um novo fato, não trazido pela acusação, e que obriga a uma nova definição jurídica.)

Para fins didáticos, podemos dividir as decisões judiciais criminais em: despachos de expediente, decisões interlocutórias simples, decisões interlocutórias mistas, sentenças e acórdãos:

8.1. DESPACHO DE EXPEDIENTE

Os despachos de expediente, também chamados de ordinários, são aqueles promovidos com o intuito de dar andamento ao processo. Conforme Greco Filho (1998, p. 326), despacho de expediente:

> É o ato de encaminhamento procedimental, de conteúdo decisório mínimo [...]

Exemplo: designação de audiência, determinação de juntada de documentos, vista à parte contrária etc.

---

[111] Narra-me o fato e te darei o direito.

Os despachos de expediente devem ser proferidos no prazo de um dia (artigo 800, III, do CPP) e não admitem recurso, pois suas manifestações judiciais não atingem o interesse das partes.

8.2. DECISÕES INTERLOCUTÓRIAS

As decisões interlocutórias são pronunciamentos que não julgam o mérito da pretensão penal. Dividem-se em simples e mista:

8.2.1. Decisão interlocutória simples

A decisão interlocutória simples é pronunciamento que resolve questão sem atingir a causa processual. Ou seja, é decisão que sem interferir no mérito da ação e sem encerrar o processo, se firma para ofertar regularidade processual. Conforme Acosta (1989), a decisão interlocutória simples é aquela que resolve questão incidente ou emergente do processo sem ferir a questão principal.

Como exemplos de decisão interlocutória simples podemos observar a concessão de fiança, liberdade provisória, indeferimento de habilitação do assistente de acusação etc.

A decisão interlocutória simples deve ser proferida no prazo de cinco dias (artigo 800, II, do CPP).

8.2.2. Decisão interlocutória mista

A decisão interlocutória mista, também chamada por alguns de decisão com força de definitiva (Tourinho Filho, 1995), é aquela cujo pronunciamento prejudica a questão principal, mas sem ingressar no mérito da causa, concluindo o processo ou uma fase do procedimento. Sua força definitiva resulta por encerrar um momento procedimental ou o próprio processo, mas sem analisar o mérito da causa.

Como exemplos de decisão interlocutória mista, temos a decisão que admite exceção, rejeição à queixa-crime etc.

A decisão interlocutória mista deve ser proferida no prazo de 10 dias (art. 800, I, do CPP).

É de se destacar que a decisão interlocutória mista se divide, ainda, em decisão interlocutória mista terminativa e decisão interlocutória mista não terminativa. Esta divisão se dá em razão da vinculação entre a decisão e o efeito processual.

8.2.2.1. Decisão interlocutória mista terminativa

A decisão interlocutória mista terminativa é a decisão que encerra a relação processual.

Exemplos: Julga procedente a exceção arguida; sentença de impronúncia.

8.2.2.2. Decisão interlocutória mista não terminativa

Já a decisão interlocutória mista não terminativa é a decisão que extingue, somente, uma fase procedimental.

Exemplo: Sentença de pronúncia.

8.3. SENTENÇA

A sentença é a decisão terminal que resolve o mérito da causa. É decisão definitiva, pois se trata de pronunciamento judicial que exaure a jurisdição do julgador. O vocábulo *sentença* vem da expressão romana *sententia* utilizada para firmar o sentimento do próprio juiz. Professa Acosta (1989) que as sentenças constituem a decisão final, através da qual se soluciona o mérito da causa.

Exemplos: A condenação ou absolvição do réu, a decisão que determina a interrupção de gravidez (ou antecipação de parto) etc.

O prazo para ser prolatada a sentença é de 10 dias (artigo 800, I, do CPP).

Uma vez proferida a sentença de mérito, o juiz esgota sua atividade jurisdicional sobre a imputação, não podendo mais reformá-la. Entretanto, poderá retificar erros materiais ou aclarear obscuridade, ambiguidade, contradição ou omissão.

A sentença deve ser estruturada através da observância de cinco requisitos formais: Relatório, motivação, fundamentação, dispositivo e autenticidade.

8.3.1. Relatório

O art. 381, I e II, do CPP determina que a sentença conterá os nomes das partes, ou quando não possível, as indicações necessárias para identificá-las, bem como a exposição sucinta da acusação e da defesa.

Assim, deve a sentença relatar o histórico do processo, identificando seus protagonistas e expondo, de forma sintetizada, as manifestações das partes.

Eventual falha no relatório gerará nulidade se for capaz de causar prejuízo. Já se entendeu que é nula a sentença que não faz a exposição do fato, ou do direito, em debate.[112]

---
[112] RT 258/299.

Destaca-se que o art.81, § 3º, da Lei nº 9.099/95 preconiza a dispensa do relatório na sentença do juizado especial criminal.

8.3.2. Motivação

O art. 381, III, do CPP refere que a sentença conterá a indicação dos motivos de fato e de direito em que se fundar a decisão.

A decisão do juiz advém de um equacionamento lógico firmado nos acontecimentos processuais. Para que se possa legitimar este raciocínio é essencial que o julgador apresente, de forma cristalina, para ser alvo de exame, os elementos de fato e de direito motivadores da sua convicção.

Veja-se que o art.157 do CPP preceitua que o juiz formará sua convicção pela livre apreciação da prova. Em razão disto, sempre deverá motivar sua decisão, esclarecendo a estrutura de seu posicionamento.

A motivação é uma efetiva garantia. Conforme Gomes Filho (2001, p. 241):

> A motivação das decisões judiciais constitui uma garantia política, na medida em que serve para impor limites ao exercício da jurisdição no Estado democrático, exigindo que o juiz submeta à opinião pública -expressão da soberania popular- as razões que inspiram as suas decisões.
>
> Como garantia política, a motivação possibilita ainda a participação popular na administração da justiça, pois a necessidade de apresentar à opinião pública um discurso racional e coerente impõe ao juiz a consideração, no julgamento, dos valores aceitos e difundidos na comunidade.

8.3.3. Fundamentação

O art. 93, IX, da CF estabelece que as decisões dos julgamentos dos órgãos do Poder Judiciário serão fundamentadas. A constitucionalidade desta regra se firma na lógica de que a fundamentação permite uma garantia processual, pois materializa o raciocínio do juiz sobre o fato e o direito, autorizando o controle à luz da lei e evitando os desregramentos arbitrários. Nas palavras de Fayet (1987, p. 50):

> Sem que houvesse a fundamentação, tal como ocorria à época do processo inquisitivo, somente Deus e a consciência do Magistrado saberiam se a sentença refletiu um ato de justiça ou injustiça, um leal cumprimento do dever ou uma prevaricação, a vontade da lei ou a realização de um desejo insopitável de maldade.

8.3.3.1. Distinção entre motivação e fundamentação

O art. 381, III, do CPP prescreve que a sentença conterá a indicação dos motivos de fato e de direito em que se fundar a decisão. Porém, a motivação e o fundamento são elementos estruturais distintos. Nos dizeres de Giacomolli (2005, p. 72):

> [...] motivar não é sinônimo de fundamentar. A fundamentação pode ser só baseada em motivos de direito, por exemplo, ou só em motivos de fato, ou nos dois. É claro que a fundamentação da decisão terá como base fática e/ou de direito. Toda decisão judicial deverá ser motivada e fundamentada. Motivar é dizer quais as bases fáticas e/ou de direito que permitem a fundamentação, ou seja, a explicação racional da decisão.
> [...]
> As mesmas circunstâncias fáticas -motivos- podem embasar duas decisões diferentes, dependendo da compreensão e da justificação racional do juiz. Da mesma forma, a mesma matéria de direito – motivo – poderá levar a duas decisões diferentes. Por isso, a motivação orienta o raciocínio do magistrado, mas a fundamentação depende da exteriorização racional, da explicação racional. A racionalização do juiz Pedro poderá ser diferente da explicação do juiz João, embora utilizem os mesmos substratos de fato e de direito.

Nesta esteira, podemos reconhecer a diferença básica entre motivação e fundamentação junto à sentença judicial. Motivação é a causa escolhida, sem estar justificada. Fundamentação é a justificação da causa. Assim, por exemplo, de nada adiantaria o juiz absolver o réu por legítima defesa sem justificar esta excludente de ilicitude.

8.3.3.2. Motivação e fundamentação remissiva ou adotada

Quando a sentença se firma em razões de outra sentença, tem-se o que se chama de remissão. Trata-se de vício injustificável, pois cabe ao julgador decidir com seus argumentos, e não se firmar nas razões de outro juízo, para resolver a causa.

Outrossim, haverá mácula quando a sentença adotar as razões de uma das partes, como por exemplo, reproduzir as alegações finais. Nestas situações, tal aproveitamento afeta o decisório.

8.3.4. Dispositivo

Conforme o art. 381, V, do CPP, a sentença conterá dispositivo. Trata-se da decisão propriamente dita ou do veredicto. Nos dizeres de Baltazar Junior (2004, p. 33)

> O dispositivo é o fechamento da sentença, no qual o juiz, com fundamento nas razões expostas ao longo da fundamentação conclui pela procedência ou improcedência da pretensão deduzida na denúncia.

Comuns são expressões *ante ao exposto* ou *isto posto* como prenúncio do dispositivo sentencial.

8.3.5. Autenticidade

É fundamental, para a autenticidade da sentença, a existência de data e de assinatura do juiz.

A data estabelece a temporaneidade, ou seja, o período em que a sentença foi promovida. Veja-se que este período deve coincidir com o tempo da investidura jurisdicional do prolator sentencial.[113]

Já a assinatura do juiz estabelece a legitimidade da decisão, reconhecendo temporalmente o órgão judicante com legalidade para dizer o direito.

8.4. ACÓRDÃO

Como foi visto, a decisão judicial se refere a qualquer manifestação da autoridade judiciária. Contudo, os acórdãos são as decisões proferidas pelos colegiados. O art.163 do CPC prescreve que recebe a denominação de acórdão o julgamento proferido pelos tribunais. Contudo, deve-se dar atenção aos julgamentos das turmas recursais do juizado especial criminal, as quais, mesmo não sendo tribunais, geram acórdãos.

Muito embora o acórdão revele a ideia de entendimento, pode ele conter dissensão em seu decisório.

Assim, as decisões monocráticas não ensejam lavratura de acórdão.[114]

8.5. CASUÍSTICA – DECISÃO DE CESSAÇÃO DE INSTÂNCIA

Cessação de instância, como bem esclarecido por Marques (2000), nada mais é do que circunstância que determina a impossibilidade de continuação da relação processual em razão de extinção de punibilidade.

Como visto, as decisões interlocutórias são aquelas que não julgam o mérito da pretensão penal. Ocorre que a decisão de extinção de punibilidade, muito embora não absolva ou condene, pois não aduz sobre a existência do fato e quem é o autor, resulta por atingir o mérito, tanto que impede a promoção de uma nova ação penal firmada nos mesmos elementos. Nestes casos, refere Marques (2000, p. 287):

> Reconhecendo que o *jus puniendi* desapareceu, o juiz decreta a extinção da punibilidade, acolhendo, assim, preliminar de mérito. Com isso fica extinta a relação processual e, muitas vezes, de maneira procedimentalmente anormal. De qualquer forma, porém, o julgamento recai sobre prejudicial ou preliminar de mérito, que se não confunde com a questão de mérito propriamente dita.

Desta forma, a decisão que extingue a punibilidade se revela como de cessação de instância,[115] pois efetivamente não define o mérito da causa, mas,

---

[113] Uma sentença prolatada por alguém que ao tempo já não possuía mais jurisdição é ato inexistente.

[114] STJ 4ª turma, Ag 19.156-0-SP-AgRg, Rel. Min. Salvo de Figueiredo, j.4.08.92, negaram provimento, v.u., DJU 14.09.92, p. 14977.

[115] MARQUES (2000, p. 286) professa, outrossim, sobre absolvição de instância, que se trata de decisão que não atinge o mérito. Configura hipótese o trancamento do feito por falta de condições de procedibilidade.

conforme Oliveira (2004), soluciona o mérito, pois ao contrário da sentença que aprecia o mérito, absolvendo ou condenando, a decisão extintiva de punibilidade apenas reconhece e declara a ausência de interesse punitivo.

9. Do juízo de admissibilidade

Uma vez interposta a peça recursal, caberá ao juiz verificar se o recurso preenche suas condições de admissibilidade, ou seja, se os pressupostos subjetivos e objetivos se encontram presentes. Trata-se do juízo de prelibação[116] em que não se julga o recurso em si, ou seja, suas razões, mas, apenas, sua condição de ser processado e julgado.

É fundamental o juízo de admissibilidade, pois o exame dos pressupostos recursais pelo juízo *a quo* é análise preliminar que não pode ser omitida, já que se trata de um juízo positivo, ou negativo, que importa em efeitos jurídico-processuais.[117]

Assim, para que se julgue o recurso, examinando-se seu conteúdo meritório, é imperioso, antes, decidir sobre sua admissibilidade, ou seja, sobre seu conhecimento.

Se o recurso for inadmitido significa dizer que não será conhecido, cabendo nos casos previstos em lei a interposição de outro recurso para afastar tal inadmissão.

Destaca-se que a decisão de admissão do recurso pelo juízo *a quo* não vincula o tribunal *ad quem*, já que este juízo não resta adstrito ao pronunciamento do antecessor.

Uma vez admitido o recurso pelo juízo *ad quem*, teremos a fase do juízo de delibação (ou de deliberação), em que o decisório sobre as razões, ou seja, de provimento ou improvimento do recurso, será prolatado.

---

[116] Libar significa beber. Prelibação é a antecipação do beber. Ex.O Vinho, antes de ser sorvido, é apreciado com os olhos e o olfato, em um juízo clássico de prelibação.
[117] STF-RMS 21421, Rel.Celso de Mello, j.14.04.92, Publ. DJ 19.06.92.

10. Recursos em espécie

O Título II do Livro III do Código de Processo Penal inicia em seu capítulo II os recursos em espécie, estabelecendo uma variedade de recursos. Não é de se olvidar que a positivação desta formalidade penal sempre estará adstrita aos princípios recursais, materializando, em especial, os princípios da taxatividade e da irrecorribilidade.

10.1. RECURSO EM SENTIDO ESTRITO

10.1.1. Nome

O Regulamento nº 120, de 31 de janeiro de 1842, trouxe a perífrase *recurso em sentido estrito*, ao solidificar em seu artigo 437 a expressão *recurso tomado em sentido estrito*.

A finalidade do recurso é permitir a objurgação de algumas decisões, somente algumas. Por esta razão, vem o caráter restritivo do recurso que traz, inclusive, em seu nome, o circunlóquio da limitação.

10.1.2. Origem

O recurso em sentido estrito tem sua origem no recurso de agravo, o qual, por sua vez, vem do Direito português, firmado nas Ordenações Manuelinas. Ocorre que não nasceu no berço lusitano o agravo. Conforme exame nas demais legislações, em especial a germana, observa-se a existência do agravo. Para Tornaghi (1989, p. 315):

> O problema da reparação dos agravos, ou seja, dos prejuízos sofridos por qualquer das partes em decorrência de injusta decisão interlocutória, vem, pois, de longe. Já no Direito romano de justinianeu, no Cap. IV da Nova Constituição nº 86, era permitido, ao agravado, pelo "ilustríssimo juiz da província", o recurso ao bispo. Igualmente o *Fuero Juzgo*, que apesar de ser um Código visigodo, se apartou dos costumes góticos, adotou muitas leis romanas e introduziu o *retratatio* pelo juiz prolator da decisão. Ali encontra-se um fragmento do Rei Flávio Recesvindo (*Flavius Recesvintus Rex*) no qual se manda que os bispos(no lugar esta sacerdos, mas como tal se designavam os bispos, que têm a plenitude do sacerdócio e não os presbíteros, que hoje chamamos padres) admoestem os juízes quando oprimirem os povos com julgamentos injustos(*perversis iudiciis*)para que se retra-

tem (*quo male iudicata meliori debeant emendari sententia*), tal como acontece no moderno recurso *stricto sensu* (agravo).

Também houve as *querimônias*, ou queixas feitas ao rei, sobre uma decisão do juiz. A majestade fazia o papel de desembargador, pois desembaraçava a decisão reclamada.

Já a *sopricação* era o meio de suplicar-se ao rei contra uma sentença definitiva que não cabia apelação.

O projeto da comissão, presidida pelo ministro da justiça Vicente Ráo, buscou acrescer na processualística penal o agravo existente até o código de processo criminal do Império. Contudo, tal proposta não passou pela comissão especial do Código de Processo Penal da Câmara dos Deputados. Giza-se que o Projeto de Lei nº 4.206/01 e que altera os dispositivos do Código de Processo Penal, estatui em seu artigo 382 o recurso de agravo, afastando a expressão *recurso em sentido estrito*.

10.1.3. Conceito

É o recurso que busca proceder o reexame de uma decisão do juiz de primeiro grau, referente às matérias estritamente especificadas em lei. Para Marques (1998, p.263),

> O Recurso em Sentido Estrito é o agravo (de petição ou de instrumento) do processo penal.

10.1.4. Previsão legal

Além de estar previsto no artigo 581 do Código de Processo Penal, o recurso *stricto* vem estabelecido em leis especiais, conforme observa-se das Leis nº 1.508/51, nº 5.250/67, nº 9.503/97 e Decretos-Leis n°s 201/67 e 3.931/41.

10.1.5. Órgão julgador

O julgador, inicialmente, será o juiz singular de primeiro grau, prolator da decisão, para seu juízo de retratação. Não havendo a reforma do decisório, o recurso seguirá para o juízo de segundo grau, sendo que restará ao tribunal a decisão sobre a matéria.

10.1.6. Prazo

O artigo 586 do CPP estabelece o prazo de 5 dias para a interposição do recurso. É de se gizar a exceção prevista no artigo 586, parágrafo único, do próprio CPP, pois o prazo para o recurso em sentido estrito contra a decisão de inclusão ou exclusão do jurado da lista geral, inciso XIV do artigo 581 do CPP, é de 20 dias.

Haverá, ainda, o prazo de dois dias, contados da interposição do recurso, ou do dia em que o escrivão, extraído o traslado, fizer vista ao recorrente, para o oferecimento das razões do recurso.

A parte adversa terá dois dias para contra-arrazoar o recurso.

Ilustra-se que a Defensoria Pública terá prazo em dobro.[118]

10.1.7. Efeitos

– Devolutivo

O recurso em sentido estrito possui efeito devolutivo.

– Suspensivo

Em alguns casos, admite-se o efeito suspensivo. Ou seja, quando o recurso em sentido estrito for contra a decisão que determine a perda da fiança, a concessão de livramento condicional, a denegação da apelação ou que a julgar deserta, haverá efeito suspensivo. É importante destacar que na sentença de pronúncia o recurso suspenderá, somente, o julgamento pelo tribunal do júri e o recurso contra a decisão que julgar quebrada a fiança, e não a perda da fiança, suspenderá unicamente o efeito de perda da metade do seu valor. Veja-se, ainda, que o recurso contra a decisão que julgar extinta a punibilidade não impedirá que o réu seja posto imediatamente em liberdade.

Giza-se que se tem admitido, quando presente o *fumus bonis juris* e o *periculum in mora*, o mandado de segurança para dar efeito suspensivo ao recurso em sentido estrito, evitando o dano.

– Extensivo

Terá efeito extensivo quando a decisão refletir motivos que não sejam de caráter exclusivamente pessoal.

10.1.8. Cabimento

O recurso em sentido estrito cabe somente nas hipóteses previstas nos incisos do artigo 581 do CPP ou em lei especial, frente ao princípio da taxatividade.

É verdade que existe controvérsia sobre esta restrição. Borges da Rosa, citado por Magalhães Noronha (1989, fl.344), escreve que:

---

[118] Lei Complementar nº 80/94, art. 128, I.

A numeração feita é taxativa quanto ao espírito do texto legal, mas não quanto às suas expressões literais, quanto à sua forma. De sorte que, embora o novo caso não se identifique, por suas expressões literais, com os enumerados no texto legal, deve ser contemplado na enumeração taxativa, quando se identifique pelo seu espírito.

Ademais, o artigo 3º do CPP admite interpretação extensiva e aplicação analógica, cabíveis em normas processuais. Firmados neste preceito legal, alguns julgados têm admitido a ampliação do recurso em sentido estrito.[119]

No nosso entender, o legislador foi objetivo em seu texto, estreitando, propositalmente, as hipóteses de cabimento do recurso. A exaustão do recurso apresenta-se até no próprio nome, recurso em sentido estrito, ou seja, recurso somente para as hipóteses elencadas. Desta forma, não nos parece viável uma ampliação daquilo que vem com precisão na lei processual. Neste sentido, seguem outros julgados que não admitem a extensão do recurso em sentido estrito.[120] Porém, registramos que admitimos exceção, frente às situações jurídicas criadas após o Decreto-Lei nº 3.689/41 (Código de Proceso Penal) e que formataram novas decisões interlocutórias, para as quais não foram previstos recursos. Exemplificando: O juiz concede suspensão processual (art. 89 da Lei nº 9.099/95) em feito que não poderia. Cabível recurso em sentido estrito.

Por fim, caberá recurso, no sentido estrito, da decisão, despacho ou sentença:

10.1.8.1. Que não receber a denúncia ou a queixa

Assim, se for o caso de não recebimento da peça vestibular acusativa, será admissível o recurso em sentido estrito.

Contudo, observa-se que se a decisão for de recebimento de denúncia ou queixa, restará prejudicado o recurso em estudo, sendo, no caso, cabível o *habeas* profilático, que é aquele que ataca o risco de constrangimento ilegal. Ou seja, uma vez que exista um indevido recebimento de acusação, não estando o réu preso (violência) e tampouco existindo a certeza de que será preso (ameaça), já que poderá, inclusive ser absolvido no feito criminal, teremos sim, apenas, a possibilidade do constrangimento vir a ocorrer. Destarte, sendo esta possibilidade visualizada como direito líquido e certo caberá, então, *habeas corpus* a fim de preservar o direito do acusado.

Porém, não se pode olvidar que em se tratando de recebimento de acusação por crime que não seja punido com pena privativa de liberdade, por falta

---

[119] "Da decisão que determina a suspensão do processo com base no artigo 366 do CPP é cabível o recurso em sentido estrito, por aplicação analógica do inc.XVI do art. 581 do mesmo Diploma Legal". (RJTACRIM 35/475). Mesmo sentido: RJTACRIM 35/425, RT 741/643.

[120] "O disposto no art. 581 do CPP é taxativo e não exemplificativo, descabendo recurso em sentido estrito nas hipóteses ali não contempladas." RT 666/315. Mesmo sentido JUTARS 105/83 e JUTARS 70/54.

de possibilidade de constrição da liberdade locomotora, o remédio não será *habeas corpus*, mas sim, mandado de segurança.

Veja-se que a lei não faz referência ao aditamento da denúncia. Contudo, sendo o aditamento uma denúncia complementar, é certo que o não recebimento possa ser atacado através deste recurso.[121]

Questão interessante é não confundir *não recebimento* com *rejeição* da denúncia ou queixa. O *não recebimento* ocorrerá quando for desrespeitado o artigo 41 do CPP:

> A denúncia ou queixa conterá a exposição do fato criminoso, com todas as suas circunstâncias, a qualificação do acusado ou esclarecimentos pelos quais se possa identificá-lo, a classificação do crime e, quando necessário, o rol das testemunhas.

A decisão que não recebe a denúncia ou a queixa poderá ser revista através de recurso em sentido estrito.

Já a rejeição, que vinha prevista no art. 43 do CPP, se referia a acusação criminal vinculada ao fato narrado que evidentemente não constituísse crime, quando já estivesse extinta a punibilidade ou quando fosse manifesta a ilegitimidade da parte ou faltasse condição exigida pela lei para o exercício da ação penal. Contudo, tal disposição foi revogada pela Lei nº 11.719/08. Assim, assumiu o artigo 395 do CPP, estabelecendo que a denúncia ou queixa será rejeitada quando:

> I – for manifestamente inepta;
> II – faltar pressuposto processual ou condição para o exercício da ação penal; ou
> III – faltar justa causa para o exercício da ação penal.

Destarte, como se depreende o dispositivo, em seu inciso I trouxe a inépcia como razão para rejeição. Entretanto, trata-se de equívoco, eis que a dogmática processual penal firma, de forma cristalina, que o não recebimento da inicial ocorre por questões formais, distintamente da rejeição que se dá por questões materiais.

Nesta esteira, os incisos II e III estão corretos para o aspecto da rejeição, eis que se relacionam ao fato trazido e não meramente formal.

Veja-se que esta distinção não é mero preciosismo, mas sim amparo essencial para o reconhecimento da questão formal ou material e, consequente, utilização do recurso em sentido estrito ou não. É que em, se tratando de não recebimento, por inépcia (art. 395, I do CPP), o recurso será estrito. Porém, em se tratando de falta de pressuposto processual ou condição para o exercício da ação penal; ou falta de justa causa para o exercício da ação penal (art.395, II e

---

[121] "Recusado aditamento à denúncia, cabe interpor recurso em sentido estrito para impugnar a eventual injustiça da decisão, de acordo com a regra prevista no inc.I do art. 581 do CPP". (RJD 25/346). Mesmo sentido, RT 607/410, 546/365.

III, do CPP), haverá rejeição e o recurso deverá ser o de apelação, forte no art. 593, II, do CPP.

Muito embora os julgados reconhecendo que a decisão que rejeitar a denúncia ou a queixa deverá ser atacada por meio de recurso de apelação, artigo 593, II, do CPP,[122] a súmula 60 do TRF 4ª região, DJ de 29.04.99, p. 339, preceitua que *da decisão que não recebe ou que rejeita a denúncia cabe recurso em sentido estrito.*

Nesta esteira, é de se destacar que no caso do Juizado Especial Criminal, em razão do artigo 82 da Lei nº 9.099/95, da decisão de rejeição da denúncia ou queixa o recurso será apelação.

Aqui não é demais lembrar a Súmula nº 707 do STF e que estabelece que constitui nulidade a falta de intimação do denunciado para oferecer contrarrazões ao recurso interposto da rejeição da denúncia, não a suprimindo a nomeação de defensor dativo.

E mais, preocupação pode existir sobre a necessidade de intimação, ou não, do acusado para apresentar contrarrazões, no caso de estrito contra o não recebimento da denúncia ou queixa. Nesta esteira, aproveitamos a mesma orientação da Súmula nº 707 do STF, para reconhecer a nulidade pela falta de intimação.

Nas ações de competência originária dos Tribunais (Leis n°s 8.038/90 e 8.658/93), as decisões que recebem ou rejeitam a denúncia ou queixa não admitem recurso em sentido estrito, pois este não será cabível contra decisão de colegiado. Caberá, sim, conforme o caso, recurso extraordinário ou especial.

10.1.8.2. Que concluir pela incompetência do juízo

Se a decisão judicial for pela incompetência do juízo, caberá o recurso em sentido estrito. Assim, desde já, observa-se que se a decisão concluir pela competência do juízo, não caberá o recurso em tela, mas sim *habeas corpus.*

É o caso do reconhecimento de ofício da incompetência do juízo. O artigo 109 do CPP prevê que em qualquer fase do processo se o juiz reconhecer motivo que o torne incompetente, declará-lo-á nos autos, haja ou não alegação da parte.[123] Outrossim, o art. 419 do CPP, alterado pela Lei nº 11.689/08, estabelece que quando o juiz se convencer, em discordância com a acusação, da

---

[122] Na área da rejeição da denúncia por falta de justa causa para a ação penal, o trancamento da lide faz-se em definitivo, e então o recurso cabível é o da apelação, tal como estabelecido na regra do art. 593, inc.II, da lei adjetiva penal". (RJTJRGS 115/61). Mesmo sentido: RJTJRGS 87/90 e TARGS 71/44.

[123] "O recurso em sentido estrito é próprio para atacar decisão que conclui pela incompetência do juiz". (JUTARS 72/33).

existência de crime diverso dos referidos no § 1º do art. 74 deste Código e não for competente para o julgamento, remeterá os autos ao juiz que o seja.[124]

Entrementes, não se deve olvidar da decisão que concluir pela incompetência resultante da procedência de exceção. Se o juiz julgar procedente tal exceção, neste caso admitir-se-á o recurso *stricto*, forte no inciso III do artigo 581 do CPP.

O recurso pode subir nos próprios autos se não prejudicar o andamento do feito.

10.1.8.3. Que julgar procedentes as exceções, salvo a de suspeição

Observando as exceções existentes previstas no artigo 95 do CPP, temos que será cabível recurso em sentido estrito contra as decisões que julgarem procedentes:

– A exceção de incompetência;
– A exceção de coisa julgada;
– A exceção de ilegitimidade de parte;
– A exceção de litispendência.

Desta forma, se a exceção restar improcedente, não caberá recurso processual.

Caso a exceção seja julgada improcedente, caberá o *habeas*.[125]

Contudo, não caberá recurso em sentido estrito na decisão que julgar procedente a exceção de suspeição. É que, neste caso, se o juiz reconhecer a suspeição, declarar-se-á suspeito e ordenará a remessa dos autos ao substituto. (artigo 99 do CPP) Se não aceitar a suspeição, o juiz mandará seja autuada a petição em apartado e sejam remetidos os autos ao tribunal a que competir o julgamento.[126] (artigo 100 do CPP) Por certo, contra a decisão do tribunal haverá a possibilidade de recurso extraordinário ou recurso especial, conforme o caso concreto e a previsão legal, inclusive a possibilidade de recursos regimentais, conforme o regimento interno do tribunal.

No caso da exceção por incompetência do juízo, artigo 95, II, do CPP, é de se lembrar que se trata de decisão do juízo provocada pela parte, e não de

---

[124] "Cabe recurso em sentido estrito da decisão que desclassifica o crime de competência do juiz singular para outro, afeto ao Tribunal do Júri". (RT 736/617).

[125] "A decisão que rejeita exceção de incompetência não se encontra no rol das atacáveis por recurso em sentido estrito. Nem sendo interlocutória mista ou terminativa, é inapelável. Destarte, só pode ser atacada através de *habeas corpus* ou em preliminar de eventual apelação". (RT 644/308).

[126] "Como proclama o art. 581, III, do CPP, não há recurso contra a decisão que julga a exceção de suspeição como improcedente, sendo o recurso em sentido estrito admissível, exclusivamente, do despacho que proclama a procedência da exceção, mas não do que a indefere". (JUTACRIM-SP 89/162).

ofício, pois, caso contrário, será cabível o recurso em sentido estrito, firmado no inciso anterior.

O recurso em sentido estrito subirá nos próprios autos da exceção.

10.1.8.4. Que pronunciar (Lei nº 11.689/08)

A sentença de pronúncia está afeita ao processo que julga crimes dolosos contra a vida.

A pronúncia, nas palavras de Siqueira (1980, p. 13), é:

> Provimento jurisdicional, de conteúdo processual, destinado a marcar o encerramento do juízo de formação da culpa, no procedimento escalonado do Júri [...]
>
> Na sentença de pronúncia, temos uma decisão interlocutória mista não-terminativa, a qual encerra uma fase do procedimento, sem julgar o mérito. Neste caso, o réu não é declarado culpado, mas apenas que deve ser julgado pelo tribunal do júri. A sentença de pronúncia revela, a bem da verdade, um juízo de pré-libação, ou seja, a admissão do julgamento pelo tribunal popular.

Conforme o art. 413 do CPP, o juiz, fundamentadamente, pronunciará o acusado, se convencido da materialidade do fato e da existência de indícios suficientes de autoria ou de participação. Destarte, face à pronúncia é cabível o estrito.

Porém, em se tratando de impronúncia o recurso será apelação. (art.416 do CPP)

Haverá a despronúncia quando ocorrer o afastamento da pronúncia pelo entendimento de que não restou demonstrada a existência do crime ou de indícios da autoria do réu.[127] Se esta sentença ocorrer no juízo de retratação do recurso em sentido estrito, caberá, então, recurso de apelação (art.416 do CPP) contra a sentença que se tornou, em última análise, de impronúncia. Exemplo: Pronunciado, o réu recorreu com estrito. Porém, o juiz singular, não mantendo sua decisão, retratou-se e despronunciou o acusado. Agora, impronunciado, a acusação deve apelar.

É de destacar que em caso de haver pronúncia, com o afastamento da qualificadora, poderá o acusador utilizar-se do recurso em sentido estrito para incluir a qualificadora. Da mesma forma, havendo a inclusão de qualificadora na pronúncia, poderá a defesa recorrer estritamente apenas para que seja afastada a qualificadora. Entrementes, é de se destacar julgado discordando, por entender que o tema é de competência do Tribunal do Júri.[128]

Ilustra-se que o assistente de acusação é parte legítima para interpor recurso contra a sentença de pronúncia a fim de reintroduzir as qualificadoras

---

[127] TJ/Amapá: RSE 234/01, Câmara única, j.25.09.01. Mesmo sentido: TJ/Amapá: RSE 223/00, Câmara única, j.20.03.01.
[128] RT 743/601.

imputadas na denúncia e que não foram abrangidas na sentença que enviou o réu a Júri popular.[129]

Como na pronúncia, o réu não é declarado culpado, mas apenas comprovada a materialidade do delito e indícios suficientes da autoria, a sentença deve ser proferida pelo juiz em uma linguagem moderada sem apreciações personalíssimas capazes de influenciar no ânimo dos jurados. Caso isto não ocorra, surgirá vício que nulifica a sentença de pronúncia. Nestas condições, caberá o recurso *stricto*. Ocorre que por se tratar de nulidade absoluta e sendo a questão de fácil cognição, caberá, outrossim, *habeas*.[130]

Veja-se que se o juiz restar na dúvida se deve ou não pronunciar, firmar-se-á no princípio *in dubio pro societate*, e não no *in dubio pro reo*, e pronunciará o acusado.[131]

O artigo o art. 419 do CPP, alterado pela Lei nº11.689/08, estabelece que quando o juiz se convencer, em discordância com a acusação, da existência de crime diverso dos referidos no § 1º do art. 74 deste Código e não for competente para o julgamento, remeterá os autos ao juiz que o seja.[132] Aqui temos a chamada desclassificação, pois o crime não é de competência do Tribunal do Júri. Assim, para se desafiar esta decisão, deverá o recorrente promover recurso em sentido estrito forte no inciso II do 581 do CPP, pois trata-se de reconhecimento da incompetência do juízo, sem provocação por meio de exceção.

Inexiste qualquer empecilho legal para que o réu pronunciado recorra a fim de ser absolvido sumariamente.

O Recurso em Sentido Estrito contra a pronúncia subirá nos próprios autos, salvo se houver outros réus, ocasião em que poderá haver o traslado.

10.1.8.5. Que conceder, negar, arbitrar, cassar ou julgar inidônea a fiança, indeferir requerimento de prisão preventiva ou revogá-la, conceder liberdade provisória ou relaxar a prisão em flagrante

– *Fiança*

Inicialmente, giza-se que o instituto da fiança não restou revogado.

---

[129] STF-HC 71453, j. 06/09/1994, DJ 27-10-1994
[130] RTJ 162/682. Mesmo sentido, RT 558/373 e 462/407.
[131] O *in dubio pro reo* é incompatível com o Juízo de pronúncia. Se dúvida existe, cabe ao Júri dirimi-la. É ele o juízo constitucional dos processos por crime contra a vida, competindo-lhe reconhecer ou não a culpabilidade do acusado. RT 575/367. Mesmo sentido: RT 522/361 e 326/25.
[132] "Cabe recurso em sentido estrito da decisão que desclassifica o crime de competência do juiz singular para outro, afeto ao Tribunal do Júri". (RT 736/617).

A fiança está jungida à expressão *confiança* e, no direito processual penal, tem a característica de caução para assegurar o cumprimento de obrigações. O diploma formal estabelece a fiança nos artigos 321 a 350.

Desta forma, haverá fiança:

• Nos crimes punidos com detenção ou com reclusão, neste caso quando a pena mínima for cominada igual a dois anos;

• Nas contravenções, com exceção da vadiagem e mendicância;[133]

• Quando não restar provado ser o réu vadio.[134]

Contudo, não haverá fiança:

• Nos crimes dolosos punidos com pena privativa de liberdade se o réu já tiver sido condenado por outro crime doloso, transitado em julgado;

• Nos crimes punidos com reclusão e que provoquem clamor público ou que tenham sido cometidos com violência contra a pessoa ou grave ameaça;

• Aos que tiverem quebrado fiança, no mesmo processo, ou infringido, sem justo motivo, qualquer das obrigações do artigo 350 do CPP;

• Nas prisões cíveis, disciplinares, administrativas e militares;

• Ao que estiver frente ao benefício da suspensão condicional da pena ou do livramento condicional da pena, salvo se processado por crime culposo ou contravenção que admita fiança;

• Quando presentes os motivos para decretação da prisão preventiva;

• Nos crimes de racismo, tortura, tráfico ilícito de entorpecentes e drogas afins, terrorismo, definidos como crimes hediondos e as ações dos grupos armados, civis ou militares, contra a ordem constitucional e o estado democrático;

• Nos crimes de porte ilegal de arma de fogo de uso permitido e disparo de arma de fogo, Lei n°10.826/03.[135]

Desta forma, quando o juiz conceder, negar, arbitrar, cassar ou julgar inidônea a fiança, caberá recurso em sentido estrito.

• A concessão da fiança significa o deferimento de sua possibilidade;

• A negativa de fiança é a não concessão;

• Arbitrar fiança quer dizer estabelecer seu valor;

• Cassar fiança significa abolir a fiança. Isto ocorre quando se reconhece que seu arbitramento firmado não era cabível (arts. 338 e 339 do CPP) ou

---

[133] Pelo princípio da dignidade é de se afastar esta preceituação.

[134] Pelo princípio da dignidade é de se afastar esta preceituação.

[135] Porém, atenção que no julgamento da ADIN n° 3112 o Supremo Tribunal Federal, por maioria, reconheceu a inconstitucionalidade dos parágrafos únicos dos artigos 14 e 15 da Lei n° 10.826/03, dispositivos os quais tornavam inafiançáveis os crimes.

quando descumprida a determinação de reforço da fiança (art. 340, parágrafo único);

• Fiança inidônea significa fiança insuficiente. (arts.325 e 340 do CPP)

Observa-se que haverá casos onde a própria autoridade policial poderá conceder a fiança. Isso ocorrerá nas infrações punidas com detenção ou prisão simples, conforme prevê o artigo 322 do CPP. Contudo, se a autoridade policial não outorgar a fiança, caberá recurso em sentido estrito? No magistério de Mirabete (2001, p. 622), temos que sim:

> Quanto à fiança, assim, concedida pelo juiz ou pela autoridade polícial, cabe o recurso.

Na mesma linha, Silva (1999, p. 52) ensina:

> Da concessão ou não da fiança pelo juiz ou pela autoridade policial comporta recurso em sentido estrito, uma vez que a concessão pode fugir aos parâmetros da legalidade, bem como a não concessão.

Todavia, ousamos discordar destas posições, pois entendemos ser incabível o recurso em sentido estrito contra os pronunciamentos administrativos, em especial da autoridade policial, por não se tratarem de decisões judiciais e não admitirem a retratação, a qual afeita ao recurso *stricto* só poderá ser promovida pelo juiz. (artigo 589 do CPP) De outra banda, não conseguimos vislumbrar no plano prático o advogado, ou o promotor público, comparecendo a um distrito policial para recorrer da decisão do delegado de polícia.

Caso a quantia fixada seja insuportável, tal situação corresponderá à não concessão de fiança, outrossim passível de recurso.

Não se pode esquecer que caberá, ainda, *habeas* para que seja concedida ou minorada a fiança. (artigo 648, V, do CPP)

Outrossim, será admissível o recurso em sentido estrito nas decisões judiciais que exigirem reforço de fiança.

– Indeferimento de requerimento de prisão preventiva

Uma vez requerida a prisão preventiva do acusado ao juiz, o indeferimento pode ser combatido via recurso em sentido estrito. Da mesma forma se a prisão preventiva for revogada.

Obtemperamos que quando se tratar de indeferimento de prisão temporária (Lei nº 7.960/89), requerida pelo Ministério Público, por ser este tipo de custódia uma espécie de prisão provisória, não existente na época da promulgação do Decreto-Lei nº 3.689/41 (Código de Proceso Penal), outrossim, caberá recurso em sentido estrito. E neste sentido, já se manifestou o Tribunal de Justiça sulino.[136]

---

[136] TJ/RS-Recurso em Sentido Estrito nº70008458853, j.2.06.04.

– *Concessão de liberdade provisória ou relaxamento de prisão em flagrante.*

Deferida a liberdade provisória ou decidido o relaxamento do flagrante, caberá o recurso *stricto*.

Conforme se observa, se a decisão judicial não conceder a liberdade provisória ou o relaxamento de prisão em flagrante, não caberá o recurso estudado.

A distinção entre a concessão da liberdade provisória e o relaxamento está em que neste último caso existe uma manifesta ilegalidade no ato prisional provisório e sua formalização.

O recurso subirá através de instrumento.

10.1.8.6. O artigo 581, VI, do CPP e que permitia o recurso em sentido estrito para a absolvição sumária, foi revogado pela Lei nº 11.689/08

Nos casos de absolvição sumária o recurso cabível será a apelação, conforme o art. 416 do CPP.

10.1.8.7. Que julgar quebrada a fiança ou perdido o seu valor

Veja-se que na aludida hipótese só caberá o recurso *stricto* quando for julgada quebrada a fiança ou perdido o seu valor. Caso a acusação requeira o quebramento ou a perda e seu petitório restar indeferido, não caberá o recurso em sentido estrito.

O quebramento da fiança ocorrerá se o réu: (artigos 328 e 341 do CPP)

1 – Mudar de residência sem permissão da autoridade processante;

2 – Ausentar-se, sem prévia permissão, por mais de 8 dias de sua residência, sem comunicar à autoridade o lugar onde poderá ser encontrado;

3 – Deixar de comparecer, injustificadamente, para ato do processo;

4 – Na vigência da fiança, praticar outra infração.

A questão referente ao perdimento do valor restará forte no artigo 344 do CPP e se dará quando o réu condenado não se apresentar à prisão.

A questão da fiança, além das repercussões de caráter efetivamente penal, terá, ainda, reflexos na órbita patrimonial. É que no caso de quebramento, após as deduções de custas e encargos a que o réu estiver obrigado, o saldo será, até a metade do valor, recolhido ao Tesouro Nacional. No caso do perdimento, este saldo será entregue em sua totalidade ao aludido Tesouro.

Assim, poderá haver límpido interesse em se recorrer da decisão que julgar quebrada a fiança ou perdido seu valor.

Este recurso tem efeito suspensivo e sobe nos mesmos autos.

10.1.8.8. Que decretar a prescrição ou julgar, por outro modo, extinta a punibilidade do acusado

Muito embora tenha sido infeliz o legislador na expressão legal trazida, pois a prescrição é uma espécie de causa de extinção de punibilidade, razão que bastaria apenas a referência ao gênero extinção de punibilidade, a lei estabelece que a decisão que decretar a extinção de punibilidade poderá ser atacada através do recurso *stricto*.

As causas extintivas da punibilidade são aquelas que levam o Estado à perda do poder-dever de punir. Assim, algumas estão relacionadas no artigo 107, CP, em rol meramente exemplificativo.

O recurso em sentido estrito somente caberá nas decisões havidas durante o cursivo do processo, pois se a extinção de punibilidade vier a ser decretada junto à sentença final o recurso, então, forte no princípio da unirrecorribilidade, será o de apelação, artigo 593, I e § 4°, do CPP.

Caso a decisão de extinção de punibilidade venha a ser decretada no processo executório, o recurso cabível não será o *stricto*, mas sim o agravo, estabelecido no artigo 197 da Lei n° 7.210/84.

No caso em tela, o recurso em sentido estrito não tem efeito suspensivo e sobe nos próprios autos, salvo se houver corréu que não aproveite o *stricto*.

10.1.8.9. Que indeferir pedido de reconhecimento da prescrição ou de outra causa extintiva da punibilidade

Inicialmente, ratifica-se a crítica lançada no título anterior de que é desnecessário referir a prescrição, espécie, junto ao gênero extinção de punibilidade.

Cuida-se aqui da hipótese exatamente contrária ao do inciso anterior. Indeferido o requerimento de extinção da punibilidade, tal decisão poderá ser combatida através do recurso em sentido estrito.

Algumas causas de extinção da punibilidade estão previstas no artigo 107, CP.

Se o indeferimento ocorrer por ocasião do julgamento do feito, ou seja, na sentença, neste caso, conforme o artigo 593, I e § 4°, do CPP, caberá recurso de apelação.

Repita-se o que já foi dito no inciso anterior: caberá recurso em sentido estrito nas decisões havidas no curso processual cognitivo. Sendo o pedido de extinção de punibilidade indeferido no feito executório, o recurso será o agravo do artigo 197 da Lei nº 7.210/84.

É de se lembrar que o indeferimento de reconhecimento da extinção de punibilidade pode dar ensejo à interposição de *habeas*, forte no artigo 648, VII, do CPP. Desta forma, quando a questão não exigir alta indagação cognitiva, a decisão poderá ser atacada via *mandamus*, medida ágil e prática. Porém, sugerimos sempre o exaurimento das medidas recursais quando for o caso de *habeas* profilático.

O recurso em sentido estrito, neste caso, sobe através de instrumento e não possui efeito suspensivo.

10.1.8.10. Que conceder ou negar a ordem de habeas corpus

A decisão do juiz que concede ou denega ordem de *habeas* admite ser atacada via recurso *stricto*.

Como o recurso em sentido estrito só é cabível nas decisões do juiz singular de primeira instância, será o recurso ordinário constitucional, estabelecido nos artigos 102, II, "a", e 105, II, "a", da Constituição Federal o meio possível para se recorrer contra as decisões denegatórias de *habeas* dos tribunais. Giza-se que somente caberá este recurso ordinário contra as decisões dos tribunais que não concederam o remédio heróico.

Uma vez que o *habeas* pode ser promovido por qualquer pessoa, ou seja, mesmo aquela que não possui o *jus postulandi*, surgiria um tema interessante. Imagine-se um cidadão, que não advogado, requerendo ordem de *habeas* ao juízo singular. Esta ordem, restando denegada, poderia permitir a este impetrante, que não possui *jus postulandi*, o direito de recorrer com o *stricto*? Entendemos que sim, senão vejamos: O artigo 1º, II, § 1º, da Lei nº 8.906/94 prevê que não se incluiu nas atividades privativas de advocacia a impetração de *habeas*. Assim, pode o impetrante de *habeas* ser qualquer um do povo. Ora, se qualquer um pode impetrar o pedido de *habeas corpus*, é certo que poderá, também, recorrer da decisão que não o concedeu, pois podendo o maior, poderá o menor. Não seria coerente pensar diferente.

É de se lembrar que em caso de denegação da ordem, poderá o recorrente propor o recurso em sentido estrito ou optar por outro *habeas*, desta vez dirigido ao tribunal, pela agilidade.

O artigo 574, I, do CPP estabelece a interposição de recurso de ofício para a decisão que conceder ordem de *habeas*.

O não conhecimento do *habeas* pode ser traduzido como não concessão, razão que, outrossim, nestas circunstâncias, caberá o *stricto*.

Como o Ministério Público pode propor *habeas*, o corolário lógico é que possa recorrer da decisão. Assim, poderá ingressar com recurso em sentido estrito, também, para que seja concedida a ordem.

No presente inciso, inexiste efeito suspensivo, e o recurso sobe nos próprios autos.

10.1.8.11. Que conceder, negar ou revogar a suspensão condicional da pena

A pena só existe com a sentença de condenação. Em nosso direito processual penal não existe tutela antecipada de pena criminal. Uma vez havida a condenação, a pena deverá ser executada. Contudo, a execução da pena privativa de liberdade poderá ser suspensa quando observadas as condições dos artigos 77 e seguintes do CP.

Assim, se a decisão sobre a suspensão condicional da pena ocorrer na sentença condenatória, o que é uma anomalia, o recurso cabível será apelação, conforme o artigo 593, I e § 4º, do CPP. Já se a suspensão condicional for decidida após a sentença condenatória transitada em julgado, na fase de execução, estaremos então no procedimento executivo, razão que o recurso cabível será o agravo, nos termos do artigo 197 da Lei nº 7.210/84.

Logo, não há mais espaço para o estrito para a decisão que conceder, negar ou revogar a suspensão condicional da pena.

10.1.8.12. Que conceder, negar ou revogar livramento condicional

O livramento condicional vem previsto nos artigos 83 e seguintes do Código Penal.

A decisão sobre livramento condicional somente poderá ocorrer na execução penal, pois é pressuposto objetivo para o livramento que o condenado tenha cumprido um mínimo de tempo da pena. Assim, o único recurso cabível é o agravo, previsto no artigo 197 da Lei nº 7.210/84, restando prejudicado o recurso em sentido estrito neste inciso.

Já se disse que se a decisão sobre o livramento ocorrer na sentença, caberá apelação. Ora, não poderia o juiz dizer sobre livramento condicional se o réu não cumpriu pena ainda. De outra banda, mesmo imaginando que por ocasião da condenação, o réu já tivesse cumprido regular tempo de prisão provisória e que com a pena aplicada na sentença já se admitisse o benefício, não poderia o juiz, na própria sentença, dizer sobre o livramento. É que para a concessão do livramento se faz necessária a observância do artigo 131 da Lei nº 7.210/84, o qual prevê a obrigatoriedade do parecer do Ministério Público e do Conselho Penitenciário, que é o órgão consultivo e fiscalizador da execução da pena.

10.1.8.13. Que anular processo da instrução criminal, no todo ou em parte

Inicialmente, deve-se observar que o legislador ofertou ao vocábulo *anular* a concepção de declaração de nulidade, assim desinteressa discussão sobre diferença entre ato nulo, como o que não produz efeito, e ato anulável, como o que produz efeito até sua anulação. Conforme já professamos, esta distinção é inútil ao processo penal.[137]

As nulidades dividem-se em absoluta e relativa. Esta trata-se de atipicidade formal em que a desconformidade existente apresenta um defeito cujo prejuízo deve ser demonstrado. Já a nulidade absoluta se traduz em uma atipicidade formal em que a desconformidade existente apresenta um defeito tão destacado que o prejuízo se torna evidente,[138] razão por que não precisa ser provado.

Tratando-se de nulidade relativa, deve-se se dar atenção especial a questão da preclusão, ou seja, a perda da oportunidade de arguição da atipicidade. Desta forma, é de se observar a questão da convalidação do ato viciado e que nada mais é do que seu aproveitamento no processo. Veja-se que o art. 572 do CPP estabelece que as nulidades considerar-se-ão sanadas[139] se não forem arguidas em tempo oportuno, se o ato atingir o seu fim ou se a parte aceitar seus efeitos. E mais, a sanação poderá ocorrer, entre outros, nos casos em que a ilegitimidade do representante da parte reste sanada, mediante ratificação dos atos processuais (art. 568 do CPP); ou as omissões da denúncia ou da queixa, ou do auto de prisão em flagrante, sejam supridas (art. 569 do CPP); ou quando a falta ou a nulidade da citação, da intimação ou notificação não prejudique o feito, pois o interessado esteve presente antes de o ato consumar-se, mesmo que declare que o faz para o único fim de argui-la (art. 570 do CPP).

Se for nulidade absoluta, outrossim é possível que a mesma reste convalidada. Isto ocorrerá quando se estiver frente à Súmula nº 160 do Supremo Tribunal Federal, ou tenha ocorrido a absolvição, com trânsito em julgado, ou tenha sido suprida a tempo a omissão insanável, não vinculada a atos subsequentes.

Desta forma, seja nulidade absoluta ou relativa, poderá a decisão que anular processo da instrução criminal, no todo ou em parte, ser objeto de recurso em sentido estrito.

---

[137] Constantino, Lúcio Santoro de. *Nulidades no Processo Penal*. 2ª ed. Porto Alegre: Verbo Jurídico, 2006.

[138] Alguns autores destacam que o prejuízo da nulidade absoluta é presumido. Contudo, não parece ser apropriada esta expressão. Veja-se que não se pode presumir aquilo que se apresenta com certeza. Se o juiz, por exemplo, não permite que o réu se defenda, é evidente o prejuízo processual.

[139] Existe entendimento de que sanação e convalidação não são institutos iguais, pois nesta haveria, apenas, aceitação do ato, enquanto naquela, uma medida para remediar (sanar) a situação.

De outra banda, conforme se observa do texto legal, se a decisão indeferir pedido de nulificação ou não anular o cursivo instrutório, não caberá o recurso *stricto*. Porém, nestes casos, em favor da defesa, restará outra via impugnativa como o *habeas*, firmado no artigo 648, VI, do CPP, quando frente ao direito líquido e certo.

O recurso firmado neste dispositivo não tem efeito suspensivo e subirá através de instrumento.

10.1.8.14. Que incluir jurado na lista geral ou desta o excluir

Contra a decisão judicial que incluiu ou excluiu jurado da lista geral cabe recurso em sentido estrito dirigido ao presidente do tribunal de segundo grau, conforme deve ser interpretado pelo artigo 582, parágrafo único, do CPP.

É de se destacar que, muito embora o prazo comum para o recurso em sentido estrito seja de 5 dias, neste dispositivo o prazo se estenderá para 20 dias, a contar da publicação da lista geral dos jurados, na forma do parágrafo único do artigo 586 do CPP.

Todo ano será organizada uma lista geral de jurados pelo juiz. Conforme o art.425 do CPP, através da redação da Lei nº 11.689/08, anualmente, serão alistados pelo presidente do Tribunal do Júri de 800 (oitocentos) a 1.500 (um mil e quinhentos) jurados nas comarcas de mais de 1.000.000 (um milhão) de habitantes, de 300 (trezentos) a 700 (setecentos) nas comarcas de mais de 100.000 (cem mil) habitantes e de 80 (oitenta) a 400 (quatrocentos) nas comarcas de menor população. E o art. 426 do CPP preceitua que a lista geral dos jurados, com indicação das respectivas profissões, será publicada pela imprensa até o dia 10 de outubro de cada ano e divulgada em editais afixados à porta do Tribunal do Júri. Destaca-se que desta lista é que sairão vinte e cinco jurados, para compor reunião do tribunal do júri, sendo que em cada sessão serão sorteados sete para firmar o conselho de sentença que julgará o réu, em razão do crime doloso contra a vida.

Nos termos do 439 do CPP, em seu parágrafo único, a lista geral, publicada em novembro de cada ano, poderá ser alterada de ofício, ou em virtude de reclamação de qualquer do povo, até à publicação definitiva, na segunda quinzena de dezembro, com recurso, dentro de 20 (vinte) dias, para a superior instância, sem efeito suspensivo. Assim, pelo exame do artigo 439, parágrafo único, do CPP, haverá duas publicações da lista geral. A primeira, que poderá ser alterada de ofício, ou em virtude de reclamação de qualquer do povo, e a segunda, que corresponde à publicação definitiva, em dezembro, a qual admite o recurso em sentido estrito. Desta forma, não se deve confundir reclamação com recurso estrito.

Se alguém do povo reclamar, o faz através de instrumento divorciado do recurso e que se trata de mera inconformidade. Assim, pode o cidadão reclamar e, após, por ocasião da publicação da lista definitiva, recorrer com *stricto*.

O defensor e o representante do Ministério Público podem ser recorrentes. Exemplo: Recurso contra o alistamento de um estrangeiro, não naturalizado,[140] ou contra um menor (artigo 434 do CPP).

Neste caso, o estrito não terá efeito suspensivo e subirá através de instrumento.

10.1.8.15. Que denegar a apelação ou a julgar deserta

Trata-se do juízo de admissibilidade feito pelo julgador do recurso de apelação contra sua sentença. O recurso de apelação vem insculpido no artigo 593, I, II e III, do CPP.

Da decisão do juiz que denegar a apelação ou julgar deserta caberá o recurso *stricto*. Conforme depreende-se, o recurso não se volta contra a sentença apelada, mas contra a decisão que impede a admissão da apelação.

A denegação da apelação se dará quando recurso não tiver previsão legal, for intempestivo, não obedecer à forma legal de interposição, for apócrifo, faltar interesse ou legitimidade ou existir outros fatos impeditivos ou extintivos, como renúncia, desistência ou deserção. Giza-se que a deserção ocorrerá quando houver falta de preparo. O artigo 806, § 2º, do CPP prevê que a falta de pagamento das custas na queixa, nos prazos de lei ou marcados pelo juiz, resultará na deserção do recurso proposto. Nas ações penais privadas, os recursos deverão sempre vir acompanhados do preparo.

Se o recorrente for pobre, deverá abrigar-se junto à gratuidade da justiça. Contudo, se for necessitado e por descuido não requerer o benefício, seu recurso será conhecido, mesmo que desacompanhado de preparo, pois além de não ter sido determinado o recolhimento de custas, resta presumida a gratuidade.[141]

Conforme a Lei nº 9.756, de 13/12/98, a mesma acrescentou o § 2º ao artigo 511 do CPC, e que preceitua que a insuficiência no valor do preparo implicará deserção se o recorrente, intimado, não vier a supri-lo no prazo de cinco dias. Desta forma, questiona-se se tal dispositivo civil pode, outrossim, ingressar na órbita processual penal. Entendemos que sim, pois se trata de inovação legislativa. Como se sabe a aplicação analógica é fonte formal do direito processual penal e, havendo lacuna legal, poderá ser promovida analogia com lei que disponha sobre fato semelhante. Veja-se que a processualística penal

---

[140] O estrangeiro, não naturalizado, não pode ser considerado cidadão para os termos da lei.
[141] Recurso Crime nº 71001002963, Turma Recursal Criminal, Turmas Recursais, Relator: Nara Leonor Castro Garcia, Julgado em 04/12/2006).

apenas refere, em seu artigo 806, § 2º, que haverá a deserção ao recurso interposto, face à falta do pagamento das custas. Inexiste qualquer previsão sobre a possibilidade de satisfação parcial. Neste caso, como a lei formal penal não refere, a faculdade de se cobrir as custas *a posteriori* e como o sistema processual se complementa, é viável suprir esta lacuna com lei processual civil e que verse sobre a questão. Giza-se que somente em casos excepcionais, como no telado, deverá ser admitida a heterointegração. Destarte, exemplificando, se o querelante, inconformado com o decisório final, apela e não satisfaz integralmente o preparo, deverá ser intimado para no prazo de 5 dias satisfazê-lo, sob pena de deserção.

Em nome da Ampla Defesa e do princípio do Estado de Inocência tem se entendido atualmente que o acusado, nas ações penais públicas, não está obrigado a satisfazer custas para seu recurso.[142]

Por fim, não é demais lembrar que Ministério Público jamais estará sujeito a pagamento de custas.

Mas é possível que o juiz denegue o recurso em sentido estrito. Se isto ocorrer, remédio cabível será a carta testemunhável, prevista no artigo 640 do CPP e que será requerida ao escrivão.

O recurso em sentido estrito firmado neste dispositivo terá efeito suspensivo e poderá subir nos próprios autos.

10.1.8.16. Que ordenar a suspensão do processo, em virtude de questão prejudicial

O cerne da questão que se busca recorrer é a determinação de suspensão, havida em razão de uma questão prejudicial, decretada pelo juiz, de ofício ou a requerimento das partes, forte no artigo 94 do CPP.

Só caberá recurso em sentido estrito da decisão que suspender o processo.

Questão prejudicial é aquela, como o próprio nome diz, que prejudica o andamento normal de um processo, pois trata-se de um fato cujo conhecimento implica um antecedente lógico necessário para a solução do litígio.

O artigo 92 do CPP apresenta a questão prejudicial obrigatória. Se da decisão sobre a existência da infração depender da solução de controvérsia, que o juiz repute séria e fundada, sobre o estado civil das pessoas, o curso da ação ficará suspenso até que no juízo cível seja a controvérsia dirimida por sentença que não caiba mais recurso, sem prejuízo da inquirição das testemunhas e de outras provas de natureza urgente. No exemplo clássico, temos a bigamia. Imagine-se alguém sendo processado criminalmente por este crime e ao mesmo tempo sofra processo cível para que seja declarada a nulidade do primeiro

---
[142] STJ-HC41793/PE, DJU 01.08.05, p. 495.

casamento. Neste caso, para que seja configurada bigamia, será necessário que o primeiro casamento não seja nulo. Desta forma, o curso da ação penal será suspenso até que no juízo cível seja resolvida a questão.

Já o artigo 93 do CPP traz a questão prejudicial facultativa referindo que se o reconhecimento da existência da infração penal depender de decisão sobre questão diversa da prevista no artigo anterior, da competência do juízo cível, e se neste houver sido proposta ação para resolvê-la, o juiz criminal poderá, desde que essa questão seja de difícil solução e não verse sobre direito cuja prova a lei civil limite, suspender o curso do processo após a inquirição das testemunhas e realização das outras provas de natureza urgente. Neste caso, a controvérsia não é sobre o estado das pessoas. Pegue-se o exemplo de alguém sendo processado por crime de apropriação indébita e ao mesmo tempo mantém ação judicial de prestação de contas, buscando demonstrar que a alegada verba apropriada era sua. Aqui, pode o juiz suspender o curso do processo penal, esperando pela decisão no juízo cível.

No caso da suspensão do processo por questão prejudicial facultativa, o juiz marcará prazo para a suspensão, o qual poderá ser, inclusive, prorrogado. Expirado o prazo sem que o juiz cível tenha sentenciado, o juiz criminal fará prosseguir o processo, retomando sua competência para decidir sobre o feito. É o que determina o § 1º do artigo 93 do CPP.

Do despacho que denegar a suspensão, não caberá recurso. É o que se depreende do texto legal estudado, além da expressa previsão no artigo 93, § 2º, do CPP. Contudo, delicada seria a questão em que o juiz, por qualquer motivo, negasse a suspensão, quando esta fosse obrigatória. Como foi visto, nestas situações inexiste recurso. Assim, em favor do réu, o remédio cabível seria o *habeas*.[143]

Suspenso o processo, ficará suspensa a prescrição da pretensão punitiva, pois trata-se de uma das causas impeditivas da prescrição (artigo 116, I, CP).

Não se devem confundir questões prejudiciais com preliminares. Estas serão julgadas no próprio processo criminal, enquanto aquelas serão solucionadas em um feito autônomo.

Discussões existem sobre qual o recurso cabível contra a decisão do artigo 366 do CPP e que trata da suspensão do processo quando acusado citado por edital não comparecer e nem constituir advogado. Existem entendimentos de que o recurso é apelação;[144] outros, que o recurso é em sentido estrito[145] e,

---

[143] "O Supremo Tribunal Federal já cassou decisão de juiz, determinando a suspensão do processo". RT 615/374.

[144] RT 760/ 686.

[145] "O recurso em sentido estrito é o remédio processual cabível para a decisão que determina a suspensão do processo nos termos do art. 366 do CPP, com a nova redação dada pela Lei 9.271/96". RJTACRIM 35/321. Mesmo sentido, LEX 194/303.

por fim, que não se trata de apelação ou recurso em sentido estrito, mas sim de correição parcial.[146]

O recurso em sentido estrito que ordenar a suspensão do processo, em virtude de questão prejudicial, não terá efeito suspensivo e subirá através de instrumento.

10.1.8.17. Que decidir sobre a unificação de penas

Conforme previsto no artigo 66, III, "a", da Lei nº 7.210/84, compete ao juiz da vara de execuções decidir sobre a unificação de penas. Já o artigo 197 diz que das decisões proferidas pelo juiz caberá recurso de agravo, sem efeito suspensivo. Considerando que a Lei nº 7.210/84, em seu artigo 204, revogou as disposições em contrário, é certo afirmar que o dispositivo legal e que prevê recurso em sentido estrito para os pronunciamentos que decidir sobre a unificação de penas restou prejudicado, face à lei específica.

Comumente se observa o réu sendo processado em varas diferentes, mas por crimes que mantêm entre si conexão ou continência. Nestes casos, deverá o juiz prevalente avocar os processos que corram perante os outros juízos. Mas, se o réu já estiver condenado definitivamente sem ter ocorrido a unidade do processo, esta se dará para o efeito da unificação das penas no juízo da execução criminal.

Existe julgado que entende que a decisão sobre reconhecimento de concursos de crimes, para fins de unificação de penas, é passível de recurso em sentido estrito. E que seria mais vantajoso este recurso, por admitir outros recursos corolários, como os embargos previstos no artigo 609, parágrafo único, do CPP.[147] E mais, existe decisão que estabelece que, nos crimes continuados, o pedido de unificação de penas não constitui situação disciplinada pela Lei nº 7.210/84, assim, o recurso cabível contra a unificação será o recurso em sentido estrito.[148] Porém, o entendimento atual é no sentido de que para a unificação de penas é cabível, somente, o agravo,[149] sendo, inclusive, que já se recebeu recur-

---

[146] "É cabível a correição parcial da decisão do Juiz que suspende o processo aplicando o art. 366 do CPP, pois não á apelável, já que não é definitiva nem tem força definitiva, e tampouco pertence ao rol das hipóteses do recurso em sentido estrito". RJTACRIM-SP 33/308.

[147] "Tem se entendido que o recurso cabível de todas as sentenças do juiz da execução é o agravo previsto no art. 197 da Lei nº 7.210/84. Porém, tal entendimento deve limitar-se às situações por ela expressamente definidas e regulamentadas, dentre as quais não se encontra a do reconhecimento de concurso de crimes para fins de unificação de penas. Dessa forma, os arts. 194 e 197 da Lei de Execução Penal e o art. 581, XVIII, do CPP vigoram simultaneamente em harmonia, pois determinadas situações não elencadas naquela lei, pela natureza e relevância da matéria, devem ser impugnadas por recurso em sentido estrito, inclusive para possibilitar ao condenado acesso a mais um recurso, embargos infringentes ou de nulidade, com possibilidade de sustentação oral em ambos, hipóteses não admitidas nos agravos". (RT 621/ 297).

[148] JUTACRIM-SP 83/ 226.

[149] RJTJESP 105/ 452. Mesmo sentido: RJTJESP 110/ 485.

so em sentido estrito como agravo, a fim de julgar sobre o pedido de unificação de penas.[150]

10.1.8.18. Que decidir o incidente de falsidade

Conforme se observa, caberá o recurso *stricto* contra a decisão que concluir pela falsidade ou não de documento.

Veja-se que esta falsidade poderá ser material, quando atingir sua forma exterior, ou ideológica, quando refletir em seu conteúdo.

Os artigos 145 a 148 do CPP estabelecem o processamento desta incidental, destacando-se que a verificação da falsidade poderá ser feita de ofício pelo juiz, ou provocada pelas partes, sendo que ao procurador se exigem poderes especiais. A decisão não fará coisa julgada em prejuízo de ulterior processo penal ou civil, e sendo procedente determinará a extração do documento reconhecido como falso. Sendo improcedente, reconhecerá o documento como prova, a qual será mantida no feito. A finalidade do incidente é demonstrar que o documento acostado aos autos é falso, e não julgar o crime de falsidade.

Veja-se que a lei se refere à decisão do incidente de falsidade, assim se o mesmo for requerido, mas indeferido pelo juízo, não caberá recurso qualquer. Em razão disto, se a defesa pleitear o incidente e o mesmo não for aceito, caberá *habeas*. Se for a acusação, poderá esta arguir nulidade absoluta pela inobservância do contraditório ou, havendo direito líquido e certo, interpor mandado de segurança.

Outrossim, é cabível que o incidente de falsidade seja arguido pelo réu contra o documento juntado pelo corréu. Assim, este e o Ministério Público deverão ser ouvidos.

É possível que o juiz decida, por ocasião da instauração do incidente, em suspender o processo se a verificação da falsidade for imprescindível para o feito criminal, como por exemplo, sirva para confirmar a existência do crime. Neste caso, caberá recurso em sentido estrito, forte no inciso XVI, pois tal situação restará identificada com uma questão prejudicial.

O recurso em sentido estrito promovido em razão deste dispositivo não tem efeito suspensivo e subirá através de instrumento

10.1.8.19. Que decretar medida de segurança, depois de transitar a sentença em julgado

Conforme a Lei nº 7.210/84, lei de execuções penais, o recurso cabível será sempre o agravo, previsto no artigo 197.

---
[150] RJTJESP 103/ 426. Mesmo sentido: RJTJESP 98/ 496 e 100/436.

Após o trânsito em julgado, encontra-se a fase de execução. Desta forma, não havendo processo cognitivo, o único recurso cabível será o agravo, razão que resta revogado este inciso.

10.1.8.20. Que impuser medida de segurança por transgressão de outra

Conforme prevê o artigo 184 da Lei nº 7.210/84, lei de execuções penais, o tratamento ambulatorial poderá ser convertido em internação se o agente revelar incompatibilidade com a medida. Desta forma, é possível a imposição de medida de segurança por transgressão de outra somente na execução penal.

Logo, o recurso será sempre o agravo, previsto no artigo 197, razão por que não caberá o recurso em sentido estrito.

10.1.8.21. Que mantiver ou substituir a medida de segurança, nos casos do art. 774

Anteriormente, poderia o juiz manter a medida de segurança, substituí-la por outra ou por liberdade vigiada, mesmo quando a pessoa já se encontrava curada mentalmente, mas, ao entender do juiz, era perigosa.

Atualmente não tem mais aplicação o artigo 774 do CPP, pois o mesmo foi revogado pela lei de execuções penais. Uma vez recuperado mentalmente, o indivíduo deixa de ser inimputável e, por consequência, perigoso.

Nestas condições, não há mais fundamento legal para este inciso.

10.1.8.22. Que revogar medida de segurança

Cabe ao juiz da execução criminal decidir sobre a revogação da medida de segurança. O artigo 66, V, "e", da Lei nº 7.210/84 estabelece esta competência. Nestas condições, o recurso cabível será o agravo previsto no artigo 197 da lei de execução penal.

Assim, restou prejudicado este inciso.

10.1.8.23. Que deixar de revogar medida de segurança, nos casos em que a lei admite a revogação

Em qualquer tempo, poderá o juiz da execução ordenar o exame para que se verifique a cessação da periculosidade. Deixando de revogar a medida de segurança, a decisão só poderá ser atacada através do agravo previsto no artigo 197 da lei de execução penal.

10.1.8.24. Que converter a multa em detenção ou prisão simples

Este dispositivo restou, outrossim, prejudicado. É que, face à Lei nº 9.268/96, o artigo 51 do CP ficou assim redigido:

> Transitada em julgado a sentença condenatória, a multa será considerada dívida de valor, aplicando-se-lhe as normas da legislação relativa à dívida ativa da Fazenda Pública, inclusive no que concerne às causas interruptivas e suspensivas da prescrição.

Desta forma, não haverá mais a conversão da multa e pena privativa de liberdade, pois a legislação atual reconhece que a multa não paga será considerada dívida de valor e executada.

Anteriormente, a multa impaga se convertia em prisão. Contudo, restou reformada a regra e se adaptou o rito da execução fiscal para a multa insatisfeita. Neste aspecto, é de se ilustrar que o legislador não reformou a natureza da multa que é sanção criminal,[151] todavia, apenas, a equiparou como dívida de valor, para aplicar as normas[152] da dívida ativa da Fazenda Pública.[153]

10.1.9. Procedimento

1- Frente à decisão enquadrada no artigo 581 do CPP, e buscando reformá-la, o irresignado, através de petição ou termo, poderá recorrer no prazo de 5 dias a contar da intimação ou da audiência onde houver sido proferida a decisão na presença do recorrente ou do dia em que este manifestar nos autos sua ciência inequívoca da decisão.

2- O recurso pode ser proposto através de requerimento com razões e peças obrigatórias. Mas poderá ser feito por meio de requerimento ou termo, ocasião em que o recorrente indicará as peças que pretende ver trasladadas para a feitura do instrumento. Este instrumento conterá, necessariamente, além do petitório ou do termo, a decisão recorrida, a certidão de sua intimação, se por outra forma não for possível verificar-se a oportunidade do recurso, e as peças imperiosas para a convicção do julgador.

3- No prazo de dois dias, contados da interposição do recurso ou do dia em que for intimado da extração do traslado, o recorrente poderá apresentar suas razões. É de se destacar que existe julgado afirmando que se o recorrente não apresentar suas razões, o recurso em sentido estrito poderá seguir, mesmo assim, seu processamento recursal.[154]

---

[151] Bol.IBCCrim 76/338. Mesmo sentido: RJTACRIM 35/64 e RT 740/596.

[152] Lei nº 6.830/80.

[153] Como não é dívida ativa e sim sanção penal, uma vez morto o condenado prejudicada estará a multa pela extinção de punibilidade. Veja-se que esta sanção não poderá se transmitir aos herdeiros (art. 5º, XLV, da CF).

[154] Não obsta à subida do recurso em sentido estrito a falta de oferecimento de razões. (RT 605/413).

4- Será, então, intimado o recorrido para contra-arrazoar, querendo, o recurso no prazo de dois dias.

5- Com a resposta do recorrido, ou sem ela, será o recurso concluso ao juiz para reformar sua decisão ou sustentá-la. Se o juiz retratar-se, a parte contrária poderá, se couber recurso *stricto*, por simples petição, recorrer, não podendo mais o juízo reformar sua própria decisão.

Caso o juízo mantenha sua decisão, não a reformulando, o recurso subirá para apreciação do tribunal de segundo grau, onde chegará às mãos do julgador relator, o qual, após o parecer do representante do Ministério Público, o levará a julgamento junto ao colegiado.

10.1.10. Do instrumento

O instrumento trata-se da autuação das peças imprescindíveis para o exame do recurso e que deverá seguir para permitir o reexame da matéria atacada. Veja-se que o julgador do recurso necessitará, outrossim, observar as condições de admissibilidade do recurso. Logo, os documentos que firmam o instrumento servirão para esclarecer, inclusive, o juízo de conhecimento.

Desta forma, a decisão recorrida, a demonstração da data de sua intimação, o termo de interposição a procuração e as demais peças necessárias para o convencimento do julgador deverão fazer parte do instrumento, que resultará em uma autuação.

Todavia, o artigo 583 do CPP despreza o instrumento, ao preceituar que recurso em sentido estrito subirá nos próprios autos, quando não prejudicar o andamento do processo ou a decisão, como nas situações em que:

- não receber a denúncia ou queixa;
- julgar procedentes as exceções, salvo a suspeição;
- for de pronúncia ou impronúncia do réu;
- for de absolvição sumária do réu;
- decretar a prescrição ou julgar, por outro modo, extinta a punibilidade;
- conceder ou não *habeas*;

10.1.11. Considerações

10.1.11.1. A quem se dirige o recurso

O recurso será dirigido ao julgador prolator, o qual poderá retratar-se. Em caso de manter a decisão objurgada, o juiz prolator determinará o envio ao tribunal competente para o julgamento.

Assim, torna-se comum promover o recurso com uma capa dirigida ao juiz singular, seguida de outra peça direcionada ao tribunal.

10.1.11.2. É cabível o recurso em sentido estrito no tribunal?

Tem-se entendido que o recurso em tela é de ser promovido contra ato de juízo singular de primeiro grau; desta forma seria incabível sua interposição contra decisão do colegiado. Mesmo que se admita tratar-se de juízo originário do tribunal, não caberá o recurso em sentido estrito.

Veja-se que para as decisões nos tribunais temos o agravo regimental, cujo procedimento se dará conforme o regimento interno de cada tribunal.

10.1.11.3. Cabe recurso em sentido estrito de despacho?

Conforme se observa do artigo 581 do CPP, caberá o recurso *stricto*, também, contra despacho. Outrossim, os artigos 584, § 3º, e 589 referem-se ao vocábulo *despacho*.

Ocorre que parece ter aqui equívoco do legislador ao firmar a expressão *despacho*, pois este, tratando-se de manifestação de expediente do juiz, em tese, não comportaria recurso.Veja-se, ainda, que o Decreto-Lei nº 201/67, e que trata da responsabilidade dos prefeitos e vereadores, e dá outras providências, preceitua em seu artigo 2º, III, que caberá recurso em sentido estrito do despacho concessivo ou denegatório de prisão preventiva ou de afastamento do cargo do acusado. Ora, tal decisão não tem natureza de despacho, mas sim de decisão interlocutória.

Destarte, ao que se depreende, houve um lapso do legislador.

10.1.11.4. Leis especiais que referem o recurso em sentido estrito

– *Decreto-Lei nº 3.931/41*

A Lei de Introdução ao Código de Processo Penal, Decreto-Lei nº 3.931/41, estabelece, em seu artigo 13, § 1º, que caberá recurso em sentido estrito da decisão que aplicar ou não lei nova a fato julgado por sentença condenatória irrecorrível, nos casos previstos no art. 2º e seu parágrafo, do Código Penal.

Ocorre que a Súmula 611 do STF informa que, transitada em julgado a sentença condenatória, compete ao juízo das execuções a aplicação de lei mais benigna. O próprio artigo 66, I, da Lei nº 7.210/84 estatui que compete ao juiz da execução aplicar aos casos julgados lei posterior que de qualquer modo favorecer o condenado.

Nestas condições, restou revogado o artigo 13, § 1º, da Lei de Introdução do Código de Processo Penal, pois havendo execução o recurso será Agravo.

– Lei nº 1.508/51

Esta lei regula o processo das contravenções definidas nos artigos 58 e seu § 1º e 60 do Decreto-Lei nº 6.259/44, ou seja, Jogo de Bicho e Jogo sobre Corrida de Cavalos. Conforme o artigo 6º, parágrafo único, qualquer do povo pode representar o Ministério Público para o devido processamento. Se a representação for arquivada, poderá o seu autor propor recurso em sentido estrito.

– Lei nº 5.250/67

Trata-se da lei que regula a liberdade de manifestação do pensamento e de informação, ou melhor dizendo, os crimes de imprensa. O artigo 44, § 2º, prescreve que se o juiz receber a denúncia ou a queixa caberá recurso em sentido estrito.

– Decreto-Lei nº 201/76

Trata-se da lei que dispõe sobre a responsabilidade dos prefeitos e vereadores, e dá outras providências. Em seu artigo 2º, III, prevê que caberá recurso *stricto* do despacho concessivo ou denegatório de prisão preventiva ou de afastamento do cargo do acusado. O recurso da decisão que decretar a prisão preventiva ou o afastamento do cargo terá efeito suspensivo.

– Lei nº 9.503/97

O Código de Trânsito prevê em seu artigo 294 que em qualquer fase da investigação ou da ação penal poderá o juiz decretar, como medida cautelar, de ofício, ou a requerimento do Ministério Público, ou ainda mediante representação da autoridade policial, a suspensão da permissão ou da habilitação para dirigir veículo automotor, ou a proibição de sua obtenção. Já o parágrafo único aduz que a decisão que decretar a suspensão ou a medida cautelar, ou da que indeferir o requerimento do Ministério Público, caberá recurso em sentido estrito sem efeito suspensivo.

– Recurso em sentido estrito e a Lei nº 9.099/95

A lei que dispõe sobre os juizados especiais criminais, em seus artigos 82 e 83, regula os recursos de apelação e embargos de declaração, respectivamente. Contudo, inexiste qualquer previsão do recurso em sentido estrito no texto da lei. A bem da verdade, a Lei nº 9.099/95 não faz qualquer menção ao recurso *stricto*.

No IV Encontro de Coordenadores de Juizados Especiais Cíveis e Criminais do Brasil, o Enunciado nº 19 restou assim redigido: Não cabe recurso em sentido estrito no Juizado Especial Criminal.

Assim, determinadas decisões tem reconhecido o recurso em sentido estrito interposto como apelação por falta de previsão legal.[155]

Para nós, tal omissão legal não serve como fundamento para afastar o estrito do procedimento sumaríssimo. Veja-se que o artigo 92 da Lei n° 9.099/95 refere que se aplicam subsidiariamente as disposições do Código de Processo Penal. Desta forma, entendemos como cabível o recurso em sentido estrito no âmbito do juizado especial criminal. E neste sentido segue julgado.[156]

10.1.11.5. Do recurso em sentido estrito sem possibilidade de retratação

Como já visto, o recurso em sentido estrito sofrerá, após ser oportunizado o contra-arrazoar, um juízo de reforma ou sustentação do decisório. Contudo, se o juiz retratar-se, a parte contrária poderá, se couber o *stricto*, recorrer. Ocorre que neste novo recurso em sentido estrito não poderá ser feito juízo de retratação.

É que o artigo 589, parágrafo único, do CPP preconiza que se o juiz reformar o pronunciamento recorrido, a parte contrária poderá recorrer da nova decisão, se couber recurso, não sendo mais lícito ao juiz modificá-la.

Desta forma, é possível encontrarmos recurso em sentido estrito sem possibilidade de retratação.

10.2. APELAÇÃO

10.2.1. Nome

É inegável que a expressão apelação deriva do latim. Conforme Tourinho Filho (1995, p. 297),

> [...] a palavra apelação deriva do latim *appellatio* e que significa ação de dirigir a palavra. E, na verdade, bem sugestivo é o termo para expressar e traduzir o pedido que se faz à instância superior, no sentido de reexaminar a decisão proferida pelos órgãos inferiores.

10.2.2. Origem

Na Roma antiga, a apelação era tida como um recurso dirigido a um funcionário de hierarquia superior, para a devida reforma do decisório. Houve, outrossim, a *provocatio ad populum,* que era um pedido do condenado ao povo, para que fosse reformada a sua sentença.

---
[155] RSE 71000759209, j.24.08.05, Turma Recursal Criminal do R/S. Mesmo sentido: RSE 71000773309, j.24.08.05, Turma Recursal Criminal do R/S.
[156] RJTRTJSC 5/179.

Conforme Tornaghi (1989, p. 334), no século III a.C., a apelação criminal adquiriu pleno vigor, sendo que:

> A partir de Diocleciano encontram-se órgãos de jurisdição penal bem estruturados. Da decisão do *iudex* cabe apelação para o prefeito ou para o presidente da província e, em seguida, ainda se admite outra, dirigida ao imperador.

É inegável que na evolução o recurso de apelação, inicialmente vinculado à figura administrativa, passando após a ter características de recursos judiciais, houve outrossim um desenvolvimento da própria estrutura judiciária, a qual, afastando-se da hierarquia do funcionalismo, assumiu os caracteres de sistema de jurisdição superior e inferior.

10.2.3. Conceito

Como não poderia deixar de ser, a apelação reproduz um recurso onde o recorrente provoca o tribunal a reexaminar uma decisão definitiva, ou com força definitiva, de juiz singular ou do tribunal do júri, a fim de que seja a mesma reformada.

Mossin (2001, p. 88) ensina:

> Por outro lado mantém a apelação a sua mesma significação originária, para designar um dos recursos de que se pode utilizar a pessoa prejudicada pela sentença, para que subindo o recurso à superior instância, seja ele julgado quanto ao seu mérito, pronunciado-se uma nova sentença, confirmando ou modificando a que se proferiu na jurisdição de grau inferior, a qual substitui aquela apelada.

Diferentemente do recurso em sentido estrito, a apelação não admite retratação. Assim, jamais poderá o prolator da sentença rever sua própria decisão, a fim de reformá-la, em sede apelativa.

10.2.4. Previsão Legal

O recurso de Apelação vem previsto no artigo 593, I, II e III, do CPP, bem como 416 do CPP.

Conforme o exame desta legislação, depreende-se que os incisos I e III refletem aquilo que se pode chamar de apelação elementar, pois existe uma regra que trata, especialmente, dos casos em que cabe a apelação. Contudo, o mesmo não ocorre no inciso II. Neste caso, temos a chamada apelação residual, pois refere-se às demais decisões terminativas, para as quais não esteja previsto outro recurso, em especial o estrito.

Por sua vez, conforme a redação dada pela Lei nº 11.689/08, o art. 416 do CPP preceitua que contra a sentença de impronúncia ou de absolvição sumária caberá apelação.

Atenção, a apelação do juizado especial criminal será examinada oportunamente e possui forma de processamento e prazo totalmente distintos.

10.2.5. Órgão julgador

Como não é admitido que o próprio prolator da decisão, em recurso de apelação, retome as rédeas do decisório para, se for o caso, se retratar, o órgão julgador da apelação será o tribunal de segundo grau.

No momento em que o juiz oferta à jurisdição, determinando a sentença, este julgador finda seu poder de decidir, não podendo mais retratar-se daquilo que determinou. Contudo, é importante não confundir este exaurimento jurisdicional com o juízo de admissibilidade, que o próprio prolator do decisório faz do recurso de apelação, para determinar sua remessa ao tribunal.

10.2.6. Prazo

Estatui o art. 593 do CPP que a apelação caberá no prazo de 5 dias. A regra é 5 dias, a contar da ciência do decisório, para interpor o recurso. Todavia, não se deve confundir com o prazo para apresentação das razões. É que uma vez recebido recurso, será aberto o prazo de 8 dias para a juntada das razões e, após, mesmo prazo para as contrarrazões, conforme dispõe o artigo 600 do CPP.

Se houver assistente da acusação, este arrazoará no prazo de 3 dias contados em seguida após o prazo do Ministério Público, conforme o artigo 600, § 1º, do CPP.

Em caso de queixa-crime, o Ministério Público terá prazo de 3 dias para arrazoar, após o prazo de 8 dias para o querelante oferecer suas razões. Se for o querelado que recorreu, após o prazo de 8 dias para o querelante contra-arrazoar, será aberto prazo de 3 dias para a acusação pública apresentar suas contrarrazões.

Destaca-se o entendimento de que quando réu e advogado forem intimados da sentença, o prazo para recurso correrá a partir da data da última intimação.[157]

A Defensoria Pública terá prazo em dobro.[158]

10.2.6.1. Dos prazos das razões e contrarrazões no recurso do processo de contravenção

O artigo 600 do CPP informa que o prazo será de 3 dias nos processos de contravenções para a apresentação das razões e contrarrazões.

---

[157] RT 645/326 e 646/382.
[158] Lei Complementar nº 80/94, art. 128, I.

Ocorre que o artigo 61 da Lei nº 9.099/95 considera infrações penais de menor potencial ofensivo as contravenções penais e os crimes a que a lei comine pena máxima não superior a um ano, excetuados os casos em que a lei preveja procedimento especial. Desta forma, as contravenções têm procedimento regrado pela Lei nº 9.099/95. Assim, o prazo não é mais de 3 dias para as razões e contrarrazões, e, sim, de 10 dias, conforme preceitua o artigo 82, §§ 1º e 2º, da Lei nº 9.099/95.

Mas poderia, ainda, haver dúvida, pois o artigo 61 da Lei nº 9.099/95 determina o rito sumaríssimo somente para as infrações penais cuja lei não preveja procedimento especial. Ocorre que para algumas contravenções existe procedimento especial. Nas hipóteses do art. 58, § 1º, do Decreto-Lei nº 3.688/41 (Jogo do Bicho) e art. 60 do Decreto-Lei nº 6.259/44 (Apostas de Corridas de Cavalos, feitas fora do hipódromo, ou das sedes e dependências autorizadas e Apostas sobre Competições Esportivas), a Lei nº 1.508/51 estabelece um procedimento especial. No caso das contravenções previstas nas alíneas *e, j, l* e *m* do art. 26 da Lei nº 4.771/65 (Código Florestal) e que não foram revogadas pela Lei nº 9.695/98 (Crimes Contra o Meio Ambiente), outrossim, obedecerão ao rito estabelecido pela Lei nº 1.508 /51.

Então, questiona-se: as contravenções com procedimento especial também poderão ser processadas pelo rito sumaríssimo? Para Jesus (1997, p. 37):

> [...] a ressalva excepcional incide sobre crimes e contravenções. Assim, apresentando rito processual especial, sejam crimes ou contravenções, as infrações não podem ser processadas e julgadas perante os Juizados Especiais Criminais. Entendemos que a ressalva não se refere exclusivamente aos crimes.

Bitencourt (1995, p. 52), de forma oposta, professa que:

> As contravenções penais, não somente as do Decreto-Lei nº 3.688/41, mas as que são previstas em leis especiais, independentemente da previsão de procedimento especial, são da competência dos Juizados Especiais.

A Comissão Nacional de Interpretação da Lei nº 9.099/95, em sua oitava conclusão, em 26 setembro de 1995, promovida pela Escola Nacional da Magistratura, manifestou que:

> [...] contravenções penais são sempre de competência do Juizado Especial Criminal, mesmo que a infração seja submetida a procedimento especial.

Para Gonçalves (1998), a polêmica foi encerrada, pois sendo as contravenções delitos de menor gravidade, o conceito de infração de menor potencialidade abrange a todas as contravenções.

De nosso lado, entendemos que pelo fato de as contravenções penais serem infrações de ínfimo potencial ofensivo as mesmas estão sujeitas ao rito do Juizado Especial Criminal. Veja-se que a especialidade do rito não determina a potencialidade da infração. Esta, sendo de potencial mínimo, refere-se, integralmente, ao objeto de interesse do espírito do Juizado Especial Criminal. E mais, com o advento da Lei nº 10.259/01, foram acrescidos ao rol das infrações de menor potencial ofensivo os crimes cominados com pena máxima não superior a dois anos. É o que prevê o artigo 2º, parágrafo único. Examinado-se esta nova Lei, observa-se que restou desprezada a questão do rito especial, pois nenhuma restrição a este tipo de procedimento foi promovida. Na realidade, a Lei nº 10.259/01 estendeu o rol de infrações de menor potencial ofensivo, sem se preocupar com o rito especial.

Destarte, mesmo tratando-se de contravenção com rito especial, devem ser aplicadas as regras da Lei nº 9.099/95.

10.2.6.2. Prazo do assistente da acusação

Se houver habilitação do assistente da acusação antes da sentença, por exemplo, na fase de ouvida de testemunhas, esta parte contingente terá o prazo de 5 dias para apelar.

Caso o assistente se habilite após a sentença, face ao artigo 598, parágrafo único, do CPP, poderá interpor apelação dentro do prazo de 15 dias, após o término do prazo do recurso para a acusação pública. Logo, esgotados os 5 dias do Ministério Público, o assistente poderá ingressar ao feito e apelar dentro do prazo de 15 dias. A Súmula 448 do Supremo Tribunal Federal estabelece que:

> O prazo para o assistente recorrer, supletivamente, começa a correr imediatamente após o transcurso do prazo do Ministério Público.

Não se deve esquecer que o assistente da acusação arrazoará os recursos interpostos pelo Ministério Público ou contra-arrazoará os recursos interpostos pela defesa, no prazo de 3 dias, cuja contagem iniciará após o prazo do Ministério Público, conforme o artigo 600, § 1º, do CPP.

Por derradeiro, destaca-se que é legítima a atuação do assistente de acusação que, interpondo apelação, requer a apresentação de suas razões, em segunda instância. Se o artigo 600, § 4º, do CPP prevê expressamente a possibilidade, sem qualquer ressalva ao recorrente, não há razão para se obstaculizar o assistente.[159] Assim, uma vez intimado para arrazoar junto a instância superior, deverá obedecer o prazo de 8 dias.

10.2.6.3. Prazo do edital

Caso o réu não tenha constituído defensor e não for encontrado, conforme certidão do oficial de justiça, a intimação da sentença deverá ser feita através

---
[159] STJ-RE nº649.665-BA. J.02.02.06.

de edital, conforme o artigo 392, VI, do CPP. Neste caso, o prazo do edital será de 90 dias, se a pena for privativa de liberdade por tempo igual ou superior a 1 ano, e de 60 dias, nos demais casos. Após o escoamento do prazo do edital, contar-se-á o prazo para a apelação.

No caso do querelante ou assistente, a intimação editalícia terá prazo de 10 dias para, após, ser contado o prazo da apelação (artigo 391 do CPP).

10.2.7. Efeitos

– Devolutivo

A apelação possui efeito devolutivo.

Porém, não se pode olvidar da súmula 713 do STF e que preconiza que o efeito devolutivo da apelação contra decisões do Júri é adstrito aos fundamentos da sua interposição.

– Suspensivo

O artigo 596 do CPP refere que a apelação da sentença absolutória não impedirá que o réu seja posto imediatamente em liberdade.

Já o artigo 597 do CPP prevê que a apelação contra a sentença condenatória terá efeito suspensivo, salvo face ao disposto no artigo 393 do CPP e que trata dos efeitos da sentença condenatória recorrível, estabelecendo que, uma vez condenado, o réu seja preso ou conservado na prisão nas infrações inafiançáveis ou nas afiançáveis, enquanto não prestar fiança.

O parágrafo único do artigo 596 refere que a apelação não suspenderá a execução da medida de segurança aplicada provisoriamente, entrementes a Lei nº 7.209/84 afastou a aplicação provisória da medida de segurança. Desta forma, restou prejudicado este dispositivo.

– Extensivo

Terá efeito extensivo quando a decisão refletir motivos que não sejam de caráter exclusivamente pessoal.

10.2.8. Cabimento

Nos moldes do artigo 593, a apelação é cabível contra:

I – Sentenças definitivas de condenação ou absolvição proferidas por juiz singular;

II – Decisões definitivas ou com força de definitivas proferidas por juiz singular nos casos não previstos no Capítulo anterior;

III – Decisões do Tribunal do Júri, quando:

a) ocorrer nulidade posterior à pronúncia;
b) for a sentença do juiz-presidente contrária à lei expressa ou à decisão dos jurados;
c) houver erro ou injustiça no tocante à aplicação da pena ou da medida de segurança;
d) for a decisão dos jurados manifestamente contrária à prova dos autos.

Por sua vez, face à redação da Lei nº 11.689/08, o art. 416 do CPP preceitua que contra a sentença de impronúncia ou de absolvição sumária caberá apelação.

10.2.8.1. Sentenças definitivas de condenação ou absolvição proferidas por juiz singular

Na lição de Wambier (2002), conclui-se que o magistrado é quem mais pratica atos processuais, pois, além de determinar a marcha processual, deve apresentar um pronunciamento definitivo sobre a lide posta.

Este pronunciamento é a sentença.

A sentença definitiva de condenação ou absolvição proferida por juiz singular é aquela que resolve a causa, julgando a peça acusativa, ofertando a procedência ou improcedência da acusação.

A sentença trata-se de um pronunciamento judicial que exaure a jurisdição do julgador, pois uma vez proferida esgota a atividade jurisdicional do juiz, não permitindo mais a sua reforma por ele próprio.

Firmada a sentença, temos concluída a relação processual e resolvido o litígio imposto pelas partes.

Não é possível haver confusão entre a sentença absolutória e a sentença de absolvição sumária. Esta vincula-se ao processo dos crimes de competência do júri e vem estribada no artigo 411 do CPP, sendo que o juiz absolverá desde logo o réu quando se convencer da existência de circunstância que exclua o crime ou isente de pena o réu. No caso de absolvição sumária, o recurso cabível será o recurso em sentido estrito. Já na sentença absolutória temos uma decisão que absolve o réu forte no dispositivo do artigo 386 do CPP. Nestas condições, o recurso promovido será a apelação, nos termos do artigo 593, I, do CPP.

Por fim, a sentença condenatória é o pronunciamento que transforma a sanção abstrata prevista na lei em sanção concreta ao acusado. São pressupostos para a condenação a materialidade do crime e a sua autoria.

10.2.8.2. Decisões definitivas ou com força de definitivas proferidas por juiz singular nos casos não previstos no Capítulo anterior

Decisões definitivas ou com força definitiva são aquelas que põem fim à relação processual, julgando o mérito, sem determinar a absolvição ou a condenação. São chamadas, outrossim, de sentenças terminativas de mérito ou definitivas em sentido estrito.

Exemplos:

• A decisão sobre reabilitação do condenado;

• A decisão que reconhece satisfatórias as explicações, em interpelação judicial;

• A decisão que encerra o incidente de restituição de coisa apreendida;

• Já as decisões com força de definitiva, muito embora não decidam sobre a matéria de mérito de condenação ou absolvição, resultam por findar a relação processual ou procedimental.

Exemplos:

• Decisão que rejeita a queixa-crime;

• Decisão que indefere pedido de restituição de coisa aprendida;[160]

• Decisão que julga improcedente o pedido de levantamento de sequestro.

10.2.8.3. Decisões do tribunal do júri

O artigo 5º, XXXVIII, da Constituição Federal reconhece a instituição do júri, assegurando a plenitude de defesa, o sigilo das votações, a soberania dos veredictos e a competência para o julgamento dos crimes dolosos contra a vida.

Desta forma, os crimes dolosos contra a vida (homicídio, induzimento, instigação ou auxílio ao suicídio, infanticídio e aborto, quer consumados ou tentados) e os jungidos a estes por conexão ou continência serão julgados pelo tribunal popular.

A apelação criminal contra a decisão do júri não possui a mesma natureza da apelação contra decisão de juiz singular. Nesta, a devolução ocorre com o integral conhecimento do mérito do feito, ou seja, o tribunal não fica restrito somente à matéria trazida a discussão. Já no caso da apelação contra a decisão do tribunal do júri, o tribunal de 2º grau ficará circunscrito ao objeto trazido na insurgência.

Conforme Jesus (1999, p. 421):

> Apelação, no Júri, tem natureza restrita, não devolvendo à superior instância o conhecimento integral da causa criminal.

E desta forma julgados entendem que o recurso de apelação, contra decisão do júri, tem limitado seu conhecimento aos elementos trazidos no apelo.[161]

---

[160] RT 525/ 363.
[161] RT 584/332.

E nesta esteira segue a Súmula nº 713 do STF e que preconiza que o efeito devolutivo da apelação contra decisões do Júri é adstrito aos fundamentos da sua interposição.

É por esta razão que se compele ao recorrente que, por ocasião de seu requerimento ou termo recursal, fundamente legalmente seu apelo.[162]

Assim, caberá apelação das decisões do júri quando:

– *Ocorrer nulidade posterior à pronúncia*

Como já foi visto, a sentença de pronúncia trata-se de uma decisão interlocutória mista não terminativa, a qual encerra um momento procedimental, mas sem julgar o mérito da causa, pois não considera o réu culpado ou inocente. Trata-se de uma decisão que apenas determina que o réu seja julgado pelo tribunal do júri. O artigo 408 do CPP estatui que se o juiz se convencer da existência do crime e de indícios de que o réu seja o seu autor, pronuncia-lo-á, dando os motivos do seu convencimento.

A nulidade é uma atipicidade formal e que não produz efeito até que seja convalidada. Dividem-se em nulidades absolutas e relativas. As absolutas são aquelas cuja imperfeição determina um prejuízo evidente, eis que recai sobre um ato essencial. Já as relativas são as que o defeito existente deve provocar um prejuízo, o qual necessita ser comprovado.

Quando a lei expressa a ocorrência de nulidade posterior à pronúncia, estará ela referindo-se à nulidade absoluta ou relativa.

É de se destacar que sendo nulidade absoluta, a mesma poderá ser alegada diretamente no recurso de apelação. Contudo, sendo nulidade relativa, deve-se atentar às regras determinadas no artigo 571, V, do CPP e que refere que as mesmas devem ser arguidas, as ocorridas posteriormente à pronúncia, logo depois de anunciado o julgamento e apregoadas as partes. E mais, tratando-se de arguição de nulidade relativa referente a quesitação, o momento para impugnação será em seguida a leitura obrigatória, pois o artigo 484 do CPP estabelece que o juiz de direito lerá os quesitos e indagará das partes se têm requerimento ou reclamação a fazer.

Não se observando estas regras, as nulidades relativas receberão o manto da preclusão.

Se por acaso houvesse nulidade antes da pronúncia e esta fosse arguida, mas desconsiderada pelo juízo pronunciante, caberia recurso em sentido estrito forte no artigo 581, IV, do CPP ou até *habeas*.

---

[162] Se houver dúvidas por ocasião da interposição, no que tange ao fundamento legal, é inegável que não se trata de má técnica recorrer forte no artigo 593, III, alíneas *a*, *b*, *c* e *d*, garantindo, assim, no momento da apresentação das razões, uma amplitude maior de reexame.

Para melhor exame de algumas nulidades posteriores à pronúncia, observa-se a seguinte síntese do procedimento do júri:

Convencido da materialidade do fato e da existência de indícios suficientes de autoria ou de participação, o juiz pronunciará o réu e levará ao julgamento perante os juízes populares.

Veja-se que foram afastados o libelo e da contrariedade. Assim, as partes poderão firmar requerimento para oitiva de testemunhas. Se for declarado no pedido que a parte não prescinde do depoimento e indicar o paradeiro da testemunha, sendo a mesma intimada, sua ausência no dia do júri determinará que o juiz suspenda a sessão e mande buscá-la imediatamente ou marque nova data, ordenando condução sob vara. Caso contrário, haverá nulidade absoluta.[163] Entretanto, se a testemunha não for arrolada em caráter imprescindível e deixar de comparecer, o julgamento poderá seguir, pois só com a demonstração do prejuízo é que se poderá dizer sobre nulidade. Neste sentido, se entende que a ausência de intimação da testemunha, sem cláusula de imprescindibilidade, constitui-se em nulidade relativa.[164]

Convocado o júri e instalada a sessão de julgamento, dos jurados presentes, em número igual ou superior a quinze, serão sorteados sete. É incontroverso que as causas de impedimento ou de suspeição dos juízes togados são aplicáveis aos jurados, juízes leigos, que igualmente decidem "de fato", nas deliberações do Júri.[165] Destarte, as consequências respectivas pela atipicidade formal ocorrerão. Os jurados permanecerão incomunicáveis sobre a matéria e questões atinentes ao julgamento. Ocorrendo qualquer forma de comunicação, haverá nulidade absoluta.

Por parte dos jurados virtuais, poderá haver a recusa ao serviço do júri fundada em convicção religiosa, filosófica ou política. Neste caso, o juiz importará substituição, qual seja o dever de prestar serviço alternativo, sob pena de suspensão dos direitos políticos, enquanto não prestar o serviço imposto (art.438 do CPP). Desta forma, se o júri ocorrer com um jurado que apresentou escusa de consciência, a qual restou preterida pelo juiz, haverá nulidade absoluta face ao cristalino prejuízo vinculado à convicção íntima.

Antes de constituído o Conselho de Sentença, as testemunhas serão recolhidas a lugar onde umas não possam ouvir os depoimentos das outras (art.460 do CPP). Assim, se pretende evitar vício nos dizeres das testemunhas que possa surgir com a influência de outros depoimentos. Eventual desrespeito a esta norma determinará nulidade relativa.

---

[163] TJRS-Apel. n° 694141490. Data do julgamento: 15.03.95

[164] STJ-REsp 511133 / PB, Data da Publicação/Fonte DJ 19.12.2003 p. 595. Mesmo sentido: STJ-HC 24338 / PB ; Data da Publicação/Fonte DJ 22.09.2003 p. 346.

[165] STJ-REsp 245629 / SP Data da Publicação/Fonte DJ 01.10.2001 p. 255

Por ocasião do julgamento, as partes e os jurados poderão requerer leitura de peças que se refiram, exclusivamente, às provas colhidas por carta precatória e às provas cautelares, antecipadas ou não repetíveis. (art. 473, § 3º do CPP). Desta forma, evita-se delongada e improdutiva leitura de capa a capa. O desrespeito a esta regra se constitui em nulidade relativa.

E durante o julgamento, não será permitida a leitura de qualquer escrito, bem como a exibição de objeto cujo conteúdo versar sobre a matéria fática a ser julgada pelos jurados que não tiver sido juntado aos autos com a antecedência mínima de três dias úteis, sob pena de nulidade (art. 479 e parágrafo único do CPP). Assim, a lei busca evitar que a parte contrária seja pega de surpresa.[166] A juntada de documento não comunicado à parte contrária com a antecedência do tríduo legal, estabelecerá nulidade.[167] Entretanto, por certo que se a exibição ou leitura não gerar prejuízo, não será o caso de nulificação.[168] O mero desrespeito ao prazo trata-se de nulidade relativa.

Conforme art.478 do CPP, durante os debates, as partes não poderão, sob pena de nulidade, fazer referências à decisão de pronúncia e às decisões posteriores que julgaram admissível a acusação; à determinação do uso de algemas; ao silêncio do acusado ou à ausência de interrogatório quando em seu prejuízo. Porém, como a lei não esclarece se tal nulidade é absoluta ou relativa é de se examinar o prejuízo junto ao caso em concreto para a devida classificação.

Com relação às algemas, não se pode olvidar da súmula vinculante nº 11, do STF, e que diz que só é lícito o uso de algemas em casos de resistência e de fundado receio de fuga ou de perigo à integridade física própria ou alheia, por parte do preso ou de terceiros, justificada a excepcionalidade por escrito, sob pena de responsabilidade disciplinar, civil e penal do agente ou da autoridade e de nulidade da prisão ou do ato processual a que se refere, sem prejuízo da responsabilidade civil do Estado.

Por ocasião do júri, em caso de concurso de agentes, dever-se-á observar ordem na preferência dos julgamentos. Desta forma, o art. 429 do CPP estabelece que, salvo motivo relevante, que autorize alteração na ordem dos julgamentos, terão preferência os acusados presos, dentre os acusados presos, aqueles que estiverem há mais tempo na prisão. Porém, em havendo igualdade de condições, os precedentemente pronunciados. Tal desrespeito a esta regra e que estabeleça excesso de prazo junto à prisão do réu, permitirá exame do prejuízo e nulidade.

---

[166] RT 434/499.
[167] RT 414/89. Mesmo sentido: RT 519/322.
[168] RT 535/394.

Muito embora o artigo 268 do CPP firme que o assistente poderá intervir em todos os momentos da ação penal pública, sendo que o artigo 269 do CPP prevê sua admissão em qualquer fase processual, o art.430 do CPP firma que o assistente somente será admitido se tiver requerido sua habilitação até cinco dias antes da data da sessão na qual pretenda atuar. Porém, frisa-se que o artigo 598, parágrafo único, do CPP preceitua que poderá o assistente não habilitado se credenciar ao feito e recorrer dentro do prazo de 15 dias, após o término do prazo para a apelação da acusação pública. A atuação do assistente de acusação, sem que tenha havido decisão formal de sua admissão, é considerado ato meramente irregular.[169] A ausência do assistente de acusação por ocasião do julgamento não determinará o adiamento do júri (art.457 do CPP). Porém, se faltar a sua intimação, haverá nulidade relativa.

Por ocasião do julgamento, os jurados deverão estar em sala secreta. Não haverá nulidade se inexistir esta sala e o juiz determinar a saída dos populares para o julgamento. Na sala secreta ficarão o magistrado, os jurados, o acusador, o defensor e os funcionários da justiça. Então ocorrerá a votação dos quesitos e, após, o juiz prolatará a sentença, a qual lerá frente ao plenário, com a presença do réu e do público.

– For a sentença do juiz-presidente contrária à lei expressa ou à decisão dos jurados

Aqui temos uma efetiva apelação contra o ato sentencial do juiz que presidiu o Tribunal do Júri.

A referência de uma sentença contrária à lei expressa reproduz o fato de o juiz não ter observado os regramentos legais na sentença. Veja-se que a sentença deve ser promovida na forma do artigo 381 do CPP. Ou seja, a sentença deve conter a identificação das partes, a exposição sucinta da acusação e da defesa, a motivação, a fundamentação, a indicação dos artigos de lei aplicado, o dispositivo, a data e a assinatura do juiz. A falta desta estrutura resultará no cabimento da apelação.

Por certo, a contrariedade à lei não se encontra apenas na estrutura do ato sentencial.

Com relação à sentença contrária à decisão dos jurados, o que temos realmente é que o juiz não observou os parâmetros determinados pelo conselho popular em sua soberania constitucional. Os jurados são os julgadores, e seus pronunciamentos devem ser respeitados, assim descabe ao juiz divergir, impugnar, retificar, enfim, divorciar-se das decisões do júri.

---

[169] HC nº3.382/RJ; 5º T do STL; DJU de 06.11.95, p.37.579, Rel. Min. Assis Toledo.

Para Porto (1988, p. 23):

> A decisão dos jurados, manifestada na votação do questionário, representa uma proposição judicativa que encontra verbalização, após consignada no termo de votação, na sentença do Juiz Presidente.

Imagine-se o conselho de sentença que por 4 a 3 não reconheceu a qualificadora, restando condenado o réu às penas do homicídio simples. O juiz, ao promover o ato sentencial, observa que deveria ser aplicada a qualificadora e efetivamente condena o réu por homicídio qualificado. Nestas condições, caberá apelação. Em outro exemplo, pensemos no tribunal do júri condenando um condutor de veículo automotor por crime de homicídio culposo, decisão esta não aceita pelo juiz togado, que o condena a homicídio doloso.

A apelação contra a sentença do juiz-presidente contrária à lei expressa ou à decisão dos jurados não determinará a cassação do julgamento. É que o artigo 593, § 1º, do CPP prevê que nestes casos o tribunal *ad quem* deverá fazer a devida retificação.

– Houver erro ou injustiça no tocante à aplicação da pena ou da medida de segurança

A ideia do erro em si se firma através do desajuste entre o termo da lei e o caso concreto.

Trata-se do equívoco do juiz na aplicação da pena quando, por exemplo, fixa-se a sanção de outro tipo de direito material. Já com relação à medida de segurança, o erro haverá quando o juiz, devendo aplicar a internação, decidir pelo tratamento ambulatorial.

Não há de se confundir com a imposição de sanção em desacordo com a decisão dos jurados, pois neste caso o recurso de apelação será firmado no artigo 593, III, "b", do CPP.

Discussões existem sobre a questão da desclassificação da qualificadora, reconhecida pelo júri. Alguns entendem que, uma vez confirmada a qualificadora pelo júri, a sua desclassificação pelo tribunal *ad quem* dar-se-ia forte na alínea "c", pois a consequência imediata é na pena. Outros entendem que a desclassificação seria forte na alínea "d", pois não haveria erro na aplicação da pena, e, sim, reconhecimento de que o veredicto não se firmou na prova dos autos. Para nós, a qualificadora legal específica, por ser elemento constitutivo do tipo, integra o veredicto dos jurados. Para afastá-la, é necessário não retificar a pena, o que seria uma consequência lógica, mas sim o reconhecimento de que a decisão dos jurados foi flagrantemente contrária à prova dos autos no que tange ao aceite da qualificadora. Logo, o recurso deverá restar firmado na alínea "d".

No que tange à questão de injustiça, esta ocorrerá quando for inadequada a individualização da pena. O artigo 68 do CP prevê que:

> A pena-base será fixada atendendo-se ao critério do artigo 59 deste Código; em seguida serão consideradas as circunstâncias atenuantes e agravantes; por último, as causas de diminuição e de aumento.

Conforme se observa, o texto legal não fixa uma forma de cálculo com frações que permitam um resultado matemático único para todas as sanções. Assim, o condenado fica a dispor do subjetivismo do julgador.

Contudo, este subjetivismo deverá ser regrado pelas provas existentes no feito. Basta ver a feitura do cálculo das circunstâncias judiciais para se observar isto. Para Boschi (2002), a validade da "pesagem" de cada circunstância judicial pressupõe existência nos autos de informações objetivas que a sustentem.

Exemplificando: imagine-se um juiz fixando pena base para um condenado por homicídio simples, em que todas as circunstâncias do artigo 59 do CP são benéficas, em 10 anos de reclusão. É certo que há injustiça.

De outra banda, é inadmissível ao julgador condenar o agente a pena acima do limite máximo imposto pela lei. Ocorre que em contrário, ou seja, pena abaixo do mínimo legal, discussões afloram e já existem julgados que admitem a possibilidade da sanção restar aquém do mínimo legal.[170]

Já no aspecto da medida de segurança, temos a previsão no artigo 97 do CP de que se o agente for inimputável, o juiz determinará sua internação. Se, todavia, o fato previsto como crime for punível com detenção, poderá o juiz submetê-lo ao tratamento ambulatorial.

Anteriormente, pelo sistema binário, a medida de segurança poderia ser aplicada cumulada com penas aos semi-imputáveis e imputáveis perigosos. Com o advento da Lei nº 7.209/84, estabeleceu-se o sistema unitário, onde somente pode ser aplicada uma das sanções. Ou pena ou medida de segurança. Ao inimputável, é obrigatória a aplicação da medida de segurança, diferentemente do semi-imputável, onde poderá haver tratamento curativo em substituição à pena (artigo 98 do CP). Se as circunstâncias demonstrarem que o réu necessita de especial tratamento curativo, e o juiz aplicar pena privativa de liberdade, haverá injustiça na aplicação da sanção, passível de recurso de apelação.

Diferentemente será se o julgador, frente a um inimputável, em vez de aplicar a medida de segurança, condenar o réu à pena privativa de liberdade, haverá uma ilegalidade cabível e apelação forte no artigo 593, III, "b", do CPP.

---

[170] Proc. nº 70000290684, 03/11/99, 5ª Câmara Criminal, Tribunal de Justiça do Estado do Rio Grande do Sul. Neste mesmo sentido, Proc. nº 699027488, 28/04/99, pela Câmara Criminal de Férias do Tribunal de Justiça do Estado do Rio Grande do Sul.

Desta forma, foi feliz o legislador ao referir a termo *justiça*, como supedâneo recursal, pois a sanção é individualizada, principalmente, por este critério.

Conforme o artigo 593, § 2º, do CPP, interposta a apelação com fundamento no erro ou injustiça no tocante à aplicação da pena ou da medida de segurança, o tribunal *ad quem,* em caso de provimento, retificará a aplicação da pena ou da medida de segurança.

– *For a decisão dos jurados manifestamente contrária à prova dos autos*

Trata-se de uma apelação contra a decisão dos jurados, e não do juiz que presidiu o tribunal do júri.

Os jurados são os que, investidos na função julgadora, atuam no conselho de sentença popular, declarando culpado ou inocente o acusado de crime doloso contra a vida. O julgador popular, conforme preleciona Marrey (2000, p.145),

> [...] é o cidadão incumbido pela sociedade de declarar se os acusados submetidos a julgamento são culpados ou inocentes.

O jurado tem a obrigação de julgar o feito conforme sua convicção íntima. Tanto que formado o conselho de sentença os jurados prometem julgar com imparcialidade e de acordo com sua consciência e a justiça. Veja-se que o artigo 472 do CPP, trazido pela Lei nº 11.689/08, traz a exortação a ser feita pelo juiz-presidente aos jurados:

> Em nome da lei, concito-vos a examinar esta causa com imparcialidade e a proferir a vossa decisão de acordo com a vossa consciência e os ditames da justiça.

E os jurados responderão: *assim eu prometo.*

Daí que a palavra *jurado* vem do juramento que o cidadão faz.

O artigo 5º, XXXVIII, "c", da CF prevê que os jurados são soberanos em suas decisões. É de se informar que esta soberania teve seu berço no Direito francês, onde a Câmara Criminal da Corte de Cassação estabelecia que a decisão do júri era definitiva e soberana, não podendo ser recorrida. Conforme preceitua Porto (1988, p. 34):

> A "soberania do júri" deve ser entendida como a "impossibilidade de os juízes togados se substituírem aos jurados na decisão da causa, e, por isso, o Código de Processo Penal regulando a apelação formulada em oposição à decisão dos jurados manifestamente contrária a prova dos autos (letra "d" do inciso III do art. 593), estabelece que o tribunal "ad quem" dando provimento, sujeitará o réu a novo julgamento (§ 3º do art. 593) perante o Tribunal do Júri.

Ocorre que as decisões dos jurados, para não se constituírem em arbítrio, devem ter supedâneo na prova carreada aos autos. Somente desta forma é que o réu terá segurança em seu julgamento, não dividindo seu futuro com a mera espiritualidade de seus julgadores. Os jurados, e isto é imperioso, devem formar com suas convicções frente às demonstrações probatórias. É certo que muitas vezes a persuasiva oratória de uma das partes acaba se superando. Contudo, os sentimentos dos jurados, cidadãos de notória idoneidade, devem se levar por provas e interpretações lógicas, e não por vociferadores teatrais que se firmam em quilométricos vanilóquios.

Como as demonstrações probatórias podem apontar para diversos sentidos, seja favorecendo a acusação ou a defesa, os jurados restam soberanos para decidir em qual contexto se apoiarão. Ou seja, os jurados escolhem a versão que desejarem, desde que esta esteja presente no quadro probatório. Esta faculdade jurídica que os julgadores populares possuem se firma no sistema da íntima convicção (ou da certeza moral do julgador) e que se trata da forma de avaliação da prova que se estabelece, unicamente, no sentimento do jurado, no seu íntimo, e que pode não se harmonizar com o ideário mediano. O sistema da íntima convicção prevê um ilimitado exame sem a necessidade de qualquer motivação ou fundamento expresso. Desta forma, o que interessa é que a decisão dos jurados esteja estribada em prova existente nos autos.

Se o julgamento promovido pelos jurados restar apoiado em uma versão cuja prova é franciscana, totalmente contrária a outra versão cuja demonstração se apresenta robusta, mesmo assim deverá ser respeitada a soberania do veredicto do júri popular, pois o fato de não ser a *melhor prova* não significa inexistir prova. Veja-se que não pode o Tribunal *ad quem* arvorar-se para cassar o julgamento, sob a alegação de que a escolha dos jurados foi infeliz ou injusta. Os juízes da instância superior não podem substituir os jurados na apreciação do mérito da causa já decidida pelo júri.

Giza-se que o tribunal popular, por ser leigo, articula ilação de molde totalmente diferente do tribunal *ad quem,* que se constitui em órgão técnico. Assim, este deve se esforçar para compreender a decisão sob o ponto de vista laico. Franco (sem data, p.149) prescreve:

> [...] acentuamos ser mister que o desembargador revestisse a mentalidade de jurado e não quisesse que o jurado tivesse a mentalidade de desembargador, isto é de juiz togado [...].

Ademais, o que for justo para o júri pode não ser para o tribunal *ad quem.*

Mas se aquele tribunal, mesmo em franca injustiça, não ofender a evidência das provas, sua decisão deverá prevalecer. Veja-se que quando a lei refere for a decisão dos jurados manifestamente contrária à prova dos autos, não se trata de decisão injusta, mas sim que não encontra versão probatória.[171]

É de se ilustrar que o julgamento dos jurados não segue a obrigatoriedade constitucional de fundamentação das decisões estabelecida no artigo 93, IX,

---

[171] RT 642/287 e 669/299.

CF. Para Tucci (1999), a decisão proferida pelo tribunal do júri é uma exceção à exigência constitucional da fundamentação das decisões judiciárias.

A manifestação dos jurados pode ser referente a mais de um crime. Nestas condições, a parte interessada pode recorrer, naquilo que se chama de apelação restrita. Ou seja, apenas com relação a um dos delitos. Pensemos em um réu condenado por dois crimes, mas que só haja insurgência com relação a uma das condenações, pois contraria a prova dos autos. Interposta a apelação restrita, somente contra uma das decisões e provida, haverá novo julgamento perante o júri, o qual decidirá, novamente, apenas sobre a questão recorrida.

Um tema controvertido é quando o tribunal do júri reconhece a qualificadora, e a mesma é afastada pelo tribunal *ad quem*. Existe entendimento de que se trata de ofensa a soberania dos jurados[172] e outro que não.[173] Neste último sentido, inclusive, já se decidiu ser possível a exclusão da qualificadora pelo próprio tribunal *ad quem*.[174] Contudo, decidindo diversamente existem entendimentos de que, como a qualificadora é elemento do crime, o que deve ser feito não é sua exclusão, e, sim, a cassação do julgamento para permitir que tribunal popular julgue novamente.[175]

Mossin (p.114) ensina que:

Diante do matiz constitucional enfocado, à luz da evidência, sendo reconhecida a qualificadora do delito-tipo, que é matéria de mérito afeta ao colegiado popular, decorrente do princípio do juiz natural precitado, o tribunal togado em nível de recurso de apelação não poderá modificar essa decisão que é soberana, porquanto isso equivaleria a negar o próprio poder supremo da instituição popular garantido constitucionalmente.

Silva (p. 108) professa que:

[...] não cabe é o tribunal *ad quem* operar a desclassificação de homicídio qualificado por motivo fútil, ou qualquer outro motivo, para homicídio simples.

Em nosso sentir, o tribunal *ad quem,* observando ser incabível a qualificadora face ao contexto probatório, não poderá afastá-la, pois a mesma faz parte do crime reconhecido pelos jurados. A qualificadora legal específica é elemento constitutivo do tipo e integra o veredicto dos jurados. Para suprimi-la, é necessário reformar o crime, objeto da condenação, e não apenas rever a pena. Assim, sendo a decisão dos jurados manifestamente contrária à prova dos autos face à tipificação da qualificadora, deverá ser cassado tal pronunciamento e determinado novo julgamento.

Distanciando-se dos elementos que integram o tipo, a situação é distinta. Por exemplo, se o tribunal do júri reconhecer uma atenuante genérica, inexis-

---

[172] RT 683/370.
[173] RT 629/310.
[174] RT 629/424.
[175] RT 665/357.

tente no contexto probatório, o tribunal de segundo grau apenas reformará a pena. Neste caso, a atenuante se constitui em um elemento circunstancial do delito. Assim, existindo reflexão apenas na dosagem da pena, caberá apelação firmada no artigo 593, III, "c", do CPP a qual, se provida, determinará que o tribunal *ad quem* somente retifique a aplicação da pena.

Imagine-se o caso do réu que tenha matado um saliente bandido, com a justificação de diminuir a violência, e, julgado pelo tribunal do júri, tenha sido absolvido forte no exercício regular do direito. Com qual tipo formal poderá recorrer a acusação? Como se trata de decisão do júri, sem qualquer comprometimento do juiz togado, somente a alínea "d" seria possível. Nestas condições, poder-se-ia apelar dizendo que a decisão dos jurados não encontra respaldo no cotejo probatório, pois as circunstâncias provadas nos autos não admitem a identificação com o exercício regular. Nesta mesma linha de raciocínio, vamos pensar que foi cassada a decisão dos jurados e, em novo julgamento, o réu mais uma vez foi absolvido. Haverá condições de ser novamente desfeito o julgamento, forte no artigo 593, III, "d", do CPP face à flagrante injustiça?

Conforme prevê o § 3º do artigo 593, III, do CPP, se a apelação se fundar na alínea "d", e o tribunal *ad quem* se convencer de que a decisão dos jurados é manifestamente contrária à prova dos autos, será dado provimento para sujeitar o réu a novo julgamento. Contudo, não se admitirá, pelo mesmo motivo, segunda apelação. Ou seja, muito embora haja outra argumentação, mas sendo o recurso firmado no mesmo dispositivo, ou seja, art. 593, III, "d", do CPP, não caberá apelação. Assim, no exemplo acima, não se poderá mais discutir se a decisão foi contrária à prova dos autos. Entrementes, é certo que a acusação poderá recorrer forte em outra alínea como, por exemplo, nulidade posterior à pronúncia.

Como se depreende, a lei admitiu o duplo grau de jurisdição, mas com reexame da matéria fática somente uma vez, para preservar a soberania do júri.

Acolhido o recurso e cassado o julgamento, proceder-se-á a outro, sem que com isso haja qualquer desrespeito à preceituação constitucional determinante da soberania dos veredictos, que por esta razão se apresentará como relativa.

10.2.8.4. Sentença de impronúncia

Nos termos da Lei nº 11.689/08, o art. 416 do CPP preceitua que contra a sentença de impronúncia caberá apelação.

A impronúncia se dá quando o juiz não se convence da materialidade do fato ou da existência de indícios suficientes de autoria ou de participação (art. 414 do CPP).

Próxima a impronúncia, está a despronúncia que nada mais é do que o afastamento da pronúncia pelo entendimento de que não restou demonstrada a existência do crime ou de indícios da autoria do réu.[176] Se esta sentença ocorrer no juízo de retratação do recurso em sentido estrito, caberá, então, recurso de apelação contra a sentença que tornou-se, em última análise, de impronúncia. Exemplo: Pronunciado, o réu recorreu com estrito. Porém, o juiz singular, não mantendo sua decisão, retratou-se e despronunciou o acusado. Agora, impronunciado, a acusação deve apelar.

Muito embora a doutrina classifique a impronúncia como uma decisão interlocutória mista terminativa, pois põe fim ao processo sem julgamento de mérito, a Lei nº11.689/08, ao firmar o art. 416 do CPP, a modelou como efetiva sentença.

Veja-se que a sentença de impronúncia não faz coisa julgada material, pois com o surgimento de novas provas o processo pode ser reanimado. Assim, seu decisório não põe fim à pretensão punitiva, tanto que o art.414, parágrafo único, do art. 414 estabelece que *enquanto não ocorrer a extinção da punibilidade, poderá ser formulada nova denúncia ou queixa se houver prova nova.*

10.2.8.5. Sentença de absolvição sumária

Conforme a Lei nº 11.689/08, o art. 416 do CPP preceitua que contra a sentença de absolvição sumária caberá apelação.

A absolvição sumária consiste no decisório que verifica a existência fática das situações elencadas nos artigos 397 ou 415 do *codex* processual penal, razão que desde logo, determina a absolvição do acusado. Trata-se, pois, de verdadeira sentença de mérito por julgamento antecipado da lide, com força de coisa julgada material.

Conforme o art. 397 do CPP, com a redação dada pela Lei nº 11.719/08, a absolvição sumária ocorrerá quando o juiz verificar:

I – a existência manifesta de causa excludente da ilicitude do fato;
II – a existência manifesta de causa excludente da culpabilidade do agente, salvo inimputabilidade;
III – que o fato narrado evidentemente não constitui crime; ou
IV – extinta a punibilidade do agente.

Já com relação ao procedimento do júri, o art. 415 do CPP, com redação dada pela Lei nº11.689/08, estabelece que haverá logo absolvição, quando:

I – provada a inexistência do fato;
II – provado não ser ele autor ou partícipe do fato;

---
[176] TJ/Amapá: RSE 234/01, Câmara única, j.25.09.01. Mesmo sentido: TJ/Amapá: RSE 223/00, Câmara única, j.20.03.01.

III – o fato não constituir infração penal;
IV – demonstrada causa de isenção de pena ou de exclusão do crime.

Desde forma, esta espécie de decisão nada mais é do que uma absolvição antecipada que ocorre na etapa inicial do feito

Muito embora a Lei n° 11.689/2008 tenha revogado o art. 411 do CPP, o qual previa recurso de ofício para a absolvição sumária nos processos de competência do Tribunal do Júri, manteve-se inalterado o art. 574, II do CPP e que estabelece o recurso de ofício para a absolvição sumária. Contudo, como a aludida lei alterou a redação do dispositivo processual que previa a absolvição sumária nos processos de competência do Tribunal do Júri, sendo que o art. 415 do CPP, que entrou em vigor, não fez referência ao reexame necessário para a absolvição sumária, é de se compreender afastado este recurso. E neste sentido seguem julgados.[177]

10.2.9. Procedimento

O procedimento da apelação inicia com a forma de interposição que se pode dar através de termo ou petição. O artigo 578 do CPP admite que o recurso seja interposto por petição ou por termo nos autos, assinado pelo recorrente ou por seu representante. O artigo 600 do CPP admite ao apelante declarar por termo seu desejo de recorrer.

Não se pode exigir uma formalidade complexa para a interposição do recurso, bastando apenas demonstrar o límpido e cristalino interesse de apelar. Desta forma, já se admitiu como recurso de apelação o mero escrito, após a sentença, com os seguintes dizeres: "Ciente. Apelo".[178]

1- Assim, inconformado com a decisão enquadrada no artigo 593 do CPP, o recorrente, através de petição ou termo, poderá recorrer no prazo de 5 dias.

2- O recurso pode ser proposto com requerimento e razões, mas poderá também ser feito através de simples requerimento de interposição ou termo. Nesse caso, o recorrente terá aberto novo prazo, desta vez de 8 dias, para apresentação das razões, as quais poderão ser, inclusive, levadas diretamente à superior instância, se o recorrente assim desejar, declarando no requerimento ou termo.

3- Será, então, intimado o apelado para contra-arrazoar o recurso no prazo de 8 dias.

---
[177] TJSP, Proc. n° 993071269115, j. 28/10/2008. Mesmo sentido TJRS-Recurso Oficioso em Sentido Estrito, Proc.n° 70027512334, 19/06/2009, Proc. n° 70029299906, 21/05/2009, TJ/RS, Recurso Oficioso n° 70027512334, J. 19/06/2009 e TJ/RS, Recurso de Ofício n° 70025603671, J. 16/10/2008.
[178] RT 606/314.

4- Se o recurso for admitido, o apelo seguirá para o tribunal e será distribuído a um julgador relator do colegiado, o qual dará vista ao representante do Ministério Público do tribunal e após levará o recurso a julgamento.

10.2.10. Do instrumento

Como a apelação tem lugar frente às sentenças definitivas de condenação ou absolvição proferidas por juiz singular, às decisões definitivas ou com força de definitivas proferidas por juiz singular e às decisões do tribunal do júri, será desnecessária sua instrumentalização, pois, uma vez sentenciado o feito, o mesmo estará concluído, razão por que o recurso e a íntegra dos autos seguirão ao tribunal para novo julgamento.

A exceção a esta regra poderia ser vislumbrada no julgamento de mais de um réu no tribunal do júri. É que, por exemplo, em havendo a cisão preconizada no artigo 461 do CPP, por ter um dos réus recusado o jurado e outro não, haverá separação, iniciando-se o julgamento do réu que tenha aceitado o jurado, junto com o Ministério Público. Neste caso, a condenação deste réu poderá ser objeto de apelação, cujo recurso poderá seguir através de traslado, enquanto os autos ficam no juízo de primeiro grau aguardando o novo julgamento do corréu.

10.2.11. Considerações

10.2.11.1. Apelação subsidiária do apelo oficial

Na ação penal pública, se o Ministério Público não interpõe apelação no quinquídio legal, o ofendido ou seu cônjuge, ascendente ou descendente ou irmão poderão apelar, mesmo que não haja habilitação, ainda, como assistente.

Conforme determina o artigo 268 do CPP, o assistente poderá intervir em todos os momentos da ação. Logo, os recursos destes poderão ser interpostos em qualquer momento processual, desde que antes do trânsito em julgado. Desta forma, se não houver habilitação do assistente da acusação e o feito restar julgado, por exemplo, com a absolvição do réu, e o Ministério Público não apelar, o assistente poderá, com fundamento no artigo 598 do CPP, se habilitar e, conforme prevê o parágrafo único deste artigo, interpor apelação dentro do prazo de 15 dias, que correrá a partir do término do prazo para a acusação pública.

Trata-se da apelação subsidiária promovida para satisfazer a pretensão do ofendido, ou no caso de ele estar morto ou declarado ausente judicialmente, a seu cônjuge, ascendentes, descendentes e irmãos.

Não se deve olvidar que a situação será distinta se o assistente já estiver habilitado. Neste caso, o prazo será de 5 dias.

10.2.11.2. Réu recolhido à prisão para apelar

Frente aos termos da Lei n° 11.719/08 ocorreu o afastamento da deserção recursal em razão da fuga do réu. Conforme o art.387, parágrafo único do CPP, cabe ao juiz, na sentença condenatória, decidir, fundamentadamente, sobre a manutenção ou imposição de prisão preventiva ou de outra medida cautelar, sem prejuízo do conhecimento da apelação que vier a ser interposta.

Dessa forma, restou tacitamente revogado o artigo 595 do CPP, que dispunha se o réu condenado fugir depois de haver apelado, será declarada deserta a apelação.

Por sua vez, o Superior Tribunal de Justiça editou a Súmula 347 a qual prescreve que o conhecimento do recurso de apelação independe da prisão do réu. E o próprio Supremo Tribunal Federal entendeu que o artigo 595 do CPP não restava harmônico com a ordem jurídico-constitucional vigorante,[179] por revelar pressuposto insensato de recorribilidade, qual seja, a prisão do condenado, em conflito com o princípio da não culpabilidade.

Com os mesmos argumentos de inconstitucionalidade,[180] restou prejudicado o artigo 594 do CPP, que determinava que o réu não poderia apelar sem recolher-se a prisão ou prestar fiança, salvo se fosse primário e de bons antecedentes, assim reconhecido na sentença condenatória, ou condenado por crime que pudesse se livrar solto.

Na processualística penal, além dos artigos 594 e 595, o artigo 585, que prevê que o réu não poderia recorrer da pronúncia senão depois de preso, salvo se prestar fiança, obviamente, restou atingido.

No que tange a Súmula n° 9 do Superior Tribunal de Justiça, e que preceitua que a exigência da prisão provisória, para apelar, não ofende a garantia constitucional da presunção de inocência, devemos lembrar que para a ordem constitucional é inegável que as prisões provisórias restam limitadas à figura da imperiosidade. Se não for necessária a custódia, inexiste razão para a prisão cautelar. Assim, o simples fato de o réu ser condenado em sentença recorrível não obriga seu recolhimento à prisão sem a evidência da necessidade.[181] Veja-se que a decisão condenatória recorrível apenas confirma *fumus bonis juris*, mas não o *periculum*.

10.2.11.3. Apelação do réu contra sentença de absolvição

A sentença absolutória se traduz em uma decisão que reconhece que o indivíduo é inocente, razão que não pode ser responsabilizado criminalmente.

---

[179] STF- HC 85961, j. 05/03/2009.
[180] STF-HC 92006, j. 24/06/2008.
[181] STJ – HC 5.085, j. 12.11.96.

Desta forma, poderiam restar dúvidas sobre a possibilidade de o réu interpor apelação contra a sentença de absolvição. O supedâneo desta questão estará, sempre, no interesse recursal. Assim, será possível que o réu recorra da sentença que lhe absolveu, desde que haja interesse jurídico como, por exemplo, para afastar eventual responsabilidade civil.

Nestes termos, observa-se o art.386 do CPP que com redação dada pela Lei nº11.690/08, preceitua que o juiz absolverá o réu, mencionando a causa na parte dispositiva, desde que reconheça:

– *Estar provada a inexistência do fato.* Como o art.935 do Código Civil, estabelece que a responsabilidade civil é independente da criminal, não se podendo questionar mais sobre a existência do fato, quando estas questões se acharem decididas no juízo criminal, haverá interesse jurídico ao réu, para recorrer em busca desta absolvição.

– *Não haver prova da existência do fato.* Como neste caso o decisório criminal não repercute na esfera extrapenal, não haverá interesse jurídico ao réu, para recorrer em busca desta absolvição.

– *Não constituir o fato infração penal.* O aspecto do acontecimento não ser crime, não significa dizer que não é ilícito extrapenal. Não haverá interesse jurídico ao réu, para recorrer em busca desta absolvição.

– *Estar provado que o réu não concorreu para a infração penal.* Trata-se da absolvição do réu face comprovação de que ele não concorreu para o crime. Desta forma, haverá incidência do art. 935 do Código Civil. Assim, haverá interesse jurídico ao réu, para recorrer em busca desta absolvição.

– *Não existir prova de ter o réu concorrido para a infração penal.* Esta nova regra permite a absolvição por não haver prova de seu concurso ao crime. Não faz efeito à responsabilidade civil. Não haverá interesse jurídico ao réu, para recorrer em busca desta absolvição.

– *Existirem circunstâncias que excluam o crime ou isentem o réu de pena* (ou mesmo se houver fundada dúvida sobre sua existência). Nesta esteira, é importante destacar o art. 65 do CPP e que firma que faz coisa julgada no cível a sentença penal que reconhecer ter sido o ato praticado em estado de necessidade, em legítima defesa, em estrito cumprimento de dever legal ou no exercício regular de direito. Logo, haverá interesse jurídico ao réu, para recorrer em busca desta absolvição que estava firmada na certeza e não na dúvida.

– *Não existir prova suficiente para a condenação.* No caso do *in dubio pro reo* não haverá efeitos a seara extrapenal. Não haverá interesse jurídico ao réu, para recorrer em busca desta absolvição.

10.2.11.4. Apelação limitada, mas julgamento ilimitado

O princípio do *tantum devolutum quantum appellatum*, e que determina que somente a matéria trazida ao julgador deve ser examinada, é visto com destacada restrição na processualística penal, no que se refere aos interesses da defesa.

Porém, se a acusação recorrer, a mesma deverá delimitar em sua apelação o exame do tribunal.

No caso específico do procedimento do Júri, segue a Súmula nº 713 do STF e que estabelece que o efeito devolutivo da apelação contra decisões do júri é adstrito aos fundamentos da sua interposição. Logo, não poderá o tribunal ultrapassar o objeto definido no recurso e julgar além ou fora do pedido.

Com relação à questão das nulidades, o tema é bem mais gizado, pois não poderá o colegiado reconhecer nulidade contra o acusado e que não foi arguida no recurso apelativo da acusação. A própria Súmula nº 160 do Supremo Tribunal Federal define esta questão:

> É nula a decisão do tribunal que acolhe, contra o réu, nulidade não argüida no recurso de acusação, ressalvados os casos de recurso de ofício.

Outrossim, não poderá haver desistência do recurso pela acusação. Veja-se que a acusação pública não é compelida a apelar das sentenças, porém, se recorrer, não poderá desistir do recurso (artigo 576 do CPP). Sequer poderá haver desistência parcial, como interpor o termo por diversas insurgências, mas por ocasião do arrazoamento, apenas firmar-se em uma. Exemplifica-se com caso do promotor público que, inconformado com a decisão dos jurados que absolveu o réu, ingressa com termo de apelação, forte no art. 593, III, alíneas "a" e "d", do CPP, ou seja, em razão de nulidade posterior à pronúncia e decisão contrária à prova dos autos, e, por ocasião da apresentação das razões, apenas fundamenta seu recurso na alínea "a". Nestas condições, face à impossibilidade de desistência parcial, o tribunal ainda assim julgará o recurso com o fundamento na alínea "d", sem que isto se constitua em julgamento além.

Contudo, entendemos que na situação inversa o mesmo não ocorre. Se a defesa recorrer, limitando sua apelação em somente um tópico, poderá, sim, o tribunal ampliar a matéria de reexame e decidir além ou fora da questão objetivada desde que exista benefício ao condenado. Trata-se da política criminal. Nestes casos, é de se entender afastado o princípio do *tantum devolutum quantum appellatum*, para o fim de beneficiar o acusado. Pensemos em um réu que, condenado por um crime à pena privativa de liberdade, recorre somente para reduzir sua pena. Por sua vez, o tribunal, ao examinar o recurso, entende que é nula a decisão, por defeito absoluto. Assim, de ofício, cassa a sentença e absolve o réu. Julgamento possível e correto, que inclusive poderá se dar através de *habeas* de ofício.

10.2.11.5. Apresentação das razões em superior instância

Examinado-se o artigo 600, § 4º, do CPP, reconhece-se como possível que o apelante oferte suas razões de recurso diretamente à superior instância, desde que declare esta intenção na petição ou termo recursal.

Esta faculdade de dirigir-se diretamente ao julgador *ad quem* é extremamente satisfatória, pois conhecendo o julgador, que reexaminará a matéria, o apelante terá maiores esclarecimentos sobre qual a argumentação persuasiva que deverá apresentar. Veja-se que se identificando o julgador, se identificará, outrossim, seus pretéritos julgamentos. Desta forma, a apresentação das razões em superior instância, em determinadas situações, trata-se de boa técnica para o recurso.

Ilustra-se que o Ministério Público, bem como o assistente de acusação, poderão, após interpor o recurso, arrazoar diretamente na superior instância, nos moldes do artigo 600, § 4º, do CPP, pois inexiste qualquer restrição legal a estes sujeitos parciais. [182]

Nos termos do artigo 600, § 4º, do CPP, será observado o prazo legal que, conforme o *caput*, é de 8 dias para arrazoar, a partir da intimação.

10.2.11.6. Apelação e recurso em sentido estrito

O artigo 593, § 4º, do CPP estabelece que, quando cabível o recurso de apelação, não poderá ser usado recurso em sentido estrito, ainda que somente de parte da decisão se recorra.

Pois bem, face ao princípio da unirrecorribilidade frente à existência de dois recursos cabíveis, apelação ou recurso em sentido estrito, só aquela caberá.

Pensemos no exemplo de um réu acusado por dois delitos. Por sua vez, a sentença o condena por um e reconhece a prescrição do outro crime. Nestas condições, se a acusação pretender atacar somente a extinção de punibilidade, não recorrerá com recurso em sentido estrito, forte no artigo 581, VIII, do CPP, mas sim com apelação, firmada no artigo 593, I, do CPP.

10.2.11.7. A quem se dirige o Recurso

O recurso de apelação é dirigido ao julgador prolator da sentença, o qual deverá promover o juízo de prelibação, ou seja, observar as condições para sua

---
[182] STJ-RE nº 649.665-BA. J.02.02.06.

admissibilidade, e, em havendo estas, determinar o envio ao tribunal competente para o julgamento. Assim, na prática forense, promove-se o recurso com uma capa dirigida ao juiz singular, seguida de peça endereçada ao tribunal.

10.2.11.8. Descabimento de apelação contra decisão do tribunal

Conforme a leitura dos artigos 416 e 593 e seus incisos do CPP, não existe amparo jurídico para a promoção de apelação contra decisão do colegiado. Outrossim, a Constituição Federal não estabelece recurso apelativo criminal contra as decisões dos tribunais. Assim, torna-se incabível apelação contra pronunciamento final do colegiado por carência legal.

Caso interessante é o julgamento com competência por prerrogativa de função, em que o detentor de foro especial jamais poderá apelar. Por exemplo: se um indivíduo, juiz de direito de 1º grau, for processado criminalmente e condenado pelo tribunal, o mesmo não poderá apelar para ver reexaminada a matéria do seu julgamento. Poderá, sim, propor recurso extraordinário ou especial, quando cabível. Mas, apelação, não.

Giza-se, então, que nos julgamentos de competência originária dos tribunais, restará afastado o princípio do duplo grau de jurisdição, pois não caberá recurso ao Supremo Tribunal Federal ou para os tribunais superiores, com a finalidade de reexaminar a matéria fática.[183]

Assim, conclui-se que a prerrogativa de função não se trata de um privilégio.

10.2.11.9. Apelação do réu contra a absolvição do corréu

Como já foi visto, o recurso deve ser proposto por quem tenha interesse em recorrer. Assim, o artigo 577, parágrafo único, do CPP estabelece que não se admitirá recurso da parte que não tiver interesse na reforma ou modificação da decisão. Já o artigo 270 do CPP refere que o corréu, no mesmo processo, não poderá intervir como assistente do Ministério Público. E seria um absurdo alguém ser, na ação penal, acusado e acusador ao mesmo tempo. Logo, julgados entendem que o réu jamais poderá passar a ser acusador.[184]

Porém, como a lei estabelece que o corréu não poderá intervir como assistente no mesmo processo, isto não impede que o corréu recorra contra a decisão que favoreça o outro réu quando possuir interesse jurídico.Como já foi

---

[183] O Supremo Tribunal Federal, em decisão relatada pelo Ministro Sepúlveda Pertence, decidiu que: "Em processo criminal da competência originária do Tribunal de Justiça, não é possível a interposição de recurso para o Superior Tribunal de Justiça objetivando o reexame da matéria de fato." RHC 79.785-RJ, j. 29.3.2000.

[184] RT 483/392 e 450/388.

visto, o recurso é cabível para quem tenha interesse em recorrer. Imaginemos, por exemplo, que dois réus, "a" e "b", sejam processados por crime de homicídio culposo, cuja vítima era pai de "a". Paralelamente, "a" pretende promover ação de indenização contra "b", em razão deste homicídio. Então, no processo criminal, "b" resta absolvido forte art. 386, IV, do CPP, ou seja, estar provado que não concorreu para a infração penal. Como este tipo de absolvição repercutirá na ação civil a ser promovida por "a", face ao art.935 do CC, e que estabelece que não se poderá mais questionar sobre quem seja o autor, quando esta questão já se achar decidida no juízo criminal, haverá interesse jurídico de "a" para recorrer contra a absolvição de "b". Nestas condições, "a" recorrerá sem se habilitar como assistente de acusação e seu recurso, como corréu, será admitido. Neste sentido julgados admitem que o corréu recorra, desde que não esteja habilitado nos autos.[185]

Porém, não se deve confundir esta situação com aquela em que o indivíduo deixou de ser acusado e passou a ser acusador, no mesmo feito, através da devida habilitação de assistente de acusação. Exemplo: Dois réus, sendo acusados em procedimento do Júri, em que haja cisão no julgamento. Julgado e absolvido o primeiro réu, transitada em julgado esta decisão, poderá ele se habilitar como assistente, nos termos da lei, para o julgamento do outro acusado. Já que aquele deixou de ser réu, poderá se habilitar.

10.2.11.10. Pode apelação da sucessão do réu falecido?

Suponhamos a situação em que o réu foi condenado, mas faleceu após a intimação da sentença. É cabível que os sucessores se habilitem na defesa e ingressem com apelação para buscar absolvição?

Não. No caso de morte do réu, aplica-se o disposto no artigo 107, I, do CP, ou seja, extingue-se a punibilidade. Assim, afasta-se o interesse jurídico e finda-se o feito.

Ademais, o artigo 623, que se refere à revisão criminal, informa que esta poderá ser requerida, no caso de morte do réu, pelo cônjuge, ascendente, descendente ou irmão. Assim, para se manter a boa memória do falecido, é possível que a sucessão busque através da Revisão Criminal (artigo 621 do CPP) a cassação do decreto condenatório.

Porém, como o interesse jurídico é pressuposto recursal subjetivo do recurso, é possível se observar situações excepcionais. Por exemplo, imaginemos que o réu veio a falecer durante o processamento de seu recurso que busca reformar o decisório a fim de fazer efeito na seara extrapenal. O recurso deve ser conhecido? Entendemos que sim, desde que o recurso possa produzir reflexos

---
[185] STF-Ag. 28.318, j.02.05.63. Mesmo sentido: STJ-29.594/RJ, j.10.02.93.

aos interesses dos sucessores, como para proteger a herança existente. E nesta esteira, segue decisão que admitiu, frente à morte do réu e à vista do interesse dos sucessores, apelação a fim de reformar a tipificação da absolvição para proteção da herança.[186]

10.2.11.11. Decisão dos jurados manifestamente contrária à lei

Pode a decisão dos jurados ser manifestamente contrária à lei. E isto ocorrerá quando os quesitos forem contrários à lei.

Como os jurados são capitaneados por quesitos, suas decisões só serão contrárias à lei quando houver quesitação imperfeita, a ponto de ofender o diploma legal. Quando nos deparamos com quesitos maculados, a necessidade de ver reconhecida a nulidade é imperiosa, pois depreende-se que o julgamento restou, outrossim, imperfeito.

Nestas condições, o recurso de apelação será firmado no artigo 593, III, "a", do CPP.

10.2.11.12. Absolvição pelo júri por inexigibilidade de conduta diversa

Não é incomum a defesa no plenário do júri requerer ao juízo a formulação de quesito referente à inexigibilidade de conduta diversa para exculpar o réu.

Fragoso (1995, p. 210) ensina:

As causas de inexigibilidade de outra conduta previstas na Parte Geral são basicamente as seguintes:
1- Coação moral irresistível (art. 22, CP);
2- Estado de necessidade exculpante (art. 24, CP);
3- Certas situações de obediência hierárquica (art. 22, CP, *in fine*).

Contudo, muitas vezes a defesa busca atrair para a quesitação um texto de inexigibilidade de conduta diversa geral, como causa supralegal de exclusão da culpabilidade. Ocorre que alguns juízes, entendendo de que se trata de tese não contemplada nos termos do artigo 484, III, do CPP, deixam de elaborar o quesito sobre a inexigibilidade com o argumento de impossibilidade jurídica. Mirabete (2001, p. 531) professa que:

Não é possível inserir-se quesito sobre matéria que, embora eventualmente aceita pela doutrina como excludente da antijuridicidade ou culpabilidade, não é prevista em lei. Como, nos termos do artigo 484, III, incumbe ao juiz presidente observar a regra de formular quesitos correspondentes às excludentes que, por lei, isentem de pena ou excluam o crime, ou o desclassifique, não se permite a inclusão de circunstâncias não reguladas pela legislação penal, como as de coação moral da sociedade ou inexigibilidade de conduta diversa.

---
[186] Proc.nº 2001.34.00.015802-3/DF, TRF da 1ª Região, Terceira Turma, DJ 15.04.2005, p.16.

Diversos julgados, entendendo que o Código Penal não dispõe sobre a inexigibilidade de outra conduta, ou a coação moral da sociedade, como causas de isenção ou exclusão de culpabilidade, não admitem a quesitação sobre este tema por ocasião do julgamento do júri.[187]

Ocorre que a culpabilidade pode ser sinônimo de reprovabilidade. E esta não haverá se na situação em que se achava o agente não lhe era exigível comportamento distinto. Veja-se que, neste caso, haverá a ilicitude, todavia será excluída a culpabilidade. Preleciona Jesus (1995, p. 424):

> A aplicação da teoria da inexigibilidade de conduta diversa como causa supralegal de exclusão da culpabilidade encontra apoio na integração da lei penal. Vimos que o Direito Penal positivo possui lacunas. Havendo omissão legislativa no conjunto das normas penais não incriminadoras, e não havendo o obstáculo do princípio de reserva legal, a falha pode ser suprida pelos processos determinados pelo artigo 4º da LICC: analogia, os costumes e os princípios gerais do direito. Se o caso é de inexigibilidade de conduta diversas e não encontrando o juiz norma a respeito no direito positivo, pode lançar mão da analogia para absolver o agente.

Bruno (1984, p. 31), com relação à culpabilidade, diz:

> [...] exclui-se a reprovação e, portanto, a culpabilidade, se ocorrem circunstâncias em face das quais não se pode exigir de quem atua um comportamento ajustado ao dever. A não exigibilidade de conduta diversa, em princípio, exclui do agente o juízo de culpável.

Por sua vez, Toledo (1994, p. 327) aduz:

> Essa possibilidade de evitar no momento da ação ou da omissão, a conduta reputada criminosa é decisiva para a fixação da responsabilidade penal, pois, inexistindo tal possibilidade, será forçosa a conclusão de que o agente não agiu por conta própria, mas teve seus músculos acionados ou paralisados, por forças não submetidas ao domínio de sua inteligência e / ou vontade.
>
> [...]
>
> A *contrario sensu*, chega-se a conclusão de que não age culposamente – nem deve ser portanto penalmente responsabilizado pelo fato- aquele que, no momento da ação ou omissão não poderia, nas circunstâncias, ter agido de outro modo, porque dentro do que nos é comumente revelado pela humana experiência, não lhe era exigível comportamento diverso. A inexigibilidade de outra conduta é, pois a primeira e mais importante causa de exclusão da culpabilidade. E constitui um verdadeiro princípio de direito penal. Quando aflora em preceitos legislados, é uma causa legal de exclusão. Se não, deve ser reputado causa supra legal, erigindo-se em princípio fundamental que está intimamente ligado com o problema de responsabilidade pessoal e que, portanto, dispensa a existência de normas expressas à respeito.

Tanto que em julgamento cuja relatoria foi de própria lavra do recém-aludido autor, perante o Superior Tribunal de Justiça, se decidiu que a inexigibilidade de conduta diversa, causa legal e supralegal acolhida no sistema penal vigente, resta impossível de ser vedada sob pena de violação ao princípio da ampla defesa.[188]

---

[187] RT 570/386, 662/266.
[188] RT 660/358.

Ora, o princípio da ampla defesa não pode ser limitado por uma interpretação restritiva da aplicação do direito material, pois este direito deve ser vivo, respirando contemporaneidade, para poder se integrar nas novas relações sociais. A inexigibilidade de conduta diversa é uma tese defensiva e que vem a suprir falha no sistema positivo do direito penal. Conforme Callegari (2005, p.108):

> [...] encontramos a inexigibilidade de conduta diversa, que apresenta um aspecto da consciência social. É um princípio geral, guia do ordenamento jurídico-penal.

Assim, não seria aceitável admitir-se a condenação de alguém simplesmente por falta de regra absolutória. Nesta esteira, julgados permitem a quesitação da inexigibilidade de conduta diversa.[189]

10.2.11.13. Deserção da apelação

Haverá deserção quando houver fuga ou falta de preparo.

Nos termos do artigo 595 do CPP, se o réu condenado fugir depois de haver apelado, será declarada deserta a apelação. Logo, se o réu fugir antes de ser condenado, poderá seu defensor recorrer, pois não será o caso de deserção. E mais, se o réu fugir e depois voltar, seja voluntariamente ou porque foi recapturado, sua apelação não será admitida se houver a decretação da deserção, ainda que a volta se dê dentro do prazo do recurso.[190]

De outra banda, o artigo 806, § 2º, do CPP prevê que a falta de pagamento das custas na queixa, nos prazos de lei ou marcados pelo juiz, resultará na deserção do recurso proposto. Assim, os recursos nas ações penais privadas deverão sempre vir acompanhados do preparo.

10.2.11.14. Apelação e a Lei nº 9.099/95

A lei que regula o procedimento sumaríssimo dos juizados especiais criminais traz distinções extremas para o recurso de apelação. O artigo 82 da Lei nº 9.099/95 diz sobre a apelação. Este dispositivo refere que da decisão de rejeição da denúncia ou queixa e da sentença caberá apelação, que poderá ser julgada por Turma composta de três Juízes em exercício no primeiro grau de jurisdição, reunidos na sede do Juizado. Entretanto, a questão do verbo *poderá*, permite dúvida. É uma obrigatoriedade ou uma faculdade? Conforme ensinam Figueira Junior, Dias e Lopes (2000, p. 656):

---

[189] "Inexigibilidade de outra conduta. Causa legal e supralegal de exclusão de culpabilidade, cuja admissibilidade no direto brasileiro já não pode ser negada". RT 660/358. Mesmo sentido, RT 720/498.
[190] RT 149/96.

De qualquer sorte, o modelo recursal criminal aduz à faculdade de julgamento por órgão colegiado de primeiro grau, sem vedar (ao contrário da redação taxativa do art. 41 § 2º) a possibilidade do julgamento pelas instâncias da justiça comum. O emprego da expressão poderá neste artigo, a meu ver, indica que a legislação estadual regulamentadora do juizado poderá definir a competência recursal ao órgão indicado na Lei nº 9.099, mas também poderá atribuí-la aos tribunais já constituídos.

Assim, no caso do Estado do Rio Grande do Sul, existe Turma constituída para julgar os recursos dos Juizados Especiais Criminais, tudo conforme previsão constitucional estadual, artigo 102, § 2º.

Conforme refere o artigo 82, § 1º, da Lei nº 9.099/95 o prazo da apelação é de 10 dias, e não de 5, como prevê a processualística comum penal.

Ademais, o § 1º do artigo 82 estabelece que a apelação será interposta por petição escrita, da qual constarão as razões e o pedido do recorrente. Desta forma, impossível dizer-se tecnicamente sobre a figura do termo no procedimento do juizado especial criminal e, tampouco, admitir-se apresentação das razões diretamente à turma recursal.

A apelação é cabível no juizado especial criminal contra a decisão de rejeição da denúncia ou queixa, e no caso de transação pela imposição imediata de pena (artigo 76, § 5º). Inclusive já se admitiu apelação para desconstituir decisão de suspensão condicional do processo.[191]

O prazo para contrarrazões será, outrossim, no juizado especial, de 10 dias.

Por fim, é de se lembrar que o artigo 92 da Lei nº 9.099/95 prevê que se aplicam subsidiariamente as disposições dos Códigos Penal e de Processo Penal, no que não forem incompatíveis com a lei do juizado especial.

10.2.11.15. Apelação para afastar a rejeição da denúncia

Se o apelante recorrer para cassar a rejeição da denúncia, é importante destacar que, em caso de provimento de seu recurso, o tribunal deverá, além de cassar a decisão atacada, receber a denúncia. Neste caso, não há em que se dizer sobre supressão de instância, pois o que ocorreu foi a própria revisão da decisão anterior. Nesta esteira, segue a Súmula nº 709 do STF, que preconiza que, salvo quando nula a decisão de primeiro grau, o acórdão que prevê o recurso contra a rejeição da denúncia vale, desde logo, pelo recebimento dela.

Destaca-se que o recebimento da acusação é elemento essencial no feito, pois, entre outros, promove a interrupção da prescrição.

---

[191] "A Lei dos Juizados Especiais não prevê recurso da decisão que nega ou concede a suspensão do processo. Recebimento da inconformidade, denominada de correição parcial, como apelação. Desconstituída a decisão de suspensão condicional do processo, por pertencer, a iniciativa, ao Ministério Público. Apelação provida". RJTJERGS 191/116. Mesmo sentido: JTAERGS 100/121.

10.2.11.16. Apelação com assistência de defensor

Se o réu apelar e, por exemplo, durante o processamento de seu recurso, o seu advogado renunciar, sem conhecimento do recorrente, este deverá ser cientificado para constituir novo procurador. Não é viável que o recurso do réu seja processado sem a assistência de defensor.

Neste sentido, segue a Súmula 708 do STF e que estabelece que é nulo o julgamento da apelação se, após a manifestação nos autos da renúncia do único defensor, o réu não foi previamente intimado para constituir outro.

10.2.11.17. Réu renuncia à apelação sem assistência de defensor, mas este apela

Caso curioso é quando o réu renuncia ao direito de apelar sem a assistência de seu defensor, porém, este, alheio à renúncia, recorre apelativamente. Nesta situação, o desinteresse do réu não tem o condão de afetar o recurso promovido. Ou seja, o fato impeditivo, em tese, e que se representa com a renúncia, não obstaculizará o recurso interposto.

Por sua vez, a Súmula nº 705 do STF prescreve que a renúncia do réu ao direito de apelação, manifestada sem a assistência do defensor, não impede o conhecimento da apelação por este interposta.

10.2.11.18. Oportunidade para contra-arrazoar o recurso

A apelação não será julgada se não for oportunizada à parte adversa a possibilidade de contra-arrazoar. Este aspecto é fundamental para a higidez do recurso, no que tange ao contraditório. E mais, mesmo nos casos em que o triângulo processual não tenha sido firmado, como por exemplo, na rejeição da acusação, o recurso proposto contra esta decisão deverá contar com a ciência do acusado. Neste sentido, segue a Súmula nº 707 do STF, e que estabelece que constitui nulidade a falta de intimação do denunciado para oferecer contrarrazões ao recurso interposto da rejeição da denúncia, não a suprimindo a nomeação de defensor dativo. Nestas condições, por exemplo, se a denúncia for promovida, e o juiz rejeitá-la, sem sequer promover a citação do réu, interposta apelação pelo Ministério Público, deverá ser intimado o denunciado para, com seu defensor, oportunizar suas contrarrazões.

10.2.11.19. Provimento de apelação que reforma decisão do júri, absolvendo ou condenando o acusado

O artigo 593, III, "a", "b", "c" e "d", do CPP, estabelece que as decisões do júri podem ser reformadas, mediante apelação, quando *ocorrer nulidade posterior à pronúncia, for a sentença do juiz-presidente contrária à lei expressa ou à decisão dos jurados, houver erro ou injustiça no tocante à aplicação da pena, ou da medida de segurança*, ou for a *decisão dos jurados manifestamente contrária à prova dos autos*. Nestas situações, o tribunal *ad quem*, ao dar provimento ao recurso apelativo, não sendo o caso de retificação da reprimenda, cassará o decisório e sujeitará o réu a novo julgamento perante o conselho popular. Ilustra-se, ainda, que, no especial caso da *decisão dos jurados ser manifestamente contrária à prova dos autos*, o tribunal desconstituirá o decisório e determinará novo julgamento. Porém, seja como for, a regra é que o tribunal *ad quem* jamais absolverá ou condenará o acusado, por respeito a soberania dos jurados (art. 5º, XXXVIII, "c", da CF).[192]

Entretanto, é possível se observar exceção a esta regra quando, então, o tribunal *ad quem* poderá, por meio da apelação, absolver ou condenar o recorrente julgado pelo júri. Trata-se da situação em que o réu, durante o processamento de seu recurso apelativo, resulta por ganhar foro especial. Neste caso, a competência para julgar eventual apelação será do tribunal face *ratione personae*. Aqui poderá o tribunal competente, em razão da prerrogativa de função, absolver ou condenar o acusado, independentemente da decisão do júri. Por exemplo, imaginemos o réu que apelou contra a decisão do conselho popular que o condenou e, durante o processamento de seu recurso junto ao Tribunal de Justiça, foi eleito deputado federal. Doravante, com direito a foro especial, seu recurso seguirá ao Supremo Tribunal Federal, corte competente para julgá-lo (art.53,§ 1º, da CF). Neste caso, poderá o Supremo, diretamente, absolver o recorrente desprezando a decisão do júri.

10.2.11.20. Apelação sem razões ou com apresentação de razões a destempo

No processo penal até é admissível que o recurso de apelação do acusado suba ao tribunal sem as razões e seja julgado. O artigo 601 do CPP refere que, findos os prazos para razões, os autos serão remetidos à instância superior, com razões ou sem elas. Observa-se que até por simples cota nos autos, ao tomar conhecimento da decisão,[193] bem como pela expressão *Ciente. Apelo*[194] tem-se admitido como interposta a apelação.

Porém, frente ao prejuízo que possa existir ao acusado recorrente, com a carência de razões, tem-se insistido na sua apresentação, a fim de garantir ple-

---

[192] Ilustra-se que o artigo 606 do CPP, que foi revogado, previa que se a apelação se fundasse no n. III, letra "d", do art. 593 e o Tribunal se convencesse de que a decisão dos jurados não encontrava apoio algum nas provas existentes nos autos, daria provimento à apelação para aplicar a pena legal ou absolver o réu conforme o caso.
[193] RTJ 77/119.
[194] RT 606/314.

na, efetiva e ampla defesa. Assim, já se entendeu que caso o patrono constituído não apresente as razões, deverá ser intimado o réu para substituí-lo ou, havendo indiferença do acusado, lhe seja, para tal ato, nomeado defensor dativo.[195]

No que tange a apresentação de razões a destempo, tem-se entendido como mera irregularidade, não prejudicando o cursivo do feito.[196]

Tema interessante é o recurso da acusação sem razões. Se o Ministério Público, ou o assistente de acusação, apelar e deixar de arrazoar o seu recurso será recebido? Entendemos que sim, seja pelo fato do artigo 601 do CPP estabelecer que os autos serão remetidos ao tribunal com ou sem razões, bem como pelo aspecto de que a apresentação intempestiva das razões é mera irregularidade.[197] No caso em especial do *parquet* é de se destacar, ainda, que não poderá haver desistência recursal (art. 576 do CPP), assim seu recurso interposto deverá, indiscutivelmente, ser julgado.

Porém, nos casos em que a acusação apelar e não arrazoar, deve-se observar que a matéria a ser examinada pelo tribunal só poderá ser aquela referente ao mérito (absolvição ou condenação, incluindo a reprimenda) e nunca questão de nulidade. É que o tribunal não poderá reconhecer nulidade contra o acusado e que não tenha sido objeto de postulação no recurso da acusação. Neste sentido, segue a súmula nº 160 do STF e que dita ser nula a decisão do tribunal que acolhe, contra o réu, nulidade não arguida no recurso de acusação, ressalvados os casos de recurso de ofício. Desta forma, já se recebeu apelação do Ministério Público sem razões.[198]

10.2.11.21. Apelação no ECA e assistente de acusação

A Lei nº 8.069/90, em seu art. 198 (capítulo referente aos recursos), prevê a aplicação subsidiária das regras do Código de Processo Civil. Desta forma, não se pode aplicar os arts. 268 a 273 do Código de Processo Penal e que tratam do assistente de acusação.[199]

Como são de natureza cível os procedimentos de atos infracionais do Estatuto da Criança e do Adolescente, não se poderá dizer sobre o assistente de acusação. E como eventual interveniente neste procedimento só poderá atuar

---

[195] STJ-HC 25693 / SP *Data da Publicação/Fonte* DJ 16.05.2005 p. 418. Mesmo sentido: STJ-HC 20340/RN *Data da Publicação/Fonte* DJ 01.07.2002, p. 406 e STJ-REsp 279170/RO *Data da Publicação/Fonte* DJ 19.12.2002, p. 459 e STJ-REsp 279170/RO. *Data da Publicação/Fonte* DJ 19.12.2002, p. 459.

[196] TJRS, 3º Câmara Criminal, Apelação, J. 7.10.04, Proc. nº 70008274516. Mesmo sentido: TJRS, 7º Câmara Criminal, Apelação, J.18.03.04, Proc. nº 70003510997 e TJRS, 2ª Câmara Criminal, Apelação, J. 06.09.01, Proc. nº 70003031978.

[197] STJ/ RE nº 703.435-MS. J.19.05.05. Mesmo sentido: REsp 503358/MS, DJ.01.09.03 e RESP 252157/PR, DJ 30.10.00.

[198] TJ/RS, 8º Câmara Criminal. Apelação-Crime nº 70006164354, j. 05.12.03.

[199] STJ-REsp 1044203/RS, Dj. 16.03.09. Mesmo sentido STJ/REsp. 605.025/MG, DJ. de 21.11.05.

em favor da proteção do menor, o assistente de acusação jamais poderá poderá apelar.[200]

10.3. PROTESTO POR NOVO JÚRI

Revogado pela Lei nº 11.689 de 9 de junho de 2008, através de seu art. 4ª.

Contudo, muito embora revogados os arts. 607 e 608 do CPP, que tratavam do protesto por novo júri, recurso exclusivo da defesa e que permitia um novo julgamento, uma questão surgiu: este recurso, face aos crimes dolosos contra a vida ocorridos antes da lei, ainda poderá ser aproveitado pelo réu?

De um lado segue orientação que não, pois em se tratando de norma recursal, sua natureza será meramente processual, razão que resta afastada a partir da vigência da nova lei, conforme o art. 2º do CPP e que estabelece a aplicação imediata da lei processual penal. (*tempus regit actum*)

Contudo, de outro lado, segue o entendimento de que é possível ainda o recurso, desde que o crime tenha ocorrido antes da vigência da Lei nº11.689/08, face ao caráter misto da norma revogada.

De nosso lado, acompanhamos esta última orientação, pois o recurso de protesto vem de norma íntima do princípio do duplo grau de jurisdição. Assim, este recurso resta vinculado aos direitos fundamentais do homem, materialmente assegurados de forma implícita na constituição, bem como face à ratificação do Brasil junto à Convenção Americana sobre Direitos Humanos (Pacto de San José da Costa Rica). Logo, o Protesto não se refere a uma norma puramente processual, mas sim, no mínimo, de caráter misto. Neste esteira, emerge o instituto da intertemporalidade penal.

10.3.1. Nome

Na palavras de Bueno (1976, p. 1083), protestar significa, entre outros, afirmar solenemente.

Talvez seja este o melhor significado para referir o nome recursal protesto por novo júri, em que o juiz recebe, formalmente, a afirmação por um novo julgamento.

10.3.2. Origem

Trata-se de um recurso da legislação brasileira, originário dos tempos do império no Brasil e que não possui similar em qualquer outro direito alienígena.

---

[200] STJ-Agravo de Instrumento nº 899.653-RJ, j.04/08/2009. Mesmo sentido TJRS, Apelação Cível nº 70027567296, j.em 29/04/2009.

No Brasil, o artigo 308 do Código de Processo Criminal do Império permitia o protesto por novo júri se a pena aplicada fosse de cinco anos de degredo, três de galés ou prisão, ou de morte. Posteriormente, o protesto foi incluído no Regulamento nº 120, de 1842, artigo 427, seguindo-se nas demais leis processuais dos Estados Federados do Brasil, resultando, hoje, como recurso previsto no artigo 607 do CPP.

10.3.3. Conceito

Trata-se de um remédio cujo efeito imediato é a invalidação da decisão anterior, através de mera afirmação, e que determina a feitura de novo julgamento pelo júri.

O protesto por novo júri é recurso cabível somente uma vez no feito, frente à decisão que condena o réu à pena de reclusão, por tempo igual ou superior a 20 anos. No singelo conceito de Siqueira (1930, p. 366), protesto por novo júri trata-se de uma:

> [...] provocação feita da sentença de um júri para outro, a fim de julgar a causa de novo.

Rompendo com o equilíbrio entre as partes na relação processual, o protesto é classificado como um recurso privativo da defesa.

10.3.4. Previsão Legal

Vem amparado no artigo 607 do CPP e que prevê que o protesto é privativo da defesa.

10.3.5. Órgão Julgador

Este recurso é examinado pelo juízo singular de primeiro grau, ou seja, o juiz-presidente do tribunal do júri, prolator da sentença lastreada na decisão dos jurados. Este juízo, frente à simplória manifestação de protesto, apenas observa a sua possibilidade. Admitido o protesto, o juiz cassa a decisão dos jurados e remete a novo julgamento.

No tribunal popular, servirão de jurados os que não tenham tomado parte no primeiro julgamento.

10.3.6. Prazo

Conforme o artigo 607, § 2º, do CPP, o protesto será promovido no prazo de 5 dias.

Como é desnecessária a apresentação de razões, não haverá prazo de 8 dias para o arrazoamento, conforme estabelece o artigo 600 do CPP. Da mesma forma, não haverá prazo para contrarrazões, pois o pedido é apenas deliberatório.

A Defensoria Pública terá prazo em dobro.[201]

10.3.7. Efeitos

– Devolutivo

Face à peculiaridade única deste recurso, haverá o efeito devolutivo que leva ao julgador o conhecimento recursal.

– Suspensivo

Não possui efeito suspensivo.

O artigo 608 *in fine* prevê que o protesto não impedirá a interposição de recurso de apelação quando, pela mesma sentença, o réu tiver sido condenado por outro crime, em que não caiba aquele protesto. A apelação, entretanto, ficará suspensa até a nova decisão provocada pelo protesto.

– Extensivo

No recurso em tela, haverá efeito extensivo sempre que a decisão refletir motivos que não sejam de caráter exclusivamente pessoal e que exista, efetivamente, utilidade recursal.[202] Logo, deve-se examinar o caso concreto. Por exemplo, é possível que um dos réus queira protestar e o outro busque apelar, face nulidade absoluta operada em sua quesitação, garantindo, assim, utilização do protesto em oportunidade posterior.

10.3.8. Cabimento

O protesto por novo júri é cabível nas decisões do júri e que reste o réu condenado a pena de reclusão por tempo igual ou superior a 20 anos.

O protesto só poderá ser proposto uma vez no feito.

10.3.8.1. Do concurso material

O artigo 69 do CP, que firma o concurso material, preceitua que quando o agente, mediante mais de uma ação ou omissão, pratica dois ou mais crimes, idênticos ou não, aplicam-se cumulativamente as penas privativas de liberdade em que haja incorrido. Nestas condições, se a pena aplicada se dá em razão do

---

[201] Lei Complementar nº 80/94, art. 128, I.
[202] RT746/534.

concurso material, e o apenamento cumulativo resultar em 20 anos, não caberá protesto, pois é necessário que pelo menos um dos crimes, por si só, tenha pena igual ou superior a 20 anos.[203]

O fato de o somatório das penas dos crimes resultar em 20 anos não interessa para o protesto, e, sim, somente, que o delito de competência natural do júri tenha determinado a pena de 20 anos, no mínimo.

Para exemplo, podemos citar o caso do júri condenando o réu por dois crimes de homicídio. O juiz aplica a pena, para cada um dos crimes, em 10 anos de reclusão. Face ao concurso material, resulta o apenamento final em 20 anos. Não poderá haver o protesto.

10.3.8.2. Do concurso formal e crime continuado

Prevê o artigo 70 do CP, do concurso formal, que quando o agente, mediante uma só ação ou omissão, pratica dois ou mais crimes, idênticos ou não, aplica-se-lhe a mais grave das penas cabíveis ou, se iguais, somente uma delas, mas aumentada, em qualquer caso, de um sexto até metade.

Já o artigo 71 do CP, referente ao crime continuado, estabelece que quando o agente, mediante mais de uma ação ou omissão, pratica dois ou mais crimes da mesma espécie e, pelas condições de tempo, lugar, maneira de execução e outras semelhantes, devem os subsequentes ser havidos como continuação do primeiro, aplica-se-lhe a pena de um só dos crimes, se idênticas, ou a mais grave, se diversas, aumentada, em qualquer caso, de um sexto a dois terços.

Conforme se observa, tanto no concurso formal como no crime continuado existe uma unidade delitiva nas distintas infrações. Na realidade, trata-se de uma ficção jurídica, a qual reconhece no concurso formal e no crime continuado a existência de um todo unitário e que resulta em um *plus* na pena.

Veja-se que será aplicada a pena do crime mais grave ou, se iguais, somente a pena de um deles, mas aumentada em qualquer caso. Nestas condições, se a sanção restar em 20 anos de reclusão, ou mais, caberá o protesto por novo júri.[204]

Como exemplo, temos o júri condenando o réu pelo crime de homicídio e lesão corporal gravíssima. Face ao concurso formal perfeito, a sanção de 18 anos do homicídio, acrescida de um sexto, ou seja, mais 3 anos, resultou na pena final de 21 anos. Neste caso, poderá haver o protesto.

Contudo, é bom destacar que o concurso formal apresenta uma exceção no próprio artigo 70 do CP. Trata-se do chamado concurso formal imperfeito e que vem descrito na parte final do dispositivo aludido na referência de *que as penas*

---

[203] RT 702/332 e 707/410.
[204] RT444/334. Mesmo sentido: RTJ 142/ 615 e RT 580/337.

aplicam-se, entretanto, cumulativamente, se a ação ou omissão é dolosa e os crimes concorrentes resultam de desígnios autônomos, consoante o disposto no artigo anterior. Neste caso, admite-se interpretação idêntica ao concurso material, razão que frente à pena de 20 anos, fixada em concurso formal imperfeito, por apenamento cumulativo, não será permitido protesto por novo júri.

Veja-se o exemplo onde o júri condena o réu por ter ele promovido um disparo de projétil de arma de fogo e matado, porque efetivamente quis, duas pessoas. Temos dois homicídios. Neste caso, face ao concurso formal imperfeito, a pena para cada homicídio ficou em 10 anos, resultando a soma em 20 anos. Não poderá haver o protesto.

Já no caso de crime continuado, antes de se passar ao exemplo, é importante gizar que divergências existem sobre sua existência nos crimes contra a pessoa, quando ofendido exclusivamente bem personalíssimo (vida, honra etc.). É porque sempre existiram discussões sobre a possibilidade de a continuidade criminosa atingir estes bens. A Súmula 605 do Supremo Tribunal Federal enunciava não se admitir continuidade delitiva nos crimes contra a vida.[205] Ocorre que, a partir da reforma penal de 1984, se passou a entender que não havia distinção entre os bens pessoais e patrimoniais, além de não se exigir unidade de desígnios, pois a lei assim não determinava. Para Prado (2000, p. 334):

> É admissível a continuidade delitiva nos delitos culposos, nos crimes tentados ou consumados, comissivos ou omissivos, nas contravenções penais, bem como nos delitos que ofendem bens personalíssimos (vida, integridade corporal, honra), sem qualquer restrição.

Desta forma, não poderia o interpretador da lei fugir do diploma legal.

Contudo, existem julgados que admitem a continuidade,[206] e outros não a admitindo.[207]

Seguindo a ideia da admissão da continuidade, haverá outra questão interessante e que versa sobre a possibilidade de ser quesitado aos jurados o instituto da continuidade. Alguns julgados entendem que, por se tratar de matéria de direito penal, relativa à fixação da pena, é de competência do juiz-presidente do tribunal do júri o julgamento sobre a existência ou não da continuidade.[208] Já outros julgados reconhecem que os jurados devem ser quesitados sobre a continuidade.[209] Em nosso sentir, face à soberania dos jurados, os quais são

---

[205] Veja-se que no anteprojeto de Lei que altera dispositivos da Parte Geral do Código Penal (Portaria nº 192, de 06.03.81, do Ministro da Justiça, Abi-Ackel) o art. 71, parágrafo único, não reconhece crime continuado nas hipóteses dos delitos previsto nos artigos 121, 157, 158, 159, seus parágrafos, e 213".

[206] RTJ 49/392.

[207] RTJ 94/929. Mesmo sentido: RTJ 93/1333.

[208] "O crime continuado não deve ser objeto de quesitos aos jurados, mas critério para a aplicação da pena, sujeito a reexame, nos termos do art. 593, III, do CPP". (RT 592/324). Mesmo sentido: RT 706/377.

[209] "É perfeitamente cabível, no questionário submetido ao júri, a formulação de quesitos relativos ao crime continuado". (RT 513/393). Mesmo sentido: 515/326.

quesitados, inclusive, sobre as atenuantes, é certo que devem dizer sobre a continuidade, seja por requerimento da tribuna ou através de ofício, pelo próprio juiz.

Pois bem, admitida a possibilidade da continuidade e julgada procedente esta, poderíamos traçar o seguinte exemplo: O réu mata sucessivamente três pessoas. É condenado à pena de 30 anos, 18 anos em razão da pena de um só homicídio, aumentada de 12 anos, ou seja, dois terços. Neste caso, poderá protestar.

Nestas condições, será permitido o protesto, em caso de concurso formal perfeito ou crime continuado, desde que a pena resulte em 20 anos de reclusão ou mais, face à unidade das infrações, bem como a existência de uma única pena. Contudo, se estivermos frente a concurso material ou concurso formal imperfeito, cuja cumulatividade reste em 20 anos, não caberá o protesto.

10.3.9. Procedimento

A interposição do protesto é promovida na mesma forma e no mesmo prazo que a apelação, ou seja, por petição ou termo no prazo de 5 dias.

1- O protesto é feito diretamente ao juiz-presidente do tribunal do júri;

2- O julgador examina a presença dos requisitos legais;

3- Admitido o recurso, o juiz-presidente do júri invalida a decisão anterior do tribunal do júri e determina novo julgamento.

Não são necessárias razões e contrarrazões, pois a finalidade do julgador é apenas examinar as condições de admissibilidade.

10.3.10. Considerações

10.3.10.1. Protesto por novo júri e apelação invalidada

A lei estabelece que o protesto invalidará qualquer outro recurso interposto. É o que preceitua o artigo 607, § 2º, do CPP.

É compatível com a lógica o disposto, pois uma vez cassada a decisão do júri, qualquer recurso existente sobre esta decisão restará inválido. Assim, se o réu protestar, e a acusação apelar, por exemplo, para aumentar a pena, esta apelação restará prejudicada, pois estará invalidada a pena.

10.3.10.2. Em vez de protestar, o réu apela

Mas se o réu apelar, em vez de protestar? Pensemos no exemplo em que o réu condenado à pena de 20 anos de reclusão e em vez de protestar, apela, alegando que a decisão dos jurados é manifestamente contrária à prova dos autos. Veja-se que o protesto dará a certeza de novo júri, mas a apelação poderá restar improvida, pois é possível que o tribunal *ad quem* interprete pela correção da decisão dos populares. Nestas situações, quando o recorrente opta pela apelação, desprezando o protesto, Nogueira (1991, p. 360) professa que:

> [...] nada impede que o tribunal *ad quem* conheça do recurso interposto como protesto e remeta o apelante a novo júri.

Espínola Filho (2000 p. 348) segue o mesmo entendimento:

> Se porém, o fundamento da apelação é o fato de ser a decisão dos jurados manifestamente contrária a prova dos autos, é mais conveniente para ele protestar por novo júri, o que lhe propiciará duas oportunidades de novo julgamento; isso porque, se a nova decisão também for contrária à evidência dos autos, ele poderá dela apelar. Por isso o tribunal pode converter uma primeira apelação em protesto por novo júri[...]

Efetivamente, temos aqui presente o princípio da convolação, que para nós somente é admitido neste situação, em que o julgador substitui o recurso interposto corretamente por outro mais útil ao réu. Julgados seguem neste sentido.[210]

Porém, deve-se destacar que se o réu apelar e for mais proveitosa esta apelação, por exemplo em razão de estampada nulidade absoluta, não se poderá dizer sobre convolação. Nesta situação, o protesto aguardará o próximo julgamento.

10.3.10.3. Protesto por novo júri e apelação suspensa

Já o artigo 608 do CPP prevê que o protesto não impedirá a interposição da apelação, quando, pela mesma sentença, o réu tiver sido condenado por outro crime, em que não caiba aquele protesto. A apelação, entretanto, ficará suspensa até a nova decisão provocada pelo protesto.

Neste caso, o que temos é um recurso de apelação contra o crime que não foi objeto do protesto, mas, também, restou julgado pelo tribunal do júri. Imagine-se o réu condenado à pena de 20 anos de reclusão por homicídio qualificado e a 2 anos de reclusão por lesão grave, pelos jurados. Nestas condições, o réu protesta face à condenação do homicídio e apela para reduzir a pena do decisório atinente às lesões. Sua apelação será suspensa, à espera do novo jul-

---

[210] "Defesa que, por um lapso, esqueceu-se de reclamar um segundo júri ao magistrado de 1ª instância, preferindo apelar-Prejuízo inaceitável-Apelação conhecida como protesto por novo júri para que se renove o julgamento." RJTJSP 102/413. "Quando cabível o protesto por novo Júri, nele se deve converter a apelação da defesa fundada em ser o veredicto contrário à prova dos autos, incidindo na hipótese do art. 579 do CPP" (STF 1ªT, HC 69.378, Rel. Sepúlveda Pertence j. 12.05.92, RTJ 142/615). Mesmo sentido: RT 630/381 e RT 752/513.

gamento do júri. Após este julgamento, a apelação subirá para ser apreciada pelo tribunal de 2º grau.

A suspensão traz economia processual, com julgamento único dos recursos.

Assim, a apelação, interposta no prazo legal, frente ao protesto, terá a única característica de restar suspensa, aguardando o novo julgamento do júri.

10.3.10.4. Novo julgamento, outros jurados

O artigo 607, § 3º, informa que, no novo julgamento, não servirão jurados que tenham tomado parte no primeiro. Como os jurados são os cidadãos investidos na função julgadora e atuam no conselho de sentença popular, declarando culpado ou inocente o acusado de crime doloso contra a vida, é lógico que exercem uma jurisdição criminal. Muito embora tribunal popular não esteja formalmente relacionado entre os órgãos do Poder Judiciário (artigo 92 da CF), é certo que este tribunal possui caráter jurisdicional.

Veja-se que o jurado é o juiz de fato, tanto que em caso de crime cometido no exercício de sua função, o artigo 438 refere responsabilidade criminal, nos moldes do juiz de direito.

Desta forma, o jurado que atuou no primeiro júri, cuja decisão restou cassada, não poderá novamente julgar no segundo júri. Veja-se que o artigo 252, III, do CPP aduz que o julgador não poderá exercer jurisdição no processo em que tenha funcionado como juiz de outra instância, pronunciando-se de fato ou de direito, sobre a questão. Nestas condições, deve-se aplicar, também, aos jurados, o aludido impedimento. Para Espínola Filho, p. 347 (2000):

> [...] a expressão de outra instância não significa instância superior, mas de instância diferente. Enfim, o que se quer é que o juiz não julgue duas vezes a mesma causa.

Tal dispositivo vem ao encontro da Súmula 206 do Supremo Tribunal Federal, que preceitua que é nulo o julgamento ulterior pelo júri, com a participação de jurado que funcionou em julgamento anterior do mesmo processo.

Ademais, a lei estabelece que serão excluídos os jurados por impedimento ou suspeição (art. 459 do CPP).

10.3.10.5. Direito de protestar em liberdade

O artigo 5º, LVII, da CF preceitua que ninguém será considerado culpado até o trânsito em julgado de sentença penal condenatória. Assim, se o condenado ainda não é visto como culpado, o réu tem direito de protestar em liberdade.

A prisão provisória é uma prisão cautelar, vinculando-se ao pressuposto da necessidade. A carta política mantém as prisões provisórias; contudo firmou a ideia de que para ser decretada é imperiosa a sua necessidade. O fato de estar caracterizado o *fumus bonis juris* com a decisão dos jurados não materializa a necessidade da constrição pois, protestando, o réu poderá, no novo júri, reverter sua condenação.

10.3.10.6. Da fuga e recebimento do protesto

No caso de fuga do condenado, o protesto será recebido e julgado, pois inexiste amparo legal para o contrário.

10.3.10.7. Recurso contra a decisão que não defere o protesto

Caso seja interposto o protesto, e o juiz-presidente do tribunal do júri entender por não determinar novo julgamento, haverá dois remédios possíveis:

Primeiro é o *habeas*, forte no artigo 648, I, do CPP.

Segundo será a carta testemunhável, forte no artigo 639, I, do CPP. É certo que existem algumas dissertações no sentido de ser a carta inviável, pois ela caberia somente contra decisão que impede o recurso de seguir para o tribunal *ad quem*, o que não é o caso do protesto. Ocorre que o artigo 639, I, do CPP deixa claro que se dará carta testemunhável da decisão que denegar o recurso. E o protesto por novo júri é um recurso.

10.3.10.8. Pena imposta em 2º grau

Conforme se observa, o protesto por novo júri é privativo da defesa e somente se admitirá quando a sentença condenatória do juiz-presidente for de reclusão por tempo igual ou superior a 20 anos. Contudo, poderá o tribunal de 2º grau majorar a pena do júri, tornando-a igual ou superior a 20 anos. Neste caso, caberá protesto?

A pergunta parece de franciscana resposta. É que o § 1º do artigo 607 do CPP estabelece que não se admitirá protesto por novo júri quando a pena for imposta em grau de apelação, referindo, ainda, o art. 606 do CPP.

Ocorre que o artigo 606 do CPP, que foi revogado, previa:

> Se a apelação se fundar no III, letra "d" do art. 593 e o Tribunal se convencer de que a decisão dos jurados não encontra apoio algum nas provas existentes nos autos, dará provimento à apelação, para aplicar a pena legal, ou absolver o réu conforme o caso.

Já o parágrafo único do art. 606 estabelecia:

> Interposta a apelação com fundamento no III, letra "c", do art. 593, o Tribunal, dando-lhe provimento, retificará a aplicação da pena ou da medida de segurança.

Acontece que o artigo 606 do CPP restou afastado face à Lei nº 263/48. Daí surgiu a discussão sobre o parágrafo único do artigo 606, ou seja, se este teria, outrossim, sido revogado, pois isto ocorrendo haveria possibilidade do protesto no tribunal *ad quem*.

Para Tourinho (1995, p. 358):

> [...] se o parágrafo único do art. 606 não foi revogado, apenas sofreu um deslocamento, em virtude de técnica legislativa, persiste a proibição do parágrafo primeiro do art. 607: não será cabível o protesto, se a pena for imposta em grau de apelação.

Desta forma, com o entendimento que o aludido parágrafo apenas acomodou-se em outro dispositivo, defende-se a impossibilidade do protesto na 2ª instância. Neste sentido, seguem julgados entendendo que, face à majoração da pena em grau de apelação, não cabe protesto.[211]

Contudo, em total divórcio, entendem Grinover, Gomes Filho e Fernandes (1999, p. 245/246):

> Com a superveniência da Constituição federal de 1946, que proclamou a soberania dos veredictos populares, essa e outras previsões passaram a ser inconstitucionais, pelo que a citada Lei nº 263 adaptando o código ao novo texto constitucional, introduziu-lhe alterações em alguns artigos e revogou expressamente outros, como o mencionado art. 606.
>
> Assim, aumentada pelo tribunal a pena imposta ao réu, através de recurso do MP, ou, ainda, unificadas as penas de crimes diversos, pelo reconhecimento do concurso formal ou crime continuado, de sorte a perfazer o tempo mínimo exigido para o protesto, deve ser este admitido, até porque se trata de remédio inspirado no princípio favor rei.

De nosso lado, entendemos pela possibilidade do protesto junto ao 2º grau. É que a revogação havida do artigo 606, pela Lei nº 263/48, atingiu, outrossim, o § 1º do artigo 607, afastando a eficácia deste. É que o parágrafo fazia referência direta ao revogado artigo 606 e, mais, era corolário deste.

E mais, o protesto por novo júri vem firmado na compaixão frente à destacada pena aplicada, e que permite outro julgamento. Não seria lógico que só porque a excessiva pena foi firmada pelo tribunal de 2º grau, restasse afastado o espírito de misericórdia.

---

[211] "O protesto por novo júri encontra inarredável obstáculo legal, quando a pena que, em tese, o admite, for imposta em grau de apelação. É o que dispõe o art. 607 do CPP que não foi revogado pelo art. 12 da Lei nº 263/48". RT 412/126. Mesmo sentido: RT 630/381.

Por fim, pelo princípio da razoabilidade,²¹² não seria racional admitir-se o protesto somente no juízo de primeiro grau.

Assim, por exemplo, se o réu for condenado à pena de 19 anos e 11 meses de reclusão, e o tribunal de 2º grau majorar a pena para 22 anos, em razão do recurso do Ministério Público, haverá condições de ser promovido e deferido o protesto, para ensejar novo julgamento pelo Tribunal do Júri.

É de se gizar que determinados julgados admitem o protesto no tribunal de 2º grau.²¹³

10.3.10.9. Reformatio in pejus no protesto

Grande controvérsia existe na questão da *reformatio in pejus* jungido ao protesto por novo júri. A *reformatio in pejus* vem adstrita à ideia de reforma para pior, promovida pelo órgão julgador, quando somente o réu houver recorrido.

Desta feita, alguns doutrinadores dão conta de que poderá haver reforma para pior no protesto. Mossin (2001, p. 397) professa:

> O que se observa dentro da sistemática do Código de Processo Penal é que o legislador, quando não quer que incida a reforma para pior da decisão, o faz de forma expressa, a exemplo do que acontece nas normas processuais encimadas, relativas ao recurso de apelo e à anulação do processo em defluência *da revisio*.
>
> No que está afeito ao protesto por novo júri, não existe nenhum preceito processual penal que não autoriza a *reformatio in pejus* provinda de um segundo julgamento pelo Colegiado Popular.
>
> [...]
>
> Concluindo, a proibição da *reformatio in pejus* não encontra aplicabilidade no campo do protesto por novo júri.

Na mesma esteira, Mirabete (2001, p. 661) instrui:

> Tratando-se de julgamento do Júri, há que se respeitar o princípio da soberania dos vereditos, elevado novamente a nível constitucional, nada impedindo que no novo julgamento, em decorrência da decisão dos jurados, deva o juiz aplicar pena mais grave que a anterior.

---

²¹² Veja-se que artigo 5º, LIV, da Constituição Federal, estabelece que ninguém será privado da liberdade ou de seus bens sem o devido processo legal. Muito embora as diversas interpretações a este enunciado, é inegável que a expressão devido processo legal permite racionalidade axiológica. Por certo esta valoração deverá ser razoável, ou seja, que estabeleça harmonia entre a norma geral com o caso individual, entre a norma e suas condições externas de aplicação e um equilíbrio entre a medida adotada e o critério que a dimensiona. Se o protesto cabe no juízo de primeiro grau é razoável admitir seu cabimento no juízo de segundo grau.

²¹³ "Fixada nova pena pela Segunda instância em face do reconhecimento da continuidade delitiva, a norma do § 1º do art. 607 do CPP não impede a concessão do protesto por novo Júri, pois este parágrafo faz remissão ao art. 606, revogado pela Lei nº 263/48 e que permitia ao Tribunal de Justiça rever, no mérito, a decisão do Tribunal do Júri, para absolver ou condenar o réu, estando, pois revogado o referido parágrafo." LEX 107/346 Mesmo sentido: RSTJ 71/237e RT 748/593.

Destaca-se, ainda, que sobram argumentos para admitir a reforma para pior, entre os quais de Schereder (2005), no sentido de que, sendo desfeito o primeiro julgamento, o novo conselho de sentença, imbuído de novos valores morais, tem ampla liberdade no julgar.

Entretanto, em linha diametralmente oposta, Porto (1988, p. 309) refere:

> No tocante ao protesto por novo Júri, e sendo a *reformatio in pejus* uma "regra integrada em nosso sistema processual", e não havendo norma processual específica sobre a matéria, a mesma interpretação extensiva pode ser adotada, do que resultará o impedimento da aplicação de pena mais grave no julgamento resultante do deferimento do protesto por novo júri.

Grinover, Gomes Filho e Fernandes (1999, p. 250) seguem neste sentido:

> [...] diante da índole do remédio examinados, inspirado no favor *defensionis*, parece pouco provável admitir-se uma exasperação, especialmente se for considerado que a sua utilização já exige um grau elevado de sanção penal imposta no primeiro julgamento. Nem se poderia argumentar com uma possível ofensa à soberania do Tribunal do Júri, pois a limitação diz respeito tão-somente à aplicação da pena, que constitui atribuição do juiz presidente;os jurados votarão livremente os quesitos formulados, mas a sanção final é que não poderá ultrapassar o quantum estabelecido no julgamento que ensejou o protesto.

Por sua vez, os julgados observam a questão por dois ângulos:

Se no novo julgamento os jurados seguirem a mesma orientação e resultarem por manter a condenação anterior, respondendo os quesitos de forma idêntica ao julgamento cassado, o juiz-presidente do júri jamais poderá majorar a pena, pois deverá obedecer aos limites ofertados à pena da sentença anterior. Neste aspecto, tem-se entendido de forma pacífica a impossibilidade do *reformatio in pejus*.[214]

Mas, se o tribunal do júri mudar sua posição anterior, tornando mais gravosa a situação do réu, discussões acirradas existem. Alguns julgados têm entendido que neste caso poderia haver a reforma para pior, face à soberania dos jurados.[215] Pensemos no exemplo de uma pronúncia por homicídio qualificado. No primeiro júri, os jurados votaram pela existência de homicídio simples, ficando o réu condenado a 20 anos de reclusão. Protestado e cassado o júri, em novo julgamento, os jurados reconheceram a qualificadora, restando o réu condenado em 25 anos. Aqui, conforme os entendimentos já referidos, não haveria qualquer ilegalidade, face à soberania dos jurados. Porém, é de se gizar que existem julgados que não admitem esta possibilidade, reconhecendo haver,

---

[214] Se a exasperação da pena resulta somente da sentença do juiz togado que a fixa – e sentença, essa, que não goza de atributo da soberania, sendo, pois, suscetível de ser modificada nessa fixação – é de aplicar-se o princípio da *reformatio in pejus* indireta. RT 650/270.

[215] O princípio do *reformatio in pejus* não alcança as decisões do Tribunal do Júri, uma vez que estas gozam de soberania, se não podendo falar, assim, em nulidade da sentença condenatória. RT 741/617. Mesmo sentido: 701/394 e 596/327.

sim, afronta ao princípio do *reformatio in pejus*, o que é inadmissível, mesmo quando se tratar do júri.[216]

Em nosso sentir, não admitimos a possibilidade de haver reforma para pior, com a interposição do protesto, seja em razão do julgamento do júri ou da dosimetria de pena do juiz-presidente.

Primeiramente, porque o espírito que encobriu o legislador na criação do protesto foi essencialmente humanitário. Frente à excessiva pena imposta ao acusado, seria ato de compaixão permitir-se novo julgamento. Inclusive este é o fundamento para sua manutenção atual, pois a exacerbada crítica de que deveria ser expelido da processualística, pois o pronunciamento sem vícios dos soberanos jurados jamais poderia ser reformado, resta mitigada frente à intensidade da pena e ao sentimento compassivo. Neste sentido, não seria lógico que um recurso misericordioso resultasse em aumento de pena.

Ademais, o julgamento pelo tribunal do júri pode ser nulificado ou desconstituído, pois a soberania do veredicto do tribunal do júri resta limitada aos termos da lei. Como não se pode piorar a situação daquele que recorreu escoteiramente, é de se restringir, outrossim, ao júri as regras da *reformatio in pejus*, não prejudicando o recorrente que, apenas, utilizou um direito na ação.

Por fim, quanto ao argumento de que o protesto se trata de cristalina cassação, razão que afasta os efeitos do primeiro júri, motivo que a pena deste não poderia repercutir junto ao novo julgamento, nos parece prejudicado. É que somente o ato inexistente deixa de produzir efeitos. No caso da invalidação da sentença do primeiro júri pelo protesto, não há em que se dizer sobre ato que inexistiu, mas ao contrário, em sentença que produziu efeitos, tanto que em razão de sua reprimenda exacerbada permitiu novo julgamento.

Desta forma, entendemos ser inadmissível a reforma para pior quando no segundo júri.

10.3.10.10. Protesto sem razões

O recurso de protesto por novo júri efetivamente despreza razões, pois sua formalidade encontra-se nos moldes da apelação (artigo 607, § 2º, do CPP) e deverá ser interposto através de petitório, ou termo, direcionado ao juiz-presidente do tribunal do júri, o qual, uma vez reconhecendo presente todas as condições do artigo 607 do CPP, o admitirá determinando novo julgamento.

---

[216] Não se pode admitir que o segundo julgamento, em decorrência do protesto por novo júri – favor dispensado à liberdade – tenha resultado mais gravoso para a acusado, a quem o recurso, privativo da defesa, visa a beneficiar. (RT 575/ 365). Mesmo sentido: 630/280.

10.4. EMBARGOS DE DECLARAÇÃO

10.4.1. Nome

O nome está jungido à ideia de provocação de pronunciamento judicial. Para RANGEL (1999, p..458):

Etimologicamente a palavra embargo vem de embargar e tem origem latina (*imbarricare*, de barra) e significa impedimento, estorvo, obstáculo, embaraço [...].

Por isso, quando a sentença possui alguma deficiência, estimulando óbice na fluência processual por não restar completa, é necessária que seja esclarecida.

Daí o nome *embargos de declaração*, pois provoca-se o julgador a declarar algo.

10.4.2. Origem

Nossos embargos declaratórios têm origem legal no direito português através, primeiramente, das Ordenações Afonsinas, as quais preceituaram os embargos modificativos. Posteriormente, o Decreto nº 5.618, de 1874, referiu a possibilidade dos embargos contra acórdãos em alguns processos-crimes. Daí em diante, a evolução legislativa encarregou de trazer os embargos declaratórios à concepção legal que se tem hoje.

10.4.3. Conceito

Muito embora diversos doutrinadores vejam nos embargos de declaração não um recurso, mas sim um meio de correção de sentença, temos que didaticamente os embargos devem ser vistos como efetiva peça recursal, pois provocam o julgador a um pronunciamento de complementação.

Assim, os embargos declaratórios tratam-se de recurso contra a decisão judicial ambígua, obscura, contraditória ou omissa.

10.4.4. Previsão Legal

O artigo 619 do CPP registra os embargos de declaração, informando que aos acórdãos proferidos pelos tribunais de segundo grau, Câmaras ou Turmas poderão ser opostos tais embargos, no prazo de 2 dias contados da sua publicação, quando houver na sentença ambiguidade, obscuridade, contradição ou omissão.

Já o artigo 382 do CPP preceitua que qualquer das partes poderá, no prazo de 2 dias, pedir ao juiz que declare a sentença sempre que nela houver obscuridade, ambiguidade, contradição ou omissão. Observa-se que este disposto não refere o nome de embargos de declaração e tampouco classifica a medida dentro do título dos recursos, e, sim, da sentença. Para Tourinho Filho (1995, p. 382):

> Na gíria forense, tal petição, equivalente a embargos, é denominada "embarguinho".

Conforme se depreende, o legislador, com técnica criticável, previu dois recursos idênticos, com a mesma finalidade, mas destinados a juízos distintos. Basta ver o recurso de embargos de declaração aos colegiados e o recurso inominado ou *embarguinhos* às sentenças dos juízes singulares de primeiro grau.

Ora, bastaria o legislador ter referido embargos declaratórios para as decisões judiciais em que haja ambiguidade, obscuridade, contradição ou omissão para se ter um único dispositivo legal.

10.4.5. Órgão julgador

Os embargos de declaração são julgados pelos próprios juízes que prolataram a decisão. Assim, se se tratar de acórdãos proferidos pelos tribunais, câmaras, grupo de câmaras, seção criminal, turmas ou plenário, os embargos serão dirigidos aos relatores destes órgãos, respectivamente.

Já no caso dos *embarguinhos*, os mesmos serão dirigidos ao juiz singular que decidiu.

10.4.6. Prazo

O prazo é de dois dias contados da intimação legal. Contudo, é de se gizar que alguns tribunais estabelecem outros prazos em seus Regimentos Internos. Veja-se que o Supremo Tribunal Federal (artigo 337, § 1º, do Regimento Interno) determina prazo de cinco dias para os embargos declaratórios.

A Defensoria Pública terá prazo em dobro.[217]

10.4.7. Efeitos

– Devolutivo

Haverá o efeito devolutivo, pois o julgador terá conhecimento do recurso.

– Suspensivo

Não existe propriamente um efeito de suspensividade. Entretanto, promovidos os embargos, haverá reflexos nos prazos atinentes as interposições de outros recursos.

---

[217] Lei Complementar nº 80/94, art. 128, I.

– *Extensivo*

Os embargos de declaração terão efeito extensivo sempre que a decisão refletir motivos que não sejam de caráter exclusivamente pessoal.

10.4.8. Cabimento

Podem ser objeto de embargos declaratórios decisão interlocutória simples, decisão interlocutória mista terminativa, decisão interlocutória mista não terminativa, sentença e acórdão.

A expressão *sentença*, em especial, é a decisão do juiz singular de primeiro grau frente à questão controvertida trazida pelas partes através do processo judicial. Como o juiz deve solucionar a controvérsia, a sentença é o momento em que ele expõe seu entendimento sobre a causa. Quando este entendimento encontra-se obumbrado, os embargos de declaração serão cabíveis.

Nos termos dos artigos 619 e 382 do CPP, os embargos poderão ser opostos quando houver no decisório ambiguidade, obscuridade, contradição ou omissão.

10.4.8.1. Ambiguidade

É a dúvida. Trata-se de afirmação decisória que determina dúvidas. Veja-se que o decisório pode conter assertivas que permitem diversas interpretações. A própria decisão pode apresentar uma expressão que admite duas ou mais acepções, prejudicando o conteúdo sentencial.

Ex. O acórdão apóia-se para condenar o réu em expressões de sabença única de uma região, criando dúvidas no que realmente o julgador quer dizer.

10.4.8.2. Obscuridade

É a incompreensão. É a falta de clareza do decisório que resulta em impossibilitar o conhecimento exato de seus limites. A diferença entre obscuridade e ambiguidade está em que nesta existe dúvida, enquanto naquela a incompreensão é de tal monta que sequer dúvida permite.

Ex. Condena a apropriação indébita, mas não esclarece por quê.

10.4.8.3. Contradição

É a divergência. É possível que o vício da sentença recaia em duas proposições antagônicas e que não podem subsistir concomitantemente. Nestas condições, o conteúdo da sentença não se harmoniza.

Ex. A sentença reconhece se tratar de crime hediondo, mas não estabelece as consequências jurídicas deste delito.

10.4.8.4. Omissão

É a falta. O que se observa é a ausência de algum pronunciamento que o juiz deveria fazer. A decisão deve-se apresentar de forma completa, ou seja, com todas as observâncias legais. A falta de um elemento obrigatório revela omissão do magistrado.

Ex. A decisão condenou o réu à pena de um ano de detenção, mas não substituiu a pena por restritiva de direitos.

10.4.8.5. Erro material

Em caso de erro material, os embargos também poderão ser promovidos para provocar o conserto imperioso. Entretanto, é de se destacar que o próprio juízo deve, de ofício, promover a correção, pois as inexatidões materiais poderão ser corrigidas mesmo frente ao exaurimento da jurisdição.

10.4.9. Procedimento

10.4.9.1. No Juiz singular

1- A peça dos *embarguinhos* deverá ser apresentada indicando incisivamente os motivos de ambiguidade, obscuridade, contradição ou omissão, no prazo de dois dias após a ciência da decisão, ao juiz prolator do decisório.

2- O julgador não conhecerá do recurso se o mesmo não estiver em condições legais de processamento, como por exemplo, for extemporâneo.

3- Não se tem ofertado a parte contrária vista para contrarrazões, muito embora fosse interessante para a preservação do contraditório.

4- Admitido, o juiz promoverá o julgamento do mérito.

10.4.9.2. No tribunal

1- O recurso é interposto em dois dias, após o conhecimento do decisório, e é dirigido ao relator do decisório, contendo, objetivamente, os pontos em que o acórdão é ambíguo, obscuro, contraditório ou omisso.

2- Se o recurso não estiver em condições legais de processamento, o relator o indeferirá, desde logo.[218]

---

[218] No regimento interno do Tribunal de Justiça do Estado do Rio Grande do Sul, admite-se, no caso de indeferimento liminar, agravo regimental. Veja-se que o artigo 339 estabelece que os embargos criminais

3- O recurso, estando em condições, será trazido pelo relator na primeira sessão para ser julgado, sem a intimação da parte contrária para manifestação.

10.4.10. Considerações

10.4.10.1. A confusa ementa do decisório

É totalmente desprezível que ambiguidade, contradição, obscuridade ou omissão estejam na ementa do decisório. É que o enunciado não possui conteúdo decisório judicial, apenas servindo como ilustração de referência de julgado. Assim, poder-se-ia dizer sobre erro material, já que o decisório judicial se apresenta de forma perfeita.

10.4.10.2. Embargos para o prequestionamento

Muitas vezes o decisório do tribunal de 2º grau apresenta-se de forma tão franciscana sobre determinado ponto, que seria necessário uma discussão maior a fim de permitir o prequestionamento e obter um outro pronunciamento, desta vez do Tribunal Superior ou do Supremo.

Desta forma, os embargos declaratórios têm sido utilizados para, essencialmente, provocar o exaurimento sobre uma questão, ou propriamente o chamado prequestionamento, elemento basilar para o recebimento de recurso especial e/ou do recurso extraordinário. Veja-se a Súmula nº 356 do Supremo Tribunal Federal:

> O ponto omisso da decisão, sobre o qual não foram opostos embargos declaratórios, não pode ser objeto de recurso extraordinário, por faltar o requisito do pré-questionamento.

Alguns entendem que neste caso o que existe é um pós-questionamento, e não um prequestionamento, pois sendo os embargos declaratórios apelos de integração, e não de substituição, o questionamento sobre a matéria viria a ocorrer após a firmação inicial do acórdão.[219]

Contudo, independentemente do *nomen juris*, o fato é que se têm admitido os embargos para ventilar determinada matéria.

10.4.10.3. Na decisão já embargada

Caso sejam promovidos embargos declaratórios, e o decisório destes embargos se apresente com ambiguidade, obscuridade, contradição ou omissão, é

---

seguirão as disposições previstas aos embargos cíveis, admitindo no artigo 325, I e II, parágrafo único, o agravo regimental quando a decisão negar seguimento aos embargos por não ter sido indicado o ponto que deva ser declarado ou corrigido ou quando forem manifestamente protelatórios.

[219] STJ- AR no REsp. 82.465- 1ª T- DJU 14.10.96.

perfeitamente cabível a interposição de novos embargos declaratórios, a fim de esclarecer a decisão resultante dos primeiros.

Veja-se que estes segundos embargos não devem buscar novamente esclarecimentos sobre a decisão já enfrentada. Devem, sim, somente, jungirem-se à decisão da declaração. Caso contrário, estar-se-ia admitindo uma infinita manobra processualística.

10.4.10.4. Da decisão dos embargos como extensão

Quando uma decisão sofre embargos declaratórios, em razão de determinado esclarecimento, este novo pronunciamento se dará através de um outro julgamento. Ocorre que a decisão sobre os embargos não se apresenta como um pronunciamento isolado e autônomo, mas, sim, como uma decisão que se integra ao primeiro pronunciamento. Na realidade, a decisão dos embargos declaratórios, ou somente a segunda decisão, é uma extensão do primeiro *decisum*.

Logo, ambos os decisórios, o primeiro e o segundo, se completam, formando uma peça única, um todo decisivo. Nos dizeres de Malcher (1980, p. 122):

> Providos os embargos, a nova decisão se engata na decisão anterior que visa interpretar ou completar, [...]

10.4.10.5. Embargos declaratórios e efeitos de infringentes

Após o seu pronunciamento, o juiz não pode mais reformar seu decisório sentencial. Com a sentença, firma-se o termo do poder jurisdicional do julgador com relação à matéria julgada.

Desta forma, não é admissível que o julgador altere seu decisório ao julgar o recurso de embargos declaratórios, pois perdeu a jurisdição para isto.

Assim, os embargos declaratórios não podem se prestar a rediscutir questão já decidida, pois esta não poderá ser modificada pelo julgador. Diversos julgados referem a impossibilidade de o recurso de embargos declaratórios propiciar o reexame do decisório.[220]

Contudo, pode ocorrer que na procedência dos embargos declaratórios haja desarmonia entre a declaração e o *decisum*. Veja-se que frente a ambiguidade, obscuridade, contradição ou omissão, a necessária declaração promovida pode causar implicações diretas ao decisório, obrigando a reforma da sentença. Assim, outros julgados admitem a possibilidade de ser alterado o julgado

---

[220] "Embargos de declaração-Interposição visando à modificação do acórdão-Inadmissibilidade-Recurso que se presta somente a corrigir ambigüidade, obscuridade, contradição ou omissão na decisão- Aplicação do art. 619 do CPP". RT 670/337. Mesmo sentido: RT711/378, 720/424 e 622/309.

quando a declaração tornar-se incoerente como pronunciamento embargado.[221] Nestes casos, têm-se admitido em caráter excepcional os embargos de declaração com efeito de infringência.[222]

Porém, uma vez em se tratando de embargos de declaração com infringência, deverá ser intimada a parte adversa para manifestar-se, sob pena de nulidade.[223]

Desta forma, da síntese sobre o tema deve-se entender que a regra é não se admitir a infringência nos embargos declaratórios, salvo nas situações em que a integração da declaração resulte em conflito com o decisório.

10.4.10.6. Suspensão ou interrupção do prazo para outro recurso

Trata-se de um tema delicado. Uma vez interpostos embargos de declaração, haverá efeito direto no prazo do outro recurso cabível para atacar o decisório. Veja-se que, necessitando a decisão de esclarecimento, não poderá haver o transcurso de prazos de outros recursos, outrossim admissíveis para objurgar o *decisum,* que pende de complementação. Diferente pensar seria ofender o devido processo legal.

Divergências dão conta sobre se o prazo do outro recurso restará suspenso[224] ou interrompido,[225] pois a lei processual penal não se refere sobre a questão.

Professa Mossin (2001, p. 452) que:

> Essa omissão legislativa não ostenta o condão de obstacular a suspensão do prazo para eventual impugnação do julgado, porquanto, induvidosamente, é regra que a oposição dos embargos declaratórios suspende a fluência do prazo para os recursos cabíveis quanto à decisão embargada.

Para Silva (1999, p. 183), o ensino é diferente:

> Hoje os embargos opostos de sentença ou acórdão pelas disposições do CPP (arts.382 e 619) interrompem o prazo recursal, porque é aplicado analogicamente o disposto no art. 538, do CPC, com a nova redação emprestada pela Lei nº 8.950/94.

---

[221] "Não importa em infringência do julgado a adaptação da parte dispositiva do acórdão a nova situação fática. O escopo dos embargos, dentre outros, consiste na eliminação das contradições. Corrigido o erro material, a parte dispositiva deve se adaptar à situação fática corrigida." RT 604/356. "Tratando-se de embargos de declaração que visam corrigir erro material, admite-se seu recebimento para a devida correção, com a conseqüente modificação do julgado." RT 661.267. "Em se tratando de caso em que ocorre erro material na extinção da punibilidade do réu, por ser ele considerado menor, quando não reunia tal condição, é possível, em embargos de declaração, a alteração substancial do julgado." RJD 18/148. Mesmo sentido: RT 606/295.
[222] "Os embargos declaratórios, com efeitos infringentes somente são admitidos excepcionalmente". (STJ-ED no REsp. 45.932- 6ª T, DJU 11.11.96).
[223] STJ/ HC 37.686/AM. DJ 07.11.05.
[224] Julgados que entendem que o prazo resta suspenso: RT 597/424 e 678/384.
[225] Decisões reconhecendo que o prazo resta interrompido: RTJ 82/126, JSTJ e TRF 105/355.

Tal questão é imprescindível de concretização, pois se a apresentação dos embargos resultar na suspensão do prazo, significa dizer que o dia da interposição fará suspender o prazo do outro recurso, mantendo-o sustado até o dia da intimação do julgamento. No dia seguinte, começará a fluir o prazo suspenso, restando, apenas, o tempo faltante. Se for o caso de interrupção, a interposição dos embargos cessará o transcurso do prazo do outro recurso, o qual passará a correr, desde o início e em sua integralidade, e a partir do dia da intimação do decisório.

Face à lacuna legal, não prevendo se os embargos de declaração do CPP traziam o efeito de suspensão ou de interrupção, por analogia, firmou-se a concepção junto à processualística civil. O artigo 862 do Decreto-Lei nº 1.608/39, alterado pelo Decreto-Lei nº 8.570/46, estabelecia que os embargos de declaração do cível suspendiam o prazo para interposição de outro recurso. Da mesma forma, a Lei nº 5.869/73, que instituiu o novo CPC, dispôs pela suspensão em seu artigo 538. Logo, os embargos no crime também adotaram o efeito da suspensão. Com a reforma do artigo 538 do CPC, através da nova redação outorgada pela Lei nº 8.950/94, ocorreu mudança no efeito dos embargos de declaração, passando a ser interruptivo. Deste modo, outrossim, houve reflexão desta alteração nos embargos do crime, que receberam, também, o efeito de interrupção. Conforme Rangel (1999, p. 405):

> A interposição dos embargos de declaração interrompem o prazo para interposição de outros recursos, aplicando-se analogicamente o disposto no art. 538 do CPC c/c art. 3º do CPP.

Veja-se, que até então não havia qualquer procedimento especial, na processualística penal, que trouxesse alguma referência legal sobre o efeito nos embargos, obrigando a firmar-se, frente à analogia, com os ditames processuais cíveis.[226]

Ocorre que em 26.09.95 veio a Lei nº 9.099, regulando os juizados especiais criminais. Este texto legal penal, em seu artigo 83, § 2º, preceitua que os embargos de declaração, quando opostos, suspenderão o prazo para o recurso. Desta forma, veio nova discussão: A Lei nº 9.099/95, posterior à Lei nº 8.950/94, serviria para a analogia aos embargos de declaração do processo penal (arts. 382 e 619 CPP) a ponto de reverter o efeito interruptivo para suspensivo?

Nos ensinamentos de Mirabete (2001, p. 668):

> Por outro lado, com a edição da Lei nº 9.099/95 passou-se a determinar que, nos processos perante os Juizados Especiais Criminais, os embargos de declaração, quando opostos contra a sentença, suspendem o prazo para o recurso (art. 83, § 2º). Assim, agora, a analogia deve ser aplicada tendo

---

[226] O artigo 3º do CPP informa que a lei processual penal admitirá aplicação analógica. Inclusive o art. 4º da LICC refere que quando a lei for omissa, o juiz decidirá o caso de acordo com a analogia, os costumes e os princípios gerais do direito. Giza-se, ainda, que a doutrina ensina que deve ser observada esta ordem legal, através da exclusão.

em vista tal dispositivo de processo penal, que afasta a incidência da norma processual civil, voltando os embargos a ser causa de suspensão do prazo para a interposição dos demais recursos.

Muito embora o recém-professado, seguimos pensamento diverso, pois em nosso sentir os embargos de declaração interrompem o prazo para a interposição de outros recursos, senão vejamos:

Inicialmente deve-se evitar a confusão entre interpretação analógica com analogia, ou aplicação analógica. Interpretação analógica é a ampliação do rol dos casos concretos trazidos pelo legislador na lei, através da semelhança. Esta interpretação é admitida quando a lei permite que seja identificado ao texto legal um caso análogo. Exemplificando: O artigo 6º, IX, do CPP prevê que a autoridade policial deverá averiguar a vida pregressa do indiciado sob o ponto de vista individual, familiar e social, sua condição econômica, sua atitude e estado de ânimo antes e depois do crime e durante ele, *quaisquer outros elementos* que contribuírem para a apreciação do seu temperamento e caráter. A expressão *quaisquer outros elementos* demonstra que, por exemplo, o comportamento do indiciado, seus atos, por ocasião de seu depoimento perante a autoridade policial, poderá servir como elemento comprobatório do temperamento ou do caráter. Desta forma, tal comportamento será admitido como elemento de contribuição face à interpretação analógica.

Já a analogia trata de aplicar uma lei criada para disciplinar determinado fato a outro fato semelhante. Nestas condições, havendo lacuna legal, poderá ser promovida analogia com lei que disponha sobre fato parecido. Exemplificando: O diploma do processo penal não refere se os embargos declaratórios determinarão a interrupção ou a suspensão do prazo para interposição de outro recurso. Assim, busca-se na lei processual civil a referência sobre este efeito.

Pois bem, seguindo, temos que efetivamente integrar nos embargos declaratórios criminais (dos arts. 382 e 619 do CPP) um efeito não previsto no Código de Processo Penal.

Duas opções se mostram viáveis. A primeira é integrarmos a norma do juizado especial criminal, que prevê a suspensividade, e a segunda é incorporarmos o preceito do Código de Processo Civil, que determina a interrupção.

Para se apropriar de uma ou outra legislação, a fim de se promover analogia, é mister, antes de tudo, vislumbrar os critérios de uma e outra legislação, para reconhecer qual a que possui melhor identidade, em sua essência, com a legislação deficitária por omissão.

A Lei nº 9.099/95, em seu artigo 62, preceitua que o processo perante o juizado especial orientar-se-á pelos princípios[227] da oralidade, informalidade, economia processual e celeridade, objetivando, sempre que possível, a repara-

---

[227] A expressão trazida no texto legal do art. 62 da Lei 9.099/95 é *critério* e deve ser lida como sinônimo de princípio.

ção dos danos sofridos pela vítima e a aplicação de pena não privativa de liberdade. Desta forma, o artigo 83, § 2º, prevê aos embargos declaratórios o efeito da suspensividade. E nem poderia ser diferente, pois o efeito da interrupção afrontaria os critérios norteadores do juizado especial, em destaque a celeridade, a qual visa diminuir a delonga processual, firmando-se na máxima rapidez possível ao feito que julga crime de menor potencialidade ofensiva.

Já o artigo 538 do CPC prevê que os embargos declaratórios interrompem o prazo para a interposição de outros recursos por qualquer das partes. A interrupção do curso dos prazos choca-se com a celeridade processual, pois aumenta os prazos do feito. Aqui, no CPC, o princípio da celeridade é de caráter utilitário.

Desta forma, o efeito da suspensividade possui supedâneo na celeridade, enquanto a interrupção não. Como nos embargos declaratórios do Código do Processo Penal, a celeridade não se apresenta como critério basilar, mas, sim, como conveniência, é certo que a interrupção se integrará de forma bem mais harmônica.

Ademais, não é de se olvidar que o prazo existente nos embargos de declaração do juizado especial é de 5 dias (art. 83, § 1º). Já os embargos de declaração, tanto prescritos no artigo 382 como no artigo 619 do CPP, o prazo é de 2 dias para interposição. Ora, nestas condições, integrar a suspensividade dos embargos do juizado especial nos do Código de Processo Penal é reduzir ainda mais o prazo recursal dos demais recursos e que se rebelam contra decisão em crimes de destacada potencialidade lesiva.

Por fim, é de sabença comum que a interrupção, no curso dos prazos para outros recursos, serve para afastar a dificuldade em se conhecer a tempestividade recursal e garantir segurança para as partes.

Nestas condições, entendemos que o ingresso dos embargos declaratórios determinará a interrupção dos prazos dos outros recursos possíveis quando não for procedimento dos juizados especiais criminais.

10.4.10.7. Embargos declaratórios e seu efeito aos prazos dos recursos das partes e de terceiros

Uma vez estabelecido nosso entendimento acima, é certo que ambas as partes se aproveitarão deste efeito, seja o embargante ou não, inclusive terceiros, como o assistente de acusação.

O embargante, ao propor os embargos, provoca o julgador a um determinado esclarecimento. Desta sorte, o pronunciamento judicial permitirá, se for o caso, moldar o próximo recurso voluntário. Assim, o não embargante usufruirá do efeito existente pelos embargos, pois neste caso o pronunciamento que advier poderá ser objurgado ou não, através também de outra insurgência.

Já no caso do assistente da acusação, o artigo 268 do CPP preceitua que em todos os termos da ação pública ele poderá intervir, e o artigo 269 prevê que o assistente será admitido enquanto não passar em julgado a sentença e receberá a causa no estado em que se achar. Nestas condições, ingressando no feito justamente frente à interposição dos embargos de declaração, os efeitos destes embargos nos próximos recursos servirão, outrossim, para o assistente.

10.4.10.8. Embargos protelatórios e o efeito no prazo dos demais recursos

Se os embargos são meramente protelatórios, não promoverão efeito qualquer no prazo de interposição de outro recurso. Ou seja, uma vez julgados os embargos declaratórios e sendo os mesmos apenas retardatários, o prazo para a interposição dos outros recursos não sofre qualquer repercussão, mantendo-se em curso. Face a manobra caracterizada pela má-fé, a eventual existência de efeito no prazo de outros recursos seria uma admissão tácita à fraude, algo inaceitável no direito. É desta forma que julgados se posicionam contra a possibilidade de repercussão do efeito dos embargos, quando protelatórios.[228]

Malcher (1980, p. 120) professa que o ingresso dos embargos produz efeito:

> [...] salvo quando forem manifestamente protelatórios, e assim declarados na decisão que os rejeitar.

Por nossa opinião, desinteressa a questão da fraude processual, pois reconhecemos que os embargos declaratórios quando protelatórios restam prejudicados, pois se inexiste interesse em ver esclarecida a decisão, faltará ao recurso essencial pressuposto subjetivo recursal. Assim, a falta de interesse determinará o não conhecimento dos embargos declaratórios, prejudicando, em razão disto, efeito no prazo dos outros recursos.

É de se ressaltar, ainda, que a propositura de embargos declaratórios com o fim de retardar o julgamento definitivo outorgará, sim, efeito ao prazo de interposição do recurso do não embargante, pois este ficará restrito em sua liberdade de recorrer, haja vista que, por ocasião dos embargos, além de não ter vista para contra-arrazoar o recurso, jamais saberá do caráter protelatório, ficando no aguardo do julgamento.

---

[228] RT 559/307 e RJTJSP 76/334.

10.4.10.9. Embargos não conhecidos ou rejeitados e o efeito nos prazos dos demais recursos

A angústia está em se saber se o não conhecimento ou a rejeição dos embargos determina efeitos no prazo de interposição para outros recursos.

Bem, para o conhecimento de um recurso, é fundamental a existência das condições de admissibilidade, como previsão legal, tempestividade, forma de interposição, interesse, legitimidade, entre outros. Assim, não sendo conhecido o recurso face aos critérios objetivos, não haverá efeito aos prazos dos demais recursos, pois os embargos eram inadmissíveis.

Contudo, uma vez presentes os requisitos de admissibilidade, o recurso será conhecido, e a questão do mérito passará a ser examinada para serem julgados providos ou não os embargos. Aqui a situação é distinta da anterior. No exame do mérito haverá, por parte do julgador, uma efetiva interpretação subjetiva, a qual restará ou não por confirmar contradição, obscuridade, ambiguidade ou omissão. Ora, os entendimentos dos sujeitos são distintos, principalmente entre aquele que busca a complementação de uma decisão com aquele que produz a decisão. Desta forma, o sentimento do julgador não poderá prejudicar o possível recorrente futuro. Logo, uma vez rejeitados os embargos, haverá, por certo, efeito nos prazos dos outros recursos.

10.4.10.10. Embargos declaratórios e a Lei nº 9.099/95

Conforme se observa pela lei que regula o procedimento sumaríssimo dos juizados especiais criminais, o artigo 83 preceitua que caberão embargos de declaração quando, em sentença ou acórdão, houver obscuridade, contradição, omissão ou dúvida.

O § 1º do referido diploma prevê que os embargos terão o prazo de 5 dias para serem interpostos, contados do dia da ciência da decisão. Já o § 2º refere que quando opostos contra a sentença, os embargos suspenderão o prazo para o recurso.

Como se sabe, a apelação será julgada pela Turma, através da composição firmada por três Juízes em exercício na primeira instância de jurisdição, reunidos na sede do juizado. Nestas condições, esta Turma lavrará um acórdão, e não uma sentença. Muito embora o § 2º do art. 83 diga que os embargos suspenderão o prazo quando opostos contra a sentença, é de se admitir falha no texto, pois conforme preceitua o *caput* do próprio artigo, o cabimento dos embargos é tanto para a sentença como para o acórdão.

Destarte, a distinção gizada entre os embargos declaratórios do processo penal e do juizado especial criminal é que estes têm o prazo de interposição de

5 dias e suspendem o prazo para o ingresso de outro recurso, enquanto naqueles o prazo é de 2 dias e o interrompe para outros recursos.

10.4.10.11. Embargos declaratórios e multa

O artigo 538, parágrafo único, do Código de Processo Civil estabelece que quando manifestamente protelatórios os embargos, o juiz ou o tribunal, declarando que o são, condenará o embargante a pagar ao embargado multa não excedente de 1%, sobre o valor da causa, sendo que eventual reiteração a multa será elevada para até 10%.

Contudo, na processualística penal inexiste qualquer amparo legal para condenação de multa, sendo inviável analogia, por não ser caso de integração. Ao nosso juízo, eventuais embargos retardatários poderão determinar, quanto muito, ausência de interrupção ou suspensividade no prazo dos recursos consequentes.

Porém, sejam embargos protelatórios, ou inconvenientes,[229] não haverá, na esfera processual penal, qualquer condenação à multa.

10.5. EMBARGOS INFRINGENTES E EMBARGOS DE NULIDADE

10.5.1. Nome

A expressão *embargar* significa *impor óbice*. Ou seja, o nome *embargo* reproduz um meio de impedir o prosseguimento do feito. Ferreira (1977, p. 175) refere como sinônimo de embargo o vocábulo *obstáculo*.

Conforme Mossin (2001, p. 412):

A palavra deriva do verbo *imbarricare*, que em sentido amplo quer significar todo e qualquer impedimento, obstáculo ou embaraço posto em prática por uma pessoa, a fim de que evite que outrem possa agir ou fazer alguma coisa [...]

Já a expressão *infringente* refere-se a desobediente, enquanto *nulidade* à invalidade.

10.5.2. Origem

Os embargos têm berço no Direito português e foram firmados primeiramente nas Ordenações Afonsinas sob o nome de *embargos modificativos*.

---

[229] No decisório dos Embargos de Declaração, Proc. nº 70007545148, da 8ª Câmara Criminal, TJRS/ 19.11.03, observa-se a insurreição do julgador ao dizer: "[...] É possível, para a felicidade deles, que os membros do Ministério Público não tenham serviço suficiente e podem 'brincar' de recorrer das decisões desta e de outras Câmaras, o que é bastante inconveniente para nós Desembargadores que, como é sabido, estamos com excesso de trabalho. E se não conhecesse o Procurador de Justiça que primeiro assina o requerimento, sei que é uma pessoa séria e excelente profissional, diria os representantes do *Parquet* estão tão desocupados que, para fazer alguma coisa, 'procuram chifre em cabeça de cavalo'. Ou gostam de piadas de mau gosto. É o que ocorre no caso em exame: 'briga' por condenação de ladrões de abóboras [...]".

Posteriormente, o Decreto n° 5.618, de 1874, previu a interposição dos embargos contra acórdãos em determinados processos-crimes.

Com o nome de *embargos ofensivos e modificativos*, mais adiante chamados de *infringentes e de nulidade*, alguns Estados já os contemplavam em seus próprios códigos como meio recursal, antes da unificação legal.[230]

O texto original do CPP de 1941 não contemplava os embargos infringentes e os de nulidade. Somente em 1952, com a lei modificativa alterando a redação do artigo 609 do CPP, é que foi acrescentado o parágrafo único.

10.5.3. Conceito

Os embargos infringentes ou de nulidade são recursos utilizados para atacar uma decisão de segunda instância, não unânime, e que seja desfavorável ao acusado.

Desrespeitando o equilíbrio entre as partes na relação processual, os embargos são vistos como um recurso privativo da defesa. Assim, é imperioso que o voto vencido seja benéfico ao acusado para a defesa propor o óbice dos embargos.

A distinção existente entre os embargos infringentes e os embargos de nulidade é humilde e apenas com relação ao objeto do recurso. No primeiro, busca-se a reforma da decisão referente ao direito material e a substituição por outra. No segundo, pretende-se a reforma da decisão, face ao direito processual, com a decretação de nulidade.

Conceituando embargos infringentes, podemos dizer que se trata do recurso contra decisão de segunda instância, não unânime, desfavorável ao réu, cujo objeto de divergência é uma questão material. Já embargos de nulidade se diferenciam, apenas, no objeto, o qual será estritamente processual.

Exemplo clássico: O acusado foi condenado em decisão de segunda instância pelos três julgadores. Contudo, um afastou a qualificadora do roubo. Desta forma, o recorrente promove embargos infringentes, firmado no voto dissonante, para em reexame da matéria ver afastada a qualificadora.

Já em outro caso, por dois votos contra um, não foi reconhecida a preliminar da apelação que buscava o reconhecimento da nulidade absoluta por cerceamento de defesa. O voto divergente reconheceu a existência do cerceamento.

---

[230] O art. 685 do Código de Processo Criminal do Estado do Paraná estabelecia que: "Ao acórdão proferido pelo Superior Tribunal de Justiça em segunda instância podem ser opostos embargos, mesmo que versem sobre matéria velha, observando-se no seu processo e julgamento as disposições em vigor para o processo e julgamento de tais embargos em matéria cível. Parágrafo único: As sentenças nas causas criminais, cujo processo e julgamento pertencem originária e privativamente ao Superior Tribunal de Justiça, poderão, também, da mesma forma, ser embargadas".

Assim, o réu interpõe embargos de nulidade, lastreado no voto solitário, para que seja reexaminada a nulidade arguida, com sua decretação.

Assim, os embargos infringentes buscam reformar a decisão recorrida, enquanto os de nulidade buscam invalidar o processo ou o decisório.

Diferentemente dos embargos declaratórios, os embargos infringentes ou de nulidade podem ser, também, chamados de ofensivos, pois podem provocar a reforma de todo o julgado.

10.5.4. Previsão Legal

Artigo 609, parágrafo único, do CPP preceitua os embargos.

Quando não for unânime a decisão de segunda instância, desfavorável ao réu, admitem-se embargos infringentes e de nulidade, que poderão ser opostos dentro de 10 dias a contar da publicação de acórdão, na forma do art. 613. Se o desacordo for parcial, os embargos serão restritos à matéria objeto de divergência.

10.5.5. Órgão julgador

Tanto os embargos infringentes como os de nulidade terão como órgão julgador o tribunal prolator da decisão. Assim, é fundamental examinar-se o regimento interno de cada tribunal.

O regimento interno do Tribunal de Justiça do Estado do Rio Grande do Sul preceitua em seu artigo 22, I, c, que compete aos grupos criminais processar e julgar os embargos de nulidade e infringentes dos julgados das câmaras criminais separadas. Os §§ 2º e 3º deste mesmo diploma referem que os embargos serão distribuídos ao Grupo de que faça parte a câmara prolatora do acórdão, sendo que a escolha do relator ou revisor recairá, quando possível, em juiz que não haja participado no julgamento anterior.

Já o regimento interno do Tribunal Regional Federal da 4ª Região estabelece, em seu artigo 5º, II, b, que competirá às seções julgar os embargos infringentes e de nulidade em matéria penal. Nos termos do artigo 233 deste mesmo regimento, os embargos seguirão ao relator do acórdão embargado para decidir sobre admissão ou não do recurso. Uma vez admitido, haverá sorteio, sempre que possível entre aqueles desembargadores federais que não tiverem tomado parte no julgamento anterior, para se estabelecer o efetivo relator dos embargos.

10.5.6. Prazo

Os embargos infringentes e os de nulidade deverão ser interpostos no prazo de 10 dias contados a partir da publicação do acórdão.

A Defensoria Pública terá prazo em dobro.[231]

10.5.7. Efeitos

– Devolutivo
Os embargos possuem efeito devolutivo e podem entregar a matéria limitada no voto dissidente, ao reexame, também, dos Juízes que participaram do primeiro julgamento.

– Suspensivo
Efetivamente, enquanto a decisão continua *sub judice*, o decisório da maioria não poderá ser executado, pelo menos na matéria contida no voto vencido, pois existe a possibilidade de reforma. Inclusive jurisprudência do Supremo Tribunal Federal tem proclamado a eficácia suspensiva para impedir a expedição imediata do mandado de prisão.[232]
Desta forma, é de se admitir o efeito suspensivo nos embargos.

– Extensivo
Os embargos terão efeito extensivo sempre que a decisão refletir motivos que não sejam de caráter exclusivamente pessoal.

10.5.8. Cabimento

Para ser cabível, os embargos necessitam de decisão por maioria, de segunda instância e desfavorável ao réu.

Assim, devem ser promovidos pela defesa, pois trata-se de um recurso privativo do acusado. Contudo, isto não impede a promoção de embargos pelo Ministério Público quando for em benefício do acusado.

É de se destacar que os embargos infringentes e de nulidade poderão ser propostos pelo Ministério Público quando a decisão majoritária for favorável ao réu, somente em julgamento militar, conforme o artigo 539 do Código de Processo Penal Militar.

Os embargos são cabíveis mesmo quando os votos dos julgadores são, aparentemente, distintos. Por exemplo, o relator condena à pena de 8 anos, e o revisor, à pena de 6 anos. Já o vogal absolve. Nestas situações, embarga-se, firmado no voto mais favorável ao acusado, contra o voto médio.

10.5.9. Procedimento

1- A peça recursal é dirigida ao relator, acompanhada das razões firmadas no voto vencido;

---

[231] Lei Complementar nº 80/94, art. 128, I.
[232] RTJ 129/268.

2- O relator examina a admissibilidade do recurso, reconhecendo a presença dos requisitos, entre eles: Decisão não unânime, de segunda instância e desfavorável ao acusado;

3- Admitido, o relator dá vista ao Procurador-Geral, pelo prazo de 10 dias, ao querelante ou assistente da acusação, se houver, também pelo prazo de 10 dias, para manifestação;

4- Após, os autos seguem ao relator, pelo prazo de 10 dias, novamente, para o relatório, seguindo ao revisor, outrossim, pelo mesmo prazo. Os 10 dias são para os processos com crimes apenados com reclusão, pois caso contrário o prazo será de 5 dias e ao seguir ao relator este pedirá designação de dia para o julgamento (arts. 609, parágrafo único, e 613 do CPP);

5- Posto em pauta, em sessão haverá o julgamento.

10.5.10. Considerações

10.5.10.1. Distinção nas fundamentações

Como se sabe, poderão os julgadores fundamentar suas decisões de forma totalmente divorciada, apoiando-se em elementos não referidos por seus pares, e chegarem ao mesmo veredicto. Nestas condições, são incabíveis os embargos, pois havendo uma decisão unânime, desinteressa que os votos tenham se apoiado em divergentes fundamentações.

10.5.10.2. Voto vencido

Na processualística penal, afastado o Código de Processo Penal Militar, o voto vencido, favorável ao acusado, é o delimitador da matéria a ser ventilada nos embargos.

Desinteressa que a decisão do voto vencido seja quantitativa (ex. determinando pena menor) ou qualitativa (ex. absolvendo). O que interessa é que a decisão divergente e minoritária seja favorável ao acusado.

É de se destacar, por fim, que o voto vencido não vincula suas razões ao novo julgamento, motivo por que outras razões poderão ser elencadas pelo recorrente para persuadir os julgadores, desde que estejam adstritas aos limites outorgados pela decisão do voto vencido.

10.5.10.3. Do voto médio

É possível que em um julgamento haja um voto favorável ao réu e outros desfavoráveis, os quais se encontrem dissonantes entre si, face à determinada, mas fundamental, diferença na decisão. Para estes casos, busca-se o voto prevalente e que é o voto médio, o qual se constituirá no menos prejudicial ao acusado, dentre os votos desfavoráveis.[233]

Vamos ao exemplo esclarecedor: A Câmara julgou os recursos de apelação de ambas as partes. A acusação buscava majoração da pena. A defesa buscava a absolvição. Por ocasião do julgamento, o relator proferiu voto no sentido de aumentar a pena. Já o revisor decidiu por diminuí-la. Por fim, o presidente votou pelo improvimento dos dois recursos, mantendo a decisão do juízo *a quo*. Conforme se depreende, os três votos decisórios foram totalmente distintos entre si. Neste caso, indubitavelmente, são possíveis os embargos. Mas para este recurso, é fundamental encontrar-se o voto médio, que estará na divergência parcial entre os votos desfavoráveis e será o menos prejudicial ao réu. Assim, temos os dois votos desfavoráveis ao acusado: Um que majorou a pena e outro que manteve a decisão do juízo *a quo*. Como se vê, este é o menos prejudicial dos votos desfavoráveis. Nestas circunstâncias, este voto prevalecerá para ser atacado pelo recurso, que se lastreará no voto que absolveu. Neste sentido, segue julgado.[234]

10.5.10.4. Decisão de segunda instância

O artigo 609, parágrafo único, do CPP refere que os embargos caberão quando não for unânime a decisão de segunda instância.

Ora, decisão de segunda instância significa pronunciamento posterior a uma decisão de primeira instância. Desta forma, não é de se confundir com decisão originária do Tribunal, pois esta não se reproduz como decisão de segunda instância.

Veja-se que os embargos infringentes e de nulidade vêm previstos no título dos recursos, capítulo quinto, do processo e do julgamento dos recursos em sentido estrito e das apelações nos tribunais de apelação. Assim, diversos doutrinadores referem a possibilidade dos embargos somente nos julgamentos destes dois recursos. Greco Filho (1991, p. 334) ensina que:

> A interposição só é admissível se o acórdão foi proferido em recurso em sentido estrito ou na apelação.

Nesta esteira, pensamos em acrescer, também, a decisão de 2º grau proferida em agravo da execução. É que, considerando que a Lei nº 7.210/84 trouxe o recurso de agravo em seu artigo 197, é de se admitir, também, no julgamento

---

[233] Entretanto, é de se ilustrar que, caso haja empate, quando composição do julgamento assim permitir, aplicar-se-á regra do artigo 615, § 1º, do CPP, onde será proferido o voto de desempate pelo presidente ou prevalecerá a decisão mais favorável ao réu.

[234] "Apelação de sentença do Júri. Tendo o relator provido recurso do réu para absolvê-lo e o revisor para submissão a novo julgamento e havendo o desembargador presidente negado provimento ao apelo, correta foi a proclamação do resultado pelo voto médio, para a prevalência da conclusão do revisor". RT 604/454.

deste recurso, nas condições já referidas, os embargos. Neste sentido, já existem julgados a favor.[235] Muito embora existam entendimentos contra.[236]

Não é de se admitir embargos nas decisões não unânimes dos tribunais em *habeas corpus* e revisão criminal, pois se trata de pronunciamentos originários do tribunal, e não de 2ª instância.

Já com relação a pedido de desaforamento, segue entendimento de que não são cabíveis os embargos.[237] Entrementes, existe entendimento distinto.[238]

Outrossim, não serão cabíveis os embargos nas decisões de ações penais originárias do tribunal. Com relação a isto, é importante se destacar que já se admitiu, nas decisões não unânimes de câmara criminal isolada referentes a prefeitos municipais e que causem gravame ao acusado, a possibilidade de embargos desimportando ser o processo de competência originária ou recursal.[239] Contudo, é de se afirmar que o entendimento que tem prevalecido no Supremo Tribunal Federal é de que não cabem embargos contra acórdãos não unânimes proferidos em sede originária.[240]

Quanto à decisão de reclamação, não caberá embargos. A Súmula 368 do Supremo Tribunal Federal preceitua que:

> Não há embargos infringentes no processo de reclamação.

10.5.10.5. Os embargos e os recursos especial e extraordinário

É importante lembrar que se a matéria, passível de ser atacada mediante recurso especial ou extraordinário, estiver com voto divergente torna-se imprescindível a interposição de embargos infringentes primeiramente.

Contudo, se existirem no acórdão duas decisões, uma unânime e outra não, a questão se torna densa. Exemplo: Por dois a um reconheceram não haver nulidade e por três a zero decidiram pela condenação. Nesta situação, ao se interpor os embargos, também deverá ser interposto recurso especial (ou extraordinário contra) contra a condenação?

A questão é complexa.

Conforme a Súmula nº 355 do STF em caso de embargos infringentes parciais, é tardio o recurso extraordinário interposto após o julgamento dos embargos, quanto à parte da decisão embargada que não fora por eles abrangida.

---

[235] RTJ 130/646. Mesmo sentido: JSTF LEX 133/262 e RJD 1/47.
[236] RT670/272 e 631/282.
[237] *RTJ* 46/616.
[238] TJRS-Em.Inf. Nº 70020484978, j. 5.10.07.
[239] Ajuris 61/15.
[240] RT 517/362. Mesmo sentido: RT 534/346, 581/312, 588/325.

Contudo, a Lei nº 10.352/01, que alterou o art. 498 do CPC, apresenta novo enfoque, permitindo a sobrestação do prazo dos recursos extraordinário e especial, relativamente ao julgamento unânime, até a intimação da decisão nos embargos. Desta forma, segue entendimento de que a interposição do recurso especial (ou extraordinário) não pode ser feita concomitantemente à interposição dos infringentes. E mais, existe orientação que chega a aferir a prematuridade da interposição recursal, ao dizer que verificado que o recurso especial foi interposto concomitantemente à interposição dos embargos infringentes, inviável se torna o seu conhecimento.[241]

Porém, é de se ilustrar, em sentido totalmente distinto, que ainda existem julgados aceitando os efeitos da Súmula nº 355 do STF, decidindo no sentido da intempestividade do recurso quando sua interposição ocorre após o julgamento de embargos infringentes, já que a matéria criminal não foi modificada pela Lei nº 10.352/01.[242]

10.5.10.6. Embargos inadmissíveis ao réu

A concepção de que os embargos ofensivos são recursos que privilegiam o acusado, ou seja, privativo da defesa, contrasta com o explícito entendimento de que os embargos infringentes ou de nulidade não são cabíveis ao réu que não apelou ou recorreu em sentido estrito. É que larga a orientação neste sentido, com o fundamento básico de que a parte que embargou deve ser a mesma que recorreu, em razão do realinhamento no interesse recursal.

Se o réu não recorreu, deixando firmar-se o trânsito em julgado, é porque aceitou a decisão, assim não teria mais interesse em interpor qualquer recurso. Neste sentido, segue julgado:

> Embargos infringentes – inadmissibilidade por réu que não apelou. Réu conformado com a sentença não tem posição processual para discutir o que definitivamente aceitou. (JUTACRIM-SP 61/58).[243]

Ocorre que não se pode olvidar que existirão decisões do tribunal que interessam ao não recorrente, quando houver o efeito extensivo previsto no artigo 580 CPP. Aqui, o resultado do julgamento do recurso interposto por um dos réus, se fundado em motivos que não sejam de caráter exclusivamente pessoal, atingirão o réu não recorrente. Nestes casos, parecem ser perfeitamente cabíveis os embargos promovidos pelo não recorrente, desde que saliente seu interesse jurídico.

---

[241] SJT/ Resp 881.847/PE, DJ 20.08.07. Mesmo sentido: STJ/REsp 785679/MG, DJU.11.09.06.
[242] STF/AI 432884 QO / RO, j.09.08.05. Mesmo sentido: RTJ 167/1030
[243] Mesmo sentido: JUTACRIM-SP 59/65.

10.5.10.7. Embargos infringentes no Supremo

O regimento interno do Supremo Tribunal de Federal, em seu artigo 333, refere que cabem embargos infringentes contra a decisão não unânime do Plenário ou da Turma que julgar procedente a ação penal; ou que julgar improcedente a revisão criminal; ou que em recurso criminal ordinário for desfavorável ao acusado.

E mais, se a decisão for da Turma, basta um só voto distinto, mas se a decisão for do Plenário, o cabimento depende da existência de no mínimo 4 votos diversos, salvo nos casos de julgamento em sessão secreta (artigo 333, parágrafo único, do RISTF).

10.5.10.8. Embargos infringentes e de nulidade e a Lei nº 9.099/95

Considerando que as turmas recursais do juizado especial criminal não representam órgão de segunda instância, pois são constituídas por juízes de primeiro grau em colegiado com função de segundo grau, suas decisões não são cabíveis de serem atacadas através de embargos infringentes e de nulidade.

Ademais, o legislador previu expressamente na Lei nº 9.099/95 somente os recursos de apelação e embargos declaratórios (artigos 82 e 83), não amparando os embargos infringentes e de nulidade.

No caso do estado do Rio Grande do Sul, destaca-se que a turma é composta de três juízes, o que impede a formação de um grupo para julgamento dos embargos.

Muito embora o artigo 609 do CPP traga a perífrase *turmas criminais*, existe divórcio impactante entre estas e as *turmas recursais*. As *turmas recursais* são colegiados do juizado especial criminal. Já as turmas criminais são cortes dos tribunais.

Desta forma, não se têm admitido embargos[244] contra as decisões não unânimes da turma recursal.

10.5.10.9. Embargos infringentes e de nulidade e o assistente de acusação

Conforme se depreende, o cabimento dos embargos está condicionado, necessariamente, à existência de uma decisão do colegiado de segunda instância, não unânime e desfavorável ao réu. Nestas condições, o voto favorável à defesa é que dará base e ensejará o recurso.

---

[244] EI proc. 71000532028. J.27.01.05, Turma Recursal Criminal do R/S.

Considerando que a pretensão do assistente será desfavorável ao réu, restam, então, impedidos os embargos. Logo, o assistente de acusação será parte ilegítima para interpor embargos infringentes ou de nulidade.[245]

10.5.10.10. Embargos infringentes ou de nulidade e retratação

Não existe possibilidade de retratação nos embargos. Uma vez julgado o acórdão e embargado o mesmo, o recurso segue para outro órgão competente.

No julgamento dos embargos infringentes ou de nulidade não ficarão impedidos de atuar os julgadores que participaram do decisório que restou embargado. Assim, se eventual julgador rever sua decisão, isto não significa retratação, já que para este instituto é necessário que o mesmo órgão que julgou, modifique seu entendimento. No caso em tela, o máximo que ocorre é que um ou outro magistrado, que participou do colegiado anterior, decidiu reformar seu entendimento.

10.6. CARTA TESTEMUNHÁVEL

10.6.1. Nome

A perífrase *carta testemunhável* tem razão de ser face ao histórico deste recurso, em que o recorrente atestava com testemunhas o seu interesse em recorrer e a impossibilidade criada pelo não recebimento do recurso.

A palavra *carta* vem da própria positivação da manifestação sobre o interesse e a impossibilidade de recorrer. Com relação ao vocábulo *testemunhável*, a referência se faz com a prova oral dos argumentos trazidos.

10.6.2. Origem

A história revela que no Brasil, antes do período Joanino, o vencido recorria, mas, em certas localidades, o Juiz se ocultava para não receber o recurso, além de determinar ao escrivão que não o recebesse. Nestas condições, o vencido atestava com testemunhas os acontecimentos e levava ao conhecimento do tribunal. Nas palavras de Malcher (1980, p.95/96):

> Os juízes, no direito português e do Brasil-colônia, tinham meios para impedir que os agravos contra suas decisões subissem ao conhecimento dos Reis e, mais tarde, das Cortes [...]
> Em razão desta situação, criou-se um expediente mais enérgico: o recorrente prejudicado comparecia acompanhado de duas testemunhas e afirmava ao escrivão que estava sendo impedido

---

[245] TJ/RS, embargos infringentes nº 70025322942, j. em 19/12/2008. Mesmo sentido: TJ/RS embargos Infringentes nº 70016462665, j.06/10/2006.

> pelo Juiz de recorrer. Atestado este fato pelo escrivão, o recorrente apresentava tal prova ao juízo superior, e este podia mandar subir o recurso [...]
> Se o escrivão se recusava a dar fé do que fora atestado pelas testemunhas, o recorrente comparecia perante o Juiz superior, acompanhado pelas duas testemunhas, e ali completava o seu recurso. A interposição, como se vê, era oral.

A carta testemunhável tem origem no agravo do cível da legislação portuguesa e era prevista nas Ordenações Filipinas, Livro 3, Título 74.

No decreto de 19.12.1843, a carta testemunhável foi firmada no processo civil e comercial. Quando o processo penal restava dividido, nos tempos da república velha, somente o Código de Processo Penal do Estado do Rio Grande do Sul autorizou a carta testemunhável ao feito crime, que nos outros Estados era substituída pelo *habeas* ou por pedido de avocação (Estado de Sergipe) ou recurso em sentido estrito (Estado da Bahia).

Seguindo sua evolução histórica, a carta testemunhável foi afastada do processo civil, restando, atualmente, somente no processo penal, através do artigo 639 do CPP.

10.6.3. Conceito

A carta testemunhável não é uma mera peça processual, mas, sim, um meio de reformar uma decisão. Desta forma, a carta possui a natureza de recurso e vem prevista junto ao caderno processual no capítulo IX do título II dos recursos em geral.

Carta testemunhável é o recurso que impugna a decisão que denega recurso interposto ou obsta o seu seguimento. Nas palavras de Noronha (1989, p.395):

> [...] é a carta testemunhável o recurso que, na ausência de outro se interpõe da decisão que denegou ou impediu o seguimento do interposto, tendo ela o fim de que este seja admitido ou apreciado no mérito pelo juízo *ad quem*.

Desta forma, a carta testemunhável se caracteriza como um recurso contra a decisão que impediu outro recurso.

10.6.4. Previsão legal

O artigo 639 do CPP preceitua que se dará carta testemunhável:

I- da decisão que denegar o recurso;

II- da que, admitindo embora o recurso, obstar à sua expedição e seguimento para o juízo *ad quem*.

10.6.5. Órgão julgador

A carta testemunhável deve ser julgada pelo tribunal competente para decidir o recurso que foi denegado ou obstaculizado o seu seguimento.

O artigo 644 do CPP refere que o tribunal, câmara ou turma julgará a carta na forma de sua competência. Neste sentido, por exemplo, segue o regimento interno do Tribunal de Justiça do Estado do Rio Grande do Sul, em seu artigo 336.

10.6.6. Prazo

O artigo 640 do CPP prevê o prazo de 48 horas para a interposição da carta.

Divorciada dos prazos em dias, a legislação apresenta horas que passam a contar do momento do despacho que denegar o recurso. Desta forma, não há que se falar em 2 dias, mas, sim, em 48 horas, razão que a intimação promovida deverá referir o horário da mesma.

Estranhamente, o texto legal somente refere o prazo de 48 horas para a decisão que denegar o recurso. Trata-se de lapso do legislador, pois o prazo de 48 horas, outrossim, servirá para a decisão que, admitindo o recurso, obste sua expedição e seguimento para o juízo *ad quem*. Ora, seria absurdo outorgar o caráter perpétuo a um prazo recursal.

É de se destacar que, em razão do artigo 128, I, da Lei Complementar nº 80/94, a Defensoria Pública terá prazo em dobro, ou seja, 96 horas.

10.6.7. Efeitos

– *Devolutivo*

A carta tem efeito devolutivo, pois provoca o reexame da decisão que denegou o recurso ou, admitindo-o, obstou à sua expedição ou seu seguimento.

Como o procedimento da carta prevê que a mesma será examinada pelo próprio juiz que denegou ou obstou a expedição ou seguimento do recurso, haverá a possibilidade de reforma por ele próprio. Nas palavras de Giorgis (2002, p. 218):

> Encaminhados os autos ao juiz, poderá ele retratar-se mandando seguir o recurso denegado ou simplesmente dando andamento à carta.

– *Suspensivo*

O artigo 646 CPP expressamente refere que a carta testemunhável não terá efeito suspensivo.

– *Extensivo*

A carta terá efeito extensivo quando a decisão repercutir em motivos que não sejam de caráter exclusivamente pessoal.

10.6.8. Procedimento

Examinando-se o procedimento da carta testemunhável junto ao juízo singular de primeira instância, podemos sintetizar:

1- O testemunhante requererá a sua carta ao escrivão, com a indicação das peças para o traslado;

2- O escrivão dará recibo da petição ao recorrente e, no prazo de 5 dias, fará a entrega da carta devidamente conferida e concertada ao recorrente, que terá 2 dias para oferecer as razões. Após as razões, será aberto prazo de 2 dias para as contrarrazões.

3- Com resposta do recorrido ou sem ela, o Juiz terá prazo de 2 dias para reformar sua decisão ou mantê-la. Se o Juiz se retratar, resolvida estará a questão, e a parte adversa não poderá recorrer, na forma do art. 589, parágrafo único, do CPP, pois inexiste recurso para as decisões que recebem recursos ou determinem sua expedição ou seguimento. Entretanto, se o juiz mantiver sua decisão, determinará a remessa do recurso ao tribunal *ad quem*;

4- No tribunal, a carta será distribuída a um relator que examinará a admissibilidade do recurso.

5- Admitido, o relator dará vista da carta ao Procurador-Geral, pelo prazo de 5 dias. Se for o caso de querelante ou se houver assistente da acusação, também será ofertado o prazo de 5 dias para manifestação;

6- Após, os autos seguem ao relator, pelo prazo de 5 dias, que pedirá designação de dia para o julgamento (art. 610 CPP);

7- Em pauta, a sessão promoverá o julgamento.

Ilustra-se que se tratando de ação penal privada, e não gozando o recorrente de justiça gratuita, deverá ser firmado o preparo, sob pena de deserção.[246]

E mais, se a carta estiver suficientemente instruída, permitindo que se possa manifestar sobre o recurso denegado, o tribunal decidirá logo o mérito deste,[247] forte no princípio da conversão.

---

[246] "Carta testemunhável. Preparo. Deserção. Não gozando a testemunhante do benefício da gratuidade da justiça e não efetuando o devido preparo, deserta sua inconformidade. Pedido de que não se conhece." Julgado promovido pela Sétima Câmara Criminal do Tribunal de Justiça do Estado do Rio Grande do Sul, Processo nº 70003476694, em 11.04.2002.

[247] JUTACRIM-SP 20/354. Mesmo sentido: JUTACRIM-SP 20/356.

10.6.9. Cabimento

A carta testemunhável cabe contra a decisão que denegar o recurso ou na que, admitindo-o, obstar à sua expedição e seguimento para o juízo *ad quem*.

Como se trata de um recurso residual, antes deve-se observar se a lei não prescreve recurso próprio para a denegação ou que obste sua expedição ou seguimento. Assim, a carta testemunhável tem sido utilizada para atacar decisão que denega recurso em sentido estrito[248] e agravo de execução.[249]

Veja-se que não caberá carta na decisão que denegar apelação ou a julgar deserta, pois para este pronunciamento o recurso cabível é o em sentido estrito, conforme o artigo 581, XV, do CPP. Da mesma forma, não caberá a carta para as decisões que denegarem recurso especial ou extraordinário, pois para estes casos haverá o agravo previsto no artigo 28 da Lei nº 8.038/90. Outrossim, não caberá carta testemunhável nas decisões que deneguem embargos infringentes no Supremo Tribunal Federal, e, sim, agravo regimental (art. 317 do Regimento Interno do Supremo). E assim, se existir recurso específico para atacar a denegação ou a decisão que obstou a expedição ou seguimento do recurso, este será cabível.

10.6.10. Considerações

10.6.10.1. Carta testemunhável no indeferimento do protesto por novo júri

É controvertida a possibilidade da carta no caso do indeferimento do protesto por novo júri. Alguns entendimentos são contra o cabimento, revelando que a carta tem o propósito de levar ao tribunal *ad quem* a impugnação contra o recurso que foi impedido de subir. No caso do protesto, este recurso não segue para o tribunal *ad quem*, pois é julgado pelo próprio juízo *a quo*. Marques (1998, p. 293, nota):

> Não nos parece cabível a carta testemunhável quando declarado inadmissível o protesto por novo júri, caso em que o réu deve recorrer ao *habeas corpus*, pois por definição, não se pode conceber a carta em recurso de juízo *a quo* para juízo *a quo*.

Contudo, professando entendimento totalmente contrário, Tourinho (1995, p. 363) refere ser a carta o recurso cabível na denegação do protesto:

> [...] pensamos que o recurso é a carta testemunhável, mesmo porque o art. 639 não faz nenhuma restrição.

---

[248] "A decisão denegatória do processamento de recurso em sentido estrito só pode ser examinada à luz da carta testemunhável." RT 568/316.

[249] "Do não-recebimento do agravo em execução, não cabe novo agravo em execução, mas carta testemunhável (art. 639, I, do CPP)." JUTARGS 105/82.

Professamos que o protesto indeferido se identifica a um recurso denegado e, nestes casos, servirá a carta testemunhável para objurgar a decisão, pois o artigo 639, I, do CPP a preceitua contra a decisão que denegar recurso. Contudo, destaca-se a possibilidade de a parte desprezar o recurso da carta e optar pelo remédio ágil do *habeas corpus* (artigo 648, I, do CPP).

E mais, entendemos que é possível a promoção simultânea da carta testemunhável e do *habeas*, pois poderia o recorrente ingressar com a carta, contra o indeferimento do protesto, no prazo de 48 horas, e impetrar, junto, ordem de *habeas* a fim de obter a suspensividade da decisão, já que a carta testemunhável não possui este efeito forte no artigo 646 CPP.

10.6.10.2. Quando inicia o prazo para a carta

A lei prescreve (art. 640 do CPP) que a carta será requerida nas *48 (quarenta e oito) horas seguintes ao despacho que denegar o recurso [...]*

Desta forma, a lei estabelece que o prazo começa a fluir a partir da data do despacho judicial, e não da intimação das partes. Ora, conforme o CPP, é possível que o prazo inicie com a data do despacho, pois o artigo 798, § 5º, assim admite ao referir os casos expressos em lei, como exceção, afastando a data da cientificação das partes.

Conforme Noronha (1989, p. 396/397), o prazo para interposição da carta começa a correr:

> [...] do despacho e não da cientificação da parte que o prazo decorrer, de modo que esta deve ficar vigilante para interpô-la [...]

No mesmo entendimento segue Espínola Filho (1961, p. 544/545):

> O artigo é taxativo mandando contar, do despacho, o prazo de quarenta e oito horas, dentro no qual a carta tem de ser interposta. Parece-nos, pois, não ser possível a solução, sem dúvida simpática [...]
> Assim, quem interpõe um recurso, cuja denegação pode autorizar a carta testemunhável, deve ter a precaução de despachar com o próprio juiz, requerendo a este que, no caso de denegação, consigne a hora; se o juiz não decide logo, mandando à conclusão, o interessado ficará alerta, para conhecer a hora da restituição dos autos com o despacho denegatório; e então só se poderá contar como data do despacho a do recebimento constante do competente termo, pelo escrivão, pois doutra forma, poderia o prolator do despacho inutilizar a carta testemunhável retendo os autos em seu poder mais de dois dias, após o despacho, que recusar o recurso.

Outrossim, julgados reconhecem que o lapso recursal para o requerimento da carta testemunhável é de ser computado a partir da data do despacho recorrido, e não da data da cientificação da parte ou da publicação daquele.[250]

Deste modo, fortes opiniões seguem o entendimento de que o prazo inicia a partir da data da decisão do julgador que denegar o recurso.

---
[250] JUTACRIM-SP 33/116. Mesmo sentido: RT 536/ 342, 597/303 e 429/465.

Em diapasão distinto, defendendo que o prazo inicie a partir da intimação, Mossin (2001, p. 475) apresenta duas razões:

> a) A ampla defesa deve ser preservada em toda sua latitude, propiciando desta forma ao sujeito processual o conhecimento da decisão através de comunicação oficial, a qual atualmente é feita por meio de publicação na imprensa oficial do estado;
> b) Atualmente há o sistema de protocolo e, de regra, não mais se tem o hábito de despachar diretamente com o juiz, o que se torna inclusive desaconselhável em face do grande número de feitos determinados em pauta.

Mesmo sentido segue Mirabete (2001, p. 703):

> O prazo deve ser computado somente a partir da sua intimação, garantindo-lhe o direito à ampla defesa, pois não se pode obrigar ao procurador da parte que fique diuturnamente no foro para verificar se, e quando, o juiz vai indeferir o pedido ou obstar o seu seguimento.

Acordamos, visceralmente, com estas duas últimas opiniões, pois defender o entendimento de que o prazo começa a correr da data do decisório é impraticável nos dias de hoje. Com a quantidade expressiva de feitos aguardando decisões, não seria suportável exigir-se do defensor que despachasse com o próprio juiz. De outra banda, é impossível pensar que o advogado do réu deva restar de sentinela, à beira do cartório, aguardando pacientemente o momento certo da vinda dos autos do gabinete do juiz, para cronometrar o termo inicial do prazo. Exigir-se isto é atentar contra o nobre mister advocatício.[251]

Nestas condições, face à inviabilidade de plantão, haveria flagrante inconstitucionalidade por cerceamento de defesa. Frente à garantia da ampla defesa e a possibilidade da intimação prevista no artigo 798, § 5°, "a", do CPP é necessário que o prazo seja contado a partir da intimação, como termo inicial.

Destaca-se, ainda, que o Ministério Público, forte no artigo 41, IV, da Lei n° 8.265/93, bem como no artigo 18, II, "h" da Lei Complementar n° 75/93 e no artigo 370, § 4°, do CPP, deverá ser intimado pessoalmente. Outrossim, a Defensoria Pública, conforme Lei Complementar n° 80/94, artigo 128, I, e o defensor nomeado, artigo 370, § 4°, do CPP, deverão ser intimados pessoalmente. Logo, é inexplicável que só o defensor particular tenha prazo iniciado em tempo desconhecido.

10.6.10.3. Como se conta o prazo de horas para a carta

Deve ser criticado o prazo de 48 horas para a carta testemunhável, pois num regime processual onde os registros normalmente são feitos em dias, a exceção do prazo em horas certamente oferta dificuldades.

---

[251] Tão digno é o labor advocatício, que o próprio estatuto, materializado na Lei n° 8.906/94, protege o advogado do atraso do ato judicial, quando este ultrapassar 30 minutos do horário designado e não estiver presente a autoridade que deva presidir, permitindo sua retirada do recinto, conforme art. 7°, XX.

Como o CPP não regula a forma de contagem do prazo em horas, deve-se, por analogia, firmar-se no artigo 132, § 4º, da Lei nº 10.406/02 (novo Código Civil), o qual refere:

> Os prazos fixados por hora contar-se-ão de minuto a minuto.

Neste sentido, seguiu-se julgamento referindo que em caso de prazo em horas, deve ser observado cada minuto a partir da hora da prolatação da decisão.[252]

Se a decisão que se buscar atacar com a carta não vier com horário expresso, dever-se-á, então, contar o prazo em dias.

10.6.10.4. Suspensão do escrivão

O escrivão, ou o secretário do tribunal, que se negar a dar recibo, ou deixar de entregar, sob qualquer pretexto, o instrumento, será suspenso por 30 (trinta) dias. O instrumento a que se refere a lei nada mais é do que o traslado das peças e a petição do recorrente. Da mesma forma, poderá ser responsabilizado o substituto do escrivão ou do secretário. É o que preceitua o artigo 642 do CPP.

Na realidade, estabelece-se uma garantia ao impetrante, estabelecendo-se a incondicional entrega do recibo da petição da carta testemunhável, prova da interposição do recurso, ou do instrumento.

10.6.10.5. Peças obrigatórias no traslado da carta

É indiscutível, para que a carta tenha condições em seu procedimento, que peças essenciais lhe acompanhem. Nestas condições, deverão necessariamente ser trasladadas:

1- A decisão que denegou o recurso;

2- A data do despacho denegatório (certidão de intimação do recorrente);

3- A procuração.

Além destas peças, seguirão, obviamente, a petição do recurso e as razões.

Entrementes, para se permitir aplicação do artigo 644 do CPP, ou seja, para que haja o julgamento, outrossim, do próprio recurso denegado, é imprescindível que seja remetido o traslado deste, além das peças esclarecedoras e persuasivas, que permitam instrução suficiente para julgar o mérito.

---

[252] "O prazo de 48 horas para requerimento da carta testemunhável deve ser contado minuto a minuto, desde que mencionado, no despacho atacado, o dia e a hora em que foi prolatado. Não o sendo é de se observar o disposto no art. 798, §§ 1º e 2º do CPP." (TRF 3ª Região, CT 6. Rel. Salette Nascimento. RTRF 3ª Reg. 28/179).

10.6.10.6. A carta e o princípio da conversão

Nos termos do art. 644 do CPP, o colegiado a que competir o julgamento da carta, se desta tomar conhecimento, se estiver suficientemente instruída, decidirá logo, *de meritis*. Trata-se, então, da efetividade do princípio da conversão, e que permite a transposição do exame recursal.

Nestas condições, a matéria do recurso que restou obstaculizado poderá ser julgada junto com o provimento da carta.

10.7. RECURSO EXTRAORDINÁRIO

10.7.1. Nome

O nome *recurso extraordinário* vem por designação da corte maior. Nos termos do regimento interno de 08.08.1891 do Supremo Tribunal de Justiça, veio a referência de recurso extraordinário.

Conforme Mossin (2001, p. 623):

A designação recurso extraordinário é de criação pretoriana [...]

10.7.2. Origem

Ao referir a origem do recurso extraordinário, as palavras de Noronha (1989, p. 387) são esclarecedoras:

Herdamo-lo do *Judiciary Act* norte-americano de 1789.

Assim, inspirado no Direito americano, o recurso extraordinário ingressou em nossa legislação através do artigo 9º, II, parágrafo único, do Decreto nº 848/1890, promovido pelo Gal. Manoel Deodoro da Fonseca.

10.7.3. Conceito

É um recurso processual, julgado pelo Supremo Tribunal Federal, cuja matéria ventilada é de índole constitucional. A finalidade do recurso extraordinário é assegurar sempre o predomínio da Constituição Federal.

A República Federativa do Brasil representa a unidade indissolúvel dos Estados, Municípios e Distrito Federal. Como as leis locais são admitidas, faz-se mister que estas sempre mantenham harmonia com a Constituição Federal, instrumento de unidade da República.

O extraordinário é então um recurso político que tutela a autoridade da Constituição Federal sobre as demais legislações.

10.7.4. Previsão legal

O recurso extraordinário vem firmado pelo artigo 102, III, da Constituição Federal, o qual estabelece que cabe ao Supremo Tribunal Federal julgar, mediante recurso extraordinário, as causas decididas em única ou última instância, quando a decisão recorrida contrariar dispositivo desta Constituição, declarar a inconstitucionalidade de tratado ou Lei Federal, julgar válida lei ou ato do governo local contestado em face desta Constituição ou julgar válida lei local contestada em face de lei federal.

Já a Lei nº 8.038/90, em seus artigos 26 e seguintes, refere-se sobre a interposição do recurso extraordinário, inclusive destacando o conteúdo da petição.

Os artigos 637 e 638 do CPP, outrossim, fundamentam legalmente o recurso extraordinário.

10.7.5. Órgão julgador

O Supremo Tribunal Federal.

O artigo 638 CPP preceitua que o recurso extraordinário será processado e julgado no Supremo Tribunal Federal, na forma estabelecida pelo respectivo regimento interno.

10.7.6. Prazo

Conforme o artigo 26 da Lei nº 8.038/90, o prazo para o recurso extraordinário é de 15 dias.

Ocorre que a Lei nº 3.396, de 02.06.58, em seu artigo 2º, estabeleceu o prazo de 10 dias para o recurso extraordinário, o que foi, inclusive, ratificado pela Súmula 602 do Supremo Tribunal Federal, publicada em 29.10.84.[253] Contudo, face à vigência do artigo 26 da Lei nº 8.038/90, o prazo do recurso extraordinário foi estendido para 15 dias. Veja-se que o legislador ordinário, ao editar esta lei, estabeleceu o processamento do recurso extraordinário para matéria civil e matéria criminal, sem qualquer distinção.

A Defensoria Pública terá prazo em dobro.[254]

10.7.7. Efeitos

– Devolutivo

O recurso será devolvido ao Supremo Tribunal Federal. O artigo 27, § 2º, da Lei nº 8.038/90 determina que o recurso extraordinário será recebido no efeito devolutivo.

---

[253] DJ 29.10.84, p. 8113.
[254] Lei Complementar nº 80/94, art. 128, I.

– Suspensivo

Além do artigo 27, § 2º, da Lei nº 8.038/90, preceitua o artigo 637 do CPP que recurso extraordinário não tem efeito suspensivo. E assim seguem os julgados.[255]

– Extensivo

O recurso extraordinário possui efeito extensivo quando a decisão repercutir motivos que não sejam de caráter exclusivamente pessoal.

10.7.8. Cabimento

Conforme dispõe o artigo 102, III, da CF, com o acréscimo promovido pela Emenda Constitucional nº 45/04, o recurso extraordinário é cabível, nas causas decididas em única ou última instância, quando a decisão recorrida contrariar dispositivo desta Constituição, declarar a inconstitucionalidade de tratado ou Lei Federal, julgar válida lei ou ato do governo local contestado em face desta Constituição ou julgar válida lei local contestada em face de lei federal. Desta forma, para se recorrer à instância suprema, é necessário que ocorra o enquadramento em uma destas hipóteses determinadas pela Carta Magna.

10.7.9. Admissibilidade

O juízo de admissibilidade promovido pelo Tribunal *a quo* é ato fundamental no procedimento recursal. Vinculando-se ao exame dos pressupostos e requisitos recursais, esse juízo preliminar positivo, ou negativo, não pode ser omitido, pois importa em efeitos jurídico-processuais de controle dos recursos interpostos. Ilustra-se que este juízo de admissibilidade apenas sofre explícita restrição na hipótese singular do agravo de instrumento.[256]

Em exame de admissibilidade, conforme dispõe o artigo 27 da Lei nº 8.038/90, o recurso, após sua interposição, será concluso para sua admissão ou não pelo presidente do tribunal recorrido (no Tribunal de Justiça do Estado do Rio Grande do Sul, será para o 1º vice-presidente, face ao artigo 44, VIII, de seu Regimento Interno).

É que para que o recurso extraordinário tenha seguimento, sendo remetido ao Supremo Tribunal Federal, o titular do tribunal *a quo* deverá fazer um juízo de prelibação no recurso extraordinário. Este juízo examinará os requisitos de admissibilidade do recurso, justapondo-se à apreciação circunstancial do mérito da insurreição. Ou seja, a característica da admissibilidade em amplo sentido do recurso extraordinário está no aspecto de que o exame das condições obje-

---
[255] RTJ 152/868, 154/139 e RT 753/441.
[256] STF-RMS 21421, Rel.Celso de Mello, j.14.04.92, Publ. DJ 19.06.92.

tivas do recurso (tipificação formal, legitimidade para recorrer, interesse em recorrer, tempestividade, regularidade formal, preparo e a inexistência de fato extintivo ou impeditivo para recorrer) se conjuga com a apreciação do próprio mérito da impugnação. Assim, o tribunal *a quo* fará um julgamento periférico, outrossim, do conteúdo recursal, para dar seguimento ao tribunal Supremo.

Sem exame de admissibilidade, o recurso não terá sobrevida no Supremo Tribunal Federal. Daí, que inclusive a Súmula 634 do STF informa que não compete ao Supremo Tribunal Federal conceder medida cautelar para dar efeito suspensivo a recurso extraordinário que ainda não foi objeto de juízo de admissibilidade na origem.

10.7.9.1. Tipificação formal

O recurso extraordinário caberá nos casos descritos no artigo 102, III, da Constituição Federal. Desta forma, é imprescindível que o recurso busque reformar a decisão que:

– Contrariar dispositivo desta Constituição;

– Declarar a inconstitucionalidade de tratado ou Lei Federal;

– Julgar válida lei ou ato de governo local contestado em face desta Constituição;

– Julgar válida lei local contestada em face de lei federal.

10.7.9.2. Legitimidade

O recurso extraordinário é um recurso voluntário, assim não se admite seja promovido *ex officio*. Nestas condições, face à disponibilidade, serão legítimos para recorrer o réu, o Ministério Público, o querelante e o assistente da acusação.

A Súmula 210 do STF prescreve que o assistente do Ministério Público pode recorrer, inclusive extraordinariamente, na ação penal, nos casos dos arts. 584, § 1º, e 598 do Código de Processo Penal. Mas não se deve conflitar com a Súmula 208 do STF e que informa o assistente do Ministério Público não pode recorrer, extraordinariamente, de decisão concessiva de *habeas corpus*.

10.7.9.3. Interesse

Relembrando o artigo 577, parágrafo único, do CPP, temos que não se admitirá recurso da parte que não tiver interesse na reforma ou modificação da decisão. Desta forma, havendo interesse ao réu, ao Ministério Público, ao querelante ou ao assistente da acusação, caberá o extraordinário.

Como o artigo 577, parágrafo único, do CPP deixa claro que o pressuposto subjetivo recursal é o interesse na reforma ou na modificação da decisão, a utilidade e a necessidade serão elementos formadores deste interesse.

Veja-se, ainda, que poderá, inclusive, haver interesse do Ministério Público, como fiscal da lei, em recorrer extraordinariamente para favorecer o réu.

10.7.9.4. Tempestividade

Muito embora a Súmula 602 do STF informe que nas causas criminais o prazo de interposição de recurso extraordinário é de 10 dias, a vigência do artigo 26 da Lei nº 8.038/90, e que estabelece o prazo do recurso extraordinário em 15 dias, faz afastar o preceito sumular.

Assim, o ingresso do recurso deve-se dar no prazo legal de 15 dias.

10.7.9.5. Regularidade formal

O recurso extraordinário deve ser interposto obedecendo às regras formais. Contudo, não se admite o extraordinário através de interposição oral.

Outrossim, o petitório de interposição do recurso extraordinário deve vir acompanhado das razões recursais, não se admitindo o seu julgamento apenas com a apresentação do requerimento do recurso, sem a motivação.[257] E mais, a própria motivação deve-se apresentar de forma clara, pois conforme a Súmula 284 do STF, é inadmissível o recurso extraordinário quando a deficiência na sua fundamentação não permitir exata compreensão da controvérsia.

Desta forma, deve o recorrente observar com atenção os ditames do artigo 26 da Lei nº 8.038/90 para apresentar a exposição do fato e do direito, a demonstração do cabimento do recurso interposto e as razões do pedido de reforma da decisão recorrida.

Se o acórdão possui mais de um fundamento, a decisão atacada necessita arrazoar todos, não se admitindo a objurgação de apenas um deles. Nestas condições, vem a emersão da Súmula 283 do STF, que preceitua ser inadmissível o recurso extraordinário quando a decisão recorrida assenta em mais de um fundamento suficiente e o recurso não abranja todos eles.

10.7.9.6. Preparo

Conforme prevê o artigo 61 do Regimento Interno do Supremo Tribunal Federal, cabe às partes prover o pagamento antecipado das despesas dos atos

---

[257] "Recurso Extraordinário. Matéria Criminal. Ausência de razões. Não conhecimento. Inteligência do art. 310 do Regimento Interno." (STF – RT 550/410).

que realizarem ou requeiram. Já o § 1º, inciso I, do referido diploma, prevê isenção do preparo nos conflitos de jurisdição, nos *habeas corpus* e nos demais processos criminais, salvo a ação penal privada, o que se harmoniza, perfeitamente, com o artigo 806 do CPP. Contudo, por certo, em estado de pobreza, o indivíduo será beneficiado pela gratuidade.

Destarte, para o extraordinário, deverão ser satisfeitas as custas processuais e as despesas de correio.

10.7.9.7. Inexistência de fato extintivo ou impeditivo para recorrer

É óbvio que a existência de algum fato extintivo ou impeditivo determinará o não conhecimento do recurso extraordinário.

Contudo, outros fatos poderão determinar a não admissão recursal. São eles: cabimento de recurso ordinário, reexame de prova e ausência de prequestionamento.

– Inexistência de recurso ordinário

Conforme a Súmula 281 do STF, é inadmissível o recurso extraordinário quando couber, na justiça de origem, recurso ordinário da decisão impugnada.

Desta forma, se a matéria passível de ser recorrida através do extraordinário estiver com voto divergente, torna-se imperiosa a promoção de embargos infringentes. Diferentemente será a situação em que uma determinada questão restou decidida por unanimidade. Neste caso, deve ser imediatamente promovido o recurso extraordinário, sob pena de preclusão. A Súmula 354 do STF preceitua que, em caso de embargos infringentes parciais, é definitiva a parte da decisão embargada em que não houve divergência na votação. Já a Súmula 355 do STF prevê que, em caso de embargos infringentes parciais, é tardio o recurso extraordinário interposto após o julgamento dos embargos, quanto à parte da decisão embargada que não fora por eles abrangida. Assim, se em um julgamento o tribunal, por sua unanimidade, rechaçar uma questão e, por maioria, julgar de forma desfavorável ao réu outra, deverá ser promovido o extraordinário imediatamente, no prazo legal, contra a decisão unânime e ingressar com embargos infringentes contra a dissonante, para após este julgamento, se for o caso, promover outro recurso extraordinário.

E não poderia ser diferente, pois a própria Constituição Federal estabelece que caberá recurso extraordinário nas causas decididas em única ou última instância, ou seja, neste caso quando já foram utilizados todos os recursos cabíveis.

Todavia, a Lei nº 10.352/01 alterou o art. 498 do CPC, ao estabelecer que, quando o dispositivo do acórdão contiver julgamento por maioria de votos e julgamento unânime, e forem interpostos embargos infringentes, o prazo para o recurso extraordinário ou recurso especial, relativamente ao julgamento unânime, ficará sobrestado até a intimação da decisão nos embargos. Desta forma, entendemos que, por analogia, é de se aproveitar este diploma junto ao processo penal.

– Inexistência de reexame de prova

É proibida a tentativa de impugnação para reexame de questões de fato, cujo deslinde esteja limitado à avaliação de provas. Isto porque, se fosse possível, haveria então uma nova apelação. Neste sentido, segue-se a Súmula 279 do Supremo:

Para simples reexame de prova não cabe recurso extraordinário.

É desta forma que o recurso extraordinário não se presta para mais uma análise probatória.

Contudo, não confundir a impossibilidade de reexame de matéria fática com a necessidade de se observar questões fáticas para o julgamento da matéria de direito.

E mais, se a interpretação dada aos fatos não se apresentar na forma jurídica, haverá, então, ofensa ao direito, razão pela qual eventual recurso não se firmará em matéria de acontecimento.

– Existência do prequestionamento

É imprescindível que a decisão objurgada tenha sido prequestionada.

O prequestionamento trata-se do efetivo debate sobre determinada questão que permite o conhecimento claro da tese adotada pelo tribunal e do juízo emitido a respeito. Assim, a discussão exaustiva sobre determinada questão é fundamental para a admissibilidade do extraordinário, pois não sendo ventilada a matéria não haverá por que se buscar o entendimento supremo.

Em situações excepcionais, é possível dispensar-se o prequestionamento, como por exemplo, quando o tribunal local decidir *extra petita,* em prejuízo da acusação.

Adiante examinaremos atentamente a questão do prequestionamento no item 10.7.12.1.

– Repercussão geral das questões constitucionais

Frente ao art.102, III, § 3º, acrescido pela Emenda Constitucional nº 45/04, no recurso extraordinário, o recorrente deverá demonstrar a repercussão geral das questões constitucionais discutidas no caso, nos termos da lei, a fim de que o Tribunal examine a admissão do recurso, somente podendo recusá-lo pela manifestação de dois terços de seus membros.

Repercussão geral nada mais é do que o efeito que a decisão promove, além daquele existente junto às partes. Ou seja, significa que a questão controvertida não se limita a esfera que circunda as partes.

Logo, deve o recorrente demonstrar, em suas razões recursais, que a questão arguida no extraordinário determina repercussão além, razão da necessidade do pronunciamento do Supremo Tribunal Federal (Mais sobre o tema no item 10.7.12.2.).

10.7.10. Do enquadramento legal

É fundamental que o julgado seja causa decidida em única ou última instância, conforme preceitua o artigo 102 da Constituição Federal, e que o recurso se enquandre em alguns dos dispositivos constitucionais, elencados no artigo 102, III, *a, b , c e d*, da Constituição, para estabelecer a possibilidade jurídica. Nestas condições, não se admitiu recurso extraordinário que não indicou com precisão o dispositivo autorizador de sua interposição.[258] Entrementes, existe decisão ao contrário, que recebeu o recurso por entender irrelevante a expressão *referência* ao dispositivo legal.[259]

10.7.10.1. A decisão recorrida contrariar dispositivo desta Constituição

É o afronte promovido pelo julgado recorrido com preceito constitucional. Ou seja, a decisão atacada ofende o texto da Constituição.

Ocorre que esta contrariedade deve ser direta e frontal,[260] não se admitindo o recurso extraordinário quando a ofensa se promove através de repercussão indireta, como no caso de a decisão recorrida contrariar dispositivo infraconstitucional, o que ofenderia, por exemplo, o princípio constitucional do devido processo legal (artigo 5º, LIV, da Constituição).

A oposição à Constituição pode ser feita de várias formas, desde a negativa da vigência de um dispositivo constitucional até seu confronto direto.

10.7.10.2. Declarar inconstitucionalidade de tratado ou Lei Federal

Trata-se do objeto recursal da parte prejudicada em buscar junto ao Supremo Tribunal Federal a reforma de decisão que declarou inconstitucional um tratado ou Lei Federal.

---

[258] JSTF-LEX 210/92.
[259] RT 594/232.
[260] RTJ 107/661.

É de se destacar que o Supremo Tribunal Federal tem competência originária para ação direta de inconstitucionalidade de Lei Federal (artigo 102, I, *a*, da Constituição). Mas, é possível que a declaração de inconstitucionalidade de tratado ou Lei Federal seja promovida em ação incidental.

Contudo, no caso em tela, o dispositivo expressado para o recurso extraordinário admite que o recorrido busque a reforma do decisório que reconheceu como inconstitucional tratado ou Lei federal.

10.7.10.3. Julgar válida lei ou ato de governo local contestado em face desta Constituição

Diferentemente da alínea anterior, que admite o recurso extraordinário para atacar a declaração de inconstitucionalidade de tratado ou Lei Federal, agora temos o oposto, ou seja, a decisão atacada concluiu pela constitucionalidade da chamada lei local. Lei local é aquela vinculada aos Estados ou aos Municípios. Nestas circunstâncias, quando o julgado admitir a constitucionalidade desta lei, é viável o recurso.

Ato de governo local, que pode ser dos Poderes Executivo, Legislativo ou Judiciário, é ato administrativo estadual ou municipal. Neste caso, temos que se a decisão se firmar em ato administrativo inconstitucional, é cabível o recurso extraordinário para reformar o decisório.

De outra banda, o recurso extraordinário não servirá para examinar, por si só, o simples direito estadual ou municipal que viole regra jurídica. Neste sentido, a Súmula 280 do STF refere: *Por ofensa a direito local não cabe recurso extraordinário*. E não poderia ser diferente face à atividade relevante do tribunal excelso.

10.7.10.4. Julgar válida lei local contestada em face de lei federal

Acrescido pela Emenda Constitucional nº 45/04, este dispositivo afastou a competência do Superior Tribunal de Justiça, que antes julgava a questão mediante recurso especial.

Como visto, lei local é aquela atinente aos Estados e aos Municípios. Uma vez que esteja em confronto com a lei federal, caberá o extraordinário, para solucionar a questão.

10.7.11. Procedimento

O procedimento do recurso extraordinário deve ser observado através das hipóteses a seguir referidas:

10.7.11.1. Do recurso extraordinário, quando admitido

1- O recurso extraordinário deve ser interposto no tribunal *a quo*, entregue na secretaria deste e protocolado com petição dirigida ao presidente do tribunal, contendo a exposição do fato e do direito, a demonstração do cabimento do recurso interposto e as razões do pedido de reforma da decisão recorrida (artigo 26 da Lei nº 8.038/90). No caso do tribunal de justiça do Estado do Rio Grande do Sul, o extraordinário será dirigido ao 1º vice-presidente (Artigo 44, VIII, do regimento interno do Tribunal de Justiça do Estado do Rio Grande do Sul);

2- Recebida a petição, será intimado o recorrido para contra-arrazoar no prazo de 15 dias;

3- Admitido o recurso, o mesmo seguirá ao Supremo Tribunal Federal e será distribuído ao relator de uma das Turmas Criminais. Este relator dará vista dos autos do Procurador-Geral da República e após pedirá dia para julgamento;

4- Por ocasião do julgamento, será, primeiramente, observado pela Turma se é cabível o recurso. Se não for, o recurso não será conhecido. Se for cabível, o mesmo será julgado provido ou improvido.

É de se destacar que se o recurso extraordinário for contra decisão do Superior Tribunal de Justiça ou do próprio Supremo Tribunal Federal, ele será distribuído não para as Turmas, mas sim para o Plenário.

10.7.11.2. Do recurso extraordinário, quando denegação for agravada

1- Da mesma forma acima, é interposto na secretaria e protocolado, com petição contendo os requisitos do artigo 26 da Lei nº 8.038/90, e dirigido ao presidente do tribunal *a quo*. Lembrando, ainda, que será para o 1º vice-presidente se for o Tribunal de Justiça do Estado do Rio Grande do Sul;

2- Recebida a petição, o recorrido será intimado para contra-arrazoar no prazo de 15 dias;

3- Denegado o recurso extraordinário, não cabe carta testemunhável, e, sim, recurso de agravo de instrumento, no prazo de 5 dias para o Supremo Tribunal Federal;

4- O agravo deverá ser instruído com peças obrigatórias que serão cópias do acórdão recorrido, da petição de interposição do recurso denegado, das contrarrazões, da decisão agravada, da certidão da respectiva intimação e das procurações outorgadas aos advogados do agravante e do agravado, além de outras peças que o agravante entender úteis (artigo 544 do CPC);

5- Distribuído o agravo no Supremo, o relator proferirá a decisão.

Se der provimento e se o instrumento contiver os elementos necessários ao julgamento do mérito do recurso extraordinário, determinará o relator a inclusão em pauta para o julgamento do recurso pela Turma Criminal.

Se negar seguimento ou provimento ao agravo de instrumento, caberá agravo no prazo de 5 dias para o órgão julgador.

10.7.11.3. Da interposição do recurso extraordinário em concomitância do recurso especial

1- Da mesma forma acima, serão interpostos os dois recursos na secretaria e protocolados, com petição contendo os requisitos do artigo 26 da Lei nº 8.038/90, e dirigidos ao presidente do tribunal *a quo*, conforme o regimento interno;

2- Com o recebimento das petições, o recorrido será intimado para contra-arrazoar no prazo de 15 dias;

3- Admitidos os recursos, os autos serão imediatamente remetidos ao Superior Tribunal de Justiça, o qual julgará o recurso especial. Após este julgamento, os autos serão remetidos o Supremo Tribunal Federal para apreciação do recurso extraordinário, se este não restar prejudicado;

4- Caso o relator do recurso especial considerar que o extraordinário é prejudicial, sobrestará o julgamento e remeterá os autos ao Supremo Tribunal Federal para que seja julgado o extraordinário. Mas, se o relator do extraordinário não considerar prejudicial, devolverá os autos ao Superior Tribunal de Justiça, para que seja promovido o julgamento do recurso especial.

10.7.12. Considerações

10.7.12.1. Prequestionamento

– *Origem*

O prequestionamento foi previsto em 1891, já na primeira Constituição, que firmou o recurso extraordinário no artigo 59, III. Apontam-se suas origens no *Judiciary Act* dos Estados Unidos da América do Norte. Nas palavras de Monteiro (1988, p. 21)

> Foi assim que o Brasil se inspirou e se abeberou no *Judiciary Act* editado em 24 de setembro de 1789, nos EUA, para exigir como conditio sine que non, do Recurso extraordinário (RE) o prequestionamento prévio perante a instância ordinária de 2º grau [...]

– *Conceito*

Prequestionar significa esgotar um tema, abordando-o de maneira clara para que reste por fim explícita determinada matéria. O prequestionamento trata-se do suficiente debate sobre determinada questão que permite o conhecimento límpido e cristalino da tese adotada e seu juízo emitido a respeito.

Desta forma, é da essência do recurso extraordinário o prequestionamento, ou seja, que o objeto de inconformidade tenha sido discutido anteriormente de forma exaustiva. Se a matéria não tiver sido ventilada e discutida no acórdão recorrido, não será cabível o recurso extraordinário.[261]

– *Imperiosidade do prequestionamento*

O prequestionamento deve ser promovido, e o objeto a ser prequestionado deve identificar-se com tema constitucional na forma dos dispositivos magnos. Com relação ao objeto de prequestionamento, professa Medina (2002, p. 310/311) que:

> O prequestionamento, de acordo com o exposto nos itens precedentes, tem por objeto a questão constitucional ou a questão federal, conforme o caso a levá-las ao conhecimento do juiz ou Tribunal, para que estes sobre elas se manifestem.
>
> Manifestando-se o juiz ou o Tribunal a respeito da questão constitucional ou da questão federal, caberá o recurso extraordinário ou o recurso especial, porque só então estarão presentes os requisitos estipulados pela Constituição

Desta forma, a Súmula 282 do STF preceitua que é inadmissível o recurso extraordinário quando não ventilada, na decisão recorrida, a questão federal suscitada.

Tanto que se tem utilizado dos embargos de declaração para provocar o debate sobre determinado ponto, cujo pronunciamento determina o prequestionamento necessário para o recurso subir aos ilustres Ministros. É de se destacar que alguns entendem que neste caso o que existe é um pós-questionamento, e não um prequestionamento, pois sendo os embargos declaratórios apelos de integração, e não de substituição, o questionamento sobre a matéria viria a ocorrer após a firmação inicial do acórdão.[262]

Desta forma, os embargos declaratórios podem provocar o prequestionamento. A Súmula nº 356 do Supremo Tribunal Federal informa:

> O ponto omisso da decisão, sobre o qual não foram opostos embargos declaratórios, não pode ser objeto de recurso extraordinário, por faltar o requisito do pré-questionamento.

Nesta esteira, ensina Bonfim (1992, p. 30):

> Realmente, sendo manifesta a omissão da matéria de direito levada ao conhecimento do Tribunal de origem, consolidou-se na jurisprudência do Supremo Tribunal Federal o entendimento no sentido da necessidade da apresentação dos Embargos de Declaração, com a finalidade de obter-se a identificação da abrangência da res controversa.

– *Momento do prequestionamento*

O prequestionamento deve vir antes da interposição do recurso extraordinário. Desta forma, tem-se entendido, salvo exceções, que o momento para se prequestionar é no recurso de apelação, em suas razões ou nas contrarrazões. O

---
[261] RTJ 152/648, 150/636 e JSTF – LEX 210/92.
[262] STJ-Edno AR no Resp. 82.465- 1ª T- DJU 14.10.96.

motivo deste momento próprio é que o tribunal *a quo* necessita conhecer todos os temas para se posicionar. Veja-se que se não houver provocação nas razões ou contrarrazões da apelação, não poderá o tribunal apreciar, discutir, decidir sobre a questão, inexistindo, então, o prequestionamento.

Porém, existe entendimento sobre o pós-questionamento, em que os embargos aclaratórios trariam a matéria após a manifestação do tribunal, o que também tem sido aceito.[263]

Por fim, é possível observar, outrossim, um chamado prequestionamento implícito. Ou seja, diferentemente do prequestionamento explícito, que se apresenta claramente, o implícito vem, de certa forma, introduzido no acórdão em momento e forma distinta. Alguns não aceitam o prequestionamento implícito. Monteiro (1988, p. 28), ao referir julgamento do Supremo, diz:

> Em hipótese alguma admite-se, qualquer que seja a matéria criminal, a sua importância ou excepcionalidade – o prequestionamento implícito [...]

Contudo, existe forte pronunciamento a favor do prequestionamento implícito. Neste sentido, no mínimo três correntes moldam as espécies desta implícita forma:

A primeira o reconhece como sendo o acórdão que menciona a tese jurídica, mas não refere a norma violada. Nestas condições, existe entendimento de que é de se admitir o recurso, pois o que importa é a existência no acórdão do prequestionamento, o qual prescinde de dispositivo legal.[264]

A segunda corrente reconhece o prequestionamento implícito quando a parte não provoca a discussão sobre a matéria, mas o acórdão se manifesta assim mesmo. Neste sentido, entende-se que o indispensável para que o recurso seja admitido é que a matéria nele ventilada tenha sido objeto de apreciação no acórdão recorrido.[265]

Já a terceira corrente entende que o prequestionamento implícito é aquele cuja decisão foi posta em discussão em primeiro grau, mas não foi mencionada pelo acórdão, recusando implicitamente através da omissão. Admitindo-se que o tema foi claramente questionado no decorrer do contraditório, já se admitiu a dispensa, no caso de omissão do acórdão, de embargos declaratórios.[266]

Nestas situações, a vestimenta de um prequestionamento implícito pode ocorrer em momentos e situações diferentes.

– *Prequestionamento despiciendo*

Por fim, não se podem olvidar as raras exceções em que restaria dispensado o prequestionamento. Trata-se de situações em que os desvios processuais

---

[263] STJ-Edno AR no Resp. 82.465- 1ª T- DJU 14.10.96.
[264] RT 594/232. Em sentido contrário: RTJ 110/1.101.
[265] STJ, Resp. 49.148-SP, 4ª T, j. 30.05.1995, DJU 19.06.1995, p.18.709.
[266] RSTJ 15/242.

maculam tão gravemente o feito que o recurso se torna imperioso. Por exemplo, quando o tribunal local decidir *extra petita, ultra petita* ou *citra petita*. Ora, nestas condições, seria impossível se exigir prequestionamento. Outrossim, frente a um julgamento nulo, por exemplo, por ausência da intimação do querelante ou seu advogado.[267] É certo que se a decisão for desfavorável ao réu, terá ele também o *habeas* para solucionar a questão. Assim, nestas circunstâncias, tem-se entendido dispensável o requisito do prequestionamento.[268] Contudo, há entendimento diverso, estabelecendo que para estes casos devem ser promovidos embargos declaratórios para provocar o prequestionamento da questão surgida com o próprio acórdão atacado.[269]

10.7.12.2. Da repercussão geral das questões constitucionais

O art. 102, III, § 3º, acrescido pela Emenda Constitucional nº 45/04, prevê que no recurso extraordinário o recorrente deverá demonstrar a repercussão geral das questões constitucionais discutidas no caso, nos termos da lei, a fim de que o Tribunal examine a admissão do recurso, somente podendo recusá-lo pela manifestação de dois terços de seus membros.

A questão sobre a repercussão geral das questões constitucionais nada mais é do que um outro requisito de admissibilidade do recurso extraordinário e que possui o objetivo de manter um controle difuso sobre as causas a serem julgadas pelo Supremo Tribunal Federal. É uma forma de eleger o que será examinado pelo tribunal excelso, através de um critério de seleção fundado em um aspecto subjetivo de transcendência. Daí que é possível dizer que a repercussão geral se vincula ao binômio relevância/transcendência.

Não se pode confundir esta repercussão geral com a antiga arguição de relevância, referida no art. 119, § 1º, da Emenda Constitucional nº 7, de 13.04.77, junto ao Supremo Tribunal Federal.

Repercussão geral trata-se de um elemento que vai além do relacionamento entre as partes. Quando se diz sobre repercussão geral jungida ao recurso extraordinário, revela-se, sim, uma questão controvertida e que não se limita a esfera privada, pois alcança, também, a conveniência pública.

Nos termos da Lei nº 11.418/06 restaram acrescentados à Lei nº 5.869, de 11 de janeiro de 1973, dispositivos que regulamentam o § 3º do art. 102 da Constituição Federal.[270] Desta forma, estabelece-se que o Supremo Tribunal Federal, em decisão irrecorrível, não conhecerá do recurso extraordinário quan-

---

[267] RTJ 112/707.
[268] RT 624/ 419.
[269] JSTF-LEX 209/112.
[270] Artigos 543-A e 543-B do Código de Processo Civil

do a questão constitucional nele versada não oferecer repercussão geral, a qual deverá estar demonstrada em preliminar recursal. Para efeito da repercussão geral, será considerada a existência, ou não, de questões relevantes do ponto de vista econômico, político, social ou jurídico, que ultrapassem os interesses subjetivos da causa. Porém, haverá repercussão geral sempre que o recurso atacar decisão contrária a súmula ou jurisprudência dominante do Supremo Tribunal Federal.

Neste sentido, inclusive, seguiu a Emenda Regimental nº 21, publicada em 03.05.07, e que reformou os artigos 322 e seguintes do Regimento Interno do Supremo Tribunal Federal.

Veja-se que a parte final do art. 102, III, § 3º, da CF estabelece que o Tribunal examinará a admissão do recurso, frente à questão da repercussão geral, *podendo recusá-lo pela manifestação de dois terços de seus membros*. Desta forma, obriga-se a existência de um número mínimo de julgadores para impedir o julgamento do recurso.

É certo que a repercussão geral veio com a finalidade de auxiliar na solução do congestionamento, atualmente existente, de ações, e que prejudica a prestação jurisdicional. Entrementes, o fato de inexistir um regramento objetivo sobre o que é relevante ou não torna o tema espinhoso, pois envereda ao critério subjetivo. Talvez, em razão disto, é que se tenha estabelecido um *quorum* qualificado de dois terços dos membros do Supremo Tribunal Federal para inadmissão do recurso.

Por fim, ilustra-se, ainda, que a existência de um *quorum* para recusar o recurso, permite a conclusão de que o extraordinário, sempre que chega às mãos do tribunal excelso, é presumido como relevante, pois, somente, com a votação de dois terços é que poderá ser rechaçado.

10.7.12.3. Do aprisionamento do réu enquanto se processa o recurso extraordinário

Como o extraordinário não possui efeito suspensivo, a remessa do recurso ao tribunal *ad quem* não determina a paralisação do efeito decisório. Assim, segue entendimento de que uma vez interposto o recurso extraordinário, não haverá suspensão da execução da pena[271] ou que exauridas todas as instâncias ordinárias, pode ser promovida imediata execução da pena, mesmo na pendência de recurso extraordinário.[272] É desta forma que existe orientação quanto à

---
[271] RTJ 152/868 e 160/954.
[272] STF-1ª T-HC 73.692-1-SP. DJU 22.11.1996, p.45.688. Mesmo sentido: STF-1ª T-HC 75.600-0. DJU 5.12.1997, p. 63.905/6.

legitimação da execução provisória do julgado, mesmo frente à interposição do recurso extraordinário.[273]

Ocorre que divergências existem para impedir que o aprisionamento ocorra antes do trânsito em julgado. Assim, já se reconheceu como ilegítima a execução provisória da condenação, frente à interposição de recurso extraordinário, face à ofensa ao princípio do estado de inocência e à convenção americana de direitos humanos.[274]

Também existem orientações no sentido de que uma vez interposto o recurso extraordinário, mesmo que este não possua efeito suspensivo, mas sendo afiançável o crime, tem direito o recorrente de aguardar em liberdade o trânsito em julgado da condenação.[275]

Existem decisões no sentido de que o *habeas*, anteriormente concedido para que o réu aguardasse em liberdade até o trânsito em julgado da decisão penal, determina que a prisão só ocorra após a denegação do recurso extraordinário.[276]

De outra banda, alguns julgados admitem medida cautelar, em caráter excepcional, a fim de outorgar a suspensividade ao recurso, evitando a aplicação imediata da pena, desde que o recurso extraordinário tenha sido admitido pelo juízo *a quo*.[277]

Muito embora saibamos que a execução provisória tem sido admitida pelos tribunais, mantemos nossa opinião, em respeito aos nossos princípios, de que a mesma é inviável juridicamente. É que inexiste no processo penal a antecipação da pena. E mais, a aplicação desta, em destaque à privativa de liberdade, deve restar adstrita ao manto do trânsito em julgado, momento em que o processo se torna findo. Tanto que o artigo 674 do CPP preceitua que a carta de guia para cumprimento da pena privativa de liberdade só será expedida com o trânsito em julgado. E o artigo 105 da Lei nº 7.210/84 estabelece:

> Transitando em julgado a sentença que aplicar pena privativa de liberdade, se o réu estiver ou vier a ser preso, o juiz ordenará a expedição de guia de recolhimento para a execução.

Ademais, a audiência admonitória só ocorre com o trânsito em julgado (art. 160, Lei nº 7.210/84).

Nestas condições, inadmissível é a execução da pena antes do trânsito em julgado, como resulta na execução provisória, que nada mais é do que uma

---

[273] RT 753/441 e RTJ 155/250.
[274] RT 753/441.
[275] JSTF – LEX 234/324 e RTJ 164/602.
[276] STF – HC 70.351-8, Rel. Paulo Brossard, DJU 10.6.94, p. 14.786. Mesmo sentido: HC 69.039, RHC 64.749, RHC 55.652, HC 55.492 e HC 58.032.
[277] STF – PT 748-RJ-Rel.Celso de Mello. Mesmo sentido: STF-PT 721-SP (AR)- Rel. Celso de Mello- DJU 21.05.93.

disfarçada execução penal definitiva. Lembremos que o próprio texto constitucional, em seu artigo 5º, LVII, refere que ninguém será considerado culpado até o trânsito em julgado de sentença penal condenatória.

Para nós, a aceitabilidade da execução provisória no feito criminal é resultado de uma política arcaica que não se preocupa em dinamizar os procedimentos e recursos, tampouco, agilizar as estruturas do Judiciário.

Nesta esteira, recente posicionamento do Supremo Tribunal Federal, acompanhado do Superior Tribunal de Justiça, reconheceu a ilegalidade da chamada execução provisória,[278] rechaçando a prisão antes do trânsito em julgado.

10.7.12.4. Decisões passíveis de extraordinário

O artigo 102, III, da Constituição refere ser cabível o recurso extraordinário nas causas decididas em única ou última instância.

De outra banda, as decisões passíveis de extraordinário não serão somente as que julgam o mérito da causa, pois poderão ser decisões interlocutórias mistas terminativas, cujos pronunciamentos prejudicam a questão principal, pois encerram o processo, ou uma etapa do procedimento, sem abordar o mérito da causa. Exemplo: julgamento improcedente das exceções, salvo a suspeição.

10.7.12.5. Dissídio jurisprudencial sobre matéria constitucional

Tema controvertido é a questão sobre o dissídio jurisprudencial sobre matéria constitucional.

Conforme se observa, o artigo 102, III, da Constituição Federal não refere a possibilidade de divergência jurisprudencial na interpretação da Carta Magna, deixando apenas, para ao artigo 105, III, "c", a possibilidade de recurso, desta vez especial, quando tratar-se de interpretação divergente de Lei Federal.

Em defesa de ser possível recurso forte no dissídio de jurisprudencial sobre matéria constitucional, professa Mirabete (2001, p. 691) que:

> Entretanto, não há dúvida de que continua a existir tal possibilidade, agora com fundamento nas letras *a* e *c* do artigo 102, III. Expressamente o artigo 26 da Lei nº 8.038, 28.05.90, em seu artigo 26, parágrafo único, refere-se ao recurso que se funda entre a interpretação da Lei Federal adotada pelo julgado recorrido e a que lhe haja dado outro Tribunal.

Em pensamento divorciado, seguem Grinover, Gomes Filho e Fernandes (1999, p. 281):

---
[278] STF/HC 91.232/PE, DJ 07.12.07. Mesmo sentido: STJ/HC 76.725/DF, DJ 25.02.08.

Agora, com a divisão de competência entre o STF e o STJ, parece claro que somente a diversidade de entendimentos sobre as regras infraconstitucionais pode autorizar o apelo extremo por esse fundamento. A atual Constituição não prevê recurso extraordinário ao Supremo Tribunal Federal por esse motivo e, por um lado, não seria razoável admitir que o STJ pudesse dirimir controvérsias sobre a interpretação da própria Constituição. Nas questões constitucionais, a existência de julgado em favor da tese do recorrente poderá constituir, quando muito, um reforço à argumentação sobre a contrariedade ao texto constitucional, em recurso eventualmente interposto com base no art. 102, III, letra *a*.

Efetivamente, a Emenda Constitucional nº 1, de 1967, em seu artigo 119, III, *d*, previa expressamente a possibilidade de ser promovido recurso extraordinário quando houvesse divergência jurisprudencial sobre questão constitucional. Ocorre que, atualmente, a Constituição Federal não mais admite, conforme se observa pela leitura do artigo 102, III, alíneas. Desta forma, entendemos que por falta de possibilidade jurídica é inviável dizer-se sobre cabimento de recurso extraordinário face ao dissídio jurisprudencial na interpretação de texto constitucional.

10.7.12.6. Recurso extraordinário e a Lei nº 9.099/95

É cabível recurso extraordinário contra as decisões das turmas recursais dos juizados especiais criminais. Inicialmente, é de se esclarecer que as turmas recursais são órgãos jurisdicionais de primeira instância.[279] Desta forma, é de lembrar o dispositivo constitucional do artigo 102, III, e que refere que compete ao Supremo Tribunal Federal julgar em recurso extraordinário as causas decididas em única instância.

De outra banda, a Lei nº10.259/01, que dispõe sobre a instituição dos juizados especiais criminais no âmbito da Justiça Federal, em seu artigo 15, preconiza o cabimento do recurso extraordinário e o próprio processamento.

Por fim, não se pode esquecer da Súmula 640 do STF que preconiza que é cabível recurso extraordinário contra decisão proferida por turma recursal de juizado especial criminal.

10.7.12.7. Recurso extraordinário com prazo de três dias para interposição

Tratando-se de recurso extraordinário contra decisão do Tribunal Superior Eleitoral, o prazo para interposição não será quinze dias, mas sim, somente, três dias conforme a Lei nº 6.055/74 e que rege as normas sobre a realização de eleições em 1974, e dá outras providências. É que no art. 12 desta lei, resta regrado que o prazo para interposição de recurso extraordinário contra decisão do Tribunal Superior Eleitoral para o Supremo Tribunal Federal, será de três dias.

---

[279] JTJRS 195/51. Neste mesmo sentido: HC 75308, julgado em 18.12.97, STF, rel. Ministro Sydney Sanches, que reconhecia a Turma como órgão colegiado de 1º grau.

Destaca-se, que neste sentido, outrossim, firmou-se a Súmula 728 do STF, preconizando, ainda, que o art. 12 da Lei n° 6.055/1974 não foi revogado pela Lei n° 8.950/1994.

10.7.12.8. Recurso extraordinário contra liminar

Um dos temas candentes nesta espécie recursal é a possibilidade ou não de interposição do extraordinário contra deferimento ou indeferimento no âmbito cautelar.

O entendimento que se firma é que não cabe recurso extraordinário contra decisões que concedem ou que denegam medidas cautelares ou provimentos liminares, pelo fato de que tais atos decisórios – precisamente porque fundados em mera verificação não conclusiva da ocorrência do "periculum in mora" e da relevância jurídica da pretensão deduzida pela parte interessada – não veiculam qualquer juízo definitivo de constitucionalidade, deixando de ajustar-se, em consequência, às hipóteses consubstanciadas no art. 102, III, da Constituição da República. E assim, segue julgado.[280]

Por sua vez, a Súmula 735 do STF prescreve que não cabe recurso extraordinário contra acórdão que defere medida liminar.

10.8. RECURSO ESPECIAL

10.8.1. Nome

Nome dado ao recurso dirigido ao Superior Tribunal de Justiça, cujo objeto é questão infraconstitucional, vem em razão da espécie recursal efetivamente diferenciada. O recurso especial possui um caráter excepcional, nos moldes do recurso extraordinário. Informa Medina (2002, p. 211):

> Os Recursos extraordinário e especial constituem modalidade de recursos sui generis, classificados como recursos extraordinários, em virtude de possuírem características diversas das encontradas em outros recursos.

Nestas condições, frente a este jaez recursal, tal recurso torna-se especial.

10.8.2. Origem

O recurso especial nasce do ventre do recurso extraordinário, razão pela qual esta familiaridade determina uma estreita semelhança entre os dois recursos constitucionais.

Com a crise existente no Supremo Tribunal Federal, frente à quantidade expressiva de feitos ao número reduzido de julgadores, a Constituição Federal,

---

[280] STF/ AI 439613 AgR / SP. j.24.06.03.

com a finalidade de desafogar a Suprema Corte do acúmulo bárbaro de feitos, criou o Superior Tribunal de Justiça para julgar determinadas questões, entre elas as atinentes ao recurso especial.

No mais, buscar conhecer os fatos históricos do recurso especial é vislumbrar a origem do recurso extraordinário. Lembra-se que este vem do *Judiciary Act* norte-americano de 1789, sendo legislado, pela primeira vez, no artigo 9°, II, parágrafo único, do Decreto n° 848/1890.

É bem verdade que alguns doutrinadores referem que o recurso especial vem do recurso de cassação do Direito europeu, destacando-se o recurso *casación* espanhol por infração da lei.

Contudo, no ensino de Silva (1999, p. 218):

> O recurso especial é o mesmo recurso extraordinário que até a promulgação da Constituição Federal atual era da competência do STF. Logo, a origem do recurso especial é a mesma do recurso extraordinário.

10.8.3. Conceito

É um recurso constitucional julgado pelo Superior Tribunal de Justiça, onde a matéria ventilada é de natureza infraconstitucional. Conforme Moraes, referindo lição do Ministro do Superior Tribunal de Justiça Sálvio de Figueiredo Teixeira, o recurso especial trata-se (2001, p. 470):

> De modalidade de recurso extraordinário *lato sensu*, destinado, por previsão constitucional, a preservar a unidade e a autoridade do direito federal, sob a inspiração de que nele o interesse público, refletido na correta interpretação da lei, deve prevalecer sobre os interesses das partes. Ao lado do seu objetivo de ensejar o reexame da causa, avulta sua finalidade precípua, que é a defesa do direito federal e a unificação da jurisprudência. Não se presta, entretanto, ao exame de matéria de fato, e nem representa terceira instância.

O recurso especial, outrossim, destina-se a manter a autoridade da legislação infraconstitucional, assegurando seu respeito ao direito federal.

10.8.4. Previsão legal

O recurso especial vem amparado no artigo 105, III, da Constituição Federal.

Outrossim, nos artigos 26 e seguintes da Lei n° 8.038/90, temos a referência legal sobre a interposição e o processamento do recurso especial.

10.8.5. Órgão Julgador

O Superior Tribunal de Justiça.

10.8.6. Prazo

Conforme o artigo 26 da Lei nº 8.038/90, o prazo para o recurso especial é de 15 dias.

Diferentemente do extraordinário (Súmula 602 do STF), o recurso especial jamais teve seu prazo estabelecido em regime sumular.

A Defensoria Pública terá prazo em dobro.[281]

10.8.7. Efeitos

– *Devolutivo*

O recurso será devolvido ao Superior Tribunal de Justiça. O artigo 27, § 2º, da Lei nº 8.038/90 estabelece que será recebido no efeito devolutivo. Neste mesmo sentido, segue o artigo 255 do regimento interno do Superior Tribunal de Justiça.

– *Suspensivo*

A lei não refere a possibilidade do efeito suspensivo, razão por que este efeito não existe ao especial. Desta forma, tem-se entendido que a suspensão do início do cumprimento de pena em razão da interposição de recurso especial é impossível, pois é irrelevante a ausência de trânsito em julgado.[282] Contudo, já se admitiu excepcionalmente medida cautelar para conferir efeito suspensivo quando da execução do acórdão recorrido resultar dano irreparável ou de difícil e incerta reparação, com a consequente ineficácia da decisão que eventualmente lhe der provimento.[283] Existem decisões no sentido de que o *habeas*, anteriormente concedido para que o réu aguardasse em liberdade até o trânsito em julgado da decisão penal, determinaria que sua prisão só ocorresse após a denegação do recurso especial.[284]

– *Extensivo*

O recurso especial possui efeito extensivo quando a decisão repercutir motivos que não sejam de caráter exclusivamente pessoal.

10.8.8. Cabimento

Nos termos do artigo 105, III, da Constituição Federal, acrescido da Emenda Constitucional nº 45/04, caberá recurso especial quando for causa de-

---

[281] Lei Complementar nº 80/94, art. 128, I.
[282] RJTACRIM 31/38. Mesmo sentido: STJ-6ª T- HC 4.253/RS, DJU 8.4.1996, p. 10491.
[283] STJ, 6ª T. Medida Cautelar 831 – DJU 20.4.1998, p. 103.
[284] STF HC 70.351-8, Rel. Paulo Brossard, DJU 10.6.94, p. 14.786. Mesmo sentido: HC 69.039, RHC 64.749, RHC 55.652, HC 55.492 e HC 58.032.

cidida em única ou última instância, pelos Tribunais Regionais Federais ou pelos Tribunais dos Estados, do Distrito Federal e dos Territórios, e quando a decisão recorrida contrariar tratado ou Lei Federal, ou negar-lhes vigência, julgar válido ato de governo local contestado em face de Lei Federal ou der a Lei Federal interpretação divergente da que lhe haja atribuído outro tribunal.

Nestes moldes, será cabível o recurso especial.

10.8.9. Admissibilidade

O juízo de admissibilidade promovido pelo Tribunal *a quo* é fundamental, pois tendo por objeto o exame inaugural das condições recursais, resulta por estabelecer um controle processual dos pressupostos e requisitos para cabimento do recurso.

O artigo 27 da Lei nº 8.038/90 prevê que o recurso especial, após sua interposição, será admitido ou não. Giza-se que esta decisão será promovida pelo presidente do tribunal recorrido (no Tribunal de Justiça do Estado do Rio Grande do Sul será o 1º vice-presidente, face ao artigo 44, VIII, do Regimento Interno).

Desta forma, para que o recurso especial siga ao Superior Tribunal de Justiça, o presidente do tribunal *a quo* promoverá um juízo de prelibação no recurso, ingressando, inclusive, no exame circunstancial do mérito, apreciando o conteúdo da impugnação. Efetivamente, o presidente do tribunal cuja decisão reste recorrida faz uma avaliação de razoabilidade no próprio recurso.

Como já foi visto por ocasião do estudo do recurso extraordinário, o juízo de admissibilidade, além dos exames atinentes a tipificação formal, legitimidade, interesse, tempestividade, regularidade formal, preparo e a inexistência de fato extintivo ou impeditivo para recorrer, fará, outrossim, análise periférica do conteúdo meritório. Caso o recurso especial seja firmado no artigo 105, III, *c*, da Constituição Federal, haverá, ainda, a necessidade do dissídio jurisprudencial, comprovado e confrontado.

Se entender pelo admissão, o julgador *a quo* determina, então, o prosseguimento do recurso. Caso diferente o nega, o que autoriza a interposição de agravo ao Superior Tribunal de Justiça.

Destaca-se que a decisão deste juízo de prelibação necessita ser fundamentada. A própria Súmula 123 do STJ preceitua que a decisão que admite ou não o recurso especial deve ser fundamentada, com o exame dos seus pressupostos gerais e constitucionais.

10.8.9.1. Tipificação formal

O recurso especial caberá nos casos descritos no artigo 105, III, da Constituição Federal, quando a decisão recorrida contrariar tratado ou Lei

Federal, ou negar-lhes vigência, julgar válido ato de governo local contestado em face de Lei Federal ou der a Lei Federal interpretação divergente da que lhe haja atribuído outro tribunal. Para o recurso especial ser admitido, é imperioso que seja causa decidida por Tribunal de única ou última instância, nos moldes do artigo 105, III, da Constituição Federal, e que decisão reste tipificada nas alíneas, constituindo-se, assim, a possibilidade jurídica do pedido.

A falta de indicação, com precisão, do dispositivo legal apontado como violado, tem determinado a inadmissão do recurso especial.[285]

10.8.9.2. Legitimidade

Como só poderia ocorrer, é inadmissível recurso especial *ex officio*.

Por ser voluntário, serão legítimos para recorrer o réu, o Ministério Público, o querelante e o assistente da acusação.[286]

10.8.9.3. Interesse

O artigo 577, parágrafo único, do CPP preceitua que não se admitirá recurso da parte que não tiver interesse na reforma ou modificação da decisão. Logo, o interesse deverá estar adstrito ao recorrente.

Admitimos, inclusive, existir interesse do Ministério Público, como fiscal da lei, para interpor recurso especial em benefício do réu.

10.8.9.4. Tempestividade

O recurso deve ser interposto dentro do prazo legal de 15 dias, sob pena de restar a destempo e não ser conhecido.

10.8.9.5. Regularidade formal

O especial será promovido nos moldes dos regramentos recursais. Não será admitida sua interposição oral.

Seu requerimento deve vir acompanhado das razões recursais, não sendo cabível juntada da petição sem a motivação.

---

[285] STJ, 6ª T. Ar em AI 95.938, j. 24.11.97, DJU 19.12.97, p. 67.547. Mesmo sentido: RSTJ 112/132.
[286] "Recurso Especial-Assistente-Interesse deste na averiguação da verdade real-Interposição de embargos infringentes-Finalidade, exasperação da pena Conformidade do Ministério Público – Fato que não impede o assistente de embargar – Denegação, todavia, pelo Tribunal *a quo* – Recurso especial ao qual se dá provimento para o julgamento dos embargos". (RT681/406).

Se as razões forem confusas, outrossim, não será admitido o especial.[287]

O recorrente deve observar com atenção os ditames do artigo 26 da Lei nº 8.038/90 para apresentar a exposição do fato e do direito, a demonstração do cabimento do recurso interposto e as razões do pedido de reforma da decisão recorrida.

Giza-se que o recurso especial deve objurgar todos os fundamentos da decisão, e não somente um dos fundamentos.

10.8.9.6. Preparo

Muito embora não sejam custas judiciais, na acepção da palavra, os gastos de correio do recurso especial devem ser satisfeitos sob pena da sua não admissibilidade.

A Súmula 187 do Superior Tribunal de Justiça estabelece que *é deserto o recurso interposto para o Superior Tribunal de Justiça, quando o recorrente não recolhe, na origem, a importância das despesas de remessa e retorno dos autos.*

Destarte, é essencial que o recorrente deposite as despesas de porte de correio, referente a sua insurgência, para o conhecimento do recurso.

10.8.9.7. Inexistência de fato extintivo ou impeditivo para recorrer

Ora, havendo algum fato extintivo ou impeditivo, não será conhecido o recurso especial.

– Inexistência de recurso ordinário

Se a matéria passível de ser recorrida através do especial for decisão de maioria, deverão ser, antes, promovidos embargos infringentes[288] ou de nulidade, para que, assim, ocorra a exaustão sobre o tema. Diferentemente será a situação em que a questão restou decidida por unanimidade. Neste caso, deve ser imediatamente proposto o recurso especial, sob pena de preclusão, no tema que restou incontroverso pelo colegiado.

Veja-se que o artigo 105, III, da Carta Magna refere que caberá recurso especial nas causas decididas em única ou última instância pelos tribunais.

---

[287] "Não merece censura decisão adequadamente fundamentada que nega, subida de recurso especial expresso em peça confusa, desprovida de uma razoável exposição de tese jurídica". (STF AR 41.123-0. Rel. Vicente Leal. DJU 17.06.96, p. 21.523).

[288] "Sendo majoritária a decisão do Tribunal *a quo*, logo não definitiva, dando ensejo a recurso competente para a mesma instância, incabível recurso especial, a teor do art. 105, III da CF". (STJ, 5ª T. Resp. 123.104, j. 26.05.97, DJU 12.08.97, p. 36.279).

Logo, devem ser utilizados todos os recursos ordinários cabíveis, antes de se pretender o especial.

– Inexistência de reexame de prova

Não se admite recurso especial para reexaminar matéria fática. Conforme a Súmula nº 7 do STJ, a pretensão de simples reexame de prova não enseja recurso especial.

Contudo, não deve ser confundido o reexame de prova com o erro sobre os critérios de apreciação da prova. A valoração da prova encontra-se no campo do direito federal, razão pela qual o critério adotado para se examinar uma prova pode ser atacado via especial.[289]

– Existência do prequestionamento

É fundamental a existência do prequestionamento para o conhecimento do recurso especial.

Evitando tautologia, reportamo-nos ao estudo apresentado sobre o prequestionamento junto ao recurso extraordinário no item 10.7.12.1.

A decisão atacada pelo especial deve ter sido discutida de forma exaustiva. Conforme tem decidido o Superior Tribunal de Justiça, a ausência de prequestionamento inviabiliza o conhecimento do recurso especial.[290] Assim, se a matéria não tiver sido ventilada e discutida no acórdão recorrido, não será cabível o especial.

Como o prequestionamento deve vir antes da interposição do recurso, o momento para se prequestionar é no recurso de apelação, em suas razões ou nas contrarrazões, pois se não houver provocação, não poderá o tribunal apreciar, discutir, decidir sobre a questão.

Tanto que se tem utilizado dos embargos de declaração para provocar o debate sobre determinado ponto, cujo pronunciamento obrigue ao prequestionamento necessário para o recurso subir ao Superior Tribunal de Justiça. E efetivamente devem os declaratórios resultar no prequestionamento, pois caso contrário emergirá a Súmula nº 211 do STJ e que estabelece ser inadmissível recurso especial quanto à questão que, a despeito da oposição de embargos declaratórios, não foi apreciada pelo tribunal *a quo*. Ou seja, se mesmo apresentados os embargos não houver prequestionamento, não caberá o especial.[291]

---

[289] RT 725/531. Mesmo sentido: RSTJ 105/461.
[290] STJ – ED 55.806-1- DJU 11.12.95, p. 43.269. Mesmo sentido: RT 654/371, 662/357 671/392.
[291] STJ- ED no AR no Agr. 95.882, 3ª T, DJU 07.10.96.

Quanto ao prequestionamento implícito, outrossim já explicados no estudo do recurso extraordinário, item 10.7.12.1, subitem, *Momento do prequestionamento*, existem julgados que o inadmitem[292] e outros que o aceitam.[293]

Contudo, para nós, o que deve bastar é que a decisão recorrida contrarie tratado ou Lei Federal, ou negue-lhes vigência ou julgue válido ato de governo local contestado em face de Lei Federal ou dê, a Lei Federal, interpretação divergente da que lhe haja atribuído outro tribunal. Nestas condições, se houver prequestionamento, seja implícito ou explícito, deverá ser cabível o recurso.

10.8.10. Do enquadramento legal

É fundamental que o julgado esteja enquadrado nos termos do artigo 105, III, *a, b* e *c,* da Constituição.

10.8.10.1. Contrariar tratado ou Lei Federal, ou negar-lhes vigência

No aspecto do vocábulo, *contrariar* é negar vigência. Contudo, a expressão *constitucionalmente* trazida para contrariar é interpretar equivocadamente, enquanto *negar vigência* é não admitir a aplicação do tratado ou da Lei Federal, deixando de se reconhecer sua eficácia.

A instituição do tratado apresenta-se na acepção ampla, em sentido geral, admitindo as espécies como pactos, convenções etc.

Nesta tipificação formal, temos a ofensa ao direito federal infraconstitucional, ou seja, a lei criada pela União.

10.8.10.2. Julgar válida lei ou ato de governo local contestado em face de Lei Federal

Com a Emenda Constitucional nº 45/04, este dispositivo afastou a possibilidade legal do recurso especial *julgar válida lei local contestada em face de lei federal.* Esta questão ficou adstrita ao recurso extraordinário, nos moldes do art. 102, III, *d,* da CF.

Ato de governo local é todo ato administrativo estadual ou municipal, jungido a qualquer um dos Poderes. Destarte, se a decisão atacada aceitar a validade de ato do governo local, o qual se encontra dissonante com Lei Federal, caberá o especial. Contudo, se o ato de governo local restar contestado em face

---

[292] "É inviável recurso especial sem o prequestionamento explícito dos dispositivos legais tidos por vulnerados. Súmulas 282 e 356 do STF." (STJ, 5ª T. Resp. 67.267, j. 24.03.98, DJU 27.04.98, p. 177.).
[293] "Se a questão federal, ainda que implicitamente, foi agitada na instância ordinária, não há como se afastar o prequestionamento. Os embargos declaratórios, com efeitos infringentes somente são admitidos excepcionalmente." (STJ – ED no REsp. 45.932- 6ª T, DJU 11.11.96, Mesmo sentido: RT 664/349.).

da Constituição Federal, destarte, então, caberá recurso extraordinário forte no art. 102, III, c, da CF.

10.8.10.3. Der a Lei Federal interpretação divergente da que lhe haja atribuído outro tribunal

A interpretação legal merece ter uma unidade capaz de não permitir distinções profundas entre os Estados. Desta forma, o Superior Tribunal de Justiça assume, outrossim, a tarefa de zelar pela correta interpretação do texto legal.

Neste caso, o recorrente interpõe recurso especial demonstrando que a decisão recorrida deu à Lei Federal interpretação distinta da ofertada por outro tribunal, assim, pretende o recorrente que haja a prevalência da outra decisão sobre o julgado objurgado.

Entrementes, é fundamental dar atenção à perífrase *outro tribunal*, pois a mesma pretende dar o significado de realmente outro tribunal, e não outra Câmara, Turma, Grupo ou Seção do próprio tribunal recorrido. A Súmula 13 do STJ informa que a divergência de julgados do mesmo tribunal não enseja recurso especial. Desta forma, exemplificando, se a 2ª câmara criminal do Tribunal de Justiça interpretar texto legal diferentemente do 1º Grupo criminal do mesmo tribunal, não caberá recurso especial. Entrementes, se houver no próprio Estado, mais de dois tribunais, neste caso, então, a divergência de interpretação entre eles permitirá o especial. Por exemplo, distinta interpretação entre o Tribunal de Justiça dos Estado do Rio Grande do Sul e o Tribunal Regional Federal da 4ª Região[294] ou entre o Tribunal de Justiça do Estado de São Paulo e o Tribunal de Alçada do mesmo Estado, permite o especial.

É de se destacar que a Súmula 83 do Superior Tribunal de Justiça informa que não se conhecerá do recurso especial pela divergência, quando a orientação do Tribunal se firmar no mesmo sentido da decisão recorrida. Nesta situação, estando frente a uma questão, cujo entendimento já não encontra controvérsia no Superior Tribunal de Justiça, restará prejudicado o especial.

O artigo 26, parágrafo único, da Lei nº 8.038/90 estabelece que quando o recurso se fundar em dissídio entre a interpretação da Lei Federal adotada pelo julgado recorrido e a que lhe haja dado outro tribunal, o recorrente fará a prova da divergência mediante certidão, ou indicação do número e da página do jornal oficial, ou do repertório autorizado de jurisprudência, que houver publicado. É assim que a lei determina a imperiosidade de se comprovar a divergência existente. Desta forma, não será conhecido o especial quando o recorrente apenas indicar a página do Diário de Justiça.[295] Tanto que o regimento

---

[294] Conforme a Constituição do Estado do Rio Grande do Sul, o Tribunal de Alçada deste Estado deixou de existir face à revogação dos artigos 96 e 97.
[295] RT 669/381.

interno do Superior Tribunal de Justiça, em seu artigo 255, refere no § 1º que a comprovação da divergência será feita por certidões ou cópias autenticadas dos acórdãos apontados, discordantes da interpretação de Lei Federal adotada pelo recorrido, ou pela citação do repositório oficial, autorizado ou credenciado, em que os mesmos se achem publicados. O próprio § 3º se encarrega em explicar que os repositórios oficiais de jurisprudência tratam-se da Revista Trimestral de Jurisprudência do Supremo Tribunal Federal, da Revista do Superior Tribunal de Justiça e da Revista do Tribunal Federal de Recursos, além dos autorizados, desde que habilitados nos moldes do artigo 134 deste Regimento, e os credenciados, na forma do parágrafo único. É desse modo que o acórdão paradigma deve ser apresentado através de fonte idônea.

Porém, giza-se que com a Lei nº 11.341/06, face analogia com o art.541 do CPC, estabeleceu que quando o recurso fundar-se em dissídio jurisprudencial, o recorrente poderá fazer prova da divergência mediante repositório de jurisprudência obtido por mídia eletrônica, em que tiver sido publicada a decisão divergente, ou ainda pela reprodução de julgado disponível na Internet, com indicação da respectiva fonte, mencionando, em qualquer caso, as circunstâncias que identifiquem ou assemelhem os casos confrontados.

Ocorre que não bastam apenas estas comprovações. Ou seja, a divergência e a autenticidade do decisório. É imprescindível, outrossim, que reste demonstrado o dissídio jurisprudencial no sentido didático, permitindo conhecer sobre a semelhança dos casos confrontados ou suas identificações.[296] Ou seja, é necessária a promoção de uma comparação entre os casos, pois não basta a transcrição de textos ou ementas.[297] Inclusive este cotejo analítico vem previsto no artigo 255, § 2º, do Superior Tribunal de Justiça e que determina que o recorrente deverá transcrever os trechos dos acórdãos que configurem o dissídio, mencionando as circunstâncias que identifiquem ou assemelhem os casos confrontados.

10.8.11. Procedimento

Para se dizer sobre o procedimento do recurso especial, é necessário visualizar as seguintes hipóteses:

10.8.11.1. Do recurso especial, quando admitido

1- Da mesma forma que o recurso extraordinário, o recurso especial será entregue na secretaria do tribunal *a quo* e protocolado com petição contendo a exposição do fato e do direito, com a demonstração do cabimento do recurso, as

---

[296] STJ, 6ª T. Resp. 130.769, j. 08.09.97 – DJU 13.10.97, p. 51.667. Mesmo sentido: STJ, 6ª T. AR no AI 130.210, j. 18.11.97, DJU 19.12.97, p. 67.557.
[297] TRF-LEX 84/347. Mesmo sentido: STJ – REsp. 58.430-2, DJU 12.02.96, p. 2.448.

razões do pedido de reforma da decisão recorrida (artigo 26 da Lei n° 8.038/90). O especial será dirigido ao presidente do tribunal recorrido (Face ao artigo 44, VIII, do regimento interno do Tribunal de Justiça do Estado do Rio Grande do Sul, a interposição do especial será para o 1° Vice-Presidente);

2- Com o recebimento da petição, será intimado o recorrido para contrarrazoar no prazo de 15 dias;

3- Frente à admissão do recurso, o mesmo seguirá ao Superior Tribunal de Justiça e será distribuído ao relator, o qual dará vista dos autos ao Procurador--Geral da República e após pedirá dia para julgamento;

4- Em julgamento, inicialmente será observado se deve ou não ser admitido o recurso. Se for conhecido, será julgado provido ou improvido.

10.8.11.2. Do recurso especial, quando a denegação for agravada

1- Segue-se o mesmo procedimento acima;

2- Recebida a petição, o recorrido será intimado para contrarrazoar no prazo de 15 dias;

3- Denegado o recurso especial pelo presidente do tribunal recorrido, não é cabível carta testemunhável, e, sim, recurso de agravo de instrumento, no prazo de 5 dias para o Superior Tribunal de Justiça;

4- Este agravo deverá ser instruído com peças obrigatórias que serão cópias do acórdão recorrido, da petição de interposição do recurso denegado, das contrarrazões, da decisão agravada, da certidão da respectiva intimação e das procurações outorgadas aos advogados do agravante e do agravado, além de outras peças que o agravante entender úteis (artigo 544 do CPC);

5- Distribuído o agravo no Superior Tribunal de Justiça, o relator proferirá decisão. Em caso de provimento e se o instrumento contiver os elementos necessários ao julgamento do mérito do recurso especial, determinará o relator a inclusão em pauta para o julgamento do recurso pela turma criminal, forte no princípio da conversão.

Se negar seguimento ou provimento ao agravo de instrumento, caberá agravo no prazo de 5 dias para o órgão julgador.

10.8.12. Considerações

10.8.12.1. Do aprisionamento do réu enquanto se processa o recurso especial

Interposto o especial, não haverá suspensão da execução da pena. A ideia que se firma é a mesma já identificada no recurso extraordinário, pois uma vez ultrapassadas as instâncias ordinárias, a interposição do especial não impede a imediata execução da pena.[298]Assim, segue o entendimento de que em face de o recurso especial não possuir efeito suspensivo, é de ser admitida a prisão do acusado.[299] Outrossim, existe decisão de que não existe ofensa ao princípio do estado de inocência, artigo 5º, LVII, da Constituição Federal, pois a prisão não significa confirmação da culpa, diferentemente do lançamento do nome do réu no rol dos culpados, o que só poderá ocorrer no processo findo.[300] Assim, segue orientação no sentido de não admitir o direito de recorrer em liberdade.[301]

Contudo, em via oposta, já se decidiu que é ilegítima a execução provisória do julgado condenatório na pendência de recurso especial sem que haja ofensa ao princípio do estado de inocência e à convenção americana de direitos humanos.[302]

De outra banda, há uma questão a ser enfrentada. Trata-se da prestação de fiança. Veja-se que esta pode ocorrer em qualquer momento processual, desde que não reste o feito findo. É o que prevê o artigo 334 do CPP:

> A fiança poderá ser prestada em a qualquer tempo, enquanto não transitar em julgado a decisão condenatória.

Ora, a interposição do recurso especial não impede a prestação de fiança.[303] Assim, pode-se prestá-la para se evitar a prisão provisória.

Evitando repetição, ratificamos nossas inconformidades já lançadas no item 10.7.12.3. *Do aprisionamento do réu, enquanto se processa o recurso extraordinário*, pois reconhecemos como decisões teratológicas as que antecipam a aplicação da pena em processo não transitado em julgado.

A Súmula nº 267 do STJ restou por informar que a interposição de recurso, sem efeito suspensivo, contra decisão condenatória, não obsta a expedição de mandado de prisão. Contudo, recente posicionamento do Supremo Tribunal Federal, acompanhado do Superior Tribunal de Justiça, reconheceu a ilegalidade da chamada execução provisória,[304] afastando a prisão antes do trânsito em julgado.

10.8.12.2. Recurso especial e a Lei nº 9.099/95

A Súmula 203 do STJ deixa claro que não cabe recurso especial contra decisão proferida, nos limites de sua competência, por órgão de segundo grau dos juizados especiais.

---

[298] RTJ 140/587.
[299] RJD 24/524. Mesmo sentido: JSTF – LEX 170/358, 84/437 e 162/638.
[300] STF – HC 73.968-7, DJU 16.08.96, p. 28.108. Mesmo sentiddo RTJ 160/274.
[301] RT 716/542. Mesmo sentido: RTJ 134/1.229.
[302] RT 753/441.
[303] RTJ 164/602.
[304] STF/HC 91.232/PE, DJ 07.12.07. Mesmo sentido: STJ/HC 76.725/DF, DJ 25.02.08.

Mas, independentemente da súmula, bastaria examinar-se a Constituição, em seu artigo 105, III, que preceitua o recurso especial ao Superior Tribunal de Justiça. Veja-se que a decisão atacada deve ser de Tribunais Regionais Federais ou pelos Tribunais dos Estados, do Distrito Federal e dos Territórios.

Muito embora já tenhamos estudado o tema no item 10.7.12.6, do *Recurso extraordinário e na Lei n° 9.099/95*, não é demais lembrar que a Turma recursal não é tribunal, e, sim, um órgão jurisdicional de primeira instância, formado por Juízes que possuem a mesma alçada dos magistrados das Varas especiais. A Turma é um colegiado de Juízes de 1° grau. Não sendo tribunal, sua decisão não será passível de recurso especial.

10.8.12.3. Recurso especial contra uma das motivações do acórdão

Se a decisão do colegiado contiver, dentre suas motivações, alguma passível de ser enquadrada nas alíneas do art. 105, III, da CF, o recurso especial, ainda, assim, restará prejudicado. É que estando o acórdão recorrido assentado em outros fundamentos, a objurgação de apenas um deles não trará efeito capaz de vergar o decisório.

De outra banda, a Súmula 126 do STJ é que preconiza que é inadmissível recurso especial quando o acórdão recorrido assenta em fundamento constitucional ou infraconstitucional, qualquer deles suficiente, por si só, para mantê-lo, e a parte vencida não manifesta recurso extraordinário.

10.8.12.4. Recurso especial e a repetição dos recursos (Lei 11.672/08)

A Lei 11.672/08, que acresceu o art. 543-C ao Código de Processo Civil, estabelece procedimento para o julgamento de recursos repetitivos no âmbito do Superior Tribunal de Justiça.

Muito embora se trate de legislação dirigida ao diploma processual civil, a mesma deverá ser aplicada, outrossim, à processualística penal já que se trata de efetivo mecanismo de concretização de acesso à justiça. Logo, não se poderá falar em nulidade face utilização desta lei na órbita formal penal.

Assim, quando houver multiplicidade de recursos com fundamento em idêntica questão de direito, caberá ao presidente do tribunal de origem admitir um recurso especial, ou mais recursos se for o caso, representativo da controvérsia, encaminhando-o ao Superior Tribunal de Justiça. Frisa-se que uma vez admitido o recurso especial nestas condições, o relator submeterá o seu julgamento à Seção ou à Corte Especial, desde que, nesta última hipótese, exista questão de competência de mais de uma Seção, sob pena de nulidade absoluta.

Os demais recursos especiais aguardarão, suspensos, o pronunciamento definitivo do Superior Tribunal de Justiça. Destaca-se que tal suspensão deverá ser certificada nos autos, a fim de evitar atipicidades formais.

O agrupamento dos recursos repetitivos considerará apenas a questão central discutida, sempre que o exame desta possa prejudicar a análise de outras questões arguidas no mesmo recurso.

É possível que pessoas, órgãos ou entidades se manifestem junto ao feito. Isto será válido quando a matéria for de relevância e for permitido no regimento interno do Superior Tribunal de Justiça. Fora destes casos, a manifestação de terceiros será atipicidade formal, revelada como ato meramente irregular.

O recurso especial escolhido como representativo da controvérsia será julgado com preferência sobre os demais, ressalvados os que envolvam réu preso e os pedidos de *habeas corpus*. O desrespeito a esta preferência é ato meramente irregular.

Uma vez decidida a questão, os recursos especiais sobrestados na origem poderão ter seu seguimento denegado se o decisório observar o entendimento do tribunal superior, ou serão novamente examinados pelo tribunal *a quo* quando o decisório divergir da orientação daquele. Neste último caso deverá ocorrer nova decisão, seja de retratação ou manutenção, não sendo o caso de exaurimento de jurisdição e consequente atipicidade formal. E mais, se o decisório acompanhar o entendimento do tribunal superior, isto não será sinal de recebimento recursal. É que faltará, ainda, o exame de admissibilidade do recurso especial, sob pena de nulidade absoluta.

Por fim, ressalta-se que a resolução nº8, de 7.09.08, do Superior Tribunal de Justiça, estabelece os procedimentos relativos ao processamento e julgamento de recursos especiais repetitivos.

10.9. RECURSO ORDINÁRIO CONSTITUCIONAL

10.9.1. Nome

Recurso ordinário constitucional. Nome outorgado constitucionalmente, a fim de informar o recurso comum contra decisões de crimes políticos e que denegam *writ*.

10.9.2. Origem

A Constituição anterior, em seu artigo 119, II, *b*, referia-se ao cabimento do recurso ordinário constitucional, para o Supremo Tribunal Federal, do julgamento do pedido havido em ação penal originária junto ao Superior Tribunal

Militar e do julgamento junto à Justiça Militar Federal de primeiro grau. Daí, que é possível se encontrar a origem do recurso ordinário constitucional na anterior Carta Magna.

10.9.3. Conceito

Trata-se do recurso constitucional a ser julgado pelo Supremo Tribunal Federal, ou Superior Tribunal de Justiça, para reexaminar decisões que denegam *mandamus* ou que julgam crime político.

10.9.4. Previsão legal

O supedâneo legal do recurso ordinário vem firmado no texto constitucional.

O artigo 102, II, *a* e *b*, da Constituição Federal estabelece que compete ao Supremo Tribunal Federal julgar, em recurso ordinário, o *habeas corpus*, o mandado de segurança, o *habeas data* e o mandado de injunção, desde que decididos em única instância pelos Tribunais Superiores, se denegatórios a decisão e o crime político.

Já o artigo 105, II, *a* e *b*, da Constituição Federal estabelece que compete ao Superior Tribunal de Justiça julgar, em recurso ordinário, *habeas corpus* decididos em única ou última instância e os mandados de segurança decididos em única instância, pelos Tribunais Regionais Federais ou pelos tribunais dos Estados, do Distrito Federal e dos Territórios, quando a decisão for denegatória.

10.9.5. Órgão julgador

Será o Supremo Tribunal Federal nos casos do recurso ordinário contra decisão de única instância de Tribunal Superior que julgar o crime político ou que tenha denegado *habeas corpus*, mandado de segurança, *habeas data* ou mandado de injunção.

De outra banda, será o Superior Tribunal de Justiça quando for julgamento de recurso ordinário contra decisão denegatória de *habeas corpus* decididos em única ou última instância ou de mandados de segurança decididos em única instância pelos Tribunais Regionais Federais ou pelos Tribunais dos Estados, do Distrito Federal e dos Territórios.

10.9.6. Prazo

Não se pode esquecer que a Defensoria Pública sempre terá prazo em dobro.[305]

---
[305] Lei Complementar nº 80/94, art. 128, I.

10.9.6.1. Do Recurso ordinário em habeas *para o Superior Tribunal de Justiça*

Conforme dispõem os artigos 30 e seguintes da Lei 8.038/90, o prazo para interposição do recurso ordinário em *habeas* para o Superior Tribunal de Justiça é de 5 dias. Este prazo se harmoniza com a Súmula nº 319 do Supremo Tribunal Federal, que preceitua que o *prazo do recurso ordinário para o Supremo Tribunal Federal, em habeas corpus é de 5 dias.*

10.9.6.2. Do Recurso ordinário em mandado e segurança

O prazo para o recurso ordinário em mandado de segurança ao Superior Tribunal de Justiça é de 15 dias, como dispõe o artigo 33 da Lei nº 8.038/90.

Contudo, este prazo não se concilia com a Súmula nº 319 do Supremo Tribunal Federal e que estabelece que o prazo do recurso ordinário em mandado de segurança é de 5 dias. Neste aspecto, destaca-se que o artigo 508 do CPC, outorgado pela Lei nº 8.950/94, estabelece prazo de 15 dias para o recurso ordinário. Desta forma, em julgamento, o Supremo Tribunal Federal referiu que o art. 508 do CPC prejudicou a Súmula nº 319 do STF[306] e que recurso ordinário constitucional para o excelso tribunal, das decisões denegatórias de mandado de segurança proferidas em única instância pelos tribunais superiores, é interponível no prazo de 15 dias, consoante aplicação analógica, art. 33 da Lei nº 8.038/90.[307]

10.9.6.3. Do Recurso ordinário em crime político

Observando o regimento interno do Supremo, muito embora tenha sido revogada a competência originária para o julgamento dos crimes políticos, temos que o prazo para interposição do recurso ordinário em crime político é de 3 dias (Artigo 307 do RISTF).

10.9.7. Efeitos

– *Devolutivo*

Entrega a matéria para reexame do Tribunal *ad quem.*

– *Suspensivo*

Não tem efeito suspensivo.[308] Contudo, existe julgado que já concedeu efeito suspensivo ao recurso ordinário.[309]

---

[306] STF RMS 21106, Min.Sepúlveda Pertence, j. 20.02.91, publ. 24.04.91.
[307] STF-RMS 21421, Rel. Celso de Mello, j. 14.04.92, publ. DJ 19.06.92.
[308] RT 623/388. Mesmo sentido: STJ – RHC 4.756, DJU 04.11.96, p. 42.524.
[309] STJ, 5ª T. HC 6186, j. 10.11.97, DJU 11.5.98, p. 133.

– *Extensivo*

Possui efeito extensivo se a decisão repercutir motivos que não sejam de caráter exclusivamente pessoal do recorrente.

10.9.8. Cabimento

10.9.8.1. Do Recurso ordinário em mandamus

É possível o recurso ordinário ao Supremo Tribunal Federal contra decisão de única instância de Tribunal Superior que tenha denegado *habeas corpus*, mandado de segurança, *habeas data* ou mandado de injunção.

Ilustra-se que se a decisão apenas não conhecer o *habeas*, da mesma forma cabe o ordinário, pois o não conhecimento se equipara à denegação.[310]

Será cabível o recurso ordinário ao Superior Tribunal de Justiça contra decisão denegatória de *habeas corpus* decidido em única ou última instância pelos Tribunais Regionais Federais ou pelos Tribunais dos Estados, do Distrito Federal e dos Territórios, ou contra decisão denegatória em mandados de segurança decididos de única instância pelos Tribunais Regionais Federais ou pelos Tribunais dos Estados, do Distrito Federal e dos Territórios.

10.9.8.2. Do Recurso ordinário em crime político

Será cabível ao Supremo Tribunal Federal o julgamento dos crimes políticos, em recurso ordinário.

Todavia, inicialmente é de se destacar que o recurso ordinário em crime político não fica adstrito à decisão de única instância, pois conforme art. 102, II, alínea *b*, da Constituição Federal, não existe esta restrição.

Crime político é aquele delito contra a ordem política e social. O exame da Lei nº 7.170/83 e que define os crimes contra a segurança nacional, a ordem política e social, permite observar, a partir do artigo 8º, tipos penais que se enquadram como crimes políticos.

O artigo 109, IV, da Constituição Federal preceitua que os Juízes Federais serão competentes para julgar e processar os crimes políticos. O artigo 108, II estabelece que cabe ao Tribunal Regional Federal julgar, em grau de recurso, as causas decididas pelos juízes federais e pelos juízes estaduais no exercício da competência federal da área de sua jurisdição. Já o artigo 108, I, da mesma Carta estabelece que competirá aos Tribunais Regionais Federais o julgamento das pessoas que gozam de prerrogativa de foro. Nestas condições, caberá re-

---
[310] RT 640/385.

curso ordinário quando se tratar de julgamento de crime político pelo Tribunal Regional Federal, seja em única ou última instância.

10.9.9. Procedimento

Conforme se observa da Lei nº 8.038/90, o procedimento do recurso ordinário constitucional somente foi previsto para a interposição perante o Superior Tribunal de Justiça. Seja o recurso ordinário em sede de *habeas* ou mandado de segurança, os artigos 30 e seguintes da aludida lei apenas se referem ao Superior Tribunal. Nestas condições, por analogia, é de se ter, outrossim, os mesmos procedimentos ao recurso ordinário levado ao Supremo Tribunal Federal.

Contudo, muito embora o regimento interno do Supremo não disponha regras ao recurso ordinário atinente ao mandado de segurança, é de destacar que em seus artigos 310 a 312 o regimento admite a harmonia com a recém-obtemperada analogia.

10.9.9.1. Do recurso ordinário em habeas para o Superior Tribunal de Justiça

A fim de facilitar o estudo, examinaremos o procedimento do recurso ordinário contra acórdão de câmara criminal do Tribunal de Justiça do Estado do Rio Grande do Sul que denegar *habeas corpus*.

1- O recurso ordinário, através de petição, será interposto no prazo de 5 dias (artigo 30 da Lei nº 8.038/90) e dirigido ao relator do acórdão vinculado à câmara criminal do Tribunal de Justiça. (artigo 340 do RITJRS);

2- Admitido o recurso pelo relator, será dado vista dos autos ao representante do Ministério Público, pelo prazo de 48 horas (artigo 343 do RITJRS);

3- Após, o relator determinará a remessa dos autos ao Superior Tribunal de Justiça, no prazo de 5 dias (artigo 344 do RITJRS);

4- Distribuído o recurso no tribunal superior, o ministro-relator determinará vista ao *parquet*, para parecer pelo prazo de 2 dias (artigo 31 da Lei nº 8.038/90);

5- Retornados os autos ao relator, este submeterá o recurso para julgamento, independentemente de pauta (artigo 31, parágrafo único, da Lei nº 8.038/90).

Observação: Será aplicado, no que couber, ao processo e ao julgamento do recurso, o disposto com relação ao pedido originário de *habeas*.

10.9.9.2. Do recurso ordinário em mandado de segurança

Para tornar simples o entendimento, passaremos a dispor sobre o procedimento do recurso ordinário contra acórdão de câmara do Tribunal de Justiça do Estado do Rio Grande do Sul que denegar mandado de segurança.

1- O recurso ordinário, através de petição, será interposto no prazo de 15 dias (artigo 33 da Lei nº 8.038/90) e dirigido ao relator do acórdão vinculado à câmara do Tribunal de Justiça do Estado do Rio Grande do Sul (artigo 330 do RITJRS);

2- Admitido o recurso pelo relator, terá vista dos autos o representante do Ministério Público, pelo prazo de 15 dias (artigo 333 do RITJRS);

3- Após, e uma vez satisfeito o preparo, o relator determinará a remessa dos autos ao Superior Tribunal de Justiça, no prazo de 48 horas (artigo 334 do RITJRS);

4- Distribuído no tribunal superior, o ministro-relator determinará vista ao *parquet*, o qual ofertará parecer pelo prazo de 5 dias (artigo 35 da Lei nº 8.038/90);

5- Retornados os autos, o relator pedirá dia para julgamento (artigo 35, parágrafo único, da Lei nº 8.038/90).

Observação: Serão aplicadas, quanto aos requisitos de admissibilidade e ao procedimento no tribunal recorrido, as regras do Código de Processo Civil relativas à apelação.

10.9.9.3. Do recurso ordinário em crime político

Na vigência do artigo 129, § 1º, da Constituição anterior, os crimes políticos eram julgados pela Justiça Militar Federal de primeiro grau, a qual tinha a competência para processar os militares e civis que praticassem crimes contra a segurança nacional ou das instituições militares. Caso fosse o crime político praticado por Governadores de Estado e seus Secretários, a competência originária era do Superior Tribunal Militar. Tanto no julgamento do Superior Tribunal Militar como no julgamento da Justiça Militar, cabia recurso ordinário constitucional para o Supremo Tribunal Federal. Este recurso seguia os procedimentos determinados pelo regimento interno do Supremo, que ainda hoje estabelece:

> Artigo 307. Caberá recurso ordinário para o Tribunal, no prazo de 3 (três) dias (art. 565 do Código de Processo Penal Militar), de decisão de única ou última instância da Justiça Militar, nos casos do art. 129, §§ 1º e 2º da Constituição.
>
> Artigo 308. Recebido o recurso, abrir-se-á vista às partes, sucessivamente, por 5 (cinco) dias, para oferecimento de razões, na instância de origem (art. 566 do Código de Processo Penal Militar).
>
> Art. 309. Distribuído o recurso, a Secretaria, imediatamente fará os autos com vista ao procurador-Geral. Devolvidos e conclusos ao relator, este pedirá dia para julgamento, no Plenário ou na Turma, conforme o caso.
>
> Parágrafo único. Na hipótese do art. 6º, III, c, lançado o relatório, passará os autos ao Revisor que pedirá dia para julgamento. Logo após, a Secretaria remeterá cópia do relatório aos Ministros.

Desta forma, é possível ser aproveitado este procedimento para recurso ordinário em crime político.

10.9.10. Considerações

10.9.10.1. Prequestionamento

Conforme os termos da Constituição Federal, o recurso ordinário é admitido para o Supremo Tribunal Federal e para o Superior Tribunal de Justiça. Na realidade, o legislador estabeleceu, através de um enquadramento legal, a possibilidade jurídica do ordinário.

Diferentemente do recurso extraordinário ou especial, em que existe impossibilidade no reexame da matéria fática, o recurso ordinário admite sua promoção não só para reexaminar questão de direito, mas, outrossim, de fato.

Prevalece o entendimento de que não é necessário prequestionamento ao recurso ordinário. E não poderia ser diferente. Se o objeto do recurso é a liberdade de locomoção do indivíduo, e sabendo que este pode ser deferido de ofício, não é de se exigir prequestionamento,[311] tampouco se compelir a qualquer outro formalismo extremo. De outra banda, no que tange ao recurso ordinário contra mandado de segurança, já se entendeu, outrossim, inviável a exigência de prequestionamento.[312]

Logo, não é de se exigir que a matéria veiculada no recurso ordinário tenha sido objeto de debate e decisão prévios. Importa saber, sim, sobre a violação do direito.[313]

10.9.10.2. Substituição do recurso ordinário por habeas

Nos casos em que caiba recurso ordinário para atacar decisão de *habeas*, tem-se entendido possível a substituição deste recurso pela ação de *habeas corpus*.[314] Outros julgados, inclusive, admitem o recurso ordinário, mesmo quando seja extemporâneo, como *habeas* substitutivo.[315]

Porém, deve-se ressaltar que existem julgados não aceitando o *habeas* quando cabível o ordinário.[316]

---

[311] STF, HC 71.216-9, DJU 24.06.94, p. 16.650.
[312] STF-AI 145395 AGR/ SP- Rel. Min. Celso de Mello julgamento:29/03/1994. DJU 25.11.94, p. 32304.
[313] STF-HC 74.735-3, Rel, Min. Marco Aurélio, julgamento 11.3.97, DJU 16.5.97, p. 19.951.
[314] RSTJ 42/71.
[315] STJ, 5ª T, RHC 7545, j. 4.6.98, DJU 3.8.98, p. 270. Mesmo sentido: STJ, 6ª T, RHC 7376, j. 1.7.98, DJU 14.9.98, p. 136.
[316] RT 608/446. Mesmo sentido: RT 648/330.

Entendemos que é possível o recurso ordinário em *habeas* ser substituído pela própria medida de *habeas*. Primeiro, em razão do argumento incisivo de que o instrumento protetor da liberdade de locomoção é mais ágil e não pode restar prejudicado em razão de um aspecto formal face ao nobre objeto que protege. Segundo, porque o próprio juízo pode conceder a ordem de ofício.

De outra banda, é de se realçar que se antes foi promovido o remédio heróico, firmado em um direito líquido e certo relativo à liberdade de locomoção, é certo que, mantendo-se o mesmo objeto, é cabível um outro *habeas*, equiparado a um sucedâneo recursal.[317]

É bem verdade que a preocupação de alguns, com relação à ambiguidade formal, tem determinado a impetração de *habeas corpus*, bem como a interposição de recurso ordinário constitucional, simultaneamente. Contudo, considerando que o objeto é o mesmo, o julgamento de um prejudica o do outro.[318]

10.9.10.3. Decisão denegatória

Veja-se que o preceito constitucional estabelece o cabimento do recurso ordinário constitucional para as decisões que denegam *habeas* e mandado de segurança.

Assim, o recurso ordinário só será cabível frente à decisão denegatória, pois, em situação diversa, havendo a concessão da ordem, haverá impossibilidade jurídica.

Desta forma, exemplificando, se o Ministério Público restasse inconformado com a decisão que concedeu a ordem, jamais poderia promover ordinário, mas, sim, se fosse o caso, recurso especial ou extraordinário, nos moldes da lei.

Lembra-se que denegar, outrossim, para os termos da lei, se equipara a não conhecer, razão por que esta identificação admite o ordinário.[319]

Obviamente, tal regra denegatória difere nos crimes políticos. É que nestes casos o ordinário constitucional poderá ser promovido seja qual for a decisão.

10.9.10.4. Interposição de recursos ordinário e extraordinário contra a mesma decisão

É possível que o recurso ordinário e o recurso extraordinário sejam interpostos no mesmo feito, contra decisão de mandado de segurança ou *habeas corpus*. Veja-se que os objetos dos recursos são totalmente distintos.

---

[317] Não se trata de um sucedâneo recursal propriamente dito, mas sim de um efetivo *habeas corpus* que, por fustigar a decisão do juízo (juízo este que, por não ter concedido a ordem, foi apontado como autoridade coatora), assume o papel de substitutivo recursal.

[318] RT687/346. Mesmo sentido: RT 687/360.

[319] RT649/363. Mesmo sentido: RT 572/433 e RT 640/385.

Nestas condições, existe a emersão da Súmula 299 do STF e que refere que os recursos ordinários e o extraordinário interpostos no mesmo processo de mandado de segurança, ou de *habeas corpus*, serão julgados conjuntamente pelo tribunal pleno.

Seguindo esta lógica, inexistirá qualquer óbice para que seja, outrossim, promovido o recurso especial simultaneamente com o ordinário ou conjuntamente com este e o extraordinário.

10.9.10.5. *Quem pode interpor recurso ordinário em* habeas corpus

É certo que o impetrante do mandado de segurança, ou do *habeas corpus*, poderá interpor recurso ordinário.

Contudo, este recurso, quando proposto contra decisão denegatória de *habeas*, possui uma peculiaridade: pode ser promovido pelo impetrante, mesmo que ele não tenha *jus postulandi*.

Ora, se o impetrante, sem *jus postulandi*, tem direito de ingressar com ação de *habeas corpus*, ele também terá direito dentro desta ação, qual seja de ingressar com recurso. E não se poderia pensar diferente, forte no princípio de *quem pode o mais, pode o menos*. Logo, o impetrante do *habeas*, sem capacidade postulatória, poderá, também, recorrer com o ordinário. Neste sentido, seguem julgados.[320]

10.9.10.6. *Impossibilidade de apreciação de matéria nova no recurso ordinário*

É inviável o conhecimento do recurso ordinário quando ele abandona os temas e fundamentos anteriores, trazendo matéria nova, não agitada no *mandamus* anterior.

Se permitida fosse a apreciação de matéria nova, haveria efetiva supressão de instância.

Nesta esteira, tem-se decidido que não se conhece de recurso ordinário quando o recorrente abandona os institutos antes invocados e decididos no acórdão recorrido e passa a postular pedido cuja apreciação dependeria, porque outra a *causa petendi*, de prévia análise do Tribunal de origem.[321]

10.9.10.7. *Em caso de empate na votação do recurso ordinário*

Ocorrendo empate na votação do recurso ordinário constitucional, prevalecerá a decisão mais favorável ao paciente.

---

[320] RT670/285. Mesmo sentido: RSTJ 43/8, RT 577/435 e RT 631/389.

[321] STJ-RHC 4770- Min.Rel.Vicente Leal- DJU 30.10.95, p. 36.811. Mesmo sentido: STJ-RHC 4509-4- Min. Rel.Vicente Cernicchiaro- j.9.05.95, STJ-RHC 5631- Min.Rel.Vicente Crnicchiaro- j. 12.08.96 e RT 666/362.

Assim, se, por exemplo, ocorrer impedimento de um dos julgadores, componentes da Turma, e a votação resultar em empate, pois de um lado segue decisão pela denegação da ordem e de outro pela concessão, predominará esta, por ser mais benéfica ao paciente.[322]

10.9.10.8. Do juízo de admissibilidade no recurso ordinário

O recurso ordinário constitucional será interposto junto ao tribunal recorrido, pois este terá que promover juízo de prelibação, de caráter preliminar, precário e superficial, para dar início ao processamento do recurso.

O juízo de admissibilidade constitui, na esfera do Tribunal *a quo*, fase essencial do procedimento recursal. Tendo por objeto o exame dos pressupostos e requisitos recursais, esse juízo preliminar não pode ser omitido, quanto a sua formulação, pelo órgão competente do Tribunal inferior. Trate-se de um juízo positivo, ou negativo, que importa em efeitos jurídico-processuais pertinentes. Esse poder de controle processual através da admissibilidade dos recursos interpostos, que apenas sofre limitação nos casos de agravo de instrumento, não constitui um poder jurídico de caráter absoluto, pois o juízo de simples delibação que lhe é subjacente não obriga, não constrange e nem compele o Tribunal *ad quem* a aceitá-lo de modo incondicional.[323]

Nestas condições, torna-se fundamental o juízo de admissibilidade feito pelo tribunal recorrido.

10.9.10.9. Do recurso ordinário e decisão da turma recursal do juizado especial criminal

Preconiza o artigo 102, II, *a* e *b*, da Constituição Federal que compete ao Supremo Tribunal Federal julgar, em recurso ordinário, o *habeas corpus*, o mandado de segurança, o *habeas data* e o mandado de injunção, desde que decididos em única instância pelos Tribunais Superiores, se denegatórios a decisão.

Já o artigo 105, II, *a* e *b*, da Constituição Federal estabelece que compete ao Superior Tribunal de Justiça julgar, em recurso ordinário, *habeas corpus* decididos em única ou última instância e os mandados de segurança decididos em única instância, pelos Tribunais Regionais Federais ou pelos tribunais dos Estados, do Distrito Federal e dos Territórios, quando a decisão for denegatória.

---

[322] RT 652/347. Mesmo sentido RJTJSP 39/238.
[323] STF-RMS 21421, Rel.Celso de Mello, j.14.04.92, Publ. DJ 19.06.92.

Ora, a turma recursal é órgão colegiado de primeira instância[324] e não se constitui em tribunal. Desta forma, não é cabível recurso ordinário contra a decisão da turma recursal do Juizado Especial Criminal. E neste sentido, seguem julgados.[325]

10.10. AGRAVO NA EXECUÇÃO PENAL

10.10.1. Nome

Como a palavra *agravo* possui sinônimo de ofensa, é certo que o recurso de agravo traz a ideia de ataque a um decisório.

10.10.2. Origem

O agravo vem do Direito português, aparecendo nas Ordenações Manuelinas.

No projeto da comissão presidida pelo Ministro da Justiça Vicente Ráo, tentou-se trazer o agravo na processualística penal, mas foi infrutífero o impulso, pois restou o recurso em sentido estrito.

Contudo, na execução penal, o agravo ingressou com a Lei nº 7.210/84.[326]

10.10.3. Conceito

Após transitar em julgado a sentença condenatória, em que se impõe uma pena ou mesmo uma medida de segurança, surge nova relação jurídica, com outros direitos e interesses entre as partes, razão em que existe a possibilidade de emersão de conflitos que demandem a intervenção jurisdicional. Quando esta intervenção é desfavorável para uma parte, a mesma deverá recorrer, interpondo agravo. Destarte, o agravo trata-se do recurso utilizado para combater as decisões havidas no processo de execução penal.

10.10.4. Previsão legal

Nos termos do art. 197 da Lei 7.210/84, Lei de Execução Penal, temos:

Das decisões proferidas pelo juiz caberá recurso de agravo, sem efeito suspensivo.

---

[324] JTJRS 195/51. Neste mesmo sentido HC 75308, julgado em 18.12.97, STF, rel. Ministro Sydney Sanches, que reconhecia a Turma como órgão colegiado de 1º grau.
[325] STF-RMS AgR 26058/DF. DJ 02.03.07. Mesmo sentido: STJ RMS 19125/BA, DJ.12.09.05
[326] No projeto de Lei nº 4.206/01, existe previsão do recurso de agravo para o processo penal na fase de cognição.

10.10.5. Órgão julgador

O juiz prolator da decisão promoverá seu juízo de admissibilidade e retratação, sendo que se este último não ocorrer, o recurso será enviado ao tribunal *ad quem* para o reexame da matéria.

10.10.6. Prazo

A ausência de amparo legal para estabelecer o prazo para o agravo na execução penal determinou, inicialmente, certo desentendimento: alguns diziam que o prazo era de 5 dias, enquanto outros, de 10 dias. Desta forma, para solucionar a questão, veio a Súmula nº 700 do STF para afirmar que é de 5 dias o prazo para interposição de agravo contra decisão do juiz da execução penal.

Ilustra-se que a Defensoria Pública terá prazo em dobro.[327]

10.10.7. Efeitos

– Devolutivo

O agravo possui efeito devolutivo.

– Suspensivo

Nos termos do artigo 197 da Lei nº 7.210/84, não se admite o efeito suspensivo. Contudo, nos casos de concessão de livramento condicional e de unificação de penas, o recurso em sentido estrito, forte no art. 584 do CPP, tem previsto o efeito suspensivo. Ora, nestas condições, parece ser apropriado que nas decisões agravadas, relativas à concessão de livramento condicional ou unificação de penas, o agravo tenha, outrossim, o efeito da suspensividade.

Contudo, é salutar lembrar que em caso de violação ao direito liquído e certo, bem como presentes o *fumus bonis juris* e o *periculum in mora*, é cabível o mandado de segurança para dar efeito suspensivo ao recurso, evitando o dano.[328]

– Extensivo

Efetivamente haverá efeito extensivo quando a decisão refletir motivos que não sejam de caráter exclusivamente pessoal.

10.10.8. Cabimento

O agravo é cabível nas decisões proferidas no feito executório.

---

[327] Lei Complementar nº 80/94, art. 128, I.
[328] RT 655/279.

Neste sentido, seguiu julgado entendendo que as decisões do juízo das execuções penais se sujeitam a agravo.[329] E não poderia ser diferente, frente aos termos do art.197 da Lei nº 7.210/84.

10.10.9. Procedimento

Por incrível, até a presente data, o recurso de agravo não ingressou no Código de Processo Penal. Sequer o legislador estabeleceu prazo, forma de interposição ou procedimento para o agravo. Nestas condições, a doutrina e a jurisprudência o moldam. Como não existe consenso jurisprudencial, apoiamo-nos no entendimento majoritário dos julgados do Tribunal de Justiça do Estado do Rio Grande do Sul e que oferta ao agravo o mesmo procedimento do recurso em sentido estrito.[330]

1- Intimado da decisão, o recorrente terá prazo de 5 dias para interpor seu recurso, indicando as peças através de petição ou termo que deverão ser trasladadas para compor o instrumento. A falta de indicação para o traslado determinará o não conhecimento do agravo.[331] Destaca-se que este instrumento conterá, necessariamente, além do petitório ou do termo, a decisão recorrida, a certidão de sua intimação, se por outra forma não for possível verificar-se a oportunidade do recurso, e as peças imperiosas para a convicção do julgador.

O recurso poderá ser interposto já com as razões e também com cópias das peças que o escrivão deveria trasladar, poupando-se, assim, grande quantidade de tempo.

2- No prazo de dois dias, contados da interposição do recurso ou do dia em que for intimado da extração do traslado, o recorrente poderá apresentar suas razões.

3- Será, então, intimado o recorrido para contrarrazoar, querendo, o recurso no prazo de dois dias. Com a resposta do recorrido, ou sem ela, o agravo seguirá concluso ao Juiz da Vara de execução, prolator da decisão, para que este reforme ou sustente sua decisão. Se o juiz retratar-se, a parte contrária poderá agravar. Giza-se que neste último agravo não caberá retratação.

---

[329] STJ – RHC 2280, 6ª T, DJU 3.11.1992, p. 19.772.

[330] Processo 696166834, Tribunal: TJRGS Ementa: "Agravo em execução. Formalização. Das decisões do juízo executório criminal cabe recurso de agravo, sem efeito suspensivo, cuja formalização (tempestividade e instrumentalização) se faz nos moldes do recurso em sentido estrito. Aplicação de regra subsidiaria. Inteligência do art. 2º, da Lei nº 7.210/84". Fonte: Jurisprudência TJRS. C. Crim., 1998, v. 1, t. 7, p. 98-109.

[331] Processo 697071306, Tribunal: TJRGS Ementa: "Execução Penal. Agravo. Não indicação, pelo agravante, de peças para traslado. Ausência, nos autos, da decisão agravada e de sua intimação ao agravante. Não conhecimento do recurso. Cumprindo a parte indicar as peças a serem trasladas, entre as quais devem obrigatoriamente estar presentes a decisão agravada e a certidão da intimação, sua falta, por ter o recorrente desatendido a determinação legal, implica não conhecimento do recurso." Fonte: jurisprudência TJRS, C. Crim., 1997, v. 3, t. 18, p. 282-283. Mesmo sentido: Processo 698001211, TJRGS. Fonte: Jurisprudência TJRS, C. Crim., 1998, v. 1, t. 5, p. 137-139.

4- Caso o juízo mantenha sua decisão, não a reformulando, o recurso subirá para apreciação do tribunal de segundo grau, onde chegará às mãos do julgador-relator, o qual, após parecer do representante do Ministério Público, promoverá o julgamento junto ao colegiado.

10.10.10. Considerações

10.10.10.1. Quem pode ser agravante

Conforme dispõe o artigo 195 da Lei nº 7.210/84, o procedimento judicial iniciar-se-á de ofício, a requerimento do Ministério Público, do interessado, de quem o represente, de seu cônjuge, parente ou descendente mediante proposta do Conselho Penitenciário, ou, ainda, da autoridade administrativa.

Porém, contra a decisão havida na execução penal podem agravar o Ministério Público e o executado,[332] através de seu defensor. Em casos de terceiros, é essencial a demonstração de interesse jurídico, sob pena de rascunhar ilegitimidade recursal.

Uma vez que não seja o Ministério Público, obrigatoriamente, o agravante deverá vir acompanhado de advogado para permitir o conhecimento do agravo frente à capacidade postulatória.[333]

É de se ressaltar que o Conselho Penitenciário, ou, ainda, a autoridade administrativa não podem interpor agravo, pois não possuem *jus postulandi*. Conforme o próprio texto legal, estas entidades apenas propõem o procedimento judicial, nada requerem. Nestas condições, se suas propostas forem rejeitadas, não haverá condição de recorrerem.

10.10.10.2. Do procedimento e prazo do agravo na execução

O agravo na execução penal não possui regramento disposto junto ao Código de Processo Penal. Tal fato é resultado de uma situação legislativa. Quando o projeto de Lei da Execução Penal estava sendo discutido entre os parlamentares, outrossim estava sendo examinado o projeto do novo Código de Processo Penal. Nestas condições, quando houve a publicação da Lei nº 7.210/84, que em seu artigo 197 trouxe o agravo, absurdamente inexistiu preocupação com o procedimento e o prazo, face à expectativa junto ao novo Código de Processo Penal que o regrava. Como o projeto deste novo Código não se transformou em lei, o agravo na execução restou órfão.

---

[332] Ausência de capacidade postulatória do apenado para ajuizar agravo. RJTERGS 189/106

[333] RJTERGS 189/106. Mesmo sentido: Jurisprudência, Processo: 687007096, Tribunal: TJRGS, Fonte: Jurisprudência TJRS, C. Crim., 1987, v. 1, t. 8, p. 163-164.

Atualmente, o recurso de agravo não possui prazo e, tampouco, procedimento regulamentado pela lei. Logo, a doutrina e a jurisprudência se encarregaram em ditar as normas recursais.

Muito embora o presente estudo não tenha a pretensão de colecionar doutrina sobre a matéria, especificamos o tema no sentido de reconhecer qual o prazo e o procedimento cabível ao agravo.

Para Mesquita Júnior (1999, p. 309):

> A doutrina e jurisprudência têm se posicionado, dominantemente, no sentido de que o recurso de agravo na execução da pena obedece ao procedimento do Código de Processo Civil.

Esta mesma opinião é compartilhada por Mirabete (2000), Grinover, Gomes Filho e Fernandes (1999), entre outros.

Porém, mesmo entendimento não seguem Nogueira (1991), Noronha (1989) e Mossin (2001, p. 359), sendo que este, por sua vez, ensina:

> [...] não há como aceitar o entendimento segundo o qual o art. 197, da Lei de Execução Penal, deve ser integrado pelas normas do Código de Processo Civil, que disciplina o recurso de agravo de instrumento.

Temos defendido que o agravo, na execução penal, deve obedecer às regras do recurso em sentido estrito, pois a aplicação analógica preceituada no artigo 3º do CPP assim permite. Veja-se que o recurso em sentido estrito faz parte da processualística penal. Nestas condições, o recurso *stricto* deverá servir de paradigma a fim de definir o prazo e o procedimento do agravo criminal. Trata-se da homointegração. Assim, o agravo penal deverá ser interposto em cinco dias e endereçado, inicialmente, ao magistrado prolator da decisão objurgada, para o juízo de admissibilidade e retratação. Não reformada a decisão, o recurso seguirá ao tribunal.

De outra banda, se fosse promovida analogia com o recurso de agravo do processo civil, antes da reforma trazida pela Lei nº 9.139/95, não haveria grandes indagações, pois o prazo era de cinco dias, e sua interposição ocorria no próprio juízo *a quo*. Ocorre que a nova redação dada ao diploma civil ampliou o prazo do agravo para dez dias e estabeleceu que sua distribuição ocorreria diretamente ao tribunal. E mais, com a nova Lei nº 11.187/05, e que alterou substancialmente este recurso no processo civil, tornou-se regra que o agravo civil seja retido, interposto diretamente na vara onde tramita a ação, sendo que em casos de lesão grave e de difícil reparação, entre outros, seja ele interposto no tribunal, através de instrumento.

Ora, como somente em casos excepcionais deverá ser admitida a heterointegração, deve o agravo da execução obedecer ao procedimento do recurso em sentido estrito, sendo seu prazo de cinco dias para interposição.[334] Neste

---

[334] RT 698/378.

sentido, segue, quase tranquila, a jurisprudência,[335] em destaque os julgados do Tribunal de Justiça do Estado do Rio Grande do Sul,[336] além do entendimento da Súmula nº 700 do tribunal excelso.

Entretanto, é de se ver que existem julgados em posição frontalmente contrária.[337]

Por fim, é bom salientar que já houve julgado, inclusive, destacando a irrelevância do erro no rito do agravo em execução, sob o fundamento de que, não havendo previsão legal específica, eventual erro no rito não poderia acarretar em não conhecimento do recurso.[338]

10.10.10.3. Das decisões recorríveis com agravo na execução

O artigo 66 da Lei nº 7.210/84, em seus incisos I a V, estabelece os atos jurisdicionais que podem ser praticados pelo juízo da execução, enquanto os números VI a IX do mesmo regramento jurídico destacam os atos administrativos que podem ser praticados por aquele magistrado. Somente guardam interesse as decisões jurisdicionais do juiz da execução, porquanto somente elas estão sujeitas ao recurso de agravo previsto no art. 197 da sobredita lei.

Prevê o artigo 66:

I – aplicar aos casos julgados lei posterior que de qualquer modo favorecer o condenado;
II – declarar extinta a punibilidade;
III – decidir sobre:
   – soma ou unificação de penas;
   – progressão ou regressão nos regimes;
   – detração e remição da pena;
   – suspensão condicional da pena;
   – livramento condicional;
   – incidentes da execução;
IV – autorizar saídas temporárias;
V – determinar:
   – a forma de cumprimento da pena restritiva de direitos e fiscalizar sua execução;
   – a conversão da pena restritiva de direitos e de multa em privativa de liberdade;

---

[335] RT 750/539. Mesmo sentido: RLTJESP 113/550, JUTACRIM-SP 90/189, RT 631/303.
[336] Processo 687007096, Tribunal: TJRGS.
Ementa: "Recurso de agravo. Procedimento. Conquanto não regulado na lei de execução penal, por razoes obvias, o recurso de agravo ali previsto e procedimentalizado atualmente como o recurso em sentido estrito, exigindo-se a apresentação de razões por meio de advogado". Fonte: Jurisprudência TJRS, C. Crim., 1987, v. 1, t. 8, p. 163-164. Mesmo sentido: Processo 697205136, Tribunal: TJRGS, Fonte: Jurisprudência TJRS, C. Crim., 1998, v. 1, t. 4, p. 218-220.
[337] RT 668/346. Mesmo sentido: TJSP-1ª C. Crim. RA 159.563-3/5, j. 8.8.94.
[338] RT 765/557.

- a conversão da pena privativa de liberdade em restritiva de direitos;
- a aplacação da medida de segurança, bem como a substituição da pena por medida de segurança;
- a revogação da medida de segurança;
- a desinternação e o restabelecimento da situação anterior;
- o cumprimento de pena ou medida de segurança em outra Comarca;
- a remoção do condenado na hipótese prevista no § 1º do art. 86 desta lei;

VI – zelar pelo correto cumprimento da pena e da medida de segurança;

VII – inspecionar, mensalmente, os estabelecimentos penais, tomando providências;

- para o adequado funcionamento e promovendo, quando for o caso, a apuração de responsabilidade;

VIII – interditar, no todo ou em parte, estabelecimento penal que estiver funcionando em condições inadequadas ou com infringência aos dispositivos desta lei;

IX – compor e instalar o Conselho da Comunidade.

Veja-se que a medida de natureza administrativa não carrega carga decisória, capaz de tornar-se recorrível. É desta forma que o objeto do cumprimento da pena pode reproduzir uma natureza administrativa, afinando-se com aquilo que se denomina de direito penitenciário. Não é de se confundir direito penitenciário com execução penal. Nas lições de Bemfica (1995, p. 208):

> O direito penitenciário é mais restrito, porque só cuida da execução da pena e das medidas de segurança, enquanto a Lei de Execução Penal dispõe sobre a individualização e personalidade da pena, as regras concernentes aos estágios de cumprimento da pena, os regimes prisionais e outros institutos.

Como a aplicação da pena é o real objeto da execução, pois trata da efetivação da sanção determinada no decreto condenatório, por ocasião da expiação teremos, outrossim, a emersão do direito administrativo. Nestes casos, as decisões puramente administrativas não poderão ser atacadas por via do agravo, somente as jurisdicionais. Assim, por exemplo, decisão administrativa do diretor do estabelecimento que de alguma forma prejudique direito liquido e certo do executado, será objurgada através de mandado de segurança. (Jamais se esquecendo que se a matéria se vincular ao direito de locomoção, caberá *habeas*).

Por fim, não custa ressaltar que o Juiz da Vara de execuções fica adstrito aos termos da sentença transitada em julgado, título do qual não pode se afastar.

Rosa (1995, p. 437) informa:

> O juiz das execuções penais não pode, em hipótese alguma, ir além daquilo que está prescrito e assentado na sentença condenatória transitada em julgado. Pode sim, conceder benefícios ao condenado que venham a importar em redução dessa pena. Tudo rigorosamente dentro da Lei, sob estrito controle do Ministério Público e de qualquer interessado.

Logo, eventual decisão distante dos limites da condenação poderá ser agravada.

10.10.10.4. Do agravo na execução e a feitura de instrumento

O agravo na execução penal deverá ser promovido através de instrumento. Como já foi visto, o agravo deverá seguir a forma de interposição do recurso em sentido estrito. Este recurso possui a peculiaridade da formação do instrumento, através do traslado das peças imprescindíveis. Desta forma, o agravo deverá ser promovido através de instrumento.

Contudo, poderá haver situações em que se torna despiciendo o instrumento no agravo. Trata-se do caso em que o processamento, sem a formação do instrumento, não promove qualquer prejuízo ao andamento do processo. Exemplos dão conta de um processo incidental, como originário de um pedido de unificação de penas. Nestas condições, será desnecessária a formação de instrumento, quando efetivamente a remessa do feito, em sua integralidade, não determinar qualquer procrastinação. Nesta lógica, seguem julgados desprezando o instrumento.[339]

10.10.10.5. Denegação do agravo na execução

Pode ocorrer que o agravo tenha sido denegado ou obstado o seu seguimento pelo juízo prolator da decisão ou da própria vara executória. Nestas condições, será admissível a promoção de outro agravo.

Porém, o artigo 639 do CPP estabelece que caberá carta testemunhável na decisão que denegar recurso ou na que, embora admitindo, obste sua expedição e seguimento para o juízo *ad quem*. Logo, também é possível a utilização da carta testemunhável para atacar decisão que denega recurso em agravo de execução.[340]

10.10.10.6. Ação penal originária dos tribunais

Existe a orientação de que na condenação da ação penal originária dos tribunais, a execução penal terá como recurso cabível não o agravo do artigo 197 da Lei nº 7.210/84, mas sim o chamado agravo regimental. Seguindo o ensinamento de Lima e Peralles (1997, p. 175).

> [...] em execução penal de ação penal originária dos tribunais, com condenação a pena ou medida de segurança, caso o sentenciado requeira livramento condicional e o mesmo seja indeferido, caberá a interposição de agravo regimental [...]

---

[339] RT 639/312. Mesmo sentido: RJD 7/25 e JUTACRIM-SP 97/25.

[340] "Do não-recebimento do agravo em execução, não cabe novo agravo em execução, mas carta testemunhável (art. 639, I, do CPP)." JUTARGS 105/82.

Neste sentido existe julgado.[341]

Ocorre que poderá o regimento interno do tribunal preconizar situação diferente. Veja-se que o regimento interno do Tribunal de Justiça do Estado do Rio Grande do Sul, em seu art. 348, § 2º, estatui que a execução de decisão condenatória, em processo da competência originária do Tribunal, caberá ao juiz da vara de execução com jurisdição sobre os sentenciados recolhidos ao estabelecimento prisional onde deverá ser cumprida a pena privativa de liberdade aplicada, ou ao juiz da vara de execução onde reside ou tem domicílio o condenado, nas hipóteses de suspensão da execução da pena privativa de liberdade aplicada, de cumprimento de pena restritiva de direitos imposta no acórdão ou de concessão de livramento condicional. Desta forma, tratando-se propriamente de juízo de execução penal, caberá o agravo firmado no art. 197 da Lei nº 7.210/84.

10.10.10.7. Agravo da execução e a Lei nº 9.099/95

A regra é que não é admissível agravo na execução do juizado especial criminal.

Porém, pela leitura do artigo 84 da Lei nº 9.099/95, o qual dispõe que aplicada exclusivamente a pena de multa, seu cumprimento far-se-á mediante pagamento na Secretaria do juizado, é possível que haja eventual decisão judicial, nesta pendência, passível de ser revista através de agravo.

Porém, não se pode olvidar que nos termos do artigo 51 do CP, nos moldes da Lei nº 9.268/96, a multa será considerada dívida de valor, aplicando-se-lhe as normas da legislação relativa à dívida ativa da Fazenda Pública. Desta forma, o juízo para a execução da multa, destacando-se no caso do Estado do Rio Grande do Sul, será especializado ou vara cível, sendo de atribuição da Fazenda Pública do Estado a promoção da execução. Nestes casos, não caberá agravo de execução, face procedimento civil. Entretanto, se a exigência da multa estiver, ainda, no juízo especial criminal, entendemos ser possível a interposição de agravo da execução penal.

10.10.10.8. Agravo da execução e o efeito suspensivo do art. 558 do CPC

Inviável se dizer sobre aplicação do art. 558 do CPC, trazido pela Lei nº 9.139/95, e que estabelece que, a requerimento do agravante, poderá o relator

---

[341] Julgado trazido por Lima e Peralles (1997, p. 175): "Ação Penal Originária. Processo de Execução. Competência do Egrégio órgão Especial *ex vi* do art. 158, IV, I, da CE/89. O relator será o mesmo juiz do processo de conhecimento, aplicando, analogicamente, o art. 137 *caput* do RI, ante a derrogação do parágrafo único do art. 668 do CPP, pelo art. 125, § 1º da CF."

suspender o cumprimento da decisão até o pronunciamento definitivo da turma ou câmara. Lembremos que o art. 197 da Lei nº 7.210/84 preconiza que o agravo da execução penal não terá efeito suspensivo. Assim, havendo norma formal criminal estabelecendo a regra, inviável qualquer analogia.

10.10.10.9. Agravo da execução e a Lei nº 11.187/05

A Lei nº 11.187/05, com vigor a partir de 19.01.06, modificou, sensivelmente, o recurso de agravo do processo civil, contra as decisões interlocutórias. Tal alteração, que buscou exterminar com a excessiva demanda de agravos, em sua maioria das vezes, com pedido de efeito suspensivo da decisão, resultou no estabelecimento da regra do agravo retido. A exceção será o agravo de instrumento, que só caberá quando a decisão puder causar lesão grave e de difícil reparação, entre outras.

Ocorre que a Lei nº 11.187/05 se vinculou, definitivamente, à seara civil, sem qualquer referência ao agravo da execução penal. Desta forma, o agravo penal continua a obedecer às regras do recurso em sentido estrito, frente à aplicação analógica preceituada no artigo 3º do CPP, que permite a homointegração.

Logo, não há em que se dizer sobre repercussão qualquer da Lei nº 11.187/05, junto ao agravo previsto no art. 197 da Lei nº 7.210/84. Este continua sendo promovido através do instrumento com procedimento ditado pelo recurso em sentido estrito.

10.10.10.10. Agravo da execução e execução da multa penal

Conforme os termos do artigo 51 do CP, nos moldes da Lei nº 9.268/96:

> Transitada em julgado a sentença condenatória, a multa será considerada dívida de valor, aplicando-se-lhe as normas da legislação relativa à dívida ativa da Fazenda Pública, inclusive no que concerne às causas interruptivas e suspensivas da prescrição.

Desta forma, adaptou-se o rito da execução fiscal para a multa impaga. Veja-se que o legislador não reformou a natureza da multa que é sanção criminal,[342] apenas a equiparou como dívida de valor para aplicar as normas[343] da dívida ativa da Fazenda Pública.

No Estado do Rio Grande do Sul, esta execução passou a se processar perante o juízo especializado ou vara cível, sendo de atribuição da Fazenda Pública do Estado, por meio dos seus procuradores, nos moldes do Provimento

---

[342] Bol.IBCCrim 76/338. Mesmo sentido: RJTACRIM 35/64 e RT 740/596.
[343] Lei nº 6.830/80.

nº 18/2003 da Corregedoria-Geral de Justiça do Estado do Rio Grande do Sul.[344] Nesta esteira, inclusive, posicionou-se o Superior Tribunal de Justiça.[345]

Assim, uma vez que o condenado não satisfaça a multa, serão enviadas certidões da condenação e de seu inadimplemento para a Fazenda Pública, a qual promoverá a devida execução.[346]

Desta forma, entendemos que estando a execução da pena de multa vinculada ao foro extrapenal, este procedimento é que determinará a medida e o recurso cabível, que no caso serão da órbita civil. Porém, enquanto a questão da multa estiver sendo decidida pelo juízo da vara de execução criminal (ex. questão de extinção de punibilidade), por certo caberá o agravo da execução penal.

10.10.10.11. Da autenticidade das peças do traslado

É de se defender que seja em razão de caber a parte contrária o ônus de fiscalizar a autenticidade das peças do traslado, bem como tratando-se de documentos públicos, advindos de um processo penal, não existe razão para se questionar sobre a autenticidade, viável se desprezar a obrigatoriedade de autenticar as peças reproduzidas.

Ademais, em decorrência da Lei nº 10.352/01, o artigo 544, § 1º, do CPC restou com nova redação, para admitir que as cópias das peças do processo poderão ser declaradas autênticas pelo próprio advogado, sob responsabilidade pessoal. Nestas condições, evitando ônus com autenticações cartorárias, para segurança do recurso, o próprio causídico poderá confirmar a autenticidade do documento reproduzido.

10.10.10.12. Agravo na execução penal e o assistente de acusação

Não existe a possibilidade do assistente de acusação restar habilitado na execução penal, eis que neste procedimento não há qualquer tipo de acusação e sim, apenas, a observância no cumprimento da pena.

Contra a decisão havida na execução penal podem agravar o Ministério Público e o executado, através de seu defensor.[347] Contudo, em casos extraordinários, terceiros podem agravar, uma vez que demonstrem interesse jurídico.

Desta forma, muito embora não possa o assistente de acusação se habilitar na execução, poderá a vítima agravar, desde que demonstre interesse jurídico.

---

[344] Por meio do qual alterou a redação do art. 705 da Consolidação Normativa Judicial, para prescrever que não ocorrendo pagamento observar-se-á, para a execução da multa, o rito procedimental previsto no art. 51 do CP, com a redação que lhe foi dada pela Lei nº 9.268/96.

[345] STJ/ CAT 107/PB, DJ 19.12.2002.

[346] TJ/RS, 4ª Câmara Criminal, Proc. nº 70012672192. DJ.04.01.06. Mesmo sentido: TJ/RS, 3ª Câmara Criminal, Proc. nº 70012514709, DJ 24.11.05.

[347] Ausência de capacidade postulatória do apenado para ajuizar agravo. RJTERGS 189/106.

Exemplificando, forte no nosso entendimento de que a vítima tenha privilégio, admitimos a seguinte situação: O indivíduo, notoriamente insolvente, restou condenado ao pagamento de multa reparatória em favor da vítima (art. 297 da Lei nº 9.503/97) e de prestação pecuniária, substitutiva da pena privativa de liberdade. Assim, o condenado apresentou em juízo depósito para satisfazer o valor devido ao Estado. Por sua vez a vítima, com dificuldades de subsistência em razão do crime e receber o que lhe é devido, requer ao juízo de execução a constrição deste valor, o que é indeferido. Nestas condições, cabível agravo de execução.

10.11. AGRAVO DE INSTRUMENTO CRIMINAL

10.11.1. Nome

Seguimos a mesma orientação já traçada no item 10.9.1, face à referência de o nome *agravo* ser sinônimo de ofensa.

10.11.2. Origem

A origem do agravo está no direito português, sendo referido nas Ordenações Manuelinas.

10.11.3. Conceito

Trata-se do recurso cabível contra as decisões denegatórias dos recursos extraordinário e especial.

10.11.4. Previsão legal

Este agravo de instrumento vem previsto no artigo 28 da Lei nº 8.038/90, e que estabelece que, denegado o recurso extraordinário ou o recurso especial, caberá o agravo.

10.11.5. Órgão julgador

Conforme o § 2º do artigo 28 da Lei nº 8.038/90, o agravo de instrumento será julgado pelo relator do Supremo Tribunal Federal ou do Superior Tribunal de Justiça, quando se tratar de recurso extraordinário ou especial, respectivamente. Em caso de provimento e se o instrumento contiver os elementos necessários ao julgamento do mérito do recurso, o relator determinará, desde logo, sua inclusão em pauta, observando-se, daí por diante, o procedimento relativo ao recurso que havia sido denegado.

10.11.6. Prazo

Nos termos do artigo 28 da Lei nº 8.038/90, o agravo deverá ser interposto no prazo de cinco dias. Para ratificar este prazo, emergiu a Súmula nº 699 do STF e que preconiza que o prazo para interposição de agravo, em processo penal, é de cinco dias, de acordo com a Lei nº 8.038/90, não se aplicando o disposto a respeito nas alterações da Lei nº 8.950/94 ao Código de Processo Civil.

Ilustra-se que a Defensoria Pública terá prazo em dobro.[348]

10.11.7. Efeitos

– Devolutivo

Remete ao Ministro-Relator o julgamento da matéria.

– Suspensivo

Não existe efeito suspensivo no agravo de instrumento criminal. E não poderia ser diferente, pois se o recurso extraordinário e o recurso especial não possuem suspensividade, não seria lógico admitir que o agravo de instrumento, corolário daqueles recursos, o possuísse.

– Extensivo

Haverá efeito extensivo, indiretamente, se o recurso denegado o possuir. Nestas condições, este efeito fica dependente do próprio efeito do recurso que se busca dar seguimento ao julgamento.

10.11.8. Cabimento

O agravo de instrumento criminal é cabível nos casos em que haja a denegação do recurso extraordinário ou recurso especial pelo órgão julgador *a quo* em seu juízo de admissibilidade.

10.11.9. Procedimento

1- Denegado o recurso extraordinário ou o recurso especial, cabe agravo de instrumento, no prazo de 5 dias, para o Supremo Tribunal Federal ou Superior Tribunal de Justiça, respectivamente;

2- O agravo deverá ser instruído com peças obrigatórias, que serão as cópias do acórdão recorrido, da petição de interposição do recurso denegado, das contrarrazões, da decisão agravada, da certidão da respectiva intimação e das procurações outorgadas aos advogados do agravante e do agravado, além de

---
[348] Lei Complementar nº 80/94, art. 128, I.

outras peças que o agravante entender interessantes ao seu recurso (artigo 544 do CPC). A parte contrária será instada a se manifestar no prazo de 5 dias;

3- O agravo será dirigido inicialmente ao presidente do tribunal *a quo*, o qual promoverá a admissibilidade e, se for o caso, o juízo de retratação. Se não houver reforma da decisão, mas a admissão do agravo, o mesmo seguirá ao tribunal *ad quem* e será distribuído a um relator. Se necessário, será ouvido o Ministério Público. Após, o relator proferirá decisão. Se der provimento, haverá julgamento do recurso pela Turma criminal. Se negar seguimento ou provimento ao agravo de instrumento, o mesmo baixará. Neste caso, caberá agravo no prazo de 5 dias para o órgão julgador, ou seja, a Turma criminal.

10.11.10. Considerações

10.11.10.1. Da admissibilidade do agravo de instrumento

Para ser admitido o agravo de instrumento, pelo tribunal *ad quem*, é imperioso que contenha a exposição do fato e do direito, as razões do pedido de reforma da decisão e a indicação das peças do processo que devam ser trasladadas.

Giza-se que no tribunal *a quo* o juízo de admissibilidade sofrerá restrição.[349]

No tribunal *ad quem* o recurso, observando as regras do regimento interno do tribunal, seguirá ao relator. Admitido, o agravo de instrumento será levado a julgamento pela Turma. Caso tenha provimento o agravo, isto não significa sucesso no julgamento do recurso denegado. A própria Súmula nº 289 do Supremo Tribunal Federal se encarrega em prescrever que o provimento do agravo por uma das Turmas do STF, ainda que sem ressalva, não prejudica a questão do cabimento do recurso extraordinário.

De outra banda, será improvido o agravo de instrumento que não trouxer uma límpida e cristalina fundamentação. Segue a Súmula 287 do mesmo excelso tribunal, que refere que o agravo de instrumento que não se apresentar com perfeita fundamentação, prejudicando o entendimento da controvérsia, será improvido.

10.11.10.2. Do prazo do agravo de instrumento

Por ocasião da publicação da Lei nº 8.038/90, não havia problema qualquer no entendimento sobre o prazo para a interposição do agravo de instrumento. Como o artigo 28 referia 5 dias, resolvida estava a questão. Ocorre que com o advento da Lei nº 8.950/94, que modificou o prazo do agravo de instrumento para 10 dias, grandes controvérsias se firmaram. Muitos doutrinadores enten-

---
[349] STF-RMS 21421, Rel.Celso de Mello, j.14.04.92, Publ. DJ 19.06.92.

deram que o prazo do agravo de instrumento criminal havia sido prorrogado. Contudo, a questão foi espancada com o entendimento jurisprudencial pacífico de que a reforma havida na seara civil não tinha o condão de atingir a esfera criminal, razão que permanecia inalterado o prazo de 5 dias para a interposição,[350] e com o entendimento da Súmula nº 699 do STF, que dita que o prazo para interposição de agravo, em processo penal, é de cinco dias, de acordo com a Lei nº 8.038/90, não se aplicando o disposto a respeito nas alterações da Lei nº 8.950/94 ao Código de Processo Civil.

10.11.10.3. Do traslado

É fundamental a feitura de traslado, ou reprodução, das peças imprescindíveis. Neste sentido, a Súmula 288 do Supremo Tribunal Federal refere:

> Nega-se provimento a agravo para subida de recurso extraordinário quando faltar no traslado o despacho agravado, a decisão recorrida, a petição de recurso extraordinário ou qualquer peça essencial à compreensão da controvérsia.

Sendo assim, tem-se entendido pela necessidade de restar imaculado o traslado.[351]

Desta forma, além de requerer o traslado, deve o recorrente acompanhar sua feitura, para observar se efetivamente as peças necessárias firmaram-se no instrumento. Jamais poderá o impetrante responsabilizar terceiros, sejam funcionários do cartório ou não, pois é sua a obrigação de cobrir com regularidade o recurso.

10.11.10.4. Obrigatoriedade de encaminhamento do agravo de instrumento

É inviável que seja promovido agravo de instrumento e o juízo *a quo* deixe de determinar sua remessa ao tribunal *ad quem*. Esta regra vale, inclusive, para os juizados especiais criminais.

Neste sentido, vigora a Súmula nº 727 do STF, que estabelece que não pode o magistrado deixar de encaminhar ao Supremo Tribunal Federal o agravo de instrumento interposto da decisão que não admite recurso extraordinário, ainda que referente à causa instaurada no âmbito dos juizados especiais.

10.11.10.5. Juntada extemporânea de traslado

Questão curiosa é sobre a interposição do recurso de agravo, mas sem a regularidade instrumental. Nesta situação, tem-se entendido que a ausência das

---
[350] STJ, 6ª T, Agr.158932, DJU 02.03.98, p. 172. Mesmo sentido: STF, Agr. Rec. QO 197032, DJU 05.12.97, p. 63.908.
[351] JSTF LEX 210/110.

cópias necessárias para a formação do instrumento é óbice ao conhecimento do agravo de instrumento (Súmula nº 288 do Supremo Tribunal Federal). E mais, que a própria formação tardia do instrumento, seja até com intuito de regularização, será motivo para não admissão do recurso.

Assim, por exemplo, se o agravante deixar de regularizar a instrumentalidade do recurso, apenas fazendo quando os autos já se encontrarem no Tribunal *ad quem*, prejudicada estará a insurreição.

Desta forma, não será admitida a juntada extemporânea de traslado atinente ao agravo. Inclusive, neste sentido, se entende que é ônus exclusivo da parte agravante a fiscalização correta da formação do instrumento por ocasião da interposição.[352]

10.11.10.6. Da autenticidade das peças do traslado

Como já visto, é fundamental a feitura de reprodução das peças imprescindíveis. É firme o entendimento de que no agravo não pode restar maculado o traslado[353] e que suas peças jamais poderão ser trazidas após a interposição[354] face a preclusão consumativa.[355] Interposto o recurso, o recorrente deve, além de requerer o traslado, acompanhar sua feitura para observar se efetivamente as peças necessárias firmaram-se no instrumento. Jamais poderá o impetrante responsabilizar terceiros, sejam funcionários do cartório ou não, pois é sua a obrigação de cobrir com regularidade o recurso. Dúvida poderia surgir no que tange a obrigatoriedade da autenticidade das peças trasladadas. Como ensina Negrão (2002, p. 578):

> Não é essencial a autenticação das peças do agravo de instrumento, uma vez que à parte contrária cabe o ônus de fiscalizar sua autenticidade.

Ademais, poderíamos acrescentar que tratando-se de peças públicas, advindas de um processo penal, não haveria razão para se perquirir sobre a autenticidade, já que não são documentos particulares. Desta forma, seguem julgados no sentido de que a juntada pelo agravante de cópias de peças dos autos principais vale pela afirmação da autenticidade delas.[356]

Por último, é de se lembrar que, em decorrência da Lei nº 10.352/01, o artigo 544, § 1º, do CPC restou com nova redação, para admitir que as cópias das peças do processo poderão ser declaradas autênticas pelo próprio advo-

---

[352] STF-AI nº237.361-AgR, DJ 1.10.99. Mesmo sentido AI nº493.916-AgR, DJ 25.06.04; AI nº 550.987-AgR, DJ 16.12.05.
[353] JSTF LEX 210/110.
[354] STF AI-AgR 611044/RJ, DJ 13.04.04
[355] STF AI-AgR 591841/PA, DJ 27.02.07.
[356] STF AI-AgR 472831/CE. Mesmo sentido AI-AgR 541407/PI, DJ 13.02.07 e AI-AgR 472831/CE, DJ 14.12.06.

gado, sob responsabilidade pessoal. Nestas condições, evitando ônus com autenticações cartorárias, para segurança do recurso, o próprio causídico poderá confirmar a autenticidade do documento reproduzido.

10.11.10.7. Do agravo de instrumento e custas

Conforme se conclui pela leitura do artigo 544, § 2º, do Código de Processo Civil, ditado pela Lei nº 10.352/01, o agravo de instrumento é isento de satisfação de custas e despesas postais. Nesta esteira, inclusive, segue a Resolução nº 20 do Superior Tribunal de Justiça.

Por certo, tal regulamento serve, outrossim, para ampliar e afastar óbices de fiscalização junto aos juízos inferiores.

10.11.10.8. Interposição mediante fax

Se o agravo for interposto mediante sistema de transmissão e reprodução de material gráfico por via telefônica (fac-símile), é essencial que uma vez interposto seja, posteriormente, ratificado em tempo oportuno, sob pena de restar prejudicado.[357]

Com relação ao traslado, segue entendimento de que uma vez sendo obrigatório, haverá imperiosidade da transmissão das peças obrigatórias à formação do instrumento, sob pena de inadmissibilidade.[358] Porém, em orientação diferente, existe julgado no sentido de que é possível o conhecimento do recurso, mesmo carente das cópias que formam o instrumento de agravo, desde que estas peças obrigatórias ou facultativas sejam juntadas com a entrega do original.[359]

10.12. AGRAVO EM AGRAVO DE INSTRUMENTO

10.12.1. Nome

Com relação ao nome, observamos o estudo já alinhado no item 10.9.1, considerando o vocábulo *agravo* como sinônimo de ofensa.

Agravo em agravo de instrumento é chamado, outrossim, por alguns de *agravinho* ou de *agravo inominado*, sendo esta última denominação ao que parece equivocada, pois se é agravo, descaberia se dizer como inominado.

---

[357] STF-Agr. em MI 372/SP- Ministro Celso de Mello- DJU 21.02.92, p. 1.692.

[358] AI 461660 AgR / SP – SÃO PAULO, Julgamento: 17/11/2005 Órgão Julgador: Primeira Turma Publicação: DJ 09-12-2005.

[359] STJ/Resp. nº 901.556 – SP, j.21.05.08.

10.12.2. Origem

Evitando tautologia, ratifica-se a origem trazida no item 10.9.2, lembrando a emersão do agravo nas Ordenações Manuelinas.

10.12.3. Conceito

Trata-se do recurso cabível contra a decisão do relator que negar seguimento ou provimento ao agravo de instrumento proposto contra decisão denegatória de recurso extraordinário ou recurso especial.

10.12.4. Previsão legal

O agravo em agravo de instrumento vem previsto no artigo 28, § 5º, da Lei nº 8.038/90.

10.12.5. Órgão julgador

Quem julgará o agravo será o órgão competente para julgar o recurso do agravo de instrumento, caso admitido pelo Ministro-Relator. Logo, poderá ser a Seção, Turma etc.

10.12.6. Prazo

Nos termos do § 5º do artigo 28 da Lei nº 8.038/90, o agravo deverá ser interposto no prazo de 5 dias.

A Defensoria Pública terá prazo em dobro.[360]

10.12.7. Efeitos

– Devolutivo
Remete ao colegiado, órgão julgador.

– Suspensivo
Não havendo efeito suspensivo no agravo de instrumento criminal, outrossim não haverá no agravo em agravo.

– Extensivo
Haverá efeito extensivo, de forma indireta, se o recurso denegado e atacado pelo agravo de instrumento o possuir.

---

[360] Lei Complementar nº 80/94, art. 128, I.

10.12.8. Cabimento

Somente nas decisões do relator que negar seguimento ou provimento ao agravo de instrumento contra decisão denegatória de recurso extraordinário ou de recurso especial.

10.12.9. Procedimento

1- O agravo será interposto no prazo de 5 dias e dirigido ao prolator da decisão, para que seja reconsiderada. Não haverá manifestação da parte contrária;

2- Mantida a decisão, haverá o julgamento pelo colegiado, sendo computado o voto do relator do agravo de instrumento;

3- Se provido o agravo, será determinada a admissão do agravo de instrumento o qual uma vez julgado poderá determinar o julgamento ou o processamento do recurso constitucional denegado.

10.12.10. Considerações

10.12.10.1. Da clareza na fundamentação

O objeto, sobre o qual se assenta o agravo, deve vir exposto de maneira inteligível.

Outrossim, o fundamento deve ser cristalino. Ou seja, não será provido agravo que não traga clareza em sua fundamentação. Neste sentido, é de se adotar, também, a Súmula 287 do excelso tribunal, que refere que o agravo de instrumento que não se apresentar com perfeita fundamentação, prejudicando entendimento da controvérsia, será improvido.

10.12.10.2. Do prazo do agravo em agravo de instrumento

Mesmo com a reforma promovida com a Lei nº 8.950/94, e que modificou o prazo do agravo de instrumento para 10 dias na seara civil, é de se manter o prazo de 5 dias para o agravo em agravo de instrumento, conforme os ditames do § 5º do artigo 28 da Lei nº 8.038/90 e que se mantém íntegros junto ao processo penal.

10.12.10.3. Do traslado

A Lei 8.038/90 não refere sobre a feitura de traslado, ou reprodução, das peças imprescindíveis para a formação do agravo em agravo. O artigo 28, § 5º, apenas refere o cabimento e prazo do *agravinho*.

De nosso lado, entendemos que, frente à similitude deste recurso com o agravo regimental, previsto no artigo 317 do RISTF e nos artigos 258 e 259 do RISTJ, é possível se desprezar o traslado. É que o agravo regimental, conforme se observa do artigo 317, §§ 1º e 2º, do RISTF, será promovido através de petição que conterá as razões do pedido de reforma da decisão agravada, sendo protocolado, sem qualquer outra formalidade, para julgamento do prolator da decisão. Ou seja, é um agravo nos próprios autos, semelhante ao retido ou embargos de declaração. E, neste sentido, inclusive já se recebeu embargos de declaração como agravo regimental.[361]

Destarte, defendemos que no agravo em agravo não há necessidade de formação de instrumento.

10.13. EMBARGOS DE DIVERGÊNCIA

10.13.1. Nome

O nome ofertado está em consonância ao papel deste recurso em buscar impedir a eficácia de um julgado que apresenta divergência com outro pronunciamento judicial.

10.13.2. Origem

Lembremos que os embargos têm origem legal no Direito português através das Ordenações Afonsinas, as quais referiam os embargos modificativos. No mais, ratificamos o estudo do item 10.4.2.

Como os embargos de divergência envolvem tema referente a dissídio jurisprudencial, podemos lembrar da Emenda Constitucional nº 1, de 1967, que em seu artigo 119, III, d, previa expressamente a possibilidade de ser promovido recurso extraordinário quando houvesse divergência jurisprudencial sobre questão constitucional. Desta forma, é viável admitir-se como origem dos embargos divergentes esta referência constitucional.

10.13.3. Conceito

Trata-se do recurso cabível contra a decisão da Turma do Supremo Tribunal Federal ou do Superior Tribunal de Justiça que divergir de certo julgamento de outra Turma, Seção ou do Órgão Especial.

10.13.4. Previsão legal

Os embargos de divergência vêm previstos no artigo 29 da Lei nº 8.038/90. Saliente-se que este preceito legal se refere aos embargos nas decisões da turma

---
[361] STF AI-ED 402706 / SP – J. 12/08/2003.

do Superior Tribunal de Justiça, pois o legislador não firmou sua figura junto ao Supremo Tribunal Federal. Ocorre que o regimento interno do Supremo refere, em seu artigo 330, que cabem embargos de divergência contra a decisão da Turma do excelso. Por fim, o artigo 546, II, do CPC admite tais embargos.

10.13.5. Órgão julgador

Conforme prevê o regimento interno do Supremo Tribunal Federal, artigos 6, IV, e 336, parágrafo único, compete ao plenário julgar os embargos de divergência.

No caso do Superior Tribunal de Justiça, quando as Turmas divergirem entre si ou de decisão da mesma seção, o competente para julgar será a Seção do Superior. Se a divergência for entre as Turmas de seções diversas ou entre Turma e outra Seção ou com a Corte Especial, competirá a esta Corte o julgamento dos embargos. (artigo 266 do RISTJ)

10.13.6. Prazo

O prazo é de 15 dias para a interposição dos embargos de divergência. Regramento previsto de forma harmônica no artigo 29 da Lei nº 8.038/90, bem como no artigo 334 do RISTF e no artigo 266 do RISTJ.

A Defensoria Pública terá prazo em dobro.[362]

10.13.7. Efeitos

– *Devolutivo*

Possui o efeito devolutivo, eis que remete ao colegiado, órgão julgador.

– *Suspensivo*

Não há efeito suspensivo nos embargos de divergência.

– *Extensivo*

Haverá este efeito se a decisão, de alguma forma, irradiar motivos que não sejam de caráter exclusivamente pessoal.

10.13.8. Cabimento

Os embargos de divergência são cabíveis somente contra as decisões das Turmas do Supremo Tribunal Federal ou Superior Tribunal de Justiça. Se a decisão não for da Turma, não são cabíveis os embargos.

---

[362] Lei Complementar nº 80/94, art. 128, I.

Outrossim, os embargos serão admitidos no Supremo quando a decisão da Turma, em recurso extraordinário ou em agravo de instrumento, divergir de julgado de outra Turma ou do Plenário.

E no Superior, quando em uma decisão sobre recurso especial, houver divergência entre as Turmas entre si ou entre uma Turma e uma Seção, ou a Corte Especial.

De outra banda, é imperiosa a demonstração da divergência. Isto será comprovado com a certidão ou cópia autenticada, ou mediante citação do repositório de jurisprudência oficial ou autorizado, com a transcrição dos trechos que configurem o dissídio, mencionando as circunstâncias que identifiquem ou assemelhem os casos confrontados de forma clara.

Os embargos de divergência só são cabíveis nas decisões dos recursos extraordinários e nos recursos especiais. Desta forma, não cabem embargos em agravo regimental[363] e tampouco em *habeas corpus*, mesmo que seja em sede originária.[364]

10.13.9. Procedimento

Conforme o próprio artigo 29 da Lei nº 8.038/90 prevê, o procedimento dos embargos de divergência será o definido pelo regimento interno do Tribunal. Veja-se, então, que este recurso *interna corporis* não possui outro regramento legal.

10.13.9.1. Procedimento junto ao Supremo Tribunal Federal

1- Interposição do recurso perante a secretaria e dirigido ao relator. Acostada à petição de embargos seguirá divergência comprovada por certidão ou cópia autenticada, ou mediante citação do repositório de jurisprudência oficial ou autorizado, com a transcrição dos trechos que configurem o dissídio, mencionando as circunstâncias que identifiquem ou assemelhem os casos confrontados.(artigo 322 do RISTF);

2- Distribuídos ao relator, os mesmos serão admitidos ou não;

3- Admitidos, será aberta vista ao embargado pelo prazo de 10 dias e após seguirão os embargos para serem julgados pelo Plenário do Supremo Tribunal Federal.

---

[363] AI 181140 Edv-Agr, DJ 09.12.94, p. 34083, Ement. Vol. 1770-02, p. 376, julgamento 25.08.1994, Tribunal Pleno do STF. Mesmo sentido: AI 166076, AgR-ED-Edv-Agr, DJ 13.08.99, p. 4, Ement. Vol. 1958-02, p. 422.

[364] HC 70274, ED-Edv-Agr, DJ 09.12.94, p. 34083, Ement. Vol. 1770-02, p. 376, julgamento em 25.08.1994, Tribunal Pleno do STF.

10.13.9.2. Procedimento junto ao Superior Tribunal de Justiça

1- O recurso será interposto junto à secretaria. Acompanhará o recurso a divergência comprovada por certidão ou cópia autenticada, ou mediante citação do repositório de jurisprudência oficial ou autorizado, com a transcrição dos trechos que configurem o dissídio, mencionando as circunstâncias que identifiquem ou assemelhem os casos confrontados (artigo 255 do RISTJ);

2- Sorteado o relator, o mesmo será admitido ou não.[365] Se for o caso de ouvir o Ministério Público, este terá o prazo de 20 dias (artigo 266, § 4º, da RISTJ);

3- Admitido, será aberta vista ao embargado pelo prazo de 15 dias;

4- Com impugnação ou não, os autos serão conclusos ao relator, o qual pedirá inclusão do feito na pauta de julgamento da Seção ou Corte Especial, conforme a competência.

10.13.10. Considerações

10.13.10.1. Dos embargos de divergência e os infringentes

Uma vez sendo propostos os embargos de divergência, não será admitida a transformação desta insurreição em embargos infringentes. Neste sentido, tem-se entendido pela impossibilidade de que os embargos de divergência tenham a carga da infringência e, nesta ótica, sejam julgados.[366]

10.13.10.2. Da admissibilidade

O recurso deverá ser admitido pelo relator. Este poderá indeferir liminarmente os embargos, julgando-os a destempo ou por contrariarem súmula do tribunal ou por não comprovarem ou não configurarem divergência jurisprudencial. Neste último caso será imperiosa a demonstração do dissídio divergente, o que será comprovado com a certidão ou cópia autenticada, ou mediante citação do repositório de jurisprudência oficial ou autorizado, bem como a comparação do casos confrontados, com a transcrição dos trechos que configurem o dissídio, mencionando as circunstâncias que identifiquem ou assemelhem.

Por fim, não é demais lembrar que a Súmula 158 do Superior Tribunal de Justiça aduz que não se presta a justificar embargos de divergência o dissídio

---

[365] "É imperioso para a admissão a demonstração do dissídio." ERESP 90342, DJ 15.09.97, p. 44281, julgamento 13.08.97.
[366] RE 86709 Edv-Agr, DJ 17.08.79, p. 6060 Ement. Vol. 1140-02, p. 333, RTJ Vol. 92-03, p. 1221, julgamento em 21.02.79, Tribunal Pleno do STF.

com acórdão de Turma ou Seção que não mais tenha competência para a matéria neles versada.[367]

10.13.10.3. Dos embargos de divergência no Supremo Tribunal Federal

Efetivamente, os embargos de divergência do Supremo Tribunal Federal não se encontram estatuídos na Lei nº 8.038/90. A única referência existente neste diploma legal é com relação aos embargos de divergência do Superior Tribunal de Justiça. Contudo, como já foi visto, o artigo 330 do RISTF preceitua que cabem os embargos de divergência contra a decisão de Turma que, em recurso extraordinário ou em agravo de instrumento, divergir de julgado de outra Turma ou do Plenário na interpretação do direito federal. E mais, o artigo 546, II, do CPC admite os embargos de divergência.

Na realidade, os embargos de divergência no excelso se dão em razão da preocupação em se buscar a uniformização da jurisprudência no Supremo. Neste sentido, é que se tem defendido.[368]

10.13.10.4. Dos embargos de divergência e Súmula nº 598 do STF

Conforme a aludida súmula, *nos embargos de divergência não servem como padrão de discordância os mesmos paradigmas invocados para demonstrá-la mas repelidos como não dissidentes no julgamento do recurso extraordinário.*

Assim, a jurisprudência do Supremo Tribunal Federal entende que não é hábil para demonstrar divergência entre as Turmas, por exemplo, o acórdão já invocado para demonstrá-la, mas repelido como não dissidente no julgamento do recurso extraordinário.[369]

Outrossim, busca-se evitar, em razão do art. 331 parágrafo único do Regimento Interno do STF, bem como da própria referida súmula, que os embargos de divergência se convertam em embargos infringentes.

10.13.10.5. Dos embargos de divergência em agravo regimental

Muito embora fosse observado o verbete 599 da súmula do Supremo Tribunal Federal, e que refere que *são incabíveis embargos de divergência de*

---
[367] RSTJ 86/193.
[368] JSTF 196/265.
[369] STF- RE 103792 embargos/SP, DJ 09.12.94. Mesmo sentido: STF- RE 115096 embargos-Agr/SP, DJ 03.02.95.

decisão de turma, em agravo regimental,[370] o mesmo restou cancelado face ao novo entendimento sobre o alcance do artigo 546 do CPC.

Assim, a nova orientação tem sido no sentido de que o acórdão em regimental é decisão que abrange mérito, com poder de substituir, em todos os seus efeitos, o acórdão recorrido extraordinariamente, sendo possível, dessa forma, a interposição de embargos de divergência. E nesse sentido, seguem julgados.[371]

10.14. RECURSO ADESIVO

10.14.1. Nome

Muito embora o recurso adesivo venha da antiga Roma, o nome firmou-se no direito canônico. Conforme observa Silva (1977, p. 22)

> Embora não se empregasse nas fontes romanas o termo *adhaesio*, ou *adhaerere, ad appellationem*, que surgira, ao depois, nas fontes canônicas, com "a palavra *adhaerentes* para denotar a intervenção de quem vem em apoio do apelante [...]".

Veja-se que adesão significa concordância. Só adere quem concorda. Assim, o nome adesivo não parece ser apropriado para este instrumento, que não promove nenhuma aceitação aos termos do recurso principal. Como se referir a recurso adesivo se a parte nada adere às razões do principal, ao contrário diverge e, na maioria das vezes, o impugna com veemência?

Talvez melhor seria denominá-lo como subordinado ou dependente ou comandado ou até adstrito, todavia não recurso adesivo. Nesta esteira, o recurso telado já chegou a ser designado como recurso contraposto.[372]

10.14.2. Origem

A Constituição *ampliorem* promulgada por Justiniano em 530 d.C. marca o nascimento do recurso adesivo. Conforme se observa do Código 7, Título 62, Lei nº 39.

> [...] Conferindo a nossos súditos uma providência mais ampla do que talvez eles mesmos pudessem alcançar por si, modificamos a antiga observância, segundo a qual, nas audiências das apelações, só caberia a reforma da sentença do juiz o que se utilizasse do recurso de apelação, devendo ser compelida a outra parte, que não o fizesse, a sujeitar-se à sentença, qualquer que fosse. Assim, pois, mandamos que, uma vez que o apelante haja comparecido ao juízo e exposto as causas, os fundamentos, de sua apelação, tenha faculdade também o adversário,se quiser, de opor algo ao julgado, estando presente para fazê-lo e para obter o auxílio do juiz, se este achar justo e legal.

---

[370] RTJ 75/123, 103/643 e 118/265.
[371] RE 285704 AgR-ED-EDv-AgR-AgR, DJ. 4/08/2009. Mesmo sentido: RE 285093 AgR-ED-EDv-AgR, DJ. 28-03-2008.
[372] RT 633/103.

Os litigantes padeciam da preocupação de lançarem-se contra a sentença, apenas para garantir a possibilidade de recorrer, caso a parte contrária assim o fizesse. É que uma vez prolatada a decisão e havendo sucumbência recíproca, o sujeito parcial, em seu íntimo, poderia até admitir a resignação, mas, ao lado deste conformismo, sofria com a preocupação de que, se seu contendor recorresse no último instante, haveria delonga no feito e a perda da possibilidade de se insurgir contra a matéria resignada, face à coisa julgada. Assim, mesmo conformada, a parte resultava oprimida a recorrer.

Desta forma, para evitar recursos desnecessários e garantir o prestígio da sentença, o Código de Processo Civil de 1973 incluiu em seu texto a modalidade procedimental recursal chamada de recurso adesivo.

Conforme Noronha (1974, p. 57):

> A admissão do recurso adesivo no Brasil não podia mais ser retardada. Razões de ordem técnica e motivos de ordem prática estavam, desde muito, exigindo a integração do instituto ao sistema de recursos escolhido pelo Código Nacional.
>
> Dentre as exigências de caráter eminentemente técnico, ressaltava-se a necessidade de estabelecer uma situação igualitária entre os dois sujeitos legitimados ao recurso, no caso de sucumbência parcial

10.14.3. Conceito

O recurso adesivo é aquele instrumento de insurreição, onde, havendo prejuízo recíproco, uma das partes se aproveita do recurso interposto pela outra para reformar a decisão em seu benefício.

A bem da verdade, não se trata de um novo recurso na esfera processual penal, mas sim de uma modalidade procedimental. Aragão (1974, p. 5) prescreve:

> Nota-se, portanto, que o instituto em exame não é rigorosamente falando, um verdadeiro recurso autônomo, mas antes uma modalidade especial de interposição dos recursos (mais precisamente de apenas alguns deles) elencados no ordenamento processual civil, de caráter acessórios, mas somente sob o ponto de vista formal e cronológico, sem qualquer referência ao relevo da matéria nele ventilada na economia geral do conflito.

Assim, pode-se dizer que o *recurso adesivo* é apenas um instrumento de insurreição, uma modalidade procedimental para apelar ou recorrer de forma extraordinária ou especial.

10.14.4. Previsão legal

Inexiste previsão legal expressa na processualística penal brasileira para o recurso adesivo. Entrementes, na seara civil, o artigo 500 do diploma formal estabelece:

> Cada parte interporá o recurso, independentemente, no prazo e observadas as exigências legais. Sendo, porém, vencidos autor e réu, ao recurso interposto por qualquer deles poderá aderir a outra parte. O recurso adesivo fica subordinado ao recurso principal e se rege pelas disposições seguintes:
> I – Será interposto perante a autoridade competente para admitir o recurso principal, no prazo de que a parte dispõe para responder;
> II – Será admissível na apelação, nos embargos infringentes, no recurso extraordinário e no recurso especial;
> III- Não será conhecido, se houver desistência do recurso principal, ou se for ele declarado inadmissível ou deserto.
> Parágrafo único. Ao recurso adesivo se aplicam as mesmas regras do recurso independente, quanto às condições de admissibilidade, preparo e julgamento no tribunal superior.

Porém, ilustra-se que a jurisprudência tem admitido o adesivo na seara penal. [373]

10.14.5. Órgão julgador

Será competente para julgar o recurso adesivo o órgão competente para julgar o recurso principal, ou seja, a apelação, o recurso extraordinário ou o recurso especial.

10.14.6. Procedimento

Uma vez interposta a apelação, o recurso extraordinário ou o recurso especial, deverão ser observados os prazos do procedimento do recurso principal, para que se firme a regra do processamento do adesivo.

Exemplo do adesivo em recurso de apelação criminal:

1- O Ministério Público, inconformado com a sentença que condenou o réu à pena mínima, ingressa com recurso de apelação no prazo de 5 dias;

2- O réu, que deixou transcorrer *in albis* o prazo do recurso de apelação, é intimado para contrarrazoar a inconformidade do Ministério Público no prazo de 8 dias (art.600 do CPP);

3- Assim, o réu, além de impugnar a apelação, interpõe recurso adesivo, pugnando pela absolvição;

4- O Ministério Público é intimado do recurso adesivo do réu e contra-arrazoa;

5- Os autos sobem ao tribunal *ad quem*, sendo distribuído para o relator do colegiado, o qual dará vista ao representante do Ministério Público do tribunal e, após, levará os dois recursos ao julgamento.

---

[373] Apelação 699315578, 6ª Câmara Criminal, TJRS. Mesmo sentido: Apelação 70001659820, 6ª Câmara Criminal, TJRS.

10.14.7. Prazo

Entendemos que o prazo para se interpor o recurso adesivo fica adstrito ao prazo que a parte tiver para responder o recurso principal. Assim, se for adesivo:

– Em apelação, o prazo será de 8 dias;
– Em recurso extraordinário, será de 15 dias;
– Em recurso especial, será de 15 dias;
– Por certo, a Defensoria Pública terá prazo em dobro.[374]

10.14.8. Efeitos

– *Devolutivo*
Remete ao tribunal *ad quem* o exame da matéria.

– *Suspensivo*
No caso do recurso adesivo em apelação, é de se entender haver o efeito suspensivo, pois a apelação carrega este efeito. Mas quando o recurso subordinante for Extraordinário ou Especial, não haverá efeito suspensivo no adesivo.

– *Extensivo*
Terá efeito extensivo quando a decisão refletir motivos que não sejam de caráter exclusivamente pessoal.

10.14.9. Cabimento

O adesivo será admissível quando cabível e interposto o recurso principal. Desta forma, se o principal não for conhecido, o adesivo ficará prejudicado, pois o seu julgamento dependerá da admissão do recurso subordinante.

Veja-se que o recurso adesivo ficará subordinado ao recurso principal, sendo que a desistência deste, vedada somente ao Ministério Público (art. 580 do CPP), ou sua declaração de inadmissibilidade ou deserção, serão óbices para o processamento e julgamento daquele.

10.14.10. Cabimento no processo penal

Como o artigo 500 do CPC que fundamenta o recurso adesivo é diploma formal civil, é de se firmar no artigo 3º do CPP, e que informa que a lei processual admitirá a analogia, para se aplicar o adesivo na esfera penal.

---
[374] Lei Complementar nº 80/94, art. 128, I.

Veja-se que a aplicação analógica serve para perfectibilizar a sistematização processual. Havendo lacuna legal, poderá ser promovida analogia com lei que disponha sobre fato semelhante. No processo penal, tal situação é viável junto ao processo civil, pois ambos residem no mesmo sistema processual e são originários da mesma teoria geral do processo.

A heterointegração é uma exceção na regra da analogia, servindo para as circunstâncias em que o próprio instituto da seara do ordenamento jurídico não preveja forma de resolução, obrigando o intérprete a se socorrer de fórmulas existentes em outro ramo do direito. No caso em tela, temos evidente situação excepcional, pois o Código de Processo Penal não resolve a questão, compelindo o técnico a buscar na processualística civil tratamento jurídico previsto e adaptável à situação.

Nestas condições, só a proibição do adesivo poderia afastá-lo da esfera processual penal. Ocorre que tal inexiste.

O crítico menos avisado, que buscasse esgrimir contra o adesivo firmado no princípio da taxatividade dos recursos criminais, não teria êxito. É que o recurso adesivo não é um recurso próprio que se integre no rol de espécie dos recursos criminais, é, sim, uma possibilidade de interposição, uma forma procedimental de se promover o recurso de apelação, extraordinário e especial. Conforme referiu Gomes Júnior (1994, p. 431):

> Não se inova as figuras recursais com a adoção do Recurso Adesivo em matéria penal, por não ser este uma nova espécie de recurso, mas sim, a possibilidade do aderente em utilizar-se de um recurso já previsto.

Com estas considerações, é de se ter como cabível o recurso adesivo no processo penal. Assim, na realidade forense, já existem julgados admitindo esta modalidade recursal.[375]

10.14.11. Considerações

10.14.11.1. Do favor sententiae

É indiscutível que as decisões judiciais representam o digno pronunciamento do Poder Judiciário. Nestas condições, muito embora possam ser atacadas através dos positivados meios processuais, as decisões judiciais devem ser respeitadas pela autoridade que desfrutam.

O recurso adesivo, como instrumento de insurreição e modalidade procedimental do recurso de apelação, extraordinário ou especial, expõe de forma solar a lógica deste respeito, evidenciando o princípio *favor sententiae* ao esti-

---

[375] Apelação 699315578, 6ª Câmara Criminal, TJRS. Mesmo sentido: Apelação 70001659820, 6ª Câmara Criminal, TJRS.

mular que as partes não recorram quando houver concordância com a solução da lide. Esta situação resulta, indubitavelmente, no prestígio da decisão judicial.

Desta forma, a decisão judicial deixa de ser objurgada apenas por estratégia de litígio ou para satisfazer uma angústia particular, pois havendo recurso adesivo, haverá a certeza de que se a outra parte recorrer, igual possibilidade existirá ao que preferiu não atacar a decisão.

10.14.11.2. Cabimento do adesivo somente em favor da defesa

Não é novidade no processo penal a existência de recursos que favoreçam somente o réu. O protesto por novo júri e os embargos infringentes são exemplos de recursos cabíveis sempre que em benefício do acusado.

A forma procedimental do recurso adesivo também o será. Com esta afirmação, estamos afastando a possibilidade de a acusação propor recurso adesivo.

Muito embora tenhamos presente que manifestações em contrário admitem o adesivo no uso da acusação, como Gomes Júnior (1994, p. 430):

> [...] a adoção do Recurso Adesivo irá, em alguns casos, possibilitar ao direito processual penal proporcionar aos litigantes, Ministério Público ou acusados em geral, pois ambos podem utilizar deste procedimento recursal face ao princípio da igualdade das partes, discutir as decisões judiciais de uma forma igualitária, ampla e irrestrita tal como determina o também princípio constitucional do devido processo penal.

Entendemos de forma totalmente diversa. É que vigora no processo penal *reformatio in pejus*. Este princípio vem expressamente estabelecido no art. 617 do CPP, o qual preceitua que não poderá ser agravada a pena, quando somente o réu houver apelado da sentença. Se a pretensão do acusado/recorrente é buscar situação mais vantajosa da estabelecida no decisório, ele jamais poderá ser traído por sua conduta e restar frustrado frente a uma decisão que piore sua situação.

O fundamento do princípio da *reformatio in pejus* está na garantia de que, interposto somente recurso pelo acusado, não será permitida piora de sua situação. Este espírito legal traz conforto ao apelante e evita a insegurança processual.

Nestas condições, seria inviável o réu apelar e, face ao recurso adesivo da acusação, ver piorada sua situação. Veja-se que nesta circunstância o recurso do acusado seria totalmente infiel, determinando um prejuízo não esperado.

Procedente o adesivo da acusação haveria reforma para pior, pois é indiscutível que o recurso da defesa, de forma indireta, originou o agravamento de sua pena. Veja-se que foi o ato de recorrer do acusado que piorou sua situação.

De outra banda, não é demais lembrar que diferentemente da *reformatio in pejus* encontra-se a *reformatio in melius*. Trata-se do resultado que melhorou a situação do réu, advindo do julgamento de um recurso interposto pela acusação. Lembramos que cabe ao Poder Judiciário ofertar acurada atenção aos seus julgamentos, fiscalizando de forma ampla e eterna os equívocos que lesionem os direitos e garantias fundamentais dos indivíduos previstos na Constituição. Tanto que o § 2º do artigo 654 do CPP prevê que os juízes e os tribunais têm competência para expedir de ofício ordem de *habeas corpus*, quando no curso do processo verificarem que alguém sofre ou está na iminência de sofrer coação ilegal. Assim, é que se tem admitido a reforma para melhor.[376]

Logo, se somente a acusação recorrer e a defesa aderir, seja pela proibição da reforma para pior, em consonância com a possibilidade da *reformatio in melius*, caberá, sim, o recurso adesivo.

10.14.11.3. Descabimento de adesivo em embargos infringentes ou de nulidade

No processo penal, existem os embargos infringentes ou os de nulidade. Como já foi visto, os embargos infringentes atacam questão de direito material, enquanto os embargos de nulidade buscam reformar decisão de caráter processual. Contudo, a semelhança entre os dois está no aspecto de que poderão ser utilizados para atacar decisão de segunda instância, não unânime, e que seja desfavorável ao acusado.

Desta forma, como se depreende, os infringentes e os de nulidade são recursos privativos da defesa. Ou seja, somente quando o voto vencido for benéfico ao acusado é que serão admitidos. Assim, jamais poderá a acusação promover quaisquer dos embargos aludidos, e por óbvio recurso adesivo, para reformar situação favorável ao acusado. Por esta razão, resta prejudicado se dizer sobre recurso aderente nos embargos.

10.14.11.4. Cláusula especial no adesivo

Um dado de destaque é a questão jungida à possibilidade ou não da parte que promove o recurso adesivo apresentar cláusula especial em seu petitório no sentido de que o mesmo somente seja admissível caso o recurso principal seja julgado procedente.

---
[376] RT 561/355. Mesmo sentido: RT 659/335 e RSTJ 17/415 e JSTJ 17/217.

Imagine-se o condenado que, por qualquer interesse, resolva recorrer adesivamente, mas destaca, em razão de seus motivos próprios, que só deverá ser examinado seu adesivo se for provido o recurso da acusação. Isto pode ocorrer?

Absolutamente não!

Jamais poderá o recorrente condicionar seu petitório recursal à existência de algum fato. Conforme Aragão (1974, p. 54):

> A rigor, os atos processuais não comportam condições, especialmente quando possuem efeito constitutivo no processo, como, precisamente, a propositura de um recurso [...]

10.14.11.5. Recurso adesivo e a Lei nº 9.099/95

Efetivamente, inexiste qualquer previsão legal na Lei nº 9.099/95 sobre o recurso adesivo.

Muito embora o recurso adesivo não se trate de uma espécie de recurso na esfera processual penal e, sim, somente uma modalidade procedimental, não será cabível no juizado especial criminal.[377] Neste sentido, julgados dão conta da impossibilidade de ser promovido o recurso adesivo no juizado especial criminal.[378]

De outra banda, não será possível fazer analogia para integrar, junto ao juizado especial, o recurso aderente da apelação. É que os critérios orientadores do processamento deste juizado tornam incabível o adesivo. Basta ver o princípio da celeridade, previsto no artigo 62 da Lei nº 9.099/95.

Contudo, face aos termos do artigo 500, II, do CPC, que admite expressamente o adesivo no recurso extraordinário, é de se reconhecer certa excepcionalidade. Ora, sendo o extraordinário admitido no juizado especial, com sua própria natureza, é de se concluir uma exceção à regra recém-estabelecida para, somente neste caso, admitir o aderente.

---

[377] O enunciado nº 88, aprovado no XV Encontro, realizado em Florianópolis-SC, precreve que não cabe recurso adesivo em sede de Juizado Especial, por falta de expressa previsão legal.
[378] Revista dos Juizados Especiais, Doutrina e Jurisprudência, Tribunal de Justiça RS, 34-35/45, j.22.02.02. Mesmo sentido: 16/44., j. 14.12.95.

11. Sucedâneos recursais criminais

Na via da processualística criminal, podemos nos deparar com múltiplas decisões irrecorríveis e que se apresentam extremamente prejudiciais aos interesses dos contendores.

Tal deficiência, semeada pela própria principiologia, quando adota a taxatividade e a irrecorribilidade para limitar os recursos criminais, deixa uma série de decisões invulneráveis e que afetam gravemente as partes.

Frente a esta situação dramática de prejuízo ao lado da ausência de instrumentalização insurgencial, erguem-se os chamados substitutos ou sucedâneos recursais, com o intuito de combater as decisões que prejudicam as partes e que não podem ser objurgadas pelos recursos legais.

Conforme Assis (2003, p. 15):

> As partes utilizam às margens dos recursos estabelecidos em lei, com inaudita desenvoltura, outros e diversos expedientes para eliminar o gravame imposto pela decisão judicial. O conjunto desses meios heterodoxos recebe o nome de "sucedâneos recursais".

Desta forma, os sucedâneos recursais ingressam na seara processual, cumprindo papel que deveria ser destinado aos recursos preestabelecidos, mitigando a dificuldade imposta pela restrição recursal. Na feliz expressão de Marques (1969, p.292):

> Se procurou uma válvula escapatória, destinada a ventilar a sufocante atmosfera oriunda do princípio da irrecorribilidade das interlocutórias, com os sucedâneos recursais.

Logo, podemos conceituar o sucedâneo recursal como a medida contra uma situação processual irrecorrível e que causa gravame às partes. Ou, em um singelo trocadilho: o recurso para o caso em que não caiba recurso.

É óbvio que os sucedâneos recursais aparecem como uma resposta necessária ao próprio direito de ação. Logo, é inegável que se constituem em espúrio meio impugnativo, pois não vêm instituídos legalmente. O artigo 22, I, da Carta Magna refere que compete à União, privativamente, legislar sobre direito processual. Contudo, enquanto o legislador, em seu sono pesado, não desperta para a ampliação dos modelos recursais, servirão os sucedâneos para atenuar a deficiência processual frente à irrecorribilidade de situações erradas e injustas.

Para o presente estudo, trazemos como sucedâneos recursais a correição parcial e o agravo regimental.

Outrossim, faz-se mister gizar que poderíamos relacionar os embargos de divergência do Supremo Tribunal Federal como sucedâneo recursal. Contudo, por acreditarmos na melhor didática, trouxe-mo-los junto ao estudo dos recursos.

Desta forma, segue o exame sobre a correição parcial e o agravo regimental.

11.1. CORREIÇÃO PARCIAL

11.1.1. Nome

Conforme Houaiss (2001, p.112), *correição* significa conserto, função de corregedor. Assim, o nome refere-se a uma medida disciplinadora.

11.1.2. Origem

É possível dizer que a correição parcial venha da *supplicatio*, admitida no antigo Direito romano quando não viável apelação. Esta medida, que servia para corrigir os erros nas decisões dos órgãos inferiores, era dirigida ao imperador ou ao prefeito do pretório.

Grinover, Gomes Filho e Fernandes (1999, p. 253), ao professarem ser a *supplicatio* fonte remota da correição, informam:

> Essa súplica romana influi na criação de recursos semelhantes no direito germânico, no direito italiano e no direito português. Em Portugal, serviram as sopricações e as querimas ou querimônias para rever algumas decisões, com preenchimento do vazio decorrente da limitação ao uso das apelações imposta por D. Afonso IV.
>
> A correição surge no sistema brasileiro em 1911, através do Decreto n.9.623, que cuidava da organização judiciária do antigo Distrito federal, onde, depois, pela Lei nº 1.301, de 28.12.50, passou a ser chamada de reclamação.

Como bem professam os autores, não é de se confundir a reclamação que mais tarde se chamará correição parcial, com a reclamação atual jungida às questões de competência e autoridade dos julgados do Supremo Tribunal Federal e do Superior Tribunal de Justiça.

11.1.3. Conceito

Ainda persiste desarmonia na visualização da correição parcial, pois alguns entendem que se trata apenas de uma providência, ou uma medida disciplinar ou recurso administrativo, mas jamais de um recurso.[379] O próprio Código de Processo Penal Militar, em seu artigo 498, a refere não no título dos recursos, mas, sim, no dos processos especiais.

Já outros reconhecem a correição como um autêntico recurso que tem por finalidade emendar erros ou abusos que importem na inversão tumultuária dos processos, quando para o caso não haja recurso específico.[380]

Para nós, a correição parcial é um sucedâneo recursal e é cabível contra ato ou decisão de magistrado que importe erro de ofício ou abuso de poder, que resulte na inversão tumultuária do procedimento, para o qual não caiba recurso.

11.1.4. Previsão legal

A correição parcial vem estribada no artigo 6º, I, da Lei nº 5.010/66,[381] que organiza a Justiça Federal da 1ª instância, com o acréscimo do Decreto-Lei nº 253/67, e que admite sua promoção pela parte ou pelo Procurador da República contra ato ou despacho de Juiz de que não caiba recurso e que importe erro de ofício ou abuso de poder.

Ocorre que com o advento do artigo 5º da Lei nº 8.472/92, que reorganizou as competências do Conselho da Justiça Federal, por não haver qualquer referência à correição parcial, alguns entendem que a mesma restou afastada.

Entrementes, face à ausência legal de expressa revogação e frente ao artigo 22, I, da Constituição, que estabelece que compete privativamente à União legislar sobre direito processual, é de se ter que a correição se encontra, ainda, muito embora humildemente, aludida por Lei Federal.

De outra banda, é de se completar o estudo com o exame da lei local. Por exemplo: a Lei Estadual nº 7.356/80, que estabelece o código de organização judiciária do Estado do Rio Grande do Sul, em artigo 195, preceitua:

> A correição parcial visa à emenda de erros ou abusos que importem na inversão tumultuária de atos e fórmulas legais, na paralisação injustificada dos feitos ou na dilatação abusiva de prazos, quando, para o caso, não haja recurso previsto em lei.

---

[379] "A correição parcial, não se constitui, tecnicamente, em recurso, porque não passa de remédio processual criado por Legislação Estadual para casos específicos, a fim de corrigirem-se despachos que não sejam atacados por quaisquer recursos, estes de criação privativa do Legislador Federal." RJD 27/233. Mesmo sentido referindo que "a correição é remédio de ordem puramente administrativa que mascara um sucedâneo de recurso". JUTACRIM-SP 71/186.

[380] JUTACRIM-SP 91/202; RT 619/235.

[381] A lei deve ser vista com suas alterações, em especial as determinadas pelo Decreto-Lei nº 253/67 e pela Lei nº 7.727/89.

11.1.5. Órgão julgador

O regimento interno do tribunal informará o órgão julgador.

Conforme o artigo 24, I, *f*, do regimento interno do Tribunal de Justiça do Estado do Rio Grande do Sul, será competente para julgar a correição parcial a câmara criminal separada.

Por sua vez, o regimento interno do Tribunal Regional Federal da 4ª Região, em seu artigo 5º, I, "f", estabelece que compete às seções os julgamentos das correições contra ato de Desembargador Federal de turma. Já o artigo 7º, I, "c", preconiza que competirá às turmas julgar as correições contra ato de juiz federal.

11.1.6. Prazo

O prazo para a correição parcial é de 5 dias, contados da data da ciência do despacho impugnado. O Decreto-Lei nº 253/67, que regulamentou a Lei nº 5.010/66, que organiza a Justiça Federal da 1ª instância, estabelece o prazo de 5 dias. E neste sentido, existem julgados.[382] Porém, destaca-se que já se admitiu o desprezo por este prazo, quando a matéria atacada não restar preclusa.[383]

A Defensoria Pública terá prazo em dobro.[384]

11.1.7. Efeitos

– *Devolutivo*

A correição tem efeito devolutivo, pois devolve ao tribunal a apreciação da questão.

– *Suspensivo*

Deverá ser examinada a lei local.

Veja-se que frente ao artigo 195, § 6º, *a*, do Código de Organização Judiciária do Estado do Rio Grande do Sul, pode o julgador do colegiado deferir liminarmente medida acautelatória de interesse da parte ou da exata administração da Justiça, se relevantes os fundamentos do pedido e houver probabilidade de prejuízo em caso de retardamento, podendo ordenar a suspensão do feito.

– *Extensivo*

A correição terá efeito extensivo quando a decisão repercutir em motivos que não sejam de caráter exclusivamente pessoal.

---

[382] JUTACRIM-SP 81/214 e 52/159.
[383] RJDTACRIM 32/366.
[384] Lei Complementar nº 80/94, art. 128, I.

11.1.8. Cabimento

A correição parcial é cabível contra ato ou despacho de Juiz de que não caiba recurso e que importe erro de ofício ou abuso de poder, que resulte na inversão tumultuária do procedimento.[385]

A expressão *erro* busca explicitar a interpretação equivocada da lei ou do próprio fato trazido ao juízo. Já *abuso* trata-se do ato do magistrado que pratica ilegalidade com consciência. Acrescido ao erro ou abuso, haverá, ainda, a necessária e consequente desordem procedimental, que resulte no tumulto. Contudo, é imprescindível que exista o prejuízo, eis que uma vez inexistente não haverá justificação à correição.

Desta forma, seguem alguns exemplos de cabimento da correição parcial:

Contra o deferimento de juntada de rol de testemunhas do réu fora do prazo da defesa prévia.[386]

Contra o indeferimento do pedido de ofício ao Tribunal Regional Eleitoral, feito pelo promotor, indagando sobre o endereço de testemunhas.[387]

Contra o indeferimento de diligências requeridas pelo promotor antes da denúncia.[388]

Contra a determinação de sobrestamento do feito, aguardando-se o desfecho do recurso extraordinário.[389]

Contra a paralisação do processo frente à impossibilidade de se nomear defensor.[390]

Contra a devolução dos autos do inquérito policial, sem relevantes razões, quando já oferecida a denúncia, mas ainda não recebida e nem rejeitada pelo magistrado.[391]

Contra o indeferimento de petição, pleiteando o registro secreto de condenação por crime contra a honra.[392]

Contra a recusa do magistrado para extrair a carta de guia, quando já transitada em julgado a condenação.[393]

Contra a dispensa de testemunha arrolada pelo promotor, sem o consentimento deste.[394]

---

[385] A paralisação do feito ou a dilatação abusiva dos prazos, a nosso ver, estão incluídas nesta referência conceitual.
[386] RT577/384.
[387] LEX 162/338.
[388] RT 572/319.
[389] RJTJESP 74/338.
[390] JUTACRIM-SP 66/188.
[391] JUTACRIM-SP 33/115.
[392] RJD 3/169.
[393] RT 549/343.
[394] JUTACRIM-SP 64/291.

11.1.9. Procedimento

Como inexiste texto legal federal que discipline a correição parcial, quanto à sua forma de interposição e procedimento, o corrigente deverá propor a correição, observando, outrossim, a lei local.

Por exemplo, frente ao artigo 195 do código de organização judiciária do Estado do Rio Grande do Sul, temos o seguinte procedimento para a correição gaúcha:

1- A correição, devidamente instruída, inclusive demonstrando a tempestividade, deverá ser apresentada ao tribunal[395] e será processada, antes de sua distribuição, pelo presidente do Tribunal de Justiça, o qual poderá deferir liminarmente medida acautelatória ou rejeitar de plano o pedido. Nestes casos, poderão ser dispensadas as informações do juiz e o prévio preparo;[396]

2- Após, de acordo com o regimento interno do Tribunal de Justiça do Estado do Rio Grande do sul, artigo 251, a correição será distribuída para uma das Câmaras Criminais Separadas, seguindo para o relator, o qual poderá requisitar informações ao magistrado, que deverá prestá-las no prazo de 10 dias. Destaca-se que nos casos urgentes e estando o pedido devidamente instruído, as informações poderão ser dispensadas;

3- Depois, segue-se parecer do Ministério Público e promover-se-á o julgamento, sendo, em seguida, comunicado o juiz;

4- Caso deferido o pedido, e a matéria envolver questão disciplinar, os autos serão encaminhados ao Conselho da Magistratura.

Por sua vez, o regimento interno do Tribunal Regional Federal da 4ª Região preceitua, em seu artigo 171, o procedimento da correição parcial destacando que a mesma será formulada perante o Tribunal, através de petição devidamente instruída com documentos e certidões, inclusive comprovante da tempestividade, podendo o magistrado ser instado a prestar informações no prazo de 10 dias. Destaca-se o § 6º do artigo 171 que preconiza que a correição parcial será processada pelo Relator.

É importante destacar que em outros Estados os procedimentos podem ser distintos. Veja-se que no regimento interno do Tribunal de Alçada de São Paulo as correições parciais serão processadas e julgadas como os recursos em sentido estrito (art. 194, § 1º). Ora, neste caso, serão entregues, inicialmente, ao juízo prolator da decisão, que poderá retratar-se ou não. Observa-se que o

---

[395] "A Correição Parcial. Procedimento irregular. Por se tratar de medida de natureza administrativa recursal deve ser ajuizada perante o tribunal. Intempestividade manifesta." Processo nº 689060663, 2ª câmara Criminal do TJRS, Jurisprudência do TJRS, C. Crim., 1995, v. 3, t. 29, p. 198/201, julgamento 19.10.1989.

[396] Existe entendimento de que não há que se obrigar preparo nas correições de feitos de ação criminal pública, já que as custas serão pagas ao final, pelo acusado, se condenado (CP 46.435, JBCr, v.15, p.87). Porém, o preparo é exigido na queixa-crime, em que inexista gratuidade.

regimento do tribunal paulista se conflita com o código judiciário do mesmo Estado. É que este, em seu artigo 94, dispõe que será observado no processo de correição parcial o rito do agravo de instrumento.

11.1.10. Considerações

11.1.10.1. Da crítica

A medida *correição parcial* sempre foi controversa. As críticas existentes eram tão incisivas que resultavam até em nomes pejorativos. Conforme Assis (2002, p. 32/33):

> Nunca se poupou a pior adjetivação contra o duradouro instituto. Consoante Frederico Marques, a correição é "monstrengo" e "o maior aleijão de que temos conhecimento em nosso direito positivo", no parecer de Amaral Santos, "figura exótica", na sugestão de Pontes de Miranda, "retrocesso psicanalítico às formas anteriores às próprias querimônias, sinal de regalismo ditatorial de juízes legisladores.

Entrementes, muito embora a grita expressiva, a correição aprumou-se no direito processual penal, restando por ser acolhida pelos pretórios. E não poderia ser diferente, face ao humilde rol dos recursos criminais que sequer atendem aos problemas procedimentais.

Contudo, é certo que a vinda de um específico regramento processual penal tornaria menos árida a seara da processualística penal.

11.1.10.2. Da constitucionalidade

Salientes debates dão conta sobre a constitucionalidade da correição parcial.

De um lado, doutrinadores apontam a inconstitucionalidade da correição, por não ter efetiva fonte legal. É que o artigo 22, I, da Carta Magna preceitua que compete privativamente à União legislar sobre direito processual. Assim descaberia falar-se em correição firmada em lei estadual ou especificamente em códigos de organizações judiciárias dos Estados. Giza-se que alguns julgados chegam a referir que a correição é inconstitucional, pois não cabe no direito processual penal por se tratar de criação de um remédio heróico a desfavor do acusado.[397]

De outro lado, os que defendem a constitucionalidade referem que pelo fato de a correição vir franciscanamente preceituada em ordenamento federal, e sendo o legislador federal competente para firmar direito processual, estaria coberta pela constitucionalidade.[398]

---

[397] JUTACRIM-SP 71/183. Mesmo sentido: JUACRM/SR 71/181 e 74/188.
[398] JUTACRIM-SP 90/173.

Ora, o artigo 5°, II, da Lei n° 1.533/51, que dispõe sobre o mandado de segurança, refere que o mesmo não será concedido quando o ato impugnado possa ser modificado por correição parcial. Já o artigo 6°, I, da Lei n° 5.010/66, posteriormente reformada, parcialmente, pelo Decreto-Lei n° 253/67, refere a correição contra ato do juiz que importe em erro de ofício ou abuso de poder. Veja-se que mesmo com o advento do artigo 5° da Lei n° 8.472/92, a falta de referência à correição parcial não permite o reconhecimento de sua revogação.

Desta forma, a observância integral do artigo 22, I, da Constituição ocorreu, pois as leis acima referidas são da União. Nos ensinamentos de Assis (2002, p. 35):

> Quem se atreve a sepultar a correição parcial, na cova profunda da inconstitucionalidade, porque faltaria competência legislativa aos diplomas que a prevêem tão liberalmente, surpreender-se-ia com o art. 498,a, do CPPM (Dec.-Lei nº 1.002, de 21.10.1969) prevendo correição parcial, a requerimento das partes, "para o fim de ser corrigido erro ou omissão inescusáveis, abuso ou ato tumultuário, em processo, cometido ou consentido por juiz, desde que, para obviar tais fatos, não haja recurso previsto neste Código". E, ainda, ficaria espantado com o art. 709, II, atribuindo ao Corregedor-Geral do TST competência para "decidir reclamações contra os atos atentatórios da boa ordem processual praticados pelos Tribunais Regionais e seus residentes da boa ordem processual praticados pelos Tribunais Regionais e seus presidentes, quando inexistir recurso específico". À luz desses dispositivos, chega-se à conclusão de que, intrinsecamente, a correição supera a pecha de inconstitucionalidade, desde que prevista em Lei Federal (art. 22, I da CF/88).

Ilustra-se que o próprio Supremo Tribunal Federal tem admitido recurso extraordinário interposto contra acórdão que julga correição parcial.[399] Ora, esta situação permite, efetivamente, a conclusão de que a correição é uma realidade jurídica atual. Assim, tem ela sido reconhecida como constitucional.

11.1.10.3. Natureza jurídica

Sem sombra de dúvidas, a natureza jurídica da correição parcial é o ponto nevrálgico. Para Silva (1999, p. 256/257):

> Efetivamente, não se pode negar que a correição parcial mais se aproxima de recurso do que de medida administrativa. O ato que prática o juiz, no processo, não é administrativo, e sim jurisdicional, apenas contrário à ordem legal estabelecida no processo contraditório.

Já Mirabete (2001, p. 706):

> Sendo o instituto uma correição de instância superior para coibir erros e abusos do julgador e destinando-se, por natureza, à efetivação de medidas disciplinares, embora produza efeitos no processo, deve-se entender que prevalece sua característica administrativa e não de recurso próprio.

Conforme Marques (1969, p. 295):

> A correição parcial é um instituto que a praxe vem admitindo, a jurisprudência legitimando e que se tornou aparentemente reconhecido em lei, através de ligeira referência a ele feita no diploma que regula o mandado de segurança. No entanto, constitui um sucedâneo recursal [...]

---

[399] RJTJSP 14/21.

Filiamo-nos a esta última concepção, reconhecendo a correição parcial como um sucedâneo recursal. Por não restar taxativamente descrita no rol dos recursos, a correição parcial não pode ser tida como um recurso processual propriamente dito, mas, sim, um substituto, já que sua interposição produz efeitos compatíveis aos dos recursos. Nas palavras de Nery Junior (1997, p. 53):

> Existem remédios que, por absoluta falta de previsão legal, não são considerados como recursos, mas tendo em vista a finalidade para o qual foram criados, fazem as vezes destes e, por esta razão, são denominados de seus sucedâneos.

É inegável o caráter extravagante da natureza da correição, pois mesmo não sendo recurso propriamente dito, expressamente preceituado no caderno processual penal, a correição irradia efeitos no processo judicial, regrando o comportamento processual ao corrigir *error in procedendo*,[400] e não o *error in judicando*.[401] Talvez aqui se encontre o ápice da sua excentricidade, quando inverte a hierarquia de ordens, subordinando os atos jurisdicionais ao comando dos atos administrativos.

Ilustra-se que o artigo 195 do código de organização judiciária do Estado do Rio Grande do Sul preceitua que a correição parcial visa à emenda de erros ou abusos que importem na inversão tumultuária de atos e fórmulas legais, na paralisação injustificada dos feitos ou na dilatação abusiva de prazos, quando, para o caso, não haja recurso previsto em lei.

Nestas condições, muito embora a sua afeição disciplinar, administrativa, é de se ver a correição como um sucedâneo recursal que atua contra decisões irrecorríveis e que causem gravame à parte. Desta forma, é com curiosidade que se observa decisões que admitem fungibilidade[402] nas correições, princípio somente cabível aos recursos.

11.1.10.4. Correição parcial e a Lei nº 9.099/95

Efetivamente, é cabível a correição parcial nas decisões do juizado especial criminal. Nestes casos, as correições promovidas contra as decisões dos juízes dos juizados serão julgadas pela turma recursal. Seguem uníssonos julgados do Tribunal de Justiça do Estado do Rio Grande do Sul, estabelecendo a

---

[400] "A correição parcial é medida para combater aqueles despachos de juízes que, por erro ou abuso, constituírem inversão tumultuária da ordem dos atos processuais, vale dizer, *error in procedendo*". JUTACRIM-SP 70/180. Mesmo sentido: RT 378/301 e 411/292.

[401] "A correição parcial não é medida para combater *error in judicando*, e sim aqueles despachos de Juízes que, por erro ou abuso, constituírem inversão tumultuária da ordem legal dos atos processuais, vale dizer, *error in procedendo*". JUTACRIM-SP 71/185. RJD 18/146 e RT 393/213.

[402] Recebimento de correição como apelação. Processo RT 794/659. Recebimento de correição como recurso em sentido estrito: processos nºs 70004510160 e 70000244343 do Tribunal de Justiça do Estado do Rio Grande do Sul.

competência das turmas para julgar correições contra atos dos magistrados dos juizados especiais criminais.[403]

Neste sentido, por exemplo, tem-se promovido correição contra a audiência realizada por juiz leigo,[404] para desconstituir audiência preliminar,[405] atacar a forma da condução da transação penal,[406] deferir diligências requeridas.[407]

11.1.10.5. Correição parcial em relação ao inquérito policial

Veja-se que o juiz pode acompanhar a fase investigatória, pois não se pode exigir que tenha ele uma postura inerte e decorativa. Em havendo ingerência do julgador, a mesma deverá ocorrer com toda a cautela necessária, evitando possível mácula capaz de metamorfosear a figura do juiz em um inquisidor. Assim, é possível a correição parcial na fase de investigação.[408]

Uma vez que exista erro ou abuso que importem em inversão tumultuária dos atos e fórmulas da ordem legal da fase investigatória, tem cabimento a correição no decorrer do inquérito, desde que não previsto algum recurso.[409]

Neste sentido, seguem julgados entendendo cabível a correição junto ao inquérito policial.[410]

11.1.10.6. Correição parcial em relação à execução penal

Face à natureza eclética da execução penal, em que se observa, outrossim, a dotação de caráter jurisdicional, a atuação ou omissão do julgador poderá ser, por certo, objeto de correição parcial, nas condições em que este sucedâneo resta previsto. Desta forma, julgados seguem neste sentido.[411]

---

[403] Processos nos 70005046024, 70005032404 e 70003821881 do Tribunal de Justiça do Estado do Rio Grande do Sul.
[404] Processos nos 70005154020, 70005078605, 7000512140 e 70005125398 do Tribunal de Justiça do Estado do Rio Grande do Sul.
[405] Processos nos 70005046032 e 70005032297 do Tribunal de Justiça do Estado do Rio Grande do Sul.
[406] Processos nos 70005179155, 70005162649, 70005146295, 70005112974 e 70005121728 do Tribunal de Justiça do Estado do Rio Grande do Sul.
[407] Correição Parcial, Juizado Especial Criminal/RS: Processos 71000678136, 71000653154.
[408] RT 556/342.
[409] RT416/283.
[410] TRF 4ª Reg- Cor.Parc. 97.0428035-Rela. Tania Escobar- RTRT 4º Reg. 28/148. Mesmo sentido TACRIM-SP Cor.Par. 285.847- Rel. Adalberto Spagnuolo- JUTACRIM-SP 69/222.
[411] RJD 22/414. Mesmo sentido: TACRIM-SP- Cor.Par. 442.019-6- Rel. Silva Rico- JUTACRIM-SP 89/192, TACRIM-SP-Ap.256.529-Rel. Marcondes de Moura- RT 549/343.

11.1.10.7. Legitimidade do assistente de acusação para pedir correição parcial

Candente é o tema sobre a legitimidade do assistente de acusação para a interposição da correição parcial. Para alguns julgados, o mesmo é ilegítimo, pois a correição não é recurso e o assistente não tem legitimidade para reclamar contra ato do juiz.[412] Entretanto, para outros, o assistente de acusação tem legitimidade para propor correição parcial, porque é interessado no processo.[413]

Em nosso entendimento, segue a ideia de que o assistente é legítimo para promover correição parcial, desde que esteja legalmente habilitado ao feito. É que uma vez que ingressa na relação processual o assistente torna-se parte e assume os direitos e obrigações próprios de um sujeito parcial. Ademais, a fiscalização do assistente de acusação, junto à conduta omissiva ou comissiva do julgador, nada mais reproduz do que uma útil providência para garantir o bom desenvolvimento do processo.

Contudo, pela ausência da figura do assistente de acusação junto ao inquérito policial e execução penal, nestas fases, efetivamente, não poderá intervir, sequer com correição parcial.

11.1.10.8. Do juízo de retratação

Uma vez que o procedimento da correição parcial determine sua apresentação diretamente ao tribunal,[414] o qual se revelará como juízo *ad quem*, não poderá se dizer sobre eventual pedido de retratação ao juízo *a quo*, imiscuído no instrumento corretivo.

Assim, acidental pedido de reconsideração promovido deverá, sempre, ser autônomo, em peça distinta, e, fundamentalmente, observar o prazo para a interposição da correição, sob pena de preclusão. Veja-se que o pedido de reconsideração não possui o condão de interromper o prazo da insurreição cabível, em face da decisão que se pretende impugnar, e nem devolver o mesmo.[415]

Contudo, se lei local estabelecer ao procedimento da correição parcial o juízo de retratação, o mesmo deverá ser observado na forma prescrita. Veja-se que no regimento interno do Tribunal de Alçada de São Paulo as correições parciais serão processadas e julgadas como os recursos em sentido estrito (art.

---

[412] TJRJ-Cor.Par. (RC) 8/93- Rel. José Lucas Alves de Brito- RT 717/422. TJSP-Cor.Par. 195.081-3-Rel. Celso Limongi- JTJ-LEX 185/328.

[413] TJPR-Cor.Par.58.260-3-Rel.Nunes do Nascimento-RT 748/693.

[414] "A Correição Parcial. Procedimento irregular. Por se tratar de medida de natureza administrativa recursal deve ser ajuizada perante o tribunal. Intempestividade manifesta." Processo nº 689060663, 2ª câmara Criminal do TJRS, Jurisprudência do TJRS, C. Crim., 1995, v. 3, t. 29, p. 198/201, julgamento 19.10.1989.

[415] TACRIM-SP-Cor.Par.715989-4- Rel. Almeida Braga- RJD 15/187.

194, § 1º), sendo distribuídas, inicialmente, ao juízo prolator da decisão, que poderá retratar-se ou não.

11.1.10.9. Distinção da correição parcial e do mandado de segurança

Para a doutrina, a correição parcial é um sucedâneo recursal que busca corrigir *error in procedendo*,[416] e não *error in judicando*.[417] Já o mandado de segurança se trata de ação impugnativa autônoma contra o *error in judicando*, já que visa tutelar, através de um procedimento dinâmico, o direito líquido e certo não amparado pelo *habeas corpus* ou *habeas data*.

Por sua vez, julgados seguiram no sentido de que quando se tratar de *error in procedendo* caberá correição parcial, e não mandado de segurança,[418] pois em matéria criminal o cabimento do *writ* estará afeito ao *error in judicando*.[419]

Contudo, frente à Lei nº 12.016/09, que afastou a proibição do mandado de segurança quando cabível a correição, abriu-se nova possibilidade ao *mandamus*. Ou seja, mesmo frente ao *error in procedendo*, desde que este se revele como ofensa ao direito líquido e certo, não haverá impedimento legal para a impetração do mandado de segurança.

11.1.10.10. Correição parcial e fungibilidade

A fungibilidade, também chamada de *Teoria do Recurso Diferente,* é um princípio recursal e vem expressamente previsto no art. 579 do CPP que prevê:

> Salvo a hipótese de má-fé, a parte não será prejudicada pela interposição de um recurso por outro.
> Parágrafo único. Se o juiz desde logo reconhecer a impropriedade do recurso interposto pela parte, mandará processá-lo de acordo com o rito do recurso cabível.

Contudo, veja-se que a correição não foi elencada no âmbito recursal previsto no Código de Processo Penal. Destarte, não sendo um recurso propriamente dito, é descabido dizer-se sobre aplicação da fungibilidade junto a ela.[420]

---

[416] "A correição parcial é medida para combater aqueles despachos de juízes que, por erro ou abuso, constituírem inversão tumultuária da ordem dos atos processuais, vale dizer, *error in procedendo*". JUTACRIM-SP 70/180. Mesmo sentido: RT 378/301 e 411/292.

[417] "A correição parcial não é medida para combater *error in judicando*, e sim aqueles despachos de Juízes que, por erro ou abuso, constituírem inversão tumultuária da ordem legal dos atos processuais, vale dizer, *error in procedendo*". JUTACRIM-SP 71/185. RJD 18/146 e RT 393/213.

[418] JUTACRIM-SP 57/147.

[419] RT603/302.

[420] RT549/343.

Entretanto, colecionam-se julgados no sentido do recebimento da correição parcial como apelação[421] ou do recurso em sentido estrito como correição.[422] Inclusive, já se conheceu mandado de segurança em peça de correição parcial.[423] Porém, é de se observar estas decisões como situações excepcionais.

11.1.10.11. Correição parcial e "error in procedendo"

Em esforço sintético, podemos concluir pela possibilidade da existência de duas espécies de erro: *error in judicando* ou *error in procedendo*.

O *error in judicando* é aquele em que o juiz interpreta o fato ou o direito de forma equivocada ou injusta, razão que seu julgamento é errado. Já o *error in procedendo* é quando o juiz viola normas reguladoras de sua atividade, firmando uma forma, outrossim, distinta da legalidade.

No caso da correição parcial, esta será cabível, somente, contra o *error in procedendo*[424] e não contra o *error in judicando*.[425]

11.1.10.12. Conselho da Justiça Federal e decisão de caráter vinculante

O artigo 102, parágrafo único, II, da CF, acrescentado pela EC 45/2004, preconiza que funcionarão junto ao Superior Tribunal de Justiça, o Conselho da Justiça Federal, cabendo-lhe exercer, na forma da lei, a supervisão administrativa e orçamentária da Justiça Federal de primeiro e segundo graus, como órgão central do sistema e com poderes correicionais, cujas decisões terão caráter vinculante.

Nestas condições, é possível se dizer que o entendimento do Conselho sobre questão correicional vinculará toda a magistratura.

11.2. AGRAVO REGIMENTAL

11.2.1. Nome

O nome *agravo regimental* se dá face ao seu firmamento junto aos regimentos internos dos tribunais. Por isto, é, outrossim, chamado de agravo interno.

---

[421] RT794/659.
[422] RJTACRIM 38/420.
[423] JTJLEX 201/335.
[424] "A correição parcial é medida para combater aqueles despachos de juízes que, por erro ou abuso, constituírem inversão tumultuária da ordem dos atos processuais, vale dizer, *error in procedendo*". JUTACRIM-SP 70/180. Mesmo sentido: RT 378/301 e 411/292.
[425] "A correição parcial não é medida para combater *error in judicando*, e sim aqueles despachos de Juízes que, por erro ou abuso, constituírem inversão tumultuária da ordem legal dos atos processuais, vale dizer, *error in procedendo*". JUTACRIM-SP 71/185. RJD 18/146 e RT 393/213.

11.2.2. Origem

Como já foi visto, o agravo origina-se do Direito português, com sua emersão nas Ordenações Manuelinas.

11.2.3. Conceito

Trata-se de medida cabível contra a decisão do presidente do tribunal, de Seção, de Turma ou de relator que causar gravame à parte.

11.2.4. Previsão legal

O agravo regimental vem estatuído nos regimentos internos dos tribunais.

No Supremo Tribunal Federal, vem previsto no artigo 317 do regimento interno, o qual prevê a possibilidade de agravo regimental contra a decisão do presidente do tribunal, presidente de Turma ou do relator.

Já o regimento interno do Superior Tribunal de Justiça estatui o agravo regimental em seu artigo 258, quando permite atacar a decisão do presidente da Corte Especial, de Seção, de Turma ou de relator.

No regimento interno do Tribunal de Justiça do Estado do Rio Grande do Sul, o artigo 233 inicia o tratamento ao agravo regimental ao estabelecer ser este cabível contra as decisões do presidente, vice-presidente ou do relator que causar prejuízo ao direito da parte.

No regimento interno do Tribunal Regional Federal da 4ª Região, o artigo 225 admite o agravo regimental contra as decisões do presidente do tribunal pleno, da corte especial, de seção, de turma ou de relator.

Contudo, é de se ilustrar que o artigo 39 da Lei nº 8.038/90 adota um tipo de recurso que, em consonância aos regimentos supracitados, outrossim poderá ser tido como agravo regimental, pois serve para atacar a decisão do presidente do tribunal, de Seção, de Turma ou de relator que causar gravame à parte.

11.2.5. Órgão julgador

O órgão competente para julgar o agravo regimental, não havendo reconsideração, é o que seria competente para julgar o pedido ou o recurso contra o gravame da parte. Desta forma, pode ser a Corte Especial, a Seção, a Turma, entre outros.

11.2.6. Procedimento

O agravo regimental vem estatuído nos regimentos internos dos tribunais, assim seu procedimento é variável, de acordo com cada regimento.

Observamos o procedimento do agravo regimental junto ao Superior Tribunal de Justiça, conforme os artigos 258 e 259 do regimento interno dessa Corte, eis que harmônico com outros procedimentos regimentais, como o do Tribunal de Justiça do Estado do Rio Grande do Sul, em seu artigo 233.

1- O agravo regimental será interposto no prazo de 5 dias e dirigido ao prolator da decisão, para que seja reconsiderada. Não haverá manifestação da parte contrária;

2- Mantida a decisão, haverá o julgamento pela Corte Especial, Seção ou Turma, conforme o caso, sendo computado o voto do relator do agravo regimental;

3- Se provido o agravo regimental, será afastado o gravame à parte.

11.2.7. Prazo

O prazo é de 5 dias, seja em razão do regimento interno (arts. 317 do RISTF, 258 do RISTJ, 233 do RITJRS) ou por companhia do próprio artigo 39 da Lei nº 8.038/90. A Defensoria Pública terá prazo em dobro.[426]

11.2.8. Efeitos

– *Devolutivo*
Remete ao colegiado, órgão julgador.

– *Suspensivo*
Não há efeito suspensivo no agravo regimental.

– *Extensivo*
Haverá efeito extensivo se a decisão de alguma forma irradiar motivos que não sejam de caráter exclusivamente pessoal.

11.2.9. Cabimento

Somente contra decisões do presidente do tribunal, Seção ou Turma ou do relator que causar prejuízo à parte.

11.2.10. Considerações

11.2.10.1. Do agravo regimental e do agravo em agravo

É fundamental não haver confusão entre o agravo regimental e o recurso que a doutrina chama de agravo inominado (ou agravinho). Este recurso é vis-

---
[426] Lei Complementar nº 80/94, art. 128, I.

lumbrado no artigo 28, § 5º, da Lei nº 8.038/90 e é cabível contra a decisão do relator que negar seguimento ou provimento ao agravo de instrumento. Nestas condições, a especificidade da lei afasta o agravo regimental.

11.2.10.2. Da constitucionalidade

De um lado, encontramos os que atestam ser este instrumento uma afronta à Carta Política, face aos termos do artigo 22, I, e que estatui que compete privativamente à União legislar sobre direito processual.

De outro lado, existem os que defendem a constitucionalidade do agravo regimental, forte no amparo do artigo 39 da Lei nº 8.038/90.

A verdade é que o agravo regimental já se inseriu no mundo processual, sendo aceito como sucedâneo recursal de uso habitual. Seja em razão dos regimentos internos dos tribunais ou seja face aos termos do artigo 39 do aludido diploma, o agravo regimental resta instalado. Próprio entendimento pretoriano do Supremo Tribunal Federal vê a constitucionalidade do agravo regimental e explicita que o mesmo não ofende a competência da União Federal como legisladora.[427]

11.2.10.3. Interposição mediante fax

É possível que o agravo regimental seja interposto mediante sistema de transmissão e reprodução de material gráfico por via telefônica. Desta forma, é cabível sua promoção via fax. Contudo, torna-se essencial que uma vez interposto mediante este sistema, seja , posteriormente, ratificado em tempo oportuno, sob pena de restar prejudicado.[428]

Destaca-se que existe entendimento de que em caso de recurso que necessite traslado, haverá imperiosidade da transmissão das peças obrigatórias à formação do instrumento, sob pena de inadmissibilidade.[429] Porém, em sentido distinto, segue entendimento de que é possível o conhecimento do recurso, mesmo carente das cópias que deveriam formar o instrumento, desde que estas peças obrigatórias ou facultativas sejam juntadas com a entrega do original.[430]

11.2.10.4. Da decisão do colegiado

Conforme se observa, o agravo regimental somente é cabível contra decisões do presidente do tribunal, seção ou turma ou do relator que causar prejuízo

---

[427] 1ª T. do STF, Agcra 247.591-RS, j. 14.03.00, DJU 23.01.01, p. 84.
[428] STF-Agr. em MI 372/SP- Ministro Celso de Mello- DJU 21.02.92, p.1.692.
[429] AI 461660 AgR / SP – SÃO PAULO, Julgamento: 17/11/2005 Órgão Julgador: Primeira Turma Publicação: DJ 09-12-2005.
[430] STJ/Resp.nº 901.556 – SP, j.21.05.08.

à parte. Destarte, o mesmo não será admitido quando a decisão for do colegiado. Neste sentido, assim se decidiu.[431]

11.2.10.5. Objeto do agravo regimental

O agravo regimental, por ter objeto de buscar a reforma da decisão do Presidente do Tribunal, Seção ou Turma ou do Relator, deve se apresentar com argumentos válidos e direcionados a esta questão. Assim, não poderá o agravante arguir questões atinentes ao recurso especial ou extraordinário, por exemplo.

Outrossim, não será admitido o agravo quando seu conteúdo for estranho, ou seja, traga questão não examinada no recurso anterior. Neste sentido, entende-se, por exemplo, que não se admite agravo regimental que introduza debate sobre matéria não veiculada no recurso extraordinário.[432]

11.2.10.6. Conserto através do agravo regimental

O agravo regimental, por ter a função de objurgar a decisão do Presidente do Tribunal, Seção ou Turma ou do Relator, não se presta a buscar consertar o recurso anterior.

Assim, por exemplo, a jurisprudência do Supremo Tribunal Federal não tem admitido que, em agravo regimental, se proceda à juntada de documento ausente no traslado.[433]

11.2.10.7. O agravo regimental e sua adoção no regimento do tribunal que não o prescreve

O artigo 39 da Lei nº 8.038/90 disciplina que da decisão do Presidente do Tribunal, de Seção, de Turma ou de Relator que causar gravame à parte, caberá agravo para o órgão especial, Seção ou Turma, conforme o caso, no prazo de 5 (cinco) dias. Por certo, este agravo interno servirá para combater decisão singular proferida por membro do Superior Tribunal de Justiça ou do Supremo Tribunal Federal.

Já no RISTF artigo 317 no RISTJ artigo 258, RITJRS artigo 233, bem como no RITRF 4ª Região, artigo 225, temos o agravo regimental contra decisões de magistrados, jungidos ao tribunal, que causem prejuízo ao direito da parte.

---
[431] RSTJ 92/235.
[432] RTJ 161/661. Mesmo sentido: 161/689.
[433] RTJ 161/641.

Assim, o artigo 39 da Lei nº 8.038/90 pode ser visualizado como agravo regimental, eis que se refere a uma figura recursal que se harmoniza com sucedâneos recursais previstos nos regimentos internos.

Contudo, vem a questão: E se eventual regimento interno de determinado tribunal não prescrever o agravo regimental. Será cabível o agravo do artigo 39 da Lei nº 8.038/90? Entendemos que sim, pois este dispositivo não apresenta qualquer condicionante de prescrição regimental. Sequer obriga a dependência de regra *interna corporis*. E é nesta senda que já se entendeu que o aludido artigo deve ser aplicado por analogia aos demais tribunais pátrios, ainda que inexista previsão no Regimento Interno do Tribunal de Segunda Instância.[434]

11.2.10.8. O agravo regimental e o protocolo integrado

Conforme preceituava a Súmula 256 do STJ, *o sistema de "protocolo integrado" não se aplica aos recursos dirigidos ao Superior Tribunal de Justiça*. Contudo, a Lei nº10.352, 26.12.01, alterou o parágrafo único do artigo 547 do CPC visando a permitir que em todos os recursos, não só no agravo de instrumento (artigo 525, § 2º, do CPC), pudesse a parte interpor a sua irresignação através do protocolo integrado. A tendência ao efetivo acesso à Justiça, demonstrada até pela própria possibilidade de interposição do recurso via *fax*, revelou a inequivocidade da *ratio essendi* do artigo 547, parágrafo único, do CPC, aplicável aos recursos em geral, e, *a fortiori*, aos Tribunais Superiores.

Assim, restou cabível o protocolo integrado no Superior Tribunal de Justiça, restando cancelada a Súmula 256.[435]

---

[434] STJ – AgRg 827242-MT, j.7.12.06. Mesmo sentido: AG 712619/PI, DJ.10.11.05 e Ag no AG 421168/SP, DJ.24.06.02.
[435] STJ-AgRg no Agravo de instrumento nº 792.846 – SP, j.21 .05.08.

12. Ações impugnativas autônomas criminais

Ações impugnativas autônomas são medidas que geram relação processual independente, com vinculação jurídica própria.

Por ser ação, não se orientará pela principiologia recursal, e seu exercício será promovido frente à legitimação à causa, interesse de agir e possibilidade jurídica, além de um procedimento próprio.

As ações impugnativas a serem estudadas em nosso trabalho serão: Revisão Criminal, *Habeas Corpus,* Mandado de Segurança e Reclamação.

12.1. REVISÃO CRIMINAL

12.1.1. Nome

O nome traduz a ideia de reexame de uma decisão criminal. Ou seja, uma nova leitura.

12.1.2. Origem

Antigamente, admitia-se a reforma dos julgados proferidos. Para Faria (1960, p. 342):

> Assim, sem necessidade de pesquisa, no direito romano, a origem da revisão, onde pretendem, talvez, sem razão, já se admitira a retratação dos julgamentos, com fundamento na injustiça ou ilegitimidade da condenação (Lei nº 35 de De ré jud; Lei nº 1 C. de *sentenciis proefectorum proetorio*;Lei nº 5C. De *precibus imperatorio offerendis*; Novella 119, cap.5), ou na velha França, onde chegou a ser resolvida pela sorte das armas em combates judiciários, até a modificação ulterior de semelhante processo, no reinado de S.Juiz, em 1260, e de Felipe, o Belo, em 1302.

E não poderia ser diferente, pois sendo da natureza do homem a falibilidade, sempre existiu na idade racional a preocupação com uma decisão injusta.

No Direito pátrio, a revisão foi instituída pelo Decreto nº 847, de 11 de outubro de 1890, sendo mantida pelo Decreto nº 848 do mesmo ano.

12.1.3. Conceito

Indubitavelmente, existe o interesse em se manter intocável a decisão judicial transitada em julgado. A coisa julgada deve ser prestigiada. Desta forma, não pode o decisório findo restar vulnerável a qualquer ataque.

Ocorre que a coisa julgada pode-se apresentar contrária à lei ou à evidência dos autos, ou o decisório se firmar em elementos falsos, demonstrando que o juízo foi iludido ou, por fim, após o termo, a coisa julgada se deparar com novas provas que melhorem a situação do condenado. Veja-se que nestas situações não poderia prevalecer o interesse de se manter o justo formal. Desta forma, a ideia da revisão fica atrelada à materialização da preocupação em se demonstrar, a todo tempo, a injustiça da decisão havida.

Como instrumento legal, a revisão torna-se o meio pelo qual se busca a reforma de uma decisão condenatória transitada em julgado. Como professa Souto (1959, p. 234):

> A revisão não é senão o reexame do processo que passou em julgado, ou que transitou em julgado, do processo findo.

Assim, a revisão é a medida utilizada para desconstituir uma decisão condenatória criminal finda.

12.1.4. Previsão legal

O artigo 621 do CPP preceitua que a revisão dos processos findos será admitida:

> I – quando a sentença condenatória for contrária ao texto expresso da lei penal ou à evidência dos autos;
> II – quando a sentença condenatória se fundar em depoimentos, exames ou documentos comprovadamente falsos;
> III – quando, após a sentença, se descobrirem novas provas de inocência do condenado ou de circunstância que determine ou autorize diminuição especial da pena.

12.1.5. Órgão julgador

Os tribunais, nos moldes de suas competências. Assim, é importante se examinar o regimento interno do tribunal. Por exemplo, no Tribunal de Justiça do RS a revisão será julgada pelo grupo criminal (art. 22, § 2º, do RITJRS). Já no Tribunal Regional Federal da 4ª Região a revisão será julgada pela seção. (art.5º, I, *a*, do RITRF4ª)

Como o competente será o tribunal para julgar a revisão criminal, afasta-se a possibilidade de o juízo singular decidir sobre revisão. Outrossim, não será órgão julgador o tribunal do júri.

12.1.6. Prazo

A revisão criminal poderá ser requerida a qualquer tempo, mesmo antes da extinção da pena ou após. Inclusive, refere o artigo 623 do CPP que a revisão poderá ser pedida até após o falecimento do condenado. Desta forma, só será intempestivo o pedido de revisão quando não estiver findo o processo-crime.[436]

12.1.7. Legitimidade

O legítimo é o titular do direito. Assim, o condenado será parte legítima para a revisão criminal. Em caso de falecimento, este direito passa para o cônjuge, ascendente, descendente ou irmão, nesta respectiva ordem.

Reconhecemos o Ministério Público como legítimo para ingressar com revisão. O fundamento está no mesmo supedâneo axiológico que o legitima a propor *habeas corpus*, pedir absolvição do acusado etc.

12.1.8. Interesse em agir

É imprescindível o interesse em rescindir a decisão condenatória. Desta forma, o interesse em agir estará adstrito ao ataque de uma condenação finda.

12.1.9. Possibilidade Jurídica

A possibilidade jurídica deverá ser observada com relação ao pedido ou à causa de pedir. Para haver condições a uma revisão criminal, necessita-se de uma decisão transitada em julgado. De outra banda, na revisão, a possibilidade jurídica de sua causa de pedir estará jungida aos incisos dispostos no artigo 621 do CPP e que estabelecem as hipóteses cabíveis. Ou seja, quando a sentença condenatória for contrária ao texto expresso da lei penal ou à evidência dos autos, quando a sentença condenatória se fundar em depoimentos, exames ou documentos comprovadamente falsos e quando, após a sentença, se descobrirem novas provas de inocência do condenado ou de circunstância que determine ou autorize diminuição especial da pena.

Contudo, não caberá revisão contra as decisões desfavoráveis ao réu e previstas no artigo 593, II, do CPP.

12.1.10. Competência

A competência do Supremo Tribunal Federal para julgar revisões será quanto às condenações por ele proferidas ou mantidas, conforme artigo 102,

---
[436] RT 221/472.

I, *j*, da Carta Política. Destaca-se que o julgamento do extraordinário, por si só, não estabelece a competência do Supremo para julgar eventual revisão. É necessário que o mérito da revisão coincida com a questão decidida no recurso constitucional.[437] A partir do artigo 263, o regimento interno do Supremo refere a revisão.

Já a revisão será julgada pelo Superior Tribunal de Justiça, nos termos do artigo 105, I, *e*, da Constituição Federal quanto aos seus julgados. O artigo 240 do regimento interno do Superior informa que no caso do inciso I, primeira parte, do artigo 621 do Código de Processo Penal, caberá a revisão, pelo tribunal superior, do processo em que a condenação tiver sido por ele proferida ou mantida no julgamento de recurso especial, se seu fundamento coincidir com a questão federal apreciada.

A revisão será julgada pelo tribunal de segundo grau quando a decisão que se busca revisar for proferida por ele em única ou última instância.

Desta forma, segue a lógica de que será competente para julgar a revisão o tribunal que condenar. Por certo, tratando-se de condenação de juízo singular, o tribunal com competência para reexaminar a decisão deste juízo é que será competente para a revisão. Exemplificando: O réu foi condenado, e o *parquet* recorreu para aplicação de uma agravante. O Tribunal de Justiça julgou improcedente o recurso do Ministério Público, razão por que este interpôs recurso especial ao Superior. Por sua vez, este tribunal deu provimento e agravou a pena. Agora, frente ao trânsito em julgado, o condenado requer revisão para ser absolvido. O competente para processar e julgar esta revisão será o Tribunal de Justiça. Mas, se o condenado buscar, apenas, a revisão para afastar a agravante, o competente será o Superior Tribunal de Justiça.

Ilustra-se que, outrossim, se imporá a competência *ratione materiae*. Logo, por exemplo, o Tribunal Militar do Estado julgará revisão criminal referente à condenação por crime militar determinada pela Justiça Militar do Estado.[438]

12.1.11. Recursos

12.1.11.1. Recurso necessário

Nos termos do § 3º do artigo 625 do CPP, se o relator julgar insuficientemente instruído o pedido e inconveniente ao interesse da justiça que se apensem os autos originais, indeferi-lo-á *in limine*, dando recurso para as câmaras reunidas ou para o tribunal, conforme o caso. Trata-se do recurso necessário.

---

[437] RT 649/330.
[438] Justiça Militar do Estado do Rio Grande do Sul/Revisão Criminal, proc.74/03, j.31.03.04. Mesmo sentido: Revisão Criminal, proc. nº 76/03, j.07.04.04.

A decisão que indefere *in limine* a revisão é interlocutória mista e ocorrerá nos seguintes casos:

Quando o pedido não estiver regularmente instruído e não esclarecida a pretensão;

Quando houver reiteração do pedido, sem novas provas ou novo fundamento;

Quando o pedido não for cabível juridicamente, faltar interesse ou legitimidade.

É de se destacar que a inconveniência do apensamento dos autos originais não poderá servir de obstáculo para o indeferimento liminar da revisão quando o pedido vier suficientemente instruído.

12.1.11.2. Embargos declaratórios

São admitidos os embargos declaratórios nas decisões das revisões criminais, forte no artigo 619 do CPP, aos acórdãos proferidos pelos tribunais, quando a decisão contiver ambiguidade, obscuridade, contradição ou omissão.

12.1.11.3. Embargos infringentes ou de nulidade

Face à decisão não unânime e desfavorável ao condenado em revisão criminal, existe controvérsia se são cabíveis ou não estes embargos prescritos no artigo 609 do CPP.

Os que não admitem firmam-se no aspecto de que o artigo 609 vem incrustado no capítulo V e que refere *do processo e do julgamento dos recursos em sentido estrito e das apelações nos tribunais de apelação*. Desta forma, não estaria a decisão revisão criminal vulnerável aos embargos.

Já os que entendem cabíveis na decisão revisional, referem que os graves erros de ordem técnico/processual/penal devem ser sempre solucionados com a assistência do artigo 3º do CPP e que admite interpretação extensiva e aplicação analógica para a superação dos desconfortos formais.

Para nós, a leitura do parágrafo único do artigo 609 do CPP é por demais esclarecedora. *Quando não for unânime a decisão de segunda instância, desfavorável ao réu [...]*

Ora, o julgamento da revisão ocorrerá no tribunal, em instância originária, e não em *segunda instância*. A segunda instância da revisão servirá para julgar, somente, os recursos apresentados contra a decisão revisional. Desta forma, não são cabíveis os embargos.⁴³⁹ Contudo, existem alguns entendimentos divergentes, aceitando os embargos contra a decisão revisional.⁴⁴⁰

12.1.11.4. Recurso extraordinário

É cabível, mas com algumas restrições.

É que o artigo 325, inciso IV, do regimento interno do STF preceitua que cabe recurso extraordinário nas revisões criminais de processos por crime a que seja cominada pena de reclusão.

Assim, neste caso, caberá a revisão. Logo, não será admitido o recurso extraordinário quando a decisão da revisão se firmar em processo de contravenção penal ou delito apenado com detenção.

12.1.11.5. Recurso especial

É cabível recurso especial contra a decisão da revisão criminal.⁴⁴¹

Veja-se que compete ao Superior Tribunal de Justiça o julgamento das causas decididas em única ou última instância pelos tribunais regionais federais ou pelos tribunais dos estados, Distrito Federal e Territórios. (artigo 105, III, da Constituição Federal)

Contudo, não é demais relembrar que jamais caberá especial para reexaminar a matéria fática da revisão criminal.

12.1.11.6. Agravo regimental

Caberá agravo regimental, conforme os termos dos regimentos internos dos tribunais, contra o indeferimento liminar da revisão (§ 3º do artigo 625 do CPP)

No Supremo Tribunal Federal, o agravo regimental vem previsto no artigo 317 do regimento interno.

Já no Superior Tribunal de Justiça, vem estabelecido no artigo 258 do RISTJ.

No regimento interno do Tribunal de Justiça do Estado do Rio Grande do Sul, o artigo 233 inicia o tratamento ao agravo regimental.

No regimento interno do Tribunal Regional Federal da 4ª Região, o agravo vem previsto nos artigos 225 e seguintes.

É de se lembrar que o artigo 39 da Lei nº 8.038/90 admite o recurso de agravo contra a decisão do presidente do tribunal, de Seção, de Turma, ou de

---

⁴³⁹ RT 561/332. Mesmo sentido: RT581/386, RTJ 46/616.
⁴⁴⁰ RT 681/369. Mesmo sentido: RT 614/346.
⁴⁴¹ RT 766/580.

relator que causar gravame à parte. Este agravo se identifica com o agravo regimental.

12.1.12. Cabimento

Nos termos do artigo 621, caberá revisão somente dos processos findos:

12.1.12.1. Quando a sentença condenatória for contrária ao texto expresso da lei penal ou à evidência dos autos

– Quando a sentença condenatória for contrária ao texto expresso da lei penal

Neste sentido, observa-se um confronto entre o decreto condenatório e a lei, que pode ser de direito material penal ou de direito formal penal. Desta forma, se a sentença for contrária aos ditames da lei, haverá o cabimento da revisão criminal. Nos ensinamentos de Faria (1960, p. 345):

> É evidente que neste caso a decisão não deve subsistir porque viola abertamente a lei e também a ordem pública e com ela não só o direito do condenado como o de todos [...]

Outrossim, se a decisão negar a existência da lei, haverá afronte cabível de ser amparado pela revisão.

A revisão não poderá atacar uma ou outra interpretação legal. Contudo, se a interpretação resultar por contrariar a própria lei ou negar sua vigência, caberá revisão.

E mais, se a interpretação outorgada seguir um entendimento jurisprudencial, o qual mais tarde for reformado pelos tribunais, tem-se reconhecido, majoritariamente, não ser cabível a revisão, pois a nova jurisprudência não tem o condão de determinar a adoção obrigatória, face a sua ausência de carga legislativa. Todavia, existe entendimento diverso.[442]

Ilustra-se, ainda, que se a sentença condenatória carregar nulidade, por certo a mesma estará contrária ao texto expresso da lei. Nestas condições, outrossim, resta possível juridicamente o pedido revisional.

Exemplificando este inciso, podemos observar uma condenação, transitada em julgado, de um fato que não é crime. Ou a busca, com a revisão, de o reconhecimento de uma atenuante, inobservada no decreto condenatório.

– Quando a sentença condenatória for contrária à evidência dos autos

Aqui, trata-se de um conflito entre a decisão e os elementos probatórios apresentados nos autos.

---

[442] de .Justiça/RS, 4ª Grupo Criminal , proc.nº 70002052959, julgado em 22.06.01.

O feito apresenta uma certeza, a qual se origina de uma apreciação conjunta e entrelaçada da prova. Esta evidência trazida pelo feito é contrária ao decreto que condena o acusado. A evidência dos autos deve ser lida como a emersão de uma verdade que determina uma inabalável convicção. A sentença contrária à evidência dos autos é a decisão que não se coaduna com a incontestável certeza que emerge do feito, já que afronta a prova[443] e estabelece um conflito visível.[444]

Destaca-se que não se trata de um reexame, já que não se caracteriza como uma nova apreciação da prova colhida, pois a revisão não pode ser equiparada a uma apelação.[445] Para observar que a decisão condenatória é contrária à evidência dos autos, torna-se imperioso que o julgador avalie regularmente[446] o processo em seu todo para concluir ter ou não ocorrido divórcio entre a clareza dos autos e a sentença. Esta análise nada mais será do que um prévio conhecimento[447] e se dará através da provocação do revisionando, apontando os elementos que destacam a evidência.

A revisão, tendo como base o final do inciso I do artigo 621 do CPP, é de fácil observação, pois se firma no desprezo pela prova colhida. Ou seja, se a condenação não observou o contexto probatório, caberá revisão. Contudo, se a decisão condenatória se sustentar em elementos probatórios, mesmo que sejam poucos, não estará contrariando a evidência dos autos.[448]

Para ser procedente a revisão criminal é fundamental que haja certeza em favor do condenado. Se a análise sobre a alegada evidência que traz os autos derem à alma do julgador o sentimento da dúvida, a revisão deverá ser julgada improcedente, pois a dúvida trazida pelo revisionando jamais poderá desfazer a certeza estampada em uma sentença condenatória transitada em julgado. Neste sentido, inclusive, já se entendeu que se tratando de revisão inverte-se o ônus da prova, pois caberá ao requerente fazer a prova do desacerto da decisão que o condenou. A ele incumbe comprovar que a sentença condenatória foi contrária à evidência dos autos. O estado de dúvida, que por acaso possa ser criado no espírito do julgador, não servirá para absolvição.[449] Deste modo, jamais o princípio do *in dubio pro reo* será utilizado na revisão criminal. Nesta, valerá o *in dubio pro societate*.

---

[443] JTJ196/306.
[444] RJTACRIM 47/486
[445] RT 603/413.
[446] RJTACRIM 43/411.
[447] RJTACRIM 45/479.
[448] Revista Forense, 146/458: "Somente há decisão contrária à evidência dos autos, quando a mesma não tem fundamento em nenhuma prova colhida no processo, pois basta que se apóie em um único elemento dessa prova para justificar-se".
[449] RT 174/105.

12.1.12.2. Quando a sentença condenatória se fundar em depoimentos, exames ou documentos comprovadamente falsos

Este fundamento para a revisão criminal vem firmado na ideia de que o juízo foi iludido com provas falsas. Desta forma, restou enganada a justiça.

É essencial, para que seja deferida a revisão criminal, que se confirme a prova falsa e que esta tenha sido o supedâneo da condenação. E não poderia ser diferente. Se a prova não restar demonstrada com o vício da falsidade ou se, muito embora falsa, não firmou o fundamento para a condenação, pois existiam outras provas que ensejavam a responsabilidade do condenado, não caberá a revisão.

Diz Espínola Filho (1961, p. 393):

> O que se deve corretamente dizer é: para a falsidade vir a aniquilar a sentença condenatória, é necessário tenha esta sido proferida, na persuasão de ser verdadeiro o documento, a perícia ou o depoimento, influindo isso tão exclusivamente para a conclusão do julgado, que outra seria ela, uma vez apurada a falsidade do elemento probatório, no qual se baseou.

Não é necessário, para confirmar-se a falsidade do depoimento, documento ou exame que os responsáveis pela falsidade tenham sido responsabilizados, seja com a punição da testemunha, falsário ou perito.

O imprescindível é a prova da falsidade. Caso a condenação tenha se firmado em provas consideradas ilícitas ou ilegítimas, a revisão deverá firmar-se não no inciso II, mas, sim, no inciso I, pois ilicitude ou ilegitimidade não significam falsidade. Nestes casos, teremos uma sentença condenatória contrária ao texto expresso da lei penal, pois aceitou provas ilegais.

12.1.12.3. Quando, após a sentença, se descobrirem novas provas de inocência do condenado ou de circunstância que determine ou autorize diminuição especial da pena

Inicialmente, devemos estabelecer que prova nova é aquela que não foi suscitada no processo. Não significa dizer que sejam supervenientes à sentença, basta que não tenham sido produzidas. Assim, será considerada prova nova aquela existente, mesmo antes do decreto condenatório, mas que não foi observada no feito, ou seja, não restou analisada pelo julgador.

Já se tem admitido, inclusive, como prova nova a chamada prova virgem, ou seja, aquela existente no processo, mas que não foi observada na sentença condenatória.[450]

Muitos doutrinadores trazem a perífrase fato novo como sinônimo de prova nova. Logo, a prova nova é aquela que não foi apreciada pelo julgador.

---

[450] JTAERGS 63/32.

Uma forma de se promover a descoberta de novas provas é promovendo a justificação judicial, na jurisdição penal, a qual vem fundamentada no artigo 861 do CPC e que estatui que quem pretender justificar a existência de algum fato ou relação jurídica, seja para simples documento e sem caráter contencioso, seja para servir de prova em processo regular, exporá, em petição circunstanciada, a sua intenção.

É impossível catalogar o rol das provas novas, pois seu universo é amplo. Mas exemplificando alguns casos, poderíamos referir:

1- Confissão feita por um terceiro sobre o crime;

2- Retratação da confissão pelo condenado;

3- Nova perícia, com melhor conhecimento técnico;

4- Novos documentos.

É importante que a nova prova seja examinada no contexto probatório já trazido pelo processo findo e que manifeste e determine certeza. Conforme Faria (1960, p. 348):

> As – novas provas – devem ser positivas, isto é, devem demonstrar a evidência do que por elas se pretende provar. Não têm, pois, esse efeito as que apenas suscitarem- dúvidas.

12.1.13. Procedimento

O artigo 625 do CPP informa sobre o procedimento a ser observado na revisão criminal proposta. Contudo, o artigo 628 do CPP preceitua que os regimentos internos dos tribunais estabelecerão as normas complementares para o processo e julgamento das revisões criminais. Assim, faz-se mister observar o procedimento previsto no regimento interno do tribunal que receberá o pleito revisional (Exemplo: RISTF, artigo 266; RISTJ, artigo 241; RITJRS, artigo 312; RITRF4ª, artigo 201).

Nos moldes do artigo 625 do CPP, temos que:

1- O requerimento fundamentado,[451] que deverá ser distribuído[452] com a certidão do trânsito em julgado e mais as peças necessárias para a comprovação do alegado, será dirigido ao relator,[453] com cópia para o revisor;

2- O relator, assim entendendo, poderá determinar que se apensem os autos originais, sem prejuízo da execução penal;

---

[451] Pedido revisional sem indicação dos fundamentos é inepto. TJRS/ 70019114768, j.13.04.07.

[452] A revisão deverá sofrer distribuição imediata, conforme o artigo 93, XV, da Constituição Federal, acrescentado pela EC 45/2004. Assim, julgados admitem *habeas* para afastar delonga na distribuição da revisional.(STJ/ HC 39.427/SP, DJ 01.08.05 Mesmo sentido: STJ/ HC 41.198/SP, DJ 01.07.05. HC 40902/ SP, j.19.05.05. e HC 27.501/SP, DJ 04.08.03).

[453] O RITFR4ª estabelece, em seu artigo 202, que a petição da revisão será distribuída a um relator.

3- Se o relator julgar insuficientemente instruído o pedido e inconveniente ao interesse da justiça que se apensem os autos originais, indeferirá a revisão liminarmente, promovendo recurso de oficio para o colegiado competente ao julgamento;

4- Não indeferida liminarmente, a revisão seguirá para vista do Ministério Público, pelo prazo de 10 dias, o qual dará parecer. Após o relator terá prazo de 10 dias para examinar o pedido. Mesmo prazo será outorgado ao revisor;

5- Examinada a revisão, o presidente aprazará sessão para julgamento;

6- Julgada procedente da revisão, haverá reforma no decisório findo, e o julgador, à vista da certidão do acórdão que cassar a sentença condenatória, mandará juntá-la imediatamente aos autos para inteiro cumprimento da decisão (artigo 629 do CPP).

Em caso de improcedência, a decisão permanecerá intocável.

Jamais poderá haver reforma para pior. O artigo 626, parágrafo único, do CPP estabelece que a pena imposta pela decisão revista jamais poderá ser agravada.

12.1.14. Considerações

12.1.14.1. Revisão e a coisa julgada

Processo findo é aquele que carrega uma sentença transitada em julgado. Para que um processo findo seja revisto na seara penal é essencial que a decisão seja condenatória.

Assim, como a revisão criminal só cabe em decisão condenatória transitada em julgado, é importante lembrar sobre a coisa julgada. Esta se trata da decisão que se tornou definitiva, imutável, inatacável. O art. 6º, § 3º, da LICC estabelece que se chama coisa julgada ou caso julgado a decisão judicial de que já não caiba recurso.

A coisa julgada divide-se em duas espécies: formal e material.

A coisa julgada formal é aquela que se refere ao decisório definitivo no âmbito processual, ou seja, quando não mais se admite qualquer impugnação por meio de recurso. Exemplo: O réu foi sentenciado e condenado. Como não recorreu, a decisão transitou em julgado e não cabe mais recurso. Destaca-se que a decisão condenatória transitada em julgado pode ser atacada através de ação impugnativa autônoma (*habeas corpus*, revisão criminal e, até, mandado de segurança).

Já a coisa julgada material é aquela em que o conteúdo do decisório, ou seja, a matéria propriamente julgada, não admite mais reforma. Neste caso, inexiste meio para se atacar a decisão. Exemplo: O condenado, em processo findo, promoveu revisão criminal para desconstituir o decisório, com a alegação de nulidade da citação. Improvida a revisão, face ao entendimento de que a citação restou válida, o condenado não poderá repetir o pleito, com o mesmo fundamento. É bem verdade que poderá propor outras revisões, mas não firmada na nulificação citatória, pois esta questão já se encontra decidida.

Destarte, forte no artigo 621 do CPP, a revisão só será admitida se existir condenação transitada em julgado.

12.1.14.2. Coisa julgada absolutória e impossibilidade de revisão

Destaca-se que absolvição transitada em julgado jamais poderá ser reformada, mesmo que seja injusta ou ofenda o direito, pois a impossibilidade de reforma *pro societate* firma efetiva garantia ao indivíduo, além de determinar maior responsabilidade e controle nos atos jungidos ao instituto *persecutio criminis*.

Assim, por exemplo, se o indivíduo restar absolvido e transitar em julgado esta decisão, se posteriormente for reconhecida alguma nulidade absoluta, não será cabível revisão criminal.[454]

Diferentemente será a condenação transitada em julgada, a qual poderá sofrer reforma. É que neste sentido impera o sentimento de que é inviável se conviver com a ideia de um inocente ser mantido condenado.

12.1.14.3. Coisa julgada absolutória forte em documento falso e impossibilidade de revisão

Muito embora a absolvição transitada em julgado jamais possa ser reformada, mesmo que injusta ou injurídica, destaca-se exceção. É que se a coisa julgada se firmar em documento falso, haverá um juízo iludido e restará prejudicada a regra da imutabilidade. Neste caso, pelo fato de a decisão estar estribada em um elemento inexistente, não poderá ela produzir efeito. Neste sentido, entende-se que não faz coisa julgada a absolvição firmada em documento falso.[455]

Assim, por exemplo, se o juiz reconhecer a extinção de punibilidade do agente, em razão da morte dele demonstrada por certidão de óbito, e esta decisão transitar em julgado, se após, for descoberta a falsidade do documento e que o indivíduo está vivo, restará afastada a extinção decretada.

---

[454] Contudo, se o indivíduo restar absolvido e a decisão se constituir em ato juridicamente inexistente, poderá, sim, posteriormente, existir uma decisão jurídica condenatória.

[455] RT573/445.

Porém, pela impossibildade jurídica do pedido, jamais poderá ser requerida a desconstituição da decisão que extingue a punibilidade através de revisão criminal. Destarte, restaria ao *parquet,* ou ao querelante, a possibilidade de requerimento dirigido ao juízo que extinguiu a punibilidade para que este prestasse nova jurisdição.

12.1.14.4. Revisão criminal frente à retroatividade da jurisprudência benigna

Tema interessante é o que aborda revisão criminal frente à retroatividade da jurisprudência benigna. É possível se admitir que a coisa julgada seja relativizada e ceda espaço quando a jurisprudência majoritária se firmar em sentido benéfico ao condenado? Entendemos que sim, pois reconhecemos a possibilidade de relativização da coisa julgada material jungida à retroatividade da jurisprudência penal.

Veja-se que a coisa julgada traz segurança jurídica e pacificação social ao estabelecer que a questão definida pelo juízo não poderá mais ser objurgada, pois sua respeitabilidade se tornou obrigatória. O artigo 5º, XXXVI, da CF, ao preceituar que a lei não prejudicará a coisa julgada, eleva esta à categoria de garantia constitucional, refletindo sua importância no contexto legal. Assim, é indiscutível a imperiosidade de se acolher os ditames de uma decisão que findou e solucionou controvérsia sobre relação jurídica.

Contudo, a imutabilidade que prestigia a coisa julgada deve ser observada com certa precaução, ou efetiva relativização, a fim de evitar aberrantes absurdos. Não seria admissível que se perpetuasse a injustiça, em nome de uma garantia constitucional que busca, sim, eternizar a justiça. Firmando-se na ideia de que a coisa julgada material não é absoluta, e que a proporcionalidade, em relação ao fim, é de fundamental observância, é de se relativizar a coisa julgada frente ao injusto.

Dinamarco, referido por Estrazulas (2003), aduz que o valor da segurança nas relações jurídicas não é absoluto no sistema, razão que não é, também, a garantia da coisa julgada, porque ambos devem conviver com outro valor de primeiríssima grandeza, que é o da justiça das decisões judiciárias. Logo, por este motivo, não se pode fazer uma leitura da coisa julgada como algo absoluto.

É bem verdade que existe crítica ao posicionamento da relatividade da coisa julgada, pois na eventualidade de um juízo firmado no sentimento de justiça, é possível ocorrer dissonante entendimento. Lembremos que o que é justiça para um não o é para outro. Entrementes, as valorações médias promovidas pelos juízes, considerando as relações sociais e jurídicas frente ao tempo e ao espaço, sempre carregam afinidade entre si, muito embora possam divergir em detalhes não extremados. Assim, acreditamos na viabilidade da mutabilidade da coisa julgada, mesmo quando à testa de um juízo de valor.

É certo, também, que não se deve fazer da relativização da coisa julgada um escoadouro desmedido para reformas de decisões findas. Como externa Estrazulas (2003, p. 414):

> Permitir a total desconsideração da coisa julgada é perigo ao qual não se pode expor a sociedade e o sistema judicial como um todo. Nenhum respeito mais haveria por qualquer sentença de mérito onde houvesse um tênue esboço de êxito em futura revisão do mérito já julgado.

Porém, para nós, havendo a vantagem da justiça ao caso concreto, esta deve prevalecer sobre a coisa julgada, razão por que não há que se dizer sobre prejuízo à segurança jurídica. As regras da coisa julgada obrigam a se adaptar à realidade democrática que persegue e a justiça das decisões. Assim, considerar a relativização da coisa julgada nada mais é do que qualificar melhor o sistema judicial como um todo.

Ilustra-se que sendo um princípio processual a proteção do indivíduo, tal relativização só poderá alcançar os casos em que este resulte condenado indevidamente. Ou seja, jamais *pro societate*.

Relativizada a coisa julgada material, para que predomine a justiça, ao caso concreto julgado, emerge a questão da possibilidade ou não de se manter uma condenação, forte em jurisprudência anacrônica que não mais orienta os atuais entendimentos. Nesta esteira, professa Sanguiné (1999, p. 157):

> [...] admitir-se a aplicação da proibição de retroatividade para as alterações jurisprudenciais desfavoráveis, cabe aceitar-se correlativamente o princípio da retroatividade das interpretações jurisprudenciais favoráveis ao réu, com a possibilidade conseqüente de admitir revisão criminal em favor do condenado de todas as condenações em execução ou já executadas cada vez que se produzisse uma mutação jurisprudencial que pudesse beneficiá-lo.

Ora, é verdade que a retroatividade da jurisprudência penal benigna poderá se deparar com o argumento vinculado à segurança jurídica. Porém, não haverá conflito neste encontro, pois tal segurança nada mais é do que um limite na ingerência estatal junto às liberdades do homem. Como ensina Boschi (2004, p. 168):

> [...] se a segurança jurídica mostra-se como um instituto de proteção do indivíduo contra as arbitrariedades do poder público e não o inverso, nos parece ilógico dela fazermos uso para limitar as esferas de liberdade e aumentarmos, por via de conseqüência, as esferas de punição do Estado. Vedar a retroatividade da jurisprudência mais benéfica sob o argumento de que tal procedimento implicaria ruptura da segurança jurídica e desrespeito à coisa julgada é inverter, por completo, a função que deve ser atribuída a essa dita segurança (garantia do indivíduo e não do Estado), consignando, ainda, que a coisa julgada não é imutável e absoluta uma vez que contra ela pode ser manejada a Revisão Criminal ou até mesmo *habeas corpus* substitutivo de revisão quando a questão não demandar larga discussão probatória.

Desta banda, é acertado se admitir que a coisa julgada seja relativizada e ceda espaço quando a jurisprudência majoritária se firmar em sentido benéfico ao condenado. São situações clássicas de metamorfose da interpretação judicial, que frente à emersão de uma nova orientação, firmada em maduras e contemporâneas valorações, se afasta daquele entendimento que resultou por prejudicar o indivíduo. Nestas condições, manter-se a coisa julgada simplesmente por convicção de segurança geral, desprezando-se o novo entendimento jurisprudencial, é privilegiar a injustiça.

Em julgamento de revisão criminal, admitiu-se a retroatividade da jurisprudência penal mais benigna, com o argumento de que se o sentido da lei é aperfeiçoado, e da nova leitura resulta benefício aos condenados, viável a revisão dos julgados.[456] Porém, não se pode olvidar os expressivos entendimentos ao contrário.[457]

12.1.14.5. Quem pode pedir a revisão

Conforme dispõe o artigo 623 do CPP, a revisão poderá ser pedida pelo próprio réu ou por procurador legalmente habilitado ou, no caso de morte do réu, pelo cônjuge, ascendente, descendente ou irmão.[458]

Assim, o direito de pedir a revisão é do condenado e, face a sua morte, dos substitutos legais.

Por sua vez, o artigo 631 do CPP estabelece que quando, no curso da revisão, falecer a pessoa, cuja condenação tiver de ser revista, o presidente do tribunal nomeará curador para a defesa.

Entendemos que o Ministério Público pode ingressar com revisão, nos moldes da principiologia que lhe permite interpor *habeas corpus*, pedir absolvição do acusado etc.

Com relação à obrigatoriedade do advogado subscrever o pedido de revisão, sugerimos a leitura do item *12.1.14.15*, entitulado *A revisão e o advogado a subscrevendo*.

12.1.14.6. Da revisão junto à execução criminal

É possível observar a revisão criminal contra decisão do juiz da execução penal.

---

[456] Tribunal de .Justiça/RS, 4ª Grupo Criminal , Proc.nº 70002052959, julgado em 22.06.01.

[457] RT 569/381. Mesmo sentido: RT 578/449 e 590/377.

[458] Conforme informa SOARES (1977, p. 380). Recentemente houve, no Brasil, iniciativa por parte de alguns intelectuais no sentido de requerer a revisão do processo criminal em que foi condenado TIRADENTES. A questão primordial consistiria em saber se existem descendentes seus que possam ser parte legítima para intentá-la. É que a Lei nº 4.897, de 9.12.65, declarou JOAQUIM JOSÉ DA SILVA XAVIER, o TIRADENTES, Patrono da Nação Brasileira, definindo em seu art. 3º, que sua sentença condenatória não é labéu que infame a memória, pois é reconhecida e proclamada oficialmente pelos seus concidadãos como o mais alto título de glorificação do nosso maior compatriota de todos os tempos.

Vejamos o caso da unificação das penas. Uma vez decidida a questão da unificação e tendo o pronunciamento judicial caráter definitivo, caberá revisão criminal quando presente a possibilidade jurídica disposta no artigo 621 e seus incisos. Nas lições de Soares (1977, p.381), temos que se:

> [...] forem instaurados processos diferentes, a autoridade de jurisdição prevalente deverá avocar os processos que corram perante os outros juízes, salvo se já estiverem com sentença definitiva.
>
> [...] Mas se esses processos já estiverem com sentença definitiva, nesse caso, a unificação das penas só poderá ocorrer por meio de revisão.

Veja-se que no curso da execução penal é possível que o pedido de unificação de penas seja indeferido pelo juiz da vara de execuções e a questão se dê por julgada. Desta forma, é admissível a revisão criminal para atacar a decisão denegatória de unificação de penas e que restou transitada em julgado. O argumento pelo qual se tem estribado esta possibilidade é que a decisão denegatória possui caráter condenatório.[459]

12.1.14.7. Da reiteração do pedido revisional

O artigo 622 do CPP prevê, em seu parágrafo único, que não será admissível a reiteração do pedido, salvo se fundado em novas provas. É desta forma que os tribunais têm entendido.[460]

É que o requerimento de revisão que contenha as mesmas partes, pedido e causa de pedir e que já tenha sido objeto de julgamento anterior, resta prejudicado, face à coisa julgada material.

Assim, a lei expressamente estabelece impossibilidade jurídica para obstaculizar a tautologia.

12.1.14.8. Da fuga do revisionando

Não há a necessidade de o revisionando recolher-se à prisão para pedir a revisão criminal. Outrossim, se por exemplo o condenado requerê-la um dia após o trânsito em julgado e após fugir, nenhum prejuízo haverá. Neste sentido, segue a Súmula 393 do STF, que estabelece que para requerer a revisão criminal, o condenado não é obrigado a recolher-se à prisão.

Veja-se, então, um total divórcio entre os ditames da apelação, em que o fato de o condenado apelar e após fugir determina a deserção (artigo 595 CPP).

---

[459] Rev. Forense, 168/333. Mesmo sentido: RJTACRIM 59/200.

[460] "Com relação à reiteração do pedido, só se admite a reiteração do pedido revisional, quando fundado em novas provas. Logo, não deve ser conhecida uma segunda revisão criminal que nada inova em relação à anterior, como prova ou como argumento". Rev .Jur. 39/3.101.

Destarte, na revisão criminal, desimporta a fuga do revisionando. Ademais, lembrando que se o condenado falecer, seus substitutos poderão requerer a revisão, resta certa a desnecessidade da presença do condenado no feito revisionando.

12.1.14.9. Da possível indenização

É possível que seja deferida pelo tribunal indenização por danos materiais ou morais ao interessado, desde que este requeira pelos prejuízos havidos. É o que dispõe o artigo 630 do CPP.

E não poderia ser diferente, se realmente for procedente a revisão criminal, observar-se-á o desregramento da condenação. Nestas condições, o prejuízo do condenado deve ser indenizado.

Ocorre que o § 2º do artigo 630 do CPP preceitua que a indenização não será devida se o erro ou injustiça da condenação proceder de ato ou falta imputável ao próprio impetrante, como a confissão ou a ocultação de prova em seu poder ou se a acusação houver sido meramente privada. É importante dissecar este disposto.

Quanto ao aspecto da contribuição do condenando, para a condenação, servir de óbice à indenização, de forma óbvia se posiciona a lei.[461] Se o condenado, por ação ou omissão, auxiliou para a vinda do decreto condenatório, prejudicando a justiça, descabe dizer sobre direito à indenização. Temos presente o exemplo do pai que assume a prática do delito para afastar a responsabilidade do filho. Condenado o pai e extinta a punibilidade do filho, aquele promove revisão. Nestas condições, não terá direito à indenização.

Contudo, para nós é importante existir dolo do condenado em prejudicar a justiça, bem como que seu comportamento tenha sido essencial para a condenação. Pois se por culpa confessar[462] ou ocultar uma prova[463] ou se sua conduta não for fundamental frente ao contexto probatório,[464] reconhecemos a possibilidade de haver direito à indenização.

Já com relação ao aspecto de que a indenização não será devida quando a acusação for meramente privada, entendemos crasso equívoco da lei e que chega às raias da inconstitucionalidade. Senão vejamos:

---

[461] "Provado que o réu era menor de 18 anos à época em que foi processado e condenado, defere-se a revisão mas indefere-se o pedido de indenização pelo requerente, de vez que as condenações resultaram da ocultação de prova em seu poder." (Ac. Câm. Crims. Reuns. do TJ do antigo Estado da Guanabara, em 18.9.63. RJTJ-GB, 6/362).

[462] Exemplo: Por estar embriagado, acredita que foi o autor do delito.

[463] Exemplo: Por imprudência, perde documento que prova sua inocência.

[464] Exemplo: Muito embora tenha mentido no interrogatório, isto não foi considerado para confirmar sua responsabilidade, tanto que a condenação se firmou em outras demonstrações.

Enquanto a acusação é de natureza privada, a condenação, por sua vez, não é. Quem decreta o juízo condenatório é o magistrado, representante do Estado/Judiciário. A decisão do juiz não possui natureza particular capaz de ensejar somente a exclusiva responsabilidade do particular. O decreto condenatório é ato público e que consubstancia a vontade do Estado. Muito embora tenha o juiz posicionado entendimento sobre a acusação apresentada, desnecessário se questionar se a acusação é pública ou privada, pois em ambos os casos a decisão será do Estado. Se o Estado considerar alguém culpado, o Estado assume responsabilidade de sua condenação e jamais poderá transferir ao particular. Veja-se que o artigo 5º, LXXV, da Constituição Federal preceitua que o Estado indenizará o condenado por erro judiciário. Nestas condições, deve-se ter como prejudicado o disposto no artigo 630, § 2º, *b,* do CPP, pois o Estado, outrossim, é responsável pelos decisórios judiciais, devendo responder as indenizações devidas frente aos prejuízos causados.

Por fim, e não seria demais lembrar que, em se tratando de acusação privada, é possível se estender, outrossim, a responsabilidade indenizatória ao querelante.

12.1.14.10. Do quantum da indenização na revisão criminal

A lei não estabelece valores para determinar o *quantum* devido, uma vez reconhecida a obrigação de indenização.

Como a indenização não será deferida sem a presença da postulação, deverá haver um pedido para ela, mas sem especificação de valor. Procedente a indenização, a quantia devida, em razão do prejuízo, será liquidada no juízo cível, através de um processo autônomo, com cursivo instrutório próprio.

Uma vez estabelecido o direito do revisionando à indenização e transitada em julgado esta decisão, tal matéria não mais poderá ser atacada. Assim, inviável que o direito ao recebimento de uma indenização seja rediscutido na ação cível.

Se, por acaso, a revisão for deferida e inexistir pedido de indenização, não haverá óbice em que a parte se socorra de outra ação, desta vez no juízo cível, para pleitear indenização. Neste caso, será necessária a comprovação dos prejuízos, pois a inexistência de dano impede a indenização.

12.1.14.11. Consequências do deferimento da revisão

É certo que uma vez deferida a revisão, tal decisão determinará uma nova relação jurídica a ser observada.

Absolvido o condenado, se estiver preso, será posto imediatamente em liberdade e restará reintegrado em todos os seus direitos atingidos pela condenação.

Se a revisão apenas determinar uma redução da pena, este benefício logo se refletirá na própria execução penal, se existente.

12.1.14.12. Natureza jurídica da revisão

Sempre houve muita polêmica se a revisão criminal carregava a natureza jurídica de um recurso ou de uma ação.

Para alguns, é recurso, pois encontra-se encartada no artigo 621, capítulo VII, do título II, nominado de *recurso em geral* do CPP.

Para outros, é uma ação, pois deve ser promovida sem a existência de um processo cognitivo.

Em nosso sentir, a revisão é uma ação criminal autônoma e que tem como único objetivo atacar uma decisão condenatória transitada em julgado. Veja-se que ela só é cabível quando não existe mais possibilidade de recurso ordinário. Assim, a revisão não pode se firmar como um direito na ação.

Logo, é de se considerar a revisão como uma ação de eficácia desconstitutiva ou constitutiva negativa, destinada a rescindir sentença condenatória.

Se houver pedido e deferimento de indenização, a revisão portará, ainda, eficácia condenatória.

12.1.14.13. Taxatividade do cabimento e nulidade absoluta

O art. 621 do CPP se apresenta de forma estrita, admitindo o cabimento da revisão para somente três hipóteses: Quando a sentença condenatória for contrária ao texto expresso da lei penal ou à evidência dos autos; quando a sentença condenatória se fundar em depoimentos, exames ou documentos comprovadamente falsos; quando, após a sentença, se descobrirem novas provas de inocência do condenado ou de circunstância que determine ou autorize diminuição especial da pena.

Veja-se, então, que não houve referência específica à nulidade. Assim, vem a questão: havendo nulidade absoluta na condenação, pois a relativa com o trânsito em julgado convalidar-se-ia, é possível o pedido de revisão?

Para alguns não, pois as nulidades absolutas não estariam arroladas no texto legal da revisão, razão que não poderiam ser requeridas nesta ação. Ademais, caberia, face à nulidade absoluta, a impetração de *habeas corpus*.[465] Já para

---
[465] STJ HC-13207/SP, DJ 08.10.01.

outros, firmados no artigo 626 do CPP e que preconiza que julgando procedente a revisão o tribunal poderá, também, anular o processo, haveria possibilidade jurídica da causa revisionanda.

Para nós, a questão é singela. Em havendo nulidade absoluta, sem qualquer constrangimento à liberdade de locomoção do indivíduo (exemplo: já foi cumprida a pena, o condenado faleceu, etc.) não será cabível o *habeas corpus*, mas, sim, a revisão criminal forte no ditado pelo artigo 621, I, primeira parte, e que prevê a revisão para a sentença condenatória contrária ao texto expresso da lei. Ora, uma decisão firmada em atipicidade formal não estará, jamais, conforme a lei. Desta forma, cabível a revisional.

12.1.14.14. Revisão de decisões do júri

É de se perguntar se as decisões do júri admitem ou não revisão criminal.

As decisões dos jurados são soberanas, entrementes esta soberania é relativa. Desta forma, o pronunciamento dos jurados pode ser objeto de revisão criminal.[466]

Nas lições de Porto (1988, p.42):

> Assim, transitando em julgado a sentença do Juiz Presidente é cabível a revisão do processo findo (art. 621), e o que foi decidido na esfera revisional "não fere a soberania do Júri".

Veja-se que a revisão criminal é uma ação para se demonstrar a qualquer tempo a injustiça da decisão que condenou o indivíduo. A pena pode e deve ser revogável nos casos em que se observe ter sido ela aplicada sem uma causa legítima. Nestas condições, é possível que a decisão dos jurados seja revista através deste instrumento penal.

Ocorre, contudo, uma situação necessária de ser dissecada. Trata-se do caso de o réu ter sido condenado pelo júri e ter apelado, forte no artigo 593, III, *d*, do CPP, por entender que a decisão dos jurados foi manifestamente contrária à prova dos autos. Nestas condições, se o tribunal de segundo grau for pela improcedência do recurso, não poderá o condenado pedir revisão, sob o argumento de que a sentença condenatória é contrária à evidência dos autos. É que este objeto já restou julgado. Porém, nada impede o condenado de propor revisão com outros fundamentos.

E mais, na ausência de recurso ordinário do artigo 593, III, *d*, do CPP, uma vez proposta a revisão, com fundamento de que a decisão dos jurados é contrária à evidência dos autos, a procedência da revisão não leva o revisionando a novo julgamento pelo júri. Nestes casos, o próprio tribunal decisor da re-

---

[466] RT 488/330. Mesmo sentido: RT 475/352, RT 548/331, RT 594/372, RT 594/372 e RT 677/340.

visão absolverá.⁴⁶⁷ Pensamos acertada tal posição, face à falta de previsão legal para remeter a novo julgamento popular (veja-se que no caso da apelação existe preceito que sujeita o réu a novo júri. Artigo 593, § 3°, do CPP).

Contudo, gizamos entendimento distinto e que admite que quando ocorrer nulidade absoluta junto à decisão popular, deverá se realizar novo julgamento pelo tribunal do júri.⁴⁶⁸

12.1.14.15. A revisão e o advogado a subscrevendo

Prevê o artigo 623 do CPP que a revisão poderá ser pedida pelo próprio réu. Ocorre que o artigo 133 da CF estabelece que:

> O advogado é indispensável à administração da justiça, sendo inviolável por seus atos e manifestações no exercício da profissão, nos limites da lei.

Já o artigo 1°, I, da Lei n° 8.906/94 estabelece que:

> São atividades privativas de advocacia:
> I – a postulação a qualquer órgão do Poder Judiciário e aos juizados especiais;

Logo, entendemos que a revisão criminal deverá sempre conter pedido com lavra de quem tenha capacidade de postulação. Caso o condenado, sem *jus postulandi*, por si provoque o juízo com o pedido revisional, este, observando a ausência de capacidade postulatória, deverá abrir vista do petitório a um defensor dativo ou público para ratificação dos termos da vestibular, a fim de dar proteção técnica ao revisionando.

Ocorre que decisões seguem no sentido de que a carência de capacidade postulatória do condenado não prejudicará a revisão,⁴⁶⁹ já que o artigo 623 prescreve a possibilidade do próprio réu requerer a ação. Porém, nesta esteira é de se ilustrar que sendo a pessoa requerente estranha ao rol dos legitimados para ingressar com revisão criminal (por exemplo, não seja o próprio réu), esta ação estará prejudicada. E assim, já se decidiu que estudante de direito não pode requerer revisão para terceiros.⁴⁷⁰

12.1.14.16. Revisão em caso de extinção de punibilidade

Para se dizer se é cabível a revisão, frente à extinção de punibilidade, é essencial se conhecer o momento em que ocorreu a decretação desta. É que se a

---
⁴⁶⁷ RT 708/302.
⁴⁶⁸ RJTJERGS 176/41.
⁴⁶⁹ STF-HC 73827 / SP – j.18/06/1996. Mesmo sentido: STF-Revisão criminal n° 4.886- SP, RTJn° 146/49; STF-HC n° 73.355-7/SP, DJ 29.03.96; STF-HC 70.903-6/MG, DJ 07.10.96. STJ-REsp 112421/SP, DJ 06.04.98.
⁴⁷⁰ STJ/HC 73401-PR, DJ 16.04.07.

extinção de punibilidade se deu depois da prolatação da sentença condenatória, é cabível a revisão criminal face aos efeitos da condenação. Ocorre, porém, que se houver extinção de punibilidade no curso do feito cognitivo, não caberá revisão face à ausência de condenação.

Para Marques (2000), a circunstância que determina a impossibilidade de continuação da relação processual em razão de extinção de punibilidade chama-se cessação de instância e trata-se de uma decisão interlocutória que não julga o mérito da pretensão penal. Veja-se que a decisão de extinção de punibilidade, muito embora não absolva ou condene, pois não aduz sobre a existência do fato e quem é o autor, resulta por atingir o mérito, tanto que impede a promoção de uma nova ação penal firmada nos mesmos elementos. Nesta situação, seria inviável insurgir-se através da revisional criminal contra a extinção decretada e que afastou o direito de punir do Estado.[471]

12.1.14.17. Indeferimento liminar de revisão

Conforme dispõe o § 3º do artigo 625 do CPP, se o relator julgar insuficientemente instruído o pedido de revisão e inconveniente ao interesse da justiça que se apensem os autos originais, indeferi-lo-á *in limine*, promovendo recurso.

Haverá, sempre, o indeferimento *in limine* da revisão quando o pedido não estiver regularmente instruído, quando não restar esclarecida a pretensão, quando houver reiteração do pedido sem novas provas ou fundamento, quando o pedido não for cabível juridicamente ou faltar interesse ou legitimidade.

A inconveniência ao interesse da justiça que se apensem os originais não serve de fundamento para o indeferimento liminar da revisão quando o pedido vier suficientemente instruído.

A decisão que indefere *in limine* a revisão é interlocutória mista.

Nestas condições, o indeferimento liminar do pedido revisional poupa o judicante de um inútil processamento, cujo pedido se apresenta natimorto.

12.1.14.18. Revisão em caso de absolvição

A absolvição própria do acusado não encontra amparo revisional.

Poderíamos, em uma ilação profunda, desejar trazer a revisão criminal para alterar a tipicidade da absolvição e, assim, afastar a responsabilidade civil. Muito embora seja um tema saboroso, não caberia promover elástico raciocínio, pois o óbice da impossibilidade jurídica da causa de pedir seria intranspo-

---
[471] RT 231/477.

nível. O artigo 621 do CPP estabelece ser cabível a revisão somente nos casos de condenação.

Ocorre que a absolvição imprópria, ou seja, a sentença que impõe medida de segurança, resta vulnerável à revisão. É que a medida de segurança são, nos dizeres de Prado (2000, p. 525):

> Conseqüências jurídicas do delito, de caráter penal, orientadas por razões de prevenção especial.

Veja-se que existem posições contrárias não reconhecendo na medida de segurança um caráter de sanção penal, mas, sim, de natureza administrativa. Contudo, é aperfeiçoado o entendimento do recém-aludido doutrinador, no sentido de que a medida de segurança insere-se no gênero sanção penal, figurando como espécie, ao lado da pena. Nos dizeres de Lima e Peralles (1997, p. 135):

> Medidas de segurança são sanções penais de natureza preventiva e encontram fundamento na periculosidade do sujeito.

Nestas condições, havendo a imposição de medida de segurança, emerge sanção penal cabível de ser revista. Para Soares (1977, p. 380):

> A lei não prevê expressamente, mas é admissível a revisão no caso de sentença que tenha imposto apenas a aplicação de medida de segurança.

Ora, se ao indivíduo restou aplicada a medida de segurança, por certo é de se admitir que existe sobre ele uma carga de condenação. Nesta esteira, Fragoso (1995, p. 387) concluiu, ao referir sobre a medida de segurança detentiva, que se trata de uma perda de bens jurídicos e:

> [...] tendo natureza aflitiva, por vezes, mais grave do que a pena.

Destarte, é de se entender viável que em caso de absolvição com imposição de medida de segurança, esta seja objurgada através da revisão criminal.

12.1.14.19. Revisão em caso de perdão judicial

Conforme se observa do texto penal, o perdão judicial vem referido no Código Penal, bem como em leis especiais. Trata-se de uma clemência ao autor do fato que por sofrer de forma exasperada, em razão do delito, a reprimenda penal se torna desnecessária.

O perdão judicial figura entre as causas extintivas de punibilidade.

Na exposição de motivos da parte geral do CP (n. 98) observamos a preocupação em se afirmar que o perdão não produz efeitos de sentença condenatória. Nesta linha, segue Bitencourt (2000, p. 670), que entende que a decisão que concede perdão judicial não produz efeito de sentença condenatória.

> A nosso juízo, referida sentença é, simplesmente, extintiva da punibilidade, sem qualquer efeito penal, principal ou secundário.

Por sua vez, a Súmula nº 18 do Superior Tribunal de Justiça preceitua que a sentença concessiva do perdão judicial é declaratória da extinção de punibilidade, não subsistindo qualquer efeito condenatório.

Contudo, em pensamento oposto, Jesus (1995, p.599) professa:

> É condenatória a sentença que concede o perdão judicial, que apenas extingue os seus efeitos principais (aplicação das penas privativas da liberdade, restritivas de direitos e pecuniárias), subsistindo os efeitos reflexos ou secundários, entre os quais se incluem a responsabilidade pelas custas e o lançamento do nome do réu no rol dos culpados.

Veja-se, então, a existência de conflito na natureza jurídica do perdão judicial.

O próprio artigo 120 do CP, ao referir que a sentença que conceder perdão judicial não será considerada para efeitos de reincidência, parece considerar o perdão com uma natureza condenatória, a ponto de estabelecer uma exceção aos efeitos da condenação.

Por sua vez, Rodrigues (2001) destaca que mesmo com a Lei nº 7.209/84 não se resolveu o problema da natureza jurídica do perdão judicial.

Desta forma, face à controvérsia existente, é de se definir antes a natureza jurídica do perdão judicial, para após dizer se é cabível ou não a revisão criminal. Se o perdão for considerado de natureza condenatória será possível a revisão. Caso contrário, não.

Situação interessante seria daquele indivíduo perdoado, com decisão transitada em julgado, mas que posteriormente demonstrou não ter sido o autor do delito.[472] Qual o instrumento penal existente para desconstituir o perdão? Se considerarmos o perdão, com efeito de sentença condenatória, responderemos a revisão criminal. Contudo, se assim não pensarmos, não haverá remédio jurídico para a situação por falta de amparo legal.

12.1.14.20. Reformatio in pejus

O parágrafo único do artigo 626 do CPP refere que o julgamento da revisão criminal jamais poderá agravar a pena imposta.

Assim, por exemplo, se o condenado pleitear sua absolvição junto à revisão criminal e o tribunal, ao rechaçar o pedido, reconhecer que a pena imposta foi abaixo do mínimo legal, este colegiado estará impedido de ajustar a reprimenda aos termos da lei, aumentando-a.

A revisão jamais poderá prejudicar o revisionando.

---

[472] Imagine-se o pai perdoado face à morte do filho, em crime de trânsito. Anos mais tarde ele descobre que não foi o autor do crime, mas, sim, outra pessoa, a qual aproveitou-se de seu estado de embriaguez para acusá-lo.

12.1.14.21. Revisão face à Lei nº 9.099/95

Sempre defendemos o cabimento de revisão criminal contra decisões condenatórias do juizado especial criminal. A necessidade de se reverter a decisão condenatória transitada em julgado que se apresente contrária à lei ou à evidência dos autos, ou se firme em elementos falsos, demonstrando que o juízo foi iludido, ou, por fim, se depare com novas provas, que melhorem a situação do condenado, é por demais evidente, pois jamais se poderia prestigiar um decisão finda, apenas por critérios formais, quando cristalina sua ilegalidade e/ou injustiça.

O juizado especial criminal do Estado do Rio Grande do Sul inicialmente ofertou orientação no sentido de sua impossibilidade de julgar revisão criminal, por ser a turma recursal existente, em todo o Estado, composta por, apenas, três juízes e não se constituir em grupo recursal com sete julgadores.[473] Porém, posteriormente, com os argumentos de que a revisão criminal estava amparada no artigo 5º, XXXV, da Constituição Federal e que eventual dificuldade na composição para seu julgamento resolver-se-ia com convocação de suplentes para a formação do grupo de julgadores, a turma recursal criminal do Juizado Especial Criminal do Estado do Rio Grande do Sul passou a admitir o julgamento de revisão criminal.[474]

12.1.14.22. Da procuração na revisão criminal

Não há necessidade que a revisão criminal seja requerida por defensor com poderes especiais. O instrumento de mandato para a ação revisional despreza poderes específicos, face à inexistência de determinação legal.

Assim, basta procuração com poderes gerais para a revisão.[475]

12.1.14.23. Competência para julgar revisão, frente a Recurso Extraordinário ou Recurso Especial

O artigo 102, I, *j*, da Constituição Federal estabelece a competência do Supremo Tribunal Federal para julgar as revisões de suas decisões. Por sua vez, o artigo 105, I, *e*, da mesma carta, firma competência do Superior Tribunal de Justiça para decidir sobre as revisões de seus julgados.

---

[473] Recurso nº 71000188623, Turma Recursal Criminal, Rel. Nereu José Giacomolli, 22.03.01. RJE/RS-Doutrina e Jurisprudência nº 30/31, p.57/58. Mesmo sentido, Revisão Criminal nº 71000641704. Rel. Fernando Flores Cabral. 08.11.04. RJE/RS-Doutrina e Jurisprudência nº 42/43, p.121/122.

[474] Processos nos 71000977561, 71000971093, 71000808535 da Turma Recursal Criminal dos Juizados Especiais Criminais do Estado do Rio Grande do Sul.

[475] RT 567/401. Mesmo sentido: 624/348. Contra, exigindo poderes especiais: JTAERGS 88/23.

Assim, quando a revisão pretender reformar decisão condenatória proferida ou mantida em razão de recurso extraordinário ou especial, a competência será do Supremo Tribunal Federal ou do Superior Tribunal de Justiça respectivamente. Logo, é nosso o exemplo de que se o réu condenado pelo Tribunal Regional Federal tiver sua reprimenda mais severa, por provimento do Superior Tribunal de Justiça que acolheu recurso especial da acusação para agregar qualificadora, eventual revisão contra a condenação será julgada pelo Tribunal Regional Federal, por não se tratar de matéria proferida ou mantida pelo Tribunal Superior. Porém, se a revisão buscar afastar a qualificadora daí, sim, será julgada pelo Superior Tribunal de Justiça.

12.1.14.24. Revisão e homologação de sentença estrangeira

Questão curiosa é sobre a possibilidade de revisão criminal contra homologação de sentença penal estrangeira no Brasil.

O Direito brasileiro respeita a decisão proveniente do Estado estrangeiro, desde que a mesma seja conforme à ordem pública e aos bons costumes. Assim, como a homologação limitar-se-á a verificar aspectos formais e a adequação ao nosso ordenamento jurídico do decisório, não examinando o conteúdo da causa, segue entendimento de que é inviável a revisão junto à homologação. E neste sentido professa Tourinho Filho (2005, p.641):

> Entre nós, também não é possível, pois, quando da homologação o Tribunal não entra no *meritum causae*, limitando-se a constatar se estão satisfeitas as formalidades legais (cf.CPP, arts. 781,788 e 789 pg.4º), seguindo-se o procedimento traçado no Regimento Interno do Superior Tribunal de Justiça [...]
> Se o interessado quiser, cumprir-lhe-á requerer a revisão no lugar onde se proferiu a sentença condenatória. No Brasil, não.

Porém, ousamos discordar em parte.

O artigo 105, I, *i,* da Constituição estabelece a competência do Superior Tribunal de Justiça para homologar a sentença estrangeira. E nos termos da processualística penal esta ratificação ocorrerá se a sentença se harmonizar com a ordem pública e os bons costumes, além de estar autenticada por cônsul brasileiro, traduzida fielmente e se apresentar revestida das formalidades externas necessárias, segundo a legislação do país de origem, bem como proferida por juiz competente, mediante citação regular (artigo 788 CPP).

Como a homologação busca, entre outros,[476] sujeitar o inimputável a medida de segurança (art. 9º, II, do CP) ela, então, carrega certa carga de reprimenda. Ademais, não é de esquecer que a homologação trará reflexos na reincidência

---

[476] Obrigar o condenado a reparar o dano causado à vítima (art. 9º, I, CP) ou propiciar a divisão dos bens sequestrados no território nacional entre o Brasil e o Estado requerente (art. 8º, §.2º, da Lei nº 9.613/98).

do réu, maus antecedentes e, por consectário, efeitos como a negativa de *sursis* e dilatação no prazo do livramento condicional.

Desta forma, entendemos ser cabível a revisão contra a homologação de sentença penal estrangeira no Brasil somente nos casos em que esta não observe o regramento existente. Por exemplo, homologue sentença estrangeira, produzida por juiz incompetente, obrigando à medida de segurança.

Porém, ratificamos que jamais a revisão servirá para rescindir o mérito do decisório condenatório.

12.1.14.25. Revisão e valor da causa

Não há previsão legal no código de processo penal obrigando o requerente a expor valor da causa em seu pedido de revisão criminal.[477] Mesmo nos casos de revisional com requerimento de indenização, face prejuízos causados ao condenado (artigo 630 do CPP), não existe amparo legal para obrigar o revisionando a valorar a causa.[478] Assim, o requerente não poderá ser prejudicado por carência desta atribuição no petitório.

O valor da causa refere-se a quantia resultante de uma equação jungida à relação jurídica material trazida no petitório.[479] Por ser norma de direito processual, não poderá ser estabelecida por regulamento local.[480]

É equivocado se dizer que o revisionando deve valorar a causa em razão das custas a serem satisfeitas. Ora, as custas judiciais são taxas, ao contrário do que sucede aos impostos (CF, art. 167, IV),[481] com finalidade de remunerar ou ressarcir o Poder Público das despesas decorrentes do processo.[482] Serão contadas e cobradas de acordo com os regulamentos expedidos pela União e pelos Estados (artigo 805 do CPP). Veja-se que o artigo 804 do CPP estabelece que o decisório que julgar a ação, qualquer incidente ou recurso, condenará nas custas o vencido.[483] Assim, a falta de valor da causa não afetará a imposição de custas.[484]

---

[477] Diferentemente da processualística civil, em que o artigo 258 do CPC firma que toda causa deverá conter valor certo, ainda que não tenha conteúdo econômico imediato.

[478] O pedido de indenização não contará com especificação de valor, pois o *quantum* deverá ser liquidado no juízo cível, através de processo próprio.

[479] Em situações omissas, é de se harmonizar o valor da causa com os princípios gerais de direito, a analogia, os costumes, entre outros.

[480] ADI 2655 / MT, DJ 09.10.03.

[481] STF/ ADI-MC 1926, DJ 19.04.99.

[482] TJAP – ACr n. 1713/03 – Acórdão n. 6240 – Rel. Des. Raimundo Vales – Câmara Única – j. 19/11/2003 – v. Unânime – p. 26/02/2004 – DOE n. 3225.

[483] Por certo, sendo o vencido pobre, a exigibilidade do pagamento restará suspensa.

[484] Veja-se que a denúncia é promovida sem exposição de valor da causa. E, uma vez julgada procedente, condenará o réu ao pagamento de custas.

A revisão de condenação em queixa-crime no Supremo, independentemente da existência ou não do valor da causa, terá custa exata.[485] Já no Superior Tribunal de Justiça não há custas, face artigo 112 de seu regimento interno.[486] Por sua vez, na Justiça Federal inexiste referência expressa e específica de custas à revisão criminal,[487] bem como em outros regimentos de custas, desta feita estaduais.[488]

12.1.14.26. Revisão e decisões definitivas ou com força definitiva

As decisões definitivas ou com força definitiva são aquelas que põem fim à relação processual, julgando o mérito, sem determinar a absolvição ou a condenação. São chamadas, outrossim, de sentenças terminativas de mérito ou definitivas em sentido estrito. Como exemplos, observamos a decisão sobre reabilitação do condenado, a decisão que reconhece satisfatória a explicação em interpelação judicial, a decisão que encerra o incidente de restituição de coisa apreendida, entre outras. As decisões com força de definitiva, muito embora não decidam sobre a matéria de mérito de condenação ou absolvição, outrossim, resultam por findar a relação processual ou procedimental. Exemplos: a decisão que indefere pedido de restituição de coisa aprendida,[489] a decisão que julga improcedente o pedido de levantamento de sequestro e etc. E como se observa nestas decisões, não existe qualquer eficácia condenatória.

Assim, se por exemplo, for deferida interrupção de gravidez, em razão de o feto ser anencefálico, contra a vontade do pai, e esta decisão transitar em julgado, o genitor não poderá requerer revisão criminal.

12.1.14.27. In dubio pro societate *e* in dubio pro reo

Em caso de dúvida no julgamento da revisão, o decisório que deve prevalecer será em favor da sociedade, já que predomina o princípio do *in dubio pro societate*.

---

[485] Veja-se que a Resolução nº 342, de 21 de maio de 2007, e que dispõe sobre as Tabelas de Custas e a Tabela de Porte de Remessa e Retorno dos Autos do Supremo Tribunal Federal, em seu artigo 1º, Tabelas de Custas "B", VII, feitos de competência originária, obriga ao pagamento de custas no valor de R$105,67 para a revisão criminal dos processos de Ação Penal Privada.

[486] Estabelece que não serão devidas custas nos processos de sua competência originária ou recursal. Isto não se confunde com a súmula 187 do STJ e que prescreve a deserção ao recurso interposto para o Superior Tribunal de Justiça, quando o recorrente não recolhe, na origem, a importância das despesas de remessa e retorno dos autos.

[487] Lei nº 9.289/96, e que dispõe sobre as custas na Justiça Federal, em seu artigo 5º prevê que não serão devidas custas nos processos de *habeas corpus* e *habeas data*, sendo que a tabela II, "*a*" e "*b*", estabelece pagamento de custas nas ações penais em geral, pelo vencido, a final e nas ações penais privadas.

[488] Como exemplo a Lei 8.121/85, do Estado do Rio Grande do Sul.

[489] RT 525/ 363.

Porém, entendemos que nada impede que a revisão, ao avaliar a prova e reconhecer que o revisionando deveria ter sido absolvido por insuficiência de provas, por exemplo, venha a afastar a condenação e absolvê-lo forte no princípio do *in dubio pro reo*. Neste caso, a revisão traz uma certeza, qual seja a evidência de que o requerente deveria ter sido absolvido pela dúvida.

Muito embora existam entendimentos de que fere o sistema processual penal brasileiro a decisão que se embasa na fragilidade e precariedade das provas, transformando o pedido revisional em recurso de apelação criminal,[490] o Supremo Tribunal Federal decidiu que é cabível a revisão, mesmo face à inexistência de prova apta ao embasamento de condenação penal.[491]

12.1.14.28. Revisão: reexame ou análise?

Como já visto, a revisão não se trata de um reexame, pois não é um substituto do recurso de apelação.[492] Trata-se, sim, de uma análise prévia[493] entre a prova do processo e a condenação, sem a amplitude conferida à apelação.

A *evidência dos autos*, base da revisão forte no art. 621, I, do CPP, se dá através de uma avaliação sem profundidade cognitiva, junto à dedução probatória promovida pelo juiz que condenou. Por certo, nestas condições, restará mitigado o princípio do livre convencimento, sob pena de restar inviabilizada a revisão.

12.2. HABEAS CORPUS

12.2.1. Nome

A expressão *habeas corpus* significa, em latim, *tome o corpo*. Na Roma antiga, era expedida uma ordem de *habeas corpus* com o fim de que fosse levada a pessoa presa até o Juiz para seu julgamento. Com o passar do tempo o vocábulo *habeas corpus* firmou-se junto à ideia de liberdade do indivíduo e assim permaneceu.

12.2.2. Origem

Sua origem é no direito romano e pode ser reconhecida na ordem *interdictum de homine libero exibhendo* em que o pretor determinava a apresentação do paciente para julgamento.

---

[490] STJ-Resp 988408/SP, DJ 25.08.08. Mesmo sentido: STJ-Resp 699773/SP, 16/05/2005.
[491] STF- HC 92.341-1/SP. j. 09.10.07.
[492] RT 603/413.
[493] RJTACRIM 45/479.

Mas foi em 15 junho de 1215, na Inglaterra, por ocasião da assinatura da *Magna Charta Regis Johannis,* e que expressamente previa que ninguém poderia ser detido, preso ou despojado de seus bens, costumes e liberdade, senão em virtude de julgamento por seus pares, de acordo com as leis do país, que se conheceu como direito implícito o *habeas corpus.*

Após, em 1628, o parlamento inglês provocou assembleia e firmou a *Petition of Rights* que confirmou o respeito à liberdade. Mas foi em 1679, no reino de Carlos II, com a edição do *Habeas Corpus Act* que se firmou o remédio heróico.

12.2.3. Conceito

O *habeas corpus* é uma ação constitucional e que tutela a liberdade locomotora da pessoa.Trata-se de um meio para afastar o constrangimento ilegal, ou o risco de constrangimento ilegal, à liberdade fundamental de ir, vir e ficar do indivíduo.

12.2.4. Previsão legal

O artigo 5º, LXVIII, da Constituição Federal prevê:

Conceder-se-á *habeas corpus* sempre que alguém sofrer ou se achar ameaçado de sofrer violência ou coação em sua liberdade de locomoção, por ilegalidade ou abuso de poder.

Por sua vez, o artigo 647 do CPP prescreve:

Dar-se-á *habeas corpus* sempre que alguém sofrer ou se achar na iminência de sofrer violência ou coação ilegal na sua liberdade de ir e vir, salvo nos casos de punição disciplinar.

12.2.5. Prazo

O *habeas* não tem prazo para ser impetrado, pois o constrangimento ilegal à liberdade de locomoção ou o risco deste constrangimento não podem jungir-se ao formalismo temporal.

12.2.6. Legitimidade

12.2.6.1. Legitimidade ativa

A legitimidade ativa vem descrita no artigo 654 do CPP e que refere expressamente que o *habeas corpus* poderá ser impetrado por qualquer pessoa, em seu favor ou de outrem, bem como pelo Ministério Público.

Veja-se que o artigo 1º, § 1º, da Lei nº 8.906/94, dispõe que: *"Não se inclui na atividade privativa de advocacia a impetração de habeas corpus em qualquer instância ou tribunal".*

Conforme o texto do artigo 654, *in fine,* do CPP, o Ministério Público resta legitimado para interposição. Ademais, a lei orgânica desta instituição, n° 8.625/93, estabelece em seu artigo 32, I, que compete aos Promotores de Justiça impetrar *habeas corpus.* Da mesma forma, segue a Lei Complementar n°75/93, artigo 6°, VI.[494]

O *habeas* poderá ser impetrado, inclusive, pelo próprio paciente, por pessoa jurídica, por insano mental ou menor de idade.

Atenção: O funcionário público só poderá impetrar ordem de *habeas corpus* se possuir, em sua atribuição, *jus postulandi.* Logo, o juiz de direito não poderá ser impetrante, eis que em sua função não existe a figura postulatória (Não se deve confundir a concessão de *habeas* de ofício com impetração). Outrossim, o *habeas* não poderá ser promovido por delegado de polícia, pois este, muito embora requisite ou represente, não possui *jus postulandi.*

Destarte, o funcionário público só poderá ser impetrante se possuir direito de postular. Exemplo: Defensor Público, Procurador de Justiça etc.

Não é demais lembrar que o cidadão, mesmo que seja juiz de direito, delegado de polícia etc., poderá impetrar *habeas.* Nestes casos a impetração ocorrerá em seu nome próprio e não em razão do desempenho de sua função pública. Contudo, não poderá haver confusão entre o coator e o impetrante. Por exemplo, não poderá o juiz que preside a instrução, como cidadão, impetrar a ordem *habeas* ou o delegado de polícia que conduz o inquérito, requerê-la. Seria um absurdo jurídico o coator ser, ao mesmo tempo, impetrante.

O próprio analfabeto poderá impetrar *habeas corpus,* desde que alguém assine o pedido a seu rogo, nos termos do art. 654, § 1°, *c,* do CPP.

12.2.6.2. Legitimidade passiva

Com relação à legitimidade passiva temos a figura do coator, que é o responsável pelo constrangimento, ou risco de constrangimento, ao direito de ir, vir ou ficar do paciente. Não se deve confundir o coator, ou seja, o que firma a coação, com o detentor ou executor que são aqueles que executam a ordem.

Então, o delegado de polícia, o juiz de direito, o representante do Ministério Público poderão ser coatores. É possível, também, que o particular seja coator. Nesta esteira, sugerimos a leitura do item 12.2.13.3. *Particular como coator.*

12.2.7. Interesse de agir

O interesse de agir está jungido a alguém que sofra ou se ache ameaçado de sofrer violência ou coação em sua liberdade de locomoção por ilegalidade

---
[494] Ministério Público da União.

ou abuso de poder. Se o constrangimento ou risco alegado a sua liberdade de ir, vir ou ficar já cessou, faltará interesse de agir e o julgamento do *habeas corpus* restará prejudicado.[495]

Poderemos chamar de interesse primário aquele voltado ao afastamento do constrangimento ou risco de constrangimento à liberdade locomotora. E de interesse secundário, aquele vinculado à própria provocação da providência jurisdicional.

São exemplos de falta de interesse de agir:
• *habeas* para trancar inquérito policial, cujo arquivamento foi determinado pelo juiz;
• *habeas* para reconhecer a falta de justa causa contra processo penal, no qual o paciente foi absolvido por falta de provas;
• *habeas* para trancar processo administrativo.

12.2.8. Possibilidade jurídica

Examinando-se a possibilidade jurídica com relação ao pedido ou à causa de pedir podemos delinear bem tal questão. Para haver condições à interposição do *habeas* é imperioso que o pedido tenha em vista atacar ofensa direta ou indireta à liberdade locomotora.

De outra banda, a possibilidade jurídica de sua causa de pedir vem relacionada nos incisos do artigo 648 do CPP e que estabelecem hipóteses cabíveis.

Contudo, a melhor forma de se observar a possibilidade jurídica do *habeas corpus* é no estudo inverso, ou seja, no conhecimento de sua impossibilidade jurídica.

12.2.8.1. Impossibilidade jurídica

– *Prisão por punição disciplinar militar*

A Constituição Federal, em seu art. 142, § 2º, determina expressamente: *"Não caberá habeas corpus em relação a punições disciplinares militares"*. Assim, a Carta Política impede a impetração de *habeas corpus* nos casos de transgressão disciplinar militar. Veja-se que esta proibição serve, outrossim, nas prisões disciplinares da polícia militar, art. 144, §§ 5º e 6º, da Carta Magna.

Ilustra-se que tal restrição ocorre em nome da hierarquia e disciplina, princípios essenciais da atividade militar. Veja-se que a prisão por punição disciplinar é uma das formas de se coagir ao cumprimento da ordem. Se o subordinado puder objurgar a prisão com *habeas*, indiretamente estará atacando a ordem de

---

[495] "*HABEAS CORPUS* – Cessada a coação, depois de impetrada a ordem, julgam prejudicada a impetração" (TJRGS 170/70).

seu comandante. Daí a impossibilidade jurídica do remédio heróico para evitar a desmoralização do comando.

É importante destacar que sendo a punição por transgressão disciplinar militar um ato administrativo, a mesma necessita observar os requisitos legais de competência, objeto, finalidade, forma e motivo. Logo, a existência de vício sobre alguns dos requisitos do ato que determine a prisão permitirá a concessão da ordem face ao desregramento junto ao direito administrativo. Nestas condições, não se discutirá o mérito da decisão administrativa, ou seja, a própria punição prisional, mas, sim, sua legalidade[496] frente às regras essenciais do ato. Lembre-se que a Constituição Federal assegura no art. 5º, XXXV, que a lei não excluirá da apreciação do Poder Judiciário lesão ou ameaça a direito. Logo, é viável a impetração de *habeas corpus* contra o ato administrativo,[497] e não contra o mérito da punição por transgressão disciplinar militar.[498]

Por último, destaca-se a Lei nº 6.880/80,[499] que em seu artigo 51 preceitua que o militar que se julgar prejudicado ou ofendido por qualquer ato administrativo ou disciplinar de superior hierárquico poderá recorrer ou interpor pedido de reconsideração, queixa ou representação, segundo regulamentação específica de cada Força Armada. Já o § 3º da aludida lei firma que o militar só poderá recorrer ao Judiciário após esgotados todos os recursos administrativos e deverá participar esta iniciativa, antecipadamente, à autoridade à qual estiver subordinado.

– *Prisão em estado de sítio*

Com relação ao estado de sítio, os arts. 138 e 139 da Constituição Federal referem que:

> Artigo 138. O decreto do estado de sítio indicará sua duração, as normas necessárias a sua execução e as garantias constitucionais que ficarão suspensas e, depois de publicado, o Presidente da República designará o executor das medidas específicas e as áreas abrangidas.
>
> Art. 139. Na vigência do estado de sítio decretado com fundamento no art. 137, I, só poderão ser tomadas contra as pessoas as seguintes medidas: obrigação de permanência em localidade determinada; detenção em edifício não destinado a acusados ou condenados por crimes comuns; [...].

Nesta esteira, Pacheco (1977), Capez (1997) e Mirabete (2001) firmam o entendimento sobre a impossibilidade jurídica de interposição de *habeas corpus* nos casos de estado de sítio.

Entretanto, nós reconhecemos como cabível o *habeas* frente ao estado de sítio, desde que o mesmo não reste suspenso por ordem do decreto. Veja-se que a vigência do estado de sítio não pode, por si só, determinar o afastamento do

---

[496] STF/Rex. 33884/RS. DJ 19.08.03.
[497] RHC 219, TRF 5º Reg., RBCCrim 1/235. Mesmo sentido RHC1.375, STJ, DJU 16.10.91, p. 14.488.
[498] HC 5397, STJ, DJU 4.8.97, p.34649. Mesmo sentido: RHC 2047-0, STJ, DJU 12.04.93, p. 6.084.
[499] Estatuto Militar.

remédio heróico sem expressa proibição a esta garantia constitucional. De outra banda, é de se entender cabível a impetração de *habeas*, em pleno estado de sítio, para atacar constrangimento que não observou as regras do estado imposto ou para objurgar outra ilegalidade não vinculada ao mérito da prisão.

12.2.9. Competência

A competência para o processamento e o julgamento do *habeas corpus* vem disciplinada em vários ditames legais. Existe previsão na Constituição Federal, no Código de Processo Penal, nas Constituições Estaduais, nas leis de organização judiciária e nos regimentos internos dos tribunais.

A questão da competência deve ser examinada *ratione personae, materiae* e *loci*. Assim, faz-se mister, sempre, o conhecimento do paciente, do coator, do crime e do lugar do constrangimento.

Será competente o Supremo Tribunal Federal nos casos determinados pelo artigo 102, I, *d*, da Constituição Federal, quando o paciente for/forem:

- Presidente da República;
- Vice-Presidente;
- os membros do Congresso Nacional;
- os Ministros do Supremo Tribunal Federal;
- Procurador-Geral da República;
- os Ministros de Estado;
- os Comandantes da Marinha, do Exército e da Aeronáutica;
- os membros dos Tribunais Superiores;
- os membros do Tribunal de Contas da União;
- os chefes de missão diplomática de caráter permanente.

Outrossim, forte no artigo 102, I, alínea "i", da Constituição, compete ao Supremo Tribunal Federal o julgamento do *habeas corpus* quando o coator for Tribunal Superior ou quando o coator ou o paciente for autoridade ou funcionário cujos atos estejam sujeitos diretamente à jurisdição do Supremo Tribunal Federal, ou se trate de crime sujeito à mesma jurisdição em uma única instância.

De outra banda, será competente o Superior Tribunal de Justiça, nos moldes do artigo 105, I, *c*, da Constituição Federal para julgar *habeas corpus* quando o coator ou paciente for/forem:

- os Governadores do Estado e do Distrito Federal;
- os Desembargadores do Tribunal de Justiça dos Estados e do Distrito Federal;
- os membros dos Tribunais de Contas dos Estados e do Distrito Federal;

- os membros dos Tribunais Regionais Federais;
- os membros dos Tribunais Regionais Eleitorais e do Trabalho;
- os membros dos Conselhos ou Tribunais de Contas dos Municípios;
- os membros do Ministério Público da União que oficiem perante Tribunais.

Outrossim, compete ao Superior Tribunal de Justiça o julgamento de *habeas corpus* quando o coator for tribunal sujeito à sua jurisdição, Ministro de Estado ou Comandante da Marinha, do Exército ou da Aeronáutica,[500] ressalvada a competência da Justiça Eleitoral.

No caso do Tribunal Superior Eleitoral e do Superior Tribunal Militar deverá se observar a competência *ratione materiae* (artigos 121 e 125 da Carta Política). Ilustra-se que frente às exceções legais, a justiça eleitoral poderá reconhecer, ainda, a competência *ratione personae* (art.105, I, alínea "c").

Os Tribunais de Justiça e os Tribunais Regionais Federais têm competência para processar e julgar *habeas corpus* em que o coator for autoridade sujeita à sua jurisdição, ressalvada a competência da justiça eleitoral (artigos 96, III e 108, I, da Constituição Federal). Giza-se que muito embora o artigo 108, I, alínea "d", prescreva que caberá ao Tribunal Regional Federal julgar *habeas* quando a autoridade coatora for juiz federal, é de se lembrar que em se tratando de matéria sujeita à legislação trabalhista, a competência será da Justiça do Trabalho. Assim, por exemplo, se o juiz do trabalho determinar prisão do reclamado depositário infiel, caberá *habeas* ao Tribunal Regional do Trabalho.

Será competente o juiz de direito quando quem praticar o constrangimento for particular ou autoridade sujeita à sua jurisdição.

Veja-se que em se tratando de julgador singular, haverá competência *ratione loci*. Logo, o juiz deverá ser aquele que possui jurisdição no local onde ocorreu o constrangimento à liberdade de locomoção. Porém, tal regra territorial não se aplicará quando a competência for de tribunal.

Veja-se que o limite da competência para julgamento do *habeas* vem incrustado no artigo 650, § 1º, do CPP, que consagra: "A competência do juiz cessará sempre que a violência ou coação provier de autoridade judiciária de igual ou superior jurisdição". Exemplificando: se o delegado de polícia efetuar uma prisão ilegal, caberá a impetração de *habeas* ao juízo de primeiro grau. Se este juízo não conceder a ordem, passará a ser autoridade coatora. Daí, caberá impetrar *habeas* ao juízo de segundo grau. Se este juízo, outrossim, não conceder a ordem, tornar-se-á coator. Logo, caberá *habeas* ao Tribunal Superior. E se, por fim, este Tribunal Superior converter-se em coator, ao não deferir a ordem, caberá *habeas* ao Supremo Tribunal Federal.

---

[500] Atenção: evitar a confusão com relação ao Ministro de Estado, ao comandante da Marinha, do Exército ou da Aeronáutica. Nestes casos, se for coator, caberá ao Superior Tribunal de Justiça o exame do *habeas corpus*. Contudo, quando estes forem pacientes, a competência será do Supremo Tribunal Federal.

12.2.10. Recursos

12.2.10.1. Recurso necessário

Nos termos do artigo 574, I, do CPP haverá recurso de ofício contra a sentença que conceder *habeas corpus*.

Nestes casos, a decisão concessiva necessita ser reexaminada pela jurisdição acima para que haja a fiscalização de seus atos. Contudo, giza-se que deve ser sentença, ou seja, decisão definitiva prolatada por juiz singular de primeiro grau, pois se a concessão da ordem se der no tribunal não haverá recurso necessário.

12.2.10.2. Recurso voluntário

– Agravo Regimental

Será cabível o agravo regimental, nos moldes dos regimentos internos dos tribunais, no que tange às decisões liminares dos *habeas*. No Supremo Tribunal Federal, vem previsto no artigo 317 do regimento interno. No Superior Tribunal de Justiça, vem no artigo 258 do RISTJ. No RITJRS, temos o artigo 233 que reflete o agravo regimental no tribunal gaúcho. Já no RITRF da 4ª Região, o agravo vem previsto nos artigos 225 e seguintes.

É de se lembrar que o artigo 39 da Lei nº 8.038/90 admite o recurso de agravo contra a decisão do presidente do tribunal, de Seção, de Turma, ou de relator que causar gravame à parte. Este agravo se identifica com o agravo regimental.

Contudo, o indeferimento da liminar poderá dar azo à interposição de outro *habeas*, cujo objeto é a objurgação de tal indeferimento.[501]

– Recurso em sentido estrito

Nas decisões de Juiz singular de 1º grau que concedem ou negam a ordem de *habeas corpus*, é cabível o Recurso em Sentido Estrito, nos moldes do artigo 581, X, do CPP. Por certo, se a decisão negar a ordem, cabível impetração de outro *habeas*.

– Embargos de declaração

São cabíveis os embargos de declaração na decisão que julga o *habeas corpus*, sempre que a mesma contiver deficiências alinhadas com ambiguidade, obscuridade, contradição ou omissão (artigos 382 e 619 do CPP).

---

[501] Destaca-se que a súmula 691 do STF prescreve que não compete ao Supremo conhecer de *habeas corpus* impetrado contra decisão do relator que, em *habeas corpus* requerido a tribunal superior, indefere liminar. Porém, já existe mitigação a esta orientação, frente o princípio da indeclinabilidade.

– *Recurso ordinário ao Supremo Tribunal Federal*

Como preceitua o art. 102, II, *a*, da Constituição Federal, o Supremo Tribunal Federal julgará os *habeas corpus*, em recurso ordinário, denegados em única instância pelos Tribunais Superiores. Contudo, tal recurso poderá ser substituído por um *habeas*,

– *Recurso ordinário ao Superior Tribunal de Justiça*

Já o art. 105, II, *a*, da Constituição Federal estabelece o Superior Tribunal de Justiça como competente para julgar os *habeas corpus*, em recurso ordinário, denegados em única ou última instância pelos Tribunais Regionais Federais ou pelos tribunais dos Estados, do Distrito Federal e Territórios. É possível a substituição deste ordinário por um *habeas*.

– *Recurso extraordinário*

Contra a decisão que julga *habeas* é cabível recurso extraordinário, desde que seja observada a possibilidade jurídica prevista no art.102, III, da Constituição Federal. O Supremo Tribunal Federal será competente para julgar o recurso.

– *Recurso especial*

Contra a decisão que julga *habeas* é cabível recurso especial, desde que seja observada a possibilidade jurídica prevista no art.105, III, da Constituição Federal. O Superior Tribunal de Justiça será o competente para julgar o recurso especial.

12.2.11. Cabimento

Não se pode dizer sobre a taxatividade do cabimento do *habeas*. Contudo, o artigo 648 do CPP exemplifica hipóteses em que ele será possível.

Destaca-se que a falta de justa causa prevista no artigo 648, I, do CPP é uma regra geral para a impetração de *habeas corpus*. É que quando se investigam os incisos II a VII do artigo 648 do CPP, se depreende que estes são hipóteses específicas e que revelam, de uma ou outra forma, determinada carência de motivo legal para o constrangimento à liberdade de locomoção e que, em última análise, se revela como falta de justa causa.

Conforme o diploma legal, a coação considerar-se-á ilegal quando:

12.2.11.1. Não houver justa causa

A justa causa é o motivo legal. Se não existir justa causa, não há razão para a prisão.

Se estivermos frente, por exemplo, a uma atipicidade material, ou seja, a conduta não for crime, ou atipicidade formal, que significa dizer que não foi observada determinada regra processual, temos ausência de justa causa. Nestes casos, frente ao constrangimento ilegal, ou ao risco de constrangimento ilegal, é cabível o *habeas corpus*. Imagine-se o paciente sofrendo ação penal por fato não criminoso.[502] Assim, poderá inexistir justa causa não somente para prisão,[503] mas, também, para o inquérito policial ou para ação penal.[504]

Como a prisão preventiva vem prevista nos artigos 311 e seguintes do CPP, a mesma será cabível quando houver prova da existência do crime e indícios suficientes da autoria e servirá para garantir a ordem pública, a ordem econômica, para conveniência da instrução criminal ou para assegurar a aplicação da lei penal. Desta forma, uma vez carente estas situações, faltará justa causa à prisão. Entretanto, outras situações revelam a falta de justa causa para a preventiva. Não poderão ser presos os inimputáveis (menores, loucos etc.), os agentes diplomáticos (artigo 29, Decreto nº 56.435/65), o Presidente da República (artigo 86, § 3º da CF), o indivíduo cuja prova demonstrar ter agido sob o pálio da exclusão de ilicitude (artigo 314 do CPP), entre outros. Também, não caberá a prisão preventiva no Juizado Especial Criminal. Em havendo prisão nestas condições, o *habeas* deverá ser impetrado.

A prisão temporária vem prevista na Lei nº 7.960/89 e caberá quando existirem demonstrações do crime e de sua autoria e quando for imprescindível para as investigações do inquérito policial; quando o indiciado não tiver residência fixa ou não fornecer elementos necessários ao esclarecimento de sua identidade; ou quando houver fundadas razões de acordo com qualquer prova admitida na legislação penal, de autoria ou participação do indiciado nos crimes arrolados pela aludida lei.[505] Nestas condições, a falta de uma destas circunstâncias estabelecerá a carência de justa causa. Não caberá temporária aos crimes

---

[502] "AUSÊNCIA DE JUSTA CAUSA – Homicídio Culposo – Ação Penal – Trancamento – Paciente denunciado como co-autor do delito em face de entregar máquina agrícola a empregado não habilitado – Exigência legal inexistente no sentido de possuir habilitação para condução de dito veículo, a não ser quando em trânsito por vias terrestres –Acidente ocorrido dentro da propriedade do paciente – Conduta atípica – Inexistência de previsão legal – Falta de justa causa – Constrangimento ilegal configurado – Concessão da ordem – Inteligência do art. 80 do CTN e do art. 1º do CP." (TJRS. Jurisprudência Brasileira Criminal, Ed. Juruá, n.32, p. 166, 1993).

[503] "HABEAS CORPUS – Prisão Preventiva. Despacho judicial impositivo da medida excepcional desprovido de fundamentação (art. 93, inc. IX, da CF) quanto à presença dos requisitos do art. 312 do CPP. Concederam a ordem, ratificando a liminar anteriormente deferida. Unânime." (RJTJRGS 192/67).

[504] "HABEAS CORPUS – Impetração do *writ*, visando ao trancamento da ação penal, por ausência de justa causa, em face da atipicidade do fato pela inexistência de dolo ou em virtude da presença de excludente da antijuridicidade como o estrito cumprimento do dever legal – Liminar deferida, à unanimidade, com concessão da ordem de *habeas corpus* para trancamento da ação penal." Revista de Jurisprudência Penal Militar, Porto Alegre, n. 248, p. 320, jul./dez., 1999.

[505] Frente à má-técnica do Legiferante podemos concluir, basicamente, que os elementos supedâneos para a decretação da temporária são a imprescindibilidade para as investigações policiais e que se trate dos crimes arrolados pela Lei nº 7.960/89.

culposos e às contravenções penais e, diferentemente da preventiva, a prisão temporária não poderá ser decretada pelo juiz *ex officio*, sob pena de nulidade absoluta.

Com relação ao flagrante (arts. 301 e seguintes do CPP), existem situações em que, mesmo é incabível. Não poderão ser presos em flagrante: os inimputáveis (menores, loucos etc.); o autor de crime de menor potencialidade ofensiva e que assumir o compromisso (artigo 69, par. único da Lei nº 9.099/95); o condutor do veículo nos casos de acidentes de trânsito de que resulte vítima, se aquele prestar pronto e integral socorro (artigo 301 da Lei nº 9.503/97); o Presidente da República (artigo 86, § 3º, da CF); os magistrados nos crimes afiançáveis (artigo 33, II, da Lei Complementar nº 35/79); os membros do Ministério Público nos crimes afiançáveis (artigo 40, III, da Lei nº 8.625/93); os membros do Congresso Nacional nos crimes afiançáveis (artigo 53, § 2º, da CF) e Deputados Estaduais, nos crimes afiançáveis (artigo 27, § 1º, e artigo 53, § 2º, da CF); os agentes diplomáticos (artigo 29, Decreto nº 56.435/65). Outrossim, aquele que adquirir, guardar, tiver em depósito, transportar ou trouxer consigo, para consumo pessoal, drogas sem autorização ou em desacordo com determinação legal ou regulamentar, ou para seu consumo pessoal, semeia, cultiva ou colhe plantas destinadas à preparação de pequena quantidade de substância ou produto capaz de causar dependência física ou psíquica (art. 28 e § 1º, da Lei nº 11.343/06) não será preso em flagrante.(art. 48, § 2º, da Lei nº 11.343/06)

Com o advento da Lei nº 11.689/08, a prisão por sentença de pronúncia deixou de existir. É que o atual art. 413, § 3º, do CPP estabelece que o juiz, fundamentadamente, pronunciará o acusado, e decidirá, motivadamente, sobre a necessidade da decretação da prisão. Nestas condições, eventual prisão por pronúncia será atacada via *habeas corpus* por falta de justa causa.

Também, com a Lei nº 11.719/08, a prisão por sentença condenatória não transitada em julgado deixou de existir. Nestas condições, o art. 387, parágrafo único, do CPP, estabelece que o juiz, ao condenar o réu, decidirá, fundamentadamente, sobre a imposição de prisão preventiva. Por certo, uma prisão por decisão recorrível, simplesmente em razão da condenação, reflete falta de justa causa. Cabível *habeas corpus*.

Veja-se, ainda, que a prisão decretada não mais repercutirá na questão da admissibilidade da apelação. Ou seja, se o réu for condenado e for decretada sua prisão na sentença, sua fuga não determinará deserção.

A Lei nº 4.737/65 (Código Eleitoral), em seu artigo 236, estabelece que nenhuma autoridade poderá, desde cinco dias antes e até quarenta e oito horas depois do encerramento da eleição, prender ou deter qualquer eleitor, salvo em flagrante delito ou em virtude de sentença criminal condenatória por crime inafiançável, ou, ainda, por desrespeito a salvo-conduto. Desta forma, tratando--se de condenação em crime afiançável ou prisão provisória, exceto flagrante, a feitura da prisão do eleitor, durante o período referido, poderá ser reparada via *habeas corpus*.

12.2.11.2. Alguém estiver preso por mais tempo do que determina a lei

Trata-se do excesso do prazo da prisão.

O art. 5º, LXXVIII, da CF preconiza que a todos, nos âmbitos judicial e administrativo, são assegurados a razoável duração do processo e os meios que garantam a celeridade de sua tramitação. Muito embora já existisse referência sobre a questão da celeridade processual, no art. 8, nº I, do pacto de São José da Costa Rica, que se tornou lei através do Decreto nº 678, de 06.11.1992, o legislador reservou um lugar especial, no palco dos direitos constitucionais, para o princípio da razoabilidade da duração do processo. É verdade que o legislador não fez referência ao que se considera tempo razoável, nem quais os meios que servirão para garantir a celeridade.

Para o exame do excesso de prazo, o Tribunal Europeu de Direitos Humanos e a Corte Interamericana de Direitos Humanos têm invocado, sistematicamente, como referencial decisivo três critérios: a) complexidade do caso; b) a atividade processual do interessado (imputado); e a c) a conduta das autoridades judiciárias. Destaca-se, que tal entendimento já foi, inclusive, acolhido judicialmente.[506] Entretanto, outros elementos devem sopesar para a questão da visualização do excesso.[507]

O princípio da brevidade processual torna intolerável a demora no julgamento do feito, rascunhando a necessidade de processamento célere, o que é direito do jurisdicionado. Agora, o réu tem direito público subjetivo de ser julgado dentro de um prazo razoável, sem demora.[508]

Se a prisão ocorrer antes do trânsito em julgado, será prisão provisória. Se ocorrer após o trânsito, será definitiva. Assim, uma vez ultrapassado o prazo determinado para a custódia, será cabível o *habeas*.

Tratando-se de prisão definitiva, uma vez cumprido o prazo do cárcere, o preso deverá ser posto imediatamente em liberdade. Assim, se por exemplo, o último dia da prisão for o sábado, no dia seguinte, domingo deverá estar livre, não podendo ser custodiado até o primeiro dia útil, pois não se trata de prazo formal, e, sim, material.

---

[506] TJ/RS HC nº 70021828561, j. 8.11.07.

[507] Em face da complexidade do tempo, para nós, o critério do TEDH e da CIDH é simplista, pois não examina outros aspectos essenciais para se medir o excesso, como por exemplo, a questão da idade do acusado, seu estado de saúde etc.

[508] O Supremo Tribunal Federal reconheceu que o excesso de prazo traduz situação anômala que compromete a efetividade do processo, pois além de tornar evidente o desprezo estatal pela liberdade do cidadão, frustra um direito básico que assiste a qualquer pessoa: o direito à resolução do litígio, sem dilações indevidas e com todas as garantias reconhecidas pelo ordenamento constitucional. RTJ 187/933

Já tratando-se de prisão provisória, devem-se examinar os prazos ditados pela lei. Inicialmente destaca-se que esta prisão pode ser dividida em: prisão em flagrante, prisão preventiva e prisão temporária. A processualística penal, antes das Leis n⁰ˢ 11.719/08 e 11.689/08, admitia, outrossim, a prisão por sentença de pronúncia e prisão por sentença condenatória não transitada em julgado. Porém, agora, com a reforma havida, apenas permanece a referência da prisão provisória junto ao momento processual (pronúncia ou sentença condenatória), não se configurando mais em espécies de prisão processual.

A lei não prevê prazo para a custódia preventiva e para o flagrante. Contudo se tem reconhecido vício nesta prisão por excesso de prazo, quando não forem respeitados os tempos procedimentais e a demora não seja atribuída ao acusado. A Súmula nº 64 do Superior Tribunal de Justiça estabelece que "Não constitui constrangimento ilegal o excesso de prazo na instrução provocado pela defesa". E não poderia ser diferente, pois se a defesa provocou a delonga processual, incabível restar beneficiada. Contudo, esta regra deve ser examinada junto ao caso concreto, pois o acusado não poderá ser castigado com o excesso quando sua provocação for imperiosa para o interesse da defesa e o judiciário não se mostrar ágil.

No procedimento ordinário, a audiência de instrução e julgamento deverá a ser aprazada no prazo máximo de 60 dias (art. 400 do CPP). Desta forma, ultrapassado este prazo, tratando-se de réu preso, haverá excesso.

No procedimento sumário a audiência de instrução e julgamento deverá ocorrer no prazo máximo de trinta dias (art. 531 do CPP). Uma vez descumpridos estes prazos, teremos excesso.

O procedimento do júri deverá estar concluído no prazo máximo de noventa dias (art. 412 do CPP). Logo, se o réu estiver preso e for excedido este prazo haverá ilegalidade remediada por *habeas*.

Porém, é de se ilustrar que uma vez pronunciado o réu fica superada a alegação do constrangimento ilegal da prisão por excesso de prazo na instrução. É o que preceitua a Súmula nº 21 do Superior Tribunal de Justiça. Nesta esteira, outrossim, segue a Súmula nº 52 do mesmo Tribunal Superior, no sentido de que encerrada a instrução processual, resta superada a alegação de constrangimento por excesso de prazo. Porém, isto não significa que o réu deverá aguardar uma eternidade para ser julgado.

A prisão temporária vem prevista na Lei nº 7.960/89. O artigo 2º desta lei preconiza que a prisão temporária terá o prazo de cinco dias, prorrogável, ainda, por igual período em caso de extrema e comprovada necessidade. Ocorre que Lei nº 8.072/90 estabeleceu uma ampliação no prazo da temporária para os crimes hediondos e assemelhados, fixando-o em trinta dias, prorrogável por mais trinta, em caso de extrema e comprovada necessidade. O desrespeito a estes prazos, por evidente, maculará a custódia.[509]

O simples fato de existir excesso de prazo não significa a necessidade de soltura do indivíduo. É necessário, ainda, examinar-se questões pessoais do paciente, bem como outras circunstâncias do processo. Alguém perigoso não pode ser posto em liberdade apenas em razão do excesso do prazo.[510]

Se a delonga ocorrer face às dificuldades do juízo em resolver o feito, o excedimento caracterizará ilegal constrangimento e determinará a soltura do indivíduo.[511]

12.2.11.3. Quem ordenar a coação não tiver competência para fazê-lo

O artigo 5º, LIII, da CF estabelece que ninguém será processado e nem sentenciado senão pela autoridade competente. Eventual coação por julgador incompetente caberá *habeas corpus*.

A competência se divide em *competência funcional* e *competência material*.

A competência funcional é aquela que firma qual o órgão do Poder Judiciário é competente para realizar determinado ato vinculado à ação penal. Por sua vez, esta espécie de competência se divide em razão da fase processual, do objeto do juízo e do grau de jurisdição:

Em razão da fase do processo, a competência se vinculará ao momento processual.

Em razão do objeto do juízo, a competência se vinculará à questão a ser julgada.

Em razão do grau de jurisdição a competência se vinculará segundo a categoria inferior ou superior da jurisdição.

Já a competência material é aquela que firma onde a ação penal deve-se processar. Por sua vez, divide-se em razão do território, da matéria e da pessoa.

Em razão do território. É a competência determinada *ratione loci*.

---

[509] RJTJERGS 135/30.
[510] *"HABEAS CORPUS* – A impossibilidade de convivência pacífica com a sociedade, a atemorização de pessoas e testemunhas, a possibilidade de ausentar-se o paciente do distrito da culpa, fazem com que se mantenha a segregação, ainda mais quando não existe excedimento de prazo e eventual excesso, obedece ao critério da razoabilidade, e antes de tudo a sociedade merece ser protegida de homens, que pelo agir violento, se transformam em animais[...]" RJTJRS 173/81.
[511] *"HABEAS CORPUS-* Passados mais de 15 anos da data do cometimento do delito, sem que o Juízo processante fosse capaz de dar solução satisfatória às dificuldades que vem tendo na localização das testemunhas, mantendo ainda, assim o paciente preso, caracterizado está o ilegal constrangimento." HC46568/MT, STJ.

Em razão da matéria. Trata-se da competência *ratione materiae* que se firma pela natureza da infração. Ou seja, conhecendo-se o crime se saberá quem será competente para julgá-lo.[512]

Em razão da pessoa. Trata-se da competência *ratione personae* a qual é ditada pela função que a pessoa exerce, e não propriamente pela pessoa, o que seria inconstitucional frente ao preceito da igualdade.

A *competência* está vinculada à jurisdição. É o que firma os limites da jurisdição. Eventual coação por alguém incompetente só será possível se promovida por um juiz. Assim, nos casos de prisões ilegais promovidas pela polícia ou por particular, o *habeas* terá suporte no inciso I do artigo 648 do CPP.

Como a incompetência é uma espécie de nulidade, uma vez que exista coação por juiz incompetente o *habeas corpus* se firmará no artigo 648, III, do CPP. Porém, se for processo manifestamente nulo, por outra razão que não referente a competência, o fundamento jurídico será do artigo 648, VI, do CPP.

12.2.11.4. Houver cessado o motivo que autorizou a coação

Trata-se da situação em que a coação, em sua origem, foi legal, mas face ao desaparecimento da causa que determinou o constrangimento, tornou-se ilegal. Assim, desaparecendo o motivo que determinou a coação, esta deverá, também, desaparecer. Se for mantida, por exemplo, a prisão, presencia-se o constrangimento ilegal.[513]

Veja-se que sendo a prisão uma exceção, os motivos de sua decretação devem ser atuais, sob pena de emergir constrangimento ilegal.

Nesta esteira, já se entendeu que se a prisão temporária do paciente for decretada para apuração de eventual envolvimento na prática de furto qualificado, a segregação torna-se desnecessária, em havendo confissão perante a autoridade policial, na presença dos bacharéis que impetraram a ordem.[514]

---

[512] "*HABEAS CORPUS* – Constando da denúncia fato que, em tese, configura prática de crime eleitoral, a competência para processar e julgar o feito é da Egrégia Justiça Eleitoral. Remessa dos autos ao Egrégio Tribunal Regional Eleitoral do Estado de Santa Catarina." Revista do Tribunal da 4ª Região, Porto Alegre, a. 5, n.17, p.223787, jan./mar., 1994.

[513] "*HABEAS CORPUS* – Impetração visando à revogação de custódia preventiva, por acusação de crime de lesão corporal grave (art. 209 § 1º, do CP Militar), visto haver infundido ameaças à vítima e a duas testemunhas, no curso da instrução criminal (art. 255, *a* e *c*, do CPP Militar), conforme declaração de inquiridos na fase processual. Não mais subsistindo as razões que originariamente justificavam a prisão preventiva e concluída a fase acusatória e inocorrente risco ao resguardo de elementos probatórios, é de conceder-se ao paciente, réu primário e de bons antecedentes, o direito à liberdade provisória para que se defenda em liberdade." Revista de Jurisprudência Penal Militar, Porto Alegre, n. 333, p. 399, jul./dez., 1997.

[514] TJRS, 1ª Câmara Criminal, em 12.11.97, processo 297032526.

12.2.11.5. Não for alguém admitido a prestar fiança, nos casos em que a lei autoriza

A fiança trata-se de uma caução para assegurar que o réu cumpra as obrigações processuais. Por ser um direito, deve, sempre que houver condições legais, ser admitida. Nos casos de infração punida com detenção ou prisão simples, a autoridade policial poderá conceder. Nos demais casos, caberá ao Juiz decidir sobre a fiança. O artigo 321 do CPP inicia o tema sobre a fiança.

Observando a impossibilidade da fiança, fica mais fácil o entendimento. Assim, não caberá fiança:

• Nos crimes apenados com reclusão em que a pena mínima for superior a 2 anos;

• Nas contravenções (Decreto-Lei nº 3.688/41) tipificadas nos artigos 59 (vadiagem) e 60 (mendicância);[515]

• Nos crimes punidos com pena privativa de liberdade, se o réu já tiver sido condenado por outro crime doloso, em sentença transitada em julgado;

• Quando provado ser o réu vadio;[516]

• Nos crimes punidos com reclusão que provoquem clamor público ou que tenham sido cometidos com violência contra a pessoa ou grave ameaça;

Aos que já houveram quebrado a fiança (não comparecer perante a autoridade quando for chamado, mudar de residência sem autorização do Juiz ou ausentar-se por mais de 8 dias de sua residência, sem comunicar à autoridade o lugar onde poderá ser encontrado);

• Em caso de prisão determinada por Juiz cível ou prisão militar;

• Quando presentes os motivos de decretação de prisão preventiva (garantia da ordem pública, ordem econômica, por conveniência da instrução criminal, ou para assegurar a aplicação da lei penal, quando houver prova da existência do crime e indício suficiente de autoria);

• Nos crimes de racismo;

• Crimes hediondos, tráfico de drogas, tortura e terrorismo (CF, artigo 5º, XLIII, Lei nº 8.072/90, artigo 2º, II);

• Nos crimes praticados por grupos armados, civis ou militares, contra a ordem constitucional e o Estado Democrático (CF, artigo 5º, XLIV);

• Nos crimes de porte ilegal de arma de fogo de uso permitido e disparo de arma de fogo, Lei nº 10.826/03.[517]

---

[515] Pelo princípio da dignidade é de se afastar esta preceituação.
[516] Pelo princípio da dignidade é de se afastar esta preceituação.
[517] Porém, atenção que no julgamento da ADIN nº 3112 o Supremo Tribunal Federal, por maioria, reconheceu a inconstitucionalidade dos parágrafos únicos dos artigos 14 e 15 da Lei nº 10.826/03, dispositivos os quais tornavam inafiançáveis os crimes.

Logo, se não houver proibição para a fiança, a mesma deverá ser concedida a qualquer tempo no processo.[518]

Giza-se que a fiança será arbitrada considerando a natureza da infração, as condições pessoais de fortuna e vida pregressa do acusado, as circunstâncias indicativas de sua periculosidade, bem como a importância provável das custas do processo (artigo 326 do CPP). A caução poderá ser em dinheiro, pedras, objetos, metais preciosos, títulos da dívida pública ou hipoteca inscrita em primeiro grau (art. 330 do CPP). Nestas condições, a delonga no arbitramento da fiança ou sua fixação em valores impossíveis de serem satisfeitos pelo indivíduo reproduzem constrangimento ilegal e se assemelham à não admissão de prestação de fiança.

Como haverá casos em que a própria autoridade policial poderá conceder a fiança, ou seja nas infrações punidas com detenção ou prisão simples, conforme prevê o artigo 322 do CPP, é possível que seja promovido *habeas corpus* contra ato desta autoridade.

12.2.11.6. Processo for manifestamente nulo

O processamento deve observar integralmente as normas ditadas pela lei, sob pena de declinar à atipicidade formal. Se o processo contiver nulidade, seja ela absoluta ou relativa,[519] caberá *habeas corpus*.

É de se destacar que não poderá ter havido a convalidação da nulidade, pois neste caso o ato passará a produzir efeitos e regularizado estará o processo. Sendo nulidade relativa, deve-se dar atenção especial a questão da preclusão, ou seja, a perda da oportunidade de arguição da atipicidade. Logo, é de se examinar a questão da convalidação do ato viciado e que nada mais é do que seu aproveitamento no processo. Veja-se que o art. 572 do CPP estabelece que as nulidades considerar-se-ão sanadas[520] se não forem arguidas em tempo oportuno, se o ato atingir o seu fim ou se a parte aceitar seus efeitos. E mais, a sanação

---

[518] "Prestação a qualquer tempo, enquanto não transitar em julgado a decisão condenatória (C. Pr Pen. Art. 334) irrelevância da inexistência de efeito suspensivo dos recursos contra ela cabíveis e de a prisão dele decorrente constituir execução provisória da condenação. Ordem concedida para que a autoridade apontada como coatora arbitre a fiança ao ora paciente, o qual deverá aguardar o trânsito em julgado da decisão condenatória em liberdade provisória". (3ª Câmara Criminal do TJRS, Processo nº 698 020 732, julgamento de *habeas corpus* 5.03.98.).

[519] A existência de uma defesa deficiente em favor do réu, acompanhada da demonstração de prejuízo para este, resulta em nulidade manifesta. Expõe a Súmula nº 523 do Supremo Tribunal Federal: "No processo penal, a falta de defesa constitui nulidade absoluta, mas a sua deficiência só o anulará se houver prova do prejuízo para o réu". Já a decisão do colegiado que reconheceu nulidade relativa em favor da acusação, sem que o houvesse pedido no recurso desta, é nula. A Súmula nº 160 do Supremo Tribunal Federal prescreve: "É nula a decisão do tribunal que acolhe, contra o réu, nulidade não argüida no recurso da acusação, ressalvados os casos de recurso de ofício".

[520] Existe entendimento de que sanação e convalidação não são institutos iguais, pois nesta haveria, apenas, aceitação do ato, enquanto naquela, uma medida para remediar (sanar) a situação.

poderá ocorrer, entre outros, nos casos em que a ilegitimidade do representante da parte reste sanada, mediante ratificação dos atos processuais (art. 568 do CPP); ou as omissões da denúncia ou da queixa, ou do auto de prisão em flagrante, sejam supridas (art. 569 do CPP); ou quando a falta ou a nulidade da citação, da intimação ou notificação não prejudique o feito, pois o interessado esteve presente antes de o ato consumar-se, mesmo que declare que o faz para o único fim de argui-la. (art. 570 do CPP) Já se a nulidade for absoluta, outrossim é possível que a mesma reste convalidada. Isto ocorrerá quando se estiver frente à Súmula nº160 do Supremo Tribunal Federal, ou tenha ocorrido a absolvição, com trânsito em julgado, ou tenha sido suprida a tempo a omissão insanável, não vinculada a atos subsequentes.

Como o próprio texto legal refere é fundamental que a nulidade seja evidente para permitir a impetração do *habeas corpus*, eis que não sendo manifesta haverá conteúdo cognitivo complexo, o que afasta a possibilidade do remédio heróico. Porém, não se deve confundir a manifesta nulidade com a nulidade face ao prejuízo manifesto. Neste caso, esta é nulidade absoluta, espécie, enquanto que aquela é gênero e poderá ser absoluta ou relativa.

12.2.11.7. Extinta a punibilidade

Conforme dispõe o artigo 107 do Código Penal, a punibilidade extingue-se: pela morte do agente; por anistia, graça ou indulto; pela retroatividade da lei, que não mais considera o fato como criminoso; por prescrição, decadência ou perempção; pela renúncia do direito de queixa ou pelo perdão aceito, nos crimes de ação privada; pela retratação do agente, nos casos em que a lei admite; pelo perdão judicial, nos casos previstos em lei.

Face ao referido diploma não ser exaustivo, existem outras causas de extinção da punibilidade: o ressarcimento do dano no peculato culposo (art. 312, § 3º); a morte do cônjuge induzido em erro no casamento (art. 236).

Desta forma, presente uma das causas de extinção de punibilidade e mantendo-se o feito em processamento é cabível o *habeas corpus* para que seja trancada a ação. Se já houver sentença com trânsito em julgado e for o caso de extinção de punibilidade, o *habeas* também será admitido, para afastar o constrangimento ilegal.[521]

Muito embora não haja entendimento uníssono, julgados admitem a prescrição antecipada. Como a persecução penal, como espécie do gênero das ações estatais, deve ser eficiente, eficaz e efetiva, de nada adianta impulsioná-la quan-

---

[521] "*HABEAS CORPUS* – Transitada em julgado a decisão condenatória para a acusação, a prescrição regula-se pela pena aplicada, nos termos do art. 109 CP, desconsiderando-se para este fim o acréscimo decorrente da continuidade delitiva (Súmula 497, STF). Ordem concedida para declarar a prescrição e extinguir a punibilidade" (Revista do TRF da 4ª R., Porto Alegre, a. 5, n.17, jan./mar., 1994).

do verificada, *ab initio*, a impossibilidade de sua futura e eventual execução. Percebida a inutilidade do eventual e incerto provimento condenatório, é de rigor seja declarada extinta a punibilidade do agente em face da prescrição em perspectiva da pretensão punitiva estatal.[522] Nestas condições, cabível o *habeas* para buscar prescrição antecipada.

12.2.12. Procedimento

O *habeas* tem prioridade sobre os demais feitos, devendo ser julgado na primeira sessão.

O procedimento do *habeas* é simples e sumário. Contudo, é necessário conhecer o procedimento descrito no regimento interno de cada tribunal para evitar equívocos. No Supremo, o *habeas* vem redigido a partir do art. 188 do regimento interno. Já no Tribunal Superior, o *habeas corpus* vem estatuído a partir do artigo 201 do seu regimento. No Tribunal de Justiça gaúcho, o *habeas* vem descrito nos artigos 273 e seguintes do regimento interno. No Tribunal Regional Federal da 4ª Região, o *habeas* vem a partir do artigo 152.

Podemos traçar, de forma pedagógica, mas não definitiva, o procedimento do *habeas* frente ao juízo singular:

1- Distribuição do pedido de *habeas corpus* para o julgador, o qual, recebendo, decidirá imediatamente sobre a liminar, se houver (Forte no artigo 656 do CPP, poderá, se o paciente estiver preso, ser determinada a sua apresentação ao juízo, em data e local determinados. Muito embora isto não seja comum, trata-se de contingência.);

2- O juiz requisitará, informações ao apontado como coator (Destaca-se que a lei refere a faculdade da requisição aos *habeas* impetrados nos tribunais. Artigo 662 do CPP.);

3- O juiz determinará vista ao Ministério Público para parecer (A lei orgânica do Ministério Público nº 8.625/93, em seu art. 41, III, estabelece vista dos autos a ser julgado pelas turmas ou câmaras);

4- Por fim, o juiz sentenciará, observando os ditames do artigo 381, do CPP.

12.2.13. Considerações

12.2.13.1. Legitimidade da intervenção do assistente de acusação

Inexiste preceito legal para se permitir a intervenção do assistente de acusação no *habeas corpus*. Ademais, no procedimento do *habeas corpus* não

---
[522] TRF 4ª região, Ap. 2004.70.07.002514-5, 15.07.09. Mesmo sentido TRF 4ª região, RES nº 2005.72.00.01.0620-7, 21.01.09.

existe acusação e, tampouco, contraditório, pois a matéria do *mandamus* é direito líquido e certo, razão da inexistência de controvérsia. Nestas condições, é incabível a interferência do assistente de acusação no processo de *habeas corpus*.[523]

Destaca-se, inclusive a Súmula nº 208 do STF e que preceitua que o *assistente do ministério público não pode recorrer, extraordinariamente, de decisão concessiva de "habeas corpus"*.

Porém, já se entendeu que se na causa-fonte, de onde emanou o ato considerado gerador do constrangimento ilegal, for reconhecido o legítimo interesse da vítima para figurar como assistente da acusação, é irrecusável que esse interesse se estenda ao *habeas corpus*.[524] Nesta esteira, poderíamos exemplificar o querelante, que intervém no *habeas* impetrado para trancar a queixa-crime, a fim de noticiar certa situação jurídica omitida.

Por fim, entendemos que sendo o caso de prisão civil (alimentos ou depósito), tendo esta finalidade coercitiva, é possível a intervenção de terceiros no *habeas*, pois poderá haver interesse jurídico no cumprimento da obrigação extrapenal.

12.2.13.2. Direito líquido e certo e matéria de simples cognição

É certo que o *habeas corpus* a ser impetrado deverá assegurar direito de locomoção líquido e certo. Se o direito de liberdade não se apresentar com liquidez e certeza, não caberá o *mandamus*.

É importante gizar que a origem da perífrase *direito líquido e certo* não tem berço junto ao mandado de segurança, e, sim, no próprio *habeas*. Nos dizeres de Barbi (2000, p. 49):

> [...] não foi criada pelo legislador constituinte nem pelo legislador ordinário. Limitaram-se eles a buscá-la na jurisprudência do Supremo Tribunal Federal, onde a introduzira Pedro Lessa, ao tempo da formulação da doutrina brasileira do *habeas corpus*, e para aplicação a este. A filiação histórica do mandado de segurança ao *habeas corpus* influiu poderosamente na determinação dos conceitos daquele, de que pretenderam fazer, afinal, a modalidade civil do *habeas corpus*.

Já o circunlóquio *líquido e certo*, conforme Sidou (1998, p. 142):

> É sem dúvida uma locução ao mesmo tempo pobre, redundante e vaga.

Realmente a expressão cunhada não é feliz, pois quando se diz direito líquido e certo o que realmente se busca explicitar é o fato que se apresenta de forma manifesta na existência, delimitado na extensão e comprovado de plano. Desta forma, a controvérsia e a existência de *quaestiones facti* de alta indagação (matéria de profundidade cognitiva) impede o *habeas*.

---

[523] RT590/359. Mesmo sentido: RTJ 56/693, RTJ 126/154 e RT 666/352.
[524] RT533/393.

Nos casos em que a matéria é de conhecimento complexo dever-se-á promover recurso ordinário próprio ou revisão criminal, instrumentos que admitem exame profundo.

Veja-se que o *habeas* é um instrumento simples, de procedimento franciscano e célere. Isto o torna incompatível com uma matéria complexa.

12.2.13.3. Particular como coator

De um exame atencioso depreende-se que a processualística penal refere ao coator, no *habeas corpus,* como autoridade (artigo 649, *in fine,* do CPP).

Nas lições de Meirelles (1997. p.430):

> [...] considera-se autoridade todo aquele que exerce cargo, emprego ou função pública, de natureza civil ou militar, ainda que transitoriamente ou sem remuneração.

Logo, não sendo o coator uma autoridade, caberia *habeas*? Em outras palavras: poderia o particular ser coator?

Muito embora se saiba que o constrangimento imposto pelo particular possa caracterizar crime de sequestro ou cárcere privado (art. 148 do Código Penal) e que em alguns casos seja mais eficaz, pela celeridade, a comunicação junto à polícia para as devidas providências legais, não existe proibição legal para impedir que frente ao particular seja impetrada ordem.

É bem verdade que já se decidiu que quando a intervenção imediata da Polícia se demonstrar suficiente, seria descabido o *habeas*.[525] Porém, não poderá o paciente ficar a disposição do entendimento interventor da autoridade policial. E nesta esteira, já se entendeu que sendo o *habeas corpus* instrumento criado para tutelar o direito de liberdade do indivíduo, a função policial jamais poderia afastar a possibilidade de impetração.[526]

A bem da verdade, frente a tutela da liberdade de locomoção, bem como a inexistência de impossibilidade jurídica na impetração, além do art. 5º, XXXV, da Constituição Federal e que assegura que a lei não excluirá da apreciação do Poder Judiciário lesão ou ameaça a direito, é de se ter como viável a impetração de *habeas* contra ato de particular. E os exemplos são esclarecedores:

• Hóspede custodiado em hotel, por não pagar diárias;
• Patrão que detém empregado no imóvel rural para pagamento de seus débitos;
• Paciente impedido de deixar o hospital sem a satisfação das despesas de internamento;
• Indivíduo, já curado, mantido internado em clínica particular de desintoxicação.

---

[525] Revista do TRF 4ª R., Porto Alegre, a. 7, n. 23, jan./mar., 1996.
[526] RT 305/79.

12.2.13.4. Pessoa jurídica pode ser paciente?

Absolutamente não. Veja-se que o fundamento teleológico da medida constitucional de *habeas* é tutelar a liberdade de locomoção, que não pode, ante a sistemática penal vigente, ser objeto de violação no que tange ao ente ideal.[527]

A pessoa jurídica não se locomove, não tem direito de ir, vir e ficar, razão por que não pode ser paciente em sede de *habeas corpus*. Eventual ofensa ao direito líquido e certo de uma pessoa jurídica será remediado por meio de mandado de segurança.

É bom se destacar que o artigo 225, § 3º, da Constituição Federal admite às pessoas jurídicas sanções penais por condutas lesivas ao meio ambiente, e a Lei nº 9.605/98 prevê em seu art. 3º:

> As pessoas jurídicas serão responsabilizadas administrativa, civil e penalmente conforme o disposto nesta lei, nos casos em que a infração seja cometida por decisão de seu representante legal ou contratual, ou de seu órgão colegiado, no interesse ou benefício de sua entidade.

Porém, nem mesmo estas responsabilizações permitirão o *habeas*. É que as penas estabelecidas à pessoa jurídica não atingem qualquer *liberdade de locomoção*.[528]

Por fim, não se deve confundir a pessoa jurídica com o indivíduo que labora junto à empresa (sócio, diretor, gerente etc.). Este se sofrer constrangimento ilegal, ou risco de, poderá impetrar o remédio heróico.

12.2.13.5. Além do ser humano, algum semovente pode ser paciente?

Não. Somente o ser humano é quem possui direito de deambular. Mesmos os semoventes como cavalos, cachorros, pássaros,[529] entre outros, não carregam o direito de liberdade de locomoção.

A bem da verdade, os animais irracionais não podem integrar a relação jurídica na qualidade de sujeito de direito mas, apenas, de objeto de direito. Assim, inviável qualquer tentativa de equiparação com ser humano.[530]

Ilustra-se que a proteção destes objetos poderá se dar, quando violado direito líquido e certo, através de mandado de segurança.

---

[527] TJRS HC 70002842110, j.21.08.01.
[528] Multa, prestação de serviços à comunidade e restritivas de direitos. Artigo 21 daLei nº 9.605/98.
[529] STF RHC 63/399.
[530] O Ministério Público da Bahia, por intermédio de seu núcleo do Meio Ambiente, impetrou *habeas corpus* em favor de uma chipanzé, alegando coação por parte do Diretor de Biodiversidade da Secretaria de Meio Ambiente e Recursos Hídricos que a mantinha aprisionada no Jardim Zoológico de Salvador, numa jaula com área total de 77.56m2. Noticia-se que a impetração (HC 833085-3/2005) argumentou sobre o projeto "Grandes Primatas", qual afirma que os humanos e os primatas, por terem se dividido em espécies diferentes há mais ou menos 6 milhões de anos, podem se equiparar. Contudo, o pedido de *habeas* restou prejudicado face à morte da chipanzé.

12.2.13.6. Da impossibilidade de embargos infringentes ou de nulidade na decisão do habeas

Se o julgamento do *habeas*, pelo tribunal, resultar em decisão não unânime e desfavorável ao paciente, existem controvérsias se são cabíveis ou não os embargos do artigo 609, parágrafo único, do CPP.

Seguindo a mesma orientação, por ocasião da manifestação da impossibilidade de embargos infringentes ou de nulidade na revisão criminal, temos que não são cabíveis os embargos nas decisões de *habeas*, pelos colegiados. Ora, se o *habeas* não é recurso, não será julgado em segunda instância e, sim, em instância originária. Assim, descabem os embargos,[531] os quais se dirigem à decisão não unânime e de segunda instância.

12.2.13.7. Natureza jurídica do habeas

Pergunta-se: o *habeas* é um recurso ou uma ação?

Os que defendem ser o *habeas* um recurso firmam-se, principalmente, no aspecto de ser ele previsto no Código de Processo Penal, no capítulo X do título II de seu livro 3º, como recurso processual. Para Siqueira (1930, p.383), o *habeas corpus* trata-se de um recurso ordinário.

Em caminho contrário trilha Gusmão (1942, p. 578/579), entendendo que o *habeas* é uma ação incomum.

Porém, é de se ter o *habeas* como ação, não só em razão do art. 5º, LXXVII, da Constituição Federal, que assim o reconhece, mas, outrossim, pelo fato dele não se caracterizar como um direito na ação.

Ademais, o objeto do *habeas* não é, unicamente, rever uma decisão judicial havida e, tampouco, sua interposição obriga a existência de algum processo, situações próprias de recurso.

Assim, o *habeas* é uma ação de conhecimento. Uma ação impugnativa autônoma.

12.2.13.8. Eficácia preponderante no habeas

O *habeas corpus*, como ação de conhecimento, terá eficácia preponderantemente mandamental, pois em última análise a decisão do remédio heróico se traduz em *mandar*. Veja-se que ele expedirá ordem para cessar, imediatamente, a ilegalidade. Exemplo: Alvará de soltura, salvo-conduto, etc.

Porém, o *habeas* poderá carregar, concomitantemente, eficácia cautelar, constitutiva ou declaratória e, até, condenatória:

---

[531] RJTJRGS 157/47. Mesmo sentido: RT 571/295 e RJTJSP 82/464, 85/402.

• *Habeas corpus* com eficácia cautelar refere-se a liminar, que vem estribada no *periculum in mora* e no *fumus bonis iuris*. Exemplo: Expedição liminar de salvo-conduto para desde já impedir a prisão.

• *Habeas corpus* com eficácia constitutiva (constitutiva negativa) resta atinente a criação, modificação ou extinção de uma situação jurídica. Exemplo: Desconstituição de sentença transitada em julgado, face nulidade absoluta.

• *Habeas corpus* com eficácia declaratória se vincula à declaração da existência ou inexistência de uma relação jurídica. Exemplos: Concessão de liberdade provisória.

• *Habeas corpus* com eficácia condenatória, vem fundamentado no artigo 653 do Código de Processo Penal, pois condena nas custas a autoridade que, por má-fé ou evidente abuso de poder, tiver determinado a coação (Entrementes, destaca-se que o art.5º, LXXVII, da CF estabelece a gratuidade das ações de *habeas corpus*.).

12.2.13.9. Espécies de habeas

Através da ofensa à liberdade de locomoção é possível se conhecer a espécie de *habeas corpus*.

Inicialmente, devemos destacar que o *habeas* só será admitido face à certeza de violação ao direito líquido e certo da liberdade de locomoção. Eventual incerteza não permitirá o *habeas*.[532] Logo, havendo como certo o constrangimento ilegal, na forma de violência ou ameaça, ou até o risco de constrangimento ilegal, caberá o remédio heróico.

Assim, podemos nos deparar com o:

• *Habeas corpus* liberatório (repressivo): que é aquele que ataca o constrangimento ilegal o qual se encontra na forma de violência. Ou seja, trata-se do *habeas* que busca liberar o indivíduo da coação concreta à liberdade de locomoção e que o restringe fisicamente. Exemplo: O paciente está preso. Neste caso, concedida a ordem, expede-se o alvará de soltura.

• *Habeas corpus* preventivo: que é aquele que serve para afastar o constrangimento ilegal o qual se estabelece na forma de ameaça. Ou seja, como ainda não se concretizou a violência, pois a coação encontra-se no estágio da ameaça, o *habeas corpus* preventivo serve para afastar o mal prometido. Exemplo: Expedido mandado de prisão, mas o paciente ainda não foi preso. Neste caso, concedida a ordem, expede-se o salvo-conduto.

• *Habeas corpus* profilático: que é aquele que ataca o risco de constrangimento ilegal. Ou seja, serve para as situações em que não há violência ou ameaça, mas a possibilidade delas ocorrerem. Quando esta possibilidade for vi-

---

[532] Eventuais boatos de futura prisão não permitirá concessão da ordem. (TJRS/ HC 699318085, j.12.08.99)

sualizada como direito líquido e certo caberá, então, *habeas corpus* profilático ou preservativo. Conforme já tivemos oportunidade de assentar em Constantino (2001, p. 40):

> É que muitas vezes observa-se que a ilegalidade, frente à liberdade de locomoção, não se consubstancia em constrangimento, mas permite o risco deste vir a ocorrer. É o caso do ato ilegal que, inobstante não resulte em violência ou coação, sequer na forma iminente, à liberdade de locomoção, determina a possibilidade deste acontecimento.
> [...]
> Nestas situações, onde a ilegalidade torna provável a emersão do constrangimento, é que se faz uso do remédio heróico para sanar o ilegal, expurgando-se a referida potencialidade.

Assim, como exemplo podemos imaginar uma ação penal de procedimento comum, em que foi recebida a denúncia, mesmo já extinta a punibilidade pela prescrição, e esteja o acusado solto. Nestas condições, não haverá recurso ordinário para atacar o recebimento. E veja-se que o denunciado não sofre constrangimento ilegal, pois inexiste violência (não está preso), nem ameaça (não há a certeza de que vai ser preso). O que existe, sim, é o risco de constrangimento ilegal, pois ele tanto pode ser absolvido, como condenado e, neste caso, vir a ser preso. Aqui, cabe o profilático para trancamento da ação penal.

Em outro exemplo, podemos supor uma decisão judicial, sem fundamento e carente de justa causa que, no curso do inquérito policial, autorize a quebra de sigilo bancário do indiciado. Veja-se que inexiste qualquer constrangimento ilegal direto à liberdade de locomoção. Porém, há risco de que uma prova ilegal seja produzida e gere, posteriormente, a condenação do indivíduo à pena privativa de liberdade. Cabível, então, o *habeas*,[533] na modalidade *profilática*, para cassar a quebra do sigilo, mesmo que o indiciado esteja solto e não exista ordem de prisão.

Assim, podemos encontrar no gênero *habeas corpus* três espécies: liberatório, preventivo e profilático.

Por certo, esta nomenclatura não é de observação obrigatória,[534] contudo facilita aprendizagem. Veja-se, por exemplo, que os *habeas* promovidos em razão da legitimidade da intimação para depor em comissões parlamentares de inquérito são referidos como preventivos,[535] quando, na realidade, são exemplos de profiláticos.

Desta forma, o *habeas corpus*, através de suas modalidades, tutela de forma ampla o direito de ir, vir e ficar do indivíduo, afastando até o virtual constrangimento à liberdade locomotiva.

---

[533] RJ264/158.
[534] E nem poderia, pois, sendo cabível a impetração por qualquer pessoa, o *habeas* não exige rigor técnico.
[535] HC 71.193, 06.04.94. Mesmo sentido: HC 71.261, 11.05.94; HC 71.039, 07.04.94.

Contudo, é de se repetir que em todas as espécies de *habeas* sempre deverá haver a certeza do constrangimento ilegal ou a certeza do risco de constrangimento ilegal à liberdade de locomoção. O mero temor não se constituirá em ofensa à liberdade de locomoção.[536]

12.2.13.10. Formas de impetração

Como qualquer pessoa pode ingressar com pedido de *habeas corpus* e sendo ele um procedimento simples e sumariíssimo, face à nova tecnologia, tem-se admitido a impetração da ordem através de diversos meios de comunicação, seja por telegrama, radiograma, telex,[537] fax ou até pela *Internet*, via *e-mail*.[538]

Porém, não se pode esquecer que nos casos em que o impetrante utilizar sistema de transmissão de dados e imagens, deverá regularizar o pedido juntando as peças originais, em especial a petição inicial, em cinco dias da data do término do prazo (artigo 2º da Lei nº 9.800/99).

E mais, já se admitiu, inclusive, *habeas* via telefone.[539]

12.2.13.11. Requisitos da petição de habeas

É imprescindível que o pedido de *habeas corpus* seja formulado em língua portuguesa. De outra banda, é fundamental que seja observada a prescrição do art. 654, § 1º, do CPP, que estabelece que a petição de *habeas corpus* conterá o nome da pessoa que sofre ou está ameaçada de sofrer violência ou coação e o de quem exercer a violência, coação ou ameaça.

Veja-se que o paciente e o coator firmarão as devidas competências ao processamento e julgamento do *habeas*. Assim, é fundamental que sejam identificados.

O impetrante, também, deve ser identificado para permitir o conhecimento do *habeas*. Não se admite o pedido anônimo ou apócrifo. No caso de ser analfabeto, deverá alguém assinar a seu rogo.

É imperioso, outrossim, que o *habeas corpus* esclareça sobre o constrangimento ou seu risco. Muito embora não seja necessário que o impetrante argumente de forma estritamente técnica ou até indicando algum fundamento legal, é essencial a exposição da coação para se observar a possibilidade jurídica.

O desrespeito dos requisitos declinados à inicial impedirá o conhecimento do petitório e a consequente concessão da ordem.

---

[536] RT424/400. Mesmo sentido: RT597/302, RJD 23/464 e RHC 6571, STJ, DJU 22.9.97, p. 46561.

[537] "*HABEAS CORPUS* – Admite-se a impetração por fac-símile independente dos originais ante a natureza do *writ*." (Rev. TRF 4ª R., Porto Alegre, a. 5, n. 17, jan./mar., 1994).

[538] STJ/HC 49.296-SP. Mesmo sentido: STJ/HC 52.582-SP.

[539] RT 638/333.

12.2.13.12. Produção de provas (ouvida de testemunha)

Como o *habeas corpus* não possui uma fase própria de instrução probatória é necessário que os documentos sejam acostados junto à inicial.

E não poderia ser diferente, pois se houvesse produção de provas no remédio heróico, haveria conflito com seu procedimento sumaríssimo. Desta forma, não se tem admitido no *habeas* a existência de cursivo instrutório.[540]

Ocorre que é possível que o impetrante se depare com a dificuldade, ou até impossibilidade, de provar o constrangimento ilegal. Por exemplo: Uma prisão clandestina. Nestas condições, se declarações assinadas por testemunhas não servirem para atestar a idoneidade da informação, certamente os seus testemunhos servirão. Ora, nestes casos excepcionais é de se admitir a instrução para colheita de prova testemunhal.

Veja-se que a Constituição Federal não estabelece hierarquia entre as provas e sendo a ouvida de testemunhas um meio probatório legal, a mesma poderá ser admitida no feito de *habeas corpus* quando for imperiosa para demonstrar violação ao direito de locomoção. E seria equívoco grave pensar diferente quando está em jogo uma garantia de direito fundamental. Assim, julgados têm admitido a inquirição de testemunhas.[541]

12.2.13.13. Da liminar em habeas

Inexiste previsão legal para liminar no pedido de *habeas corpus*.[542] Contudo, doutrina e julgados a têm admitido,[543] muito embora existam alguns entendimentos dissonantes.[544]

Para o deferimento da liminar deve haver *periculum in mora* (risco que a demora na prestação jurisdicional possa acarretar ao direito, provocando-lhe danos irreparáveis) e *fumus bonis iuris* (existência de plausibilidade do direito invocado).

Não se deve confundir a liminar em *habeas* com antecipação dos efeitos da sentença. O pedido liminar não se confunde com o pedido de mérito do *habeas corpus*. Exemplificando: O réu propõe *habeas* com pedido liminar para

---

[540] "Não se presta o *habeas corpus* para dilação probatória, incumbindo ao impetrante demonstrar a coação ilegal alegada. Não se substitui o órgão jurisdicional ao impetrante, não lhe cabendo pôr-se à busca de subsídios que não foram providenciados pelo impetrante. Ademais, com as informações judiciais, há elementos suficientes a permitir o enfrentamento da matéria." RJTJRGS 194/87.

[541] RTJJSP 74/229. Mesmo sentido: RT 526/359.

[542] Muito embora defendamos que o art. 660, § 2º, do CPP prevê espécie híbrida de liminar ao *habeas*, ao dizer que se os documentos que instruírem a petição evidenciarem a ilegalidade da coação, o juiz ou o tribunal ordenará que cesse imediatamente o constrangimento.

[543] HC 5574, STJ, j.8.4.97. Mesmo sentido: HC 70177-9, STF, DJU 7.05.93, p. 8331 e RTJ 147/962.

[544] 597/303. Mesmo sentido: JUTACRIM-SP 32/413.

suspender o interrogatório aprazado para o dia seguinte e no mérito pretende o trancamento da ação penal.

12.2.13.14. Dos efeitos da concessão da liminar junto à denegação da ordem

A liminar terá seu julgamento imediato após o conhecimento da ação. Destarte, uma vez distribuído e recebido o *habeas* pelo Juiz, este decidirá a sorte da liminar primeiramente. Deferida a liminar, caso o julgamento do mérito reste pela não concessão da ordem, deverá haver, necessariamente, a reforma da liminar, sob pena de a mesma perdurar enquanto não transitar em julgado o feito. Neste sentido, segue a lição de Friede (2002, 100):

> Daí porque, ao ser julgado improcedente o pedido meritório, há necessidade de se suspender expressamente a liminar eventualmente deferida, sem o que se deve entender que continua a medida a produzir seus efeitos até que transite em julgado a sentença, operando-se o seu conseqüente efeito preclusivo.

Ilustra-se que a liminar do *habeas corpus* não se firma na ideia de tutela antecipada, mas sim de cautela, razão por que seu objeto pode ser distinto do pedido de mérito do *habeas*. Desta forma, é plenamente possível ser concedida a liminar e, posteriormente, em julgamento do mérito do *habeas corpus*, ser denegada a ordem, mas mantida a eficácia da liminar, enquanto não reformada ou transitado em julgado o feito.

Destaca-se, ainda, que não se pode confundir a situação acima com o lustre da Súmula 405 do Supremo Tribunal Federal que informa que denegado o mandado de segurança pela sentença fica sem efeito a liminar concedida, retroagindo os efeitos da decisão contrária. Sequer com a Súmula 626, também do excelso, e que estabelece que a suspensão da liminar em mandado de segurança, salvo determinação em contrário da decisão que a deferir, vigorará até o trânsito em julgado da decisão definitiva de concessão da segurança ou, havendo recurso, até a sua manutenção pelo Supremo Tribunal Federal, desde que o objeto da liminar deferida coincida, total ou parcialmente, com o da impetração. É que estes casos tratam da liminar do mandado de segurança a qual, prescrita no artigo 7º, II, da Lei nº 1.533/51, carrega natureza de tutela antecipada, razão que seu objeto resta vinculado à decisão final. Diferentemente do *habeas*, em que a liminar tem natureza de cautela e não possui obrigatoriedade de vinculação com o objeto do mérito.

12.2.13.15. Da reiteração do pedido de habeas

É agudo o entendimento que não admite a reiteração do pedido de *habeas corpus* quando os argumentos e as demonstrações apresentados forem os mesmos que fundamentaram o anterior petitório.[545] É que o requerimento do remédio que contenha o mesmo paciente, coator, pedido e causa de pedir e que já tenha sido objeto de julgamento anterior pela própria instância, resta prejudicado, face à coisa julgada material. Desta forma, somente a nova alegação ou nova prova será admitida.

Contudo, é de se destacar que nos casos de repetição de *habeas,* em tempo distinto, com fundamento no excesso de prazo, não se poderá falar em simples reiteração. É que entre os dois *mandamus* ocorrerá acréscimo de tempo retardatório, razão que é possível a repetição.[546]

Por fim, ilustra-se corrente no sentido de que a decisão no *habeas corpus* não faz coisa julgada,[547] sequer coisa julgada material,[548] razão por que, tratando-se de matéria relevante, e que é a liberdade do indivíduo, enquanto não for concedida a ordem, o pedido será indefinitivamente repetitível. Destarte, seguem algumas decisões entendendo que é cabível a reiteração do pedido de *habeas.*[549]

12.2.13.16. Habeas corpus de ofício

Os Juízes e os tribunais têm competência para expedir de ofício ordem de *habeas,* quando no curso de processo verificarem que alguém sofre ou está na iminência de sofrer coação ilegal. Conforme se depreende, estes são os termos do artigo 654, § 2º, do CPP.

Pois bem, instaurado está o *habeas* de ofício, em que o Juiz, sem provocação das partes, concederá ordem para afastar o constrangimento ilegal ou risco de, existente contra a pessoa.

Como se observa, não se trata de uma impetração de *habeas* pelo Juiz, mas, sim, forte em sua competência jurisdicional, um ato de ofício.

12.2.13.17. Habeas corpus na prisão administrativa (artigo 650, § 2º, do CPP)

O artigo 650, § 2º, do CPP explicita:

Não cabe o *habeas corpus* contra a prisão administrativa, atual ou iminente, dos responsáveis por dinheiro ou valor pertencente à Fazenda Pública, alcançados ou omissos em fazer o seu recolhimento nos prazos legais, salvo

---

[545] "*HABEAS CORPUS* – O presente *habeas corpus* é repetição de anteriores, em que as mesmas questões foram apreciadas e repelidas. Ordem denegada." Rev. TRF da 4ª R., Porto Alegre, a. 5, n. 17, p. 220-274, jan./mar., 1994. Mesmo sentido: JTJ LEX 114/523, RT 671/378, 491/351 e 427/457.

[546] RT597/357. Mesmo sentido: JTJ LEX 117/511.

[547] TJDF- HC 6126, RBCCrim. 2/244.

[548] RT 594/331. Mesmo sentido: RT 674/306 e 462/365.

[549] RT493/344. Mesmo sentido: RT423/382, 450/75, 462/333, JUTACRIM-SP 59/340 e 43/85.

se o pedido for acompanhado de prova de quitação ou de depósito do alcance verificado, ou se a prisão exceder o prazo legal.

Ocorre que a legalidade desta prisão não foi mantida pela Carta Política de 1988, face ao artigo 5º, LXI, e que estabelece que ninguém será preso senão em flagrante delito ou por ordem escrita e fundamentada de autoridade judiciária competente, salvo nos casos de transgressão militar.

De outra banda, não se deve confundir esta prisão administrativa, já não mais existente na seara jurídica, com a prisão administrativa do flagrante, referida pelo aludido diploma constitucional e, também, pelo artigo 319 do CPP.

Assim, se alguém for preso *administrativamente* na peculiaridade do artigo 650, § 2º, do CPP, por certo será cabível *habeas corpus* face constrangimento ilegal ao direito líquido e certo de locomoção.

12.2.13.18. Habeas corpus "penal" e habeas corpus "extrapenal"

É cabível o remédio heróico na esfera penal, bem como extrapenal.

Veja-se que o indivíduo pode ser cerceado em sua liberdade locomotora inclusive na seara civil. Logo, admissível o *habeas corpus* contra a prisão ilegal, seja ela atinente a alimentos ou na condição de depositário infiel.

Assim, por exemplo, se o juízo da família determinar prisão ilegal do demandado por carência de alimentos ou se o juiz do trabalho ordenar prisão ilegal do reclamado sob fundamento de depositário infiel, caberá o remédio heróico. Não é demais lembrar que nestes exemplos quem julgará o *habeas* será o Tribunal de Justiça e o Tribunal Regional do Trabalho, respectivamente.

12.2.13.19. Habeas corpus com eficácia condenatória

Preconiza o artigo 653 do Código de Processo Penal que, ordenada a soltura do paciente em virtude de *habeas corpus*, será condenada nas custas a autoridade que, por má-fé ou evidente abuso de poder, tiver determinado a coação.

Conforme já oportunizamos estudo, é possível encontrarmos *habeas* com eficácia condenatória. Constantino (2001, p. 36):

> Ora, forçosamente é de se reconhecer, então, a existência de um único caso de uma ação de habeas corpus com carga condenatória. Ou seja, poderá ter o habeas corpus um pedido condenatório, quando buscar a responsabilidade da autoridade coatora no pagamento das custas, por ter ela agido de má-fé ou evidente abuso de poder ao determinar coação.

Ocorre que o art. 5º, LXXVII, da CF estabelece que são gratuitas as ações de *habeas corpus*. Nestas condições, não haverá custas para a impetração de *habeas*, razão por que é de se entender prejudicada a condenação da autoridade ao pagamento.

Contudo, se restar a orientação de que a gratuidade se direciona, somente, à impetração, e que a condenação da autoridade ao pagamento das custas tem carga punitiva, é de se avaliar o *quantum* destas para se atribuir a penalização.

12.2.13.20. Procuração para impetração de habeas corpus

Conforme o artigo 5º da Lei nº 8.906/94, o advogado postula, em juízo ou fora dele, fazendo prova do mandato.

Ocorre que o artigo 1º, § 1º, da mesma lei dispõe que não se incluiu na atividade privativa da advocacia a impetração de *habeas corpus* em qualquer instância ou tribunal.

Ora, considerando a legitimidade ativa descrita no artigo 654 do CPP e que refere expressamente que o *habeas corpus* poderá ser impetrado por qualquer pessoa, a promoção feita por advogado, sem a devida procuração, não prejudicará o processamento e julgamento do remédio heróico.

12.2.13.21. Habeas corpus e a Lei nº 9.099/95

Inexiste qualquer empecilho de ser promovido o remédio heróico contra atos havidos no juizado especial criminal. Se houver constrangimento ilegal ou risco de constrangimento ilegal à liberdade locomotora será cabível o *habeas*, inclusive no JEC.

O único aspecto a ser examinado com cuidado é a questão da competência. Se o coator for um juiz da vara do juizado especial criminal, o *habeas* deverá ser dirigido à turma recursal, para o exame do constrangimento ilegal, ou risco de constrangimento ilegal. Caso a turma recursal seja autoridade coatora, o remédio heróico deverá ser dirigido ao tribunal de segundo grau.

Anteriormente, face à Súmula nº 690 do STF, restava o entendimento de que o Supremo Tribunal Federal tinha competência para processar e julgar, originalmente, *habeas* contra decisão da turma recursal do juizado especial criminal. Porém, o excelso ofertou nova orientação concluindo pela sua incompetência e reconhecendo a competência do Tribunal de Justiça ou do Tribunal Regional Federal.[550] E assim passou a não mais aceitar *habeas* contra as turmas recursais e a determinar a remessa dos autos ao tribunal inferior.[551]

12.2.13.22. Habeas corpus e a Súmula 691 do STF

Tema candente é a Súmula nº 691 do Supremo e que prescreve que não compete a este conhecer de *habeas corpus* impetrado contra decisão do relator que, em *habeas corpus* requerido a tribunal superior, indefere a liminar.

---

[550] STF HC 86834, j. 23/08/2006.

[551] HC-QO 86009 / DF – Distrito Federal, j.29/08/2006. Mesmo sentido: HC-QO 86026 / SP – São Paulo, j.26/09/2006 e HC-AgR 89378 / RJ – Rio de Janeiro, j. 28/11/2006.

Para facilitar, imaginemos o seguinte exemplo: O paciente impetra *habeas corpus*, com pedido de liminar, ao Superior Tribunal de Justiça. Distribuída a ação, o relator indefere a liminar e requisita informações. Inconformado, o paciente impetra, então, contra o indeferimento da liminar, outro *habeas*, desta vez direcionado ao Supremo Tribunal Federal. Nestas condições, este último *mandamus* restará prejudicado frente à Súmula.

O entendimento basilar desta súmula, aprovada na sessão plenária de 24.09.03 do Supremo, reside no aspecto de que eventual concessão de liminar configuraria supressão de instância, o que é inconstitucional. Se não ocorresse o impedimento da súmula, o Supremo Tribunal Federal estaria julgando, de forma antecipada, matéria não examinada por completo pelo tribunal *a quo*, promovendo uma superposição de instância.

Muito embora a vigência sumular, recentemente o Supremo Tribunal Federal atenuou a sua rigidez, concedendo de ofício ordem de *habeas corpus*[552] ou julgando, efetivamente, matéria requerida no remédio heroico promovido contra indeferimento de liminar prolatada por juízo monocrático do Superior Tribunal de Justiça.[553]

Em nosso sentir, a Súmula 691 do STF deve ser cancelada, pois é inadmissível que o tribunal maior de uma nação se silencie frente ao evidente constrangimento ilegal à liberdade de locomoção do indivíduo. Ora, em havendo ilegalidade patente, o Supremo Tribunal Federal, forte no princípio da indeclinabilidade, tem obrigação de afastá-la se os tribunais de jurisdição inferior se omitirem.

12.2.13.23. Não cabimento de habeas corpus frente à pena de valor

Nas ações em que a pena não pode resultar em cerceamento do direito ambulatorial, é inviável a impetração de *habeas*, instrumento protetivo da liberdade de locomoção do indivíduo. Assim, a Súmula nº 693 do Supremo Tribunal Federal estabelece que não cabe *habeas corpus* contra decisão condenatória à pena de multa, ou relativo a processo em curso por infração penal a que a pena pecuniária seja a única cominada. Não é demais lembrar que o não pagamento da multa jamais converterá a pena em prisão, face Lei nº 9.268/96.

Assim, contra condenação à pena de multa ou feito cuja infração penal tenha como única a reprimenda pecuniária reconhecemos cabível, quando ocorrer ofensa ao direito líquido e certo, o mandado de segurança.

12.2.13.24. Não cabimento de habeas corpus frente à extinção de punibilidade

A Súmula nº 695 do Supremo Tribunal Federal preconiza que não cabe *habeas corpus* quando já extinta a pena privativa de liberdade.

---

[552] STF-HC 85.185/SP, rel. Cezar Peluso, j. 10.08.05.
[553] STF-HC86864-SP, rel. Carlos Veloso, j. 20.10.05.

Assim, se por exemplo, alguém ver cassada a decisão que concedera reabilitação criminal,[554] com fundamento na ausência de comprovação do ressarcimento do dano causado pelo delito, e impetrar *habeas* alegando absoluta impossibilidade de fazê-lo, o remédio restará prejudicado. É que uma vez beneficiado com a extinção da punibilidade, inexiste qualquer constrangimento à liberdade de locomoção a ser protegida por meio de *habeas corpus*.[555]

12.2.13.25. *Direitos que o impetrante sem* jus postulandi *possui na ação de* habeas corpus

Como se sabe, o *habeas corpus* pode ser impetrado por qualquer indivíduo mesmo que ele não possua *jus postulandi* (artigo 654 do CPP).

Veja-se que até o artigo 1º, § 1º, da Lei 8.906/94 exclui da atividade privativa da advocacia a impetração de *habeas*.

Assim, se o impetrante, sem *jus postulandi*, tem o direito de ingressar com *habeas corpus* por certo poderá ele, também, explorar todos os outros direitos inerentes a esta ação. E não poderia ser diferente forte no princípio de *quem pode o mais, pode o menos*. Ora, seria inadmissível que o impetrante tivesse direito de ação, mas não direito dentro da ação.

Desta forma, o impetrante de *habeas*, mesmo sem *jus postulandi*, poderá requerer a juntada de documentos, manifestar-se sobre o parecer do *parquet*, sustentar oralmente o remédio heróico, recorrer da decisão,[556] entre outros.

12.2.13.26. *Ministério Público como coator*

É possível que o representante do *parquet* seja coator, já que pode o Ministério Público promover ato que estabeleça constrangimento ou risco de constrangimento à liberdade de locomoção de alguém. Neste caso, caberá *habeas*.

Podemos observar, como exemplo, a requisição de inquérito determinada pelo promotor, na qual resta obrigada a autoridade policial a cumprir. Se esta requisição firmar coação, caberá *habeas*. Não é demais lembrar que neste caso será competente para julgar o *habeas* o Tribunal de segundo grau, face constrangimento do *parquet* com atribuição junto ao juízo de primeiro grau.[557]

---

[554] É possível se dizer que o instituto da reabilitação atualmente está afeito, somente, para a inabilitação para dirigir veículo, quando utilizado como meio para a prática de crime doloso. Artigo 92, III, do CP.
[555] STF- HC 90554/RJ, rel. Celso de Mello,. j.6.3.2007.
[556] RT670/285. Mesmo sentido: RSTJ 43/8, RT 577/435 e RT 631/389.
[557] RTJ 140/683. Mesmo sentido: STF/HC 81258. DJ 03.02.02.

12.2.13.27. Habeas corpus *para evitar o uso de algemas*

O *habeas* sempre será cabível frente à ofensa ao direito líquido e certo de liberdade de locomoção do indivíduo. Assim, em havendo restrição a tal liberdade, mesmo que seja em razão de ínfima limitação, caberá o *habeas*.

Desta forma, tem sido utilizado o remédio heroico, inclusive, para evitar o uso de algemas.[558]

Veja-se que os ferros limitam mais ainda a restrição da liberdade de locomoção. Assim, a utilização de algemas só deverá ocorrer quando o caso concreto exigir, ou seja, for necessária para a segurança de todos e a ordem dos trabalhos. Se as condições do indivíduo não oferecem situação de efetiva periculosidade, não há motivo para se impor algemas, as quais exacerbam, e de forma mais aguda, a privação de liberdade já imposta.

Se não há qualquer risco, e a autoridade impõe algemas, cabe *habeas corpus*.[559]

Por fim, destaca-se que Supremo Tribunal Federal editou a súmula vinculante nº 11, que prescreve que só é lícito o uso de algemas em caso de resistência e de fundado receio de fuga ou de perigo à integridade física própria ou alheia, por parte do preso ou de terceiros, justificada a excepcionalidade por escrito, sob pena de responsabilidade disciplinar civil e penal do agente ou da autoridade e de nulidade da prisão ou do ato processual a que se refere, sem prejuízo da responsabilidade civil do Estado.

12.2.13.28. Habeas corpus *como* writ

A língua inglesa utiliza a expressão jurídica *writ of habeas corpus,* a qual pode ser traduzida como ordem de *habeas corpus.*

Porém, o *writ* é usado para traduzir ordem mandamental. Assim, este vocábulo poderá ser utilizado, também, para o mandado de segurança.

Em razão disto, seguidamente os pretórios pátrios se manifestam no sentido de *conceder writ, deferir writ, não conhecer writ* etc.

Não é demais lembrar, face aos constantes equívocos, que a articulação inglesa *writ*[560] (ordem) não se confunde com *write*[561] (escrever).

---

[558] STF HC 89.429-1-RO, j.22.08.06. Mesmo sentido: STJ-ROHC-5663/SP, DJU 23.09.96.

[559] TJRS 700001561562, j.27.09.00.

[560] Pronuncia-se em português *rit* (International Dictionary of English. Great Britain: Cambridge University Press, 1995).

[561] Pronuncia-se, em português, *rait* (International Dictionary of English. Great Britain: Cambridge University Press, 1995).

12.2.13.29. Habeas corpus para agilizar processamento

É inviável a utilização do *habeas* para apressar inquérito policial,[562] ação penal[563] ou recurso criminal.[564] Ora, além do *habeas* se vincular à liberdade de locomoção, os atos formais devem ser promovidos na forma da lei, sem açodamento. Assim, já se entendeu inviável *habeas* para compelir órgão do Judiciário a agilizar julgamento de ação revisional.[565]

Ocorre que o art. 5º, LXXVII, da Carta Política, acrescentado pela EC 45/2004, preconiza que a todos, no âmbito judicial e administrativo, são assegurados a razoável duração do processo e os meios que garantam a celeridade de sua tramitação. Nesta esteira, a Convenção Americana de Direitos Humanos (Pacto de São José da Costa Rica), firma no Item 5 que toda pessoa detida ou retida deve ser conduzida, sem demora, à presença de um juiz ou outra autoridade autorizada pela lei a exercer funções judiciais e tem direito a ser julgada dentro de um prazo razoável ou a ser posta em liberdade, sem prejuízo de que prossiga o processo. E no Item 6 a convenção preconiza que toda pessoa privada da liberdade tem direito a recorrer a um juiz ou tribunal competente, a fim de que este decida, sem demora, sobre a legalidade de sua prisão ou detenção e ordene sua soltura se a prisão ou a detenção forem ilegais. Nesta senda, inclusive, o art. 93, XV, da Constituição Federal, também acrescentado pela EC 45/2004, estabelece obrigatória a distribuição imediata dos processos, em todos os graus de jurisdição. Desta forma, com este fundamento, tem se entendido que estando o indivíduo preso e havendo decurso de prazo desarrazoadamente para julgamento de qualquer feito judicial,[566] inclusive revisão criminal,[567] é cabível *habeas* para provocar o imediato processamento e/ou julgamento. Veja-se que não se trata de apressar o feito, mas, sim, estabelecer celeridade para julgar algo vinculado à liberdade de locomoção do indivíduo.

12.3. MANDADO DE SEGURANÇA

12.3.1. Nome

Nome ofertado à ação mandamental que se reproduz no instrumento de tutela de um direito líquido e certo não vinculado ao objeto da liberdade de ir e vir ou atinente a dados.

---

[562] JTACrSP/ 76/127.
[563] JTACrSP 51/408 e 66/74.
[564] JTACrSP 56/391.
[565] STJ/ HC 41.683/SP, DJ 01.07.05 Mesmo sentido: STJ/ HC 35.178/SP, DJ 06.06.05.
[566] STJ/ HC 39.427/SP, DJ 01.08.05.
[567] STJ/ HC 41.198/SP, DJ 01.07.05. Mesmo sentido: HC 40902/SP, j.19.05.05. e HC 27.501/SP, DJ 04.08.03

12.3.2. Origem

A origem do mandado de segurança é a mesma do *habeas corpus*.

Assim, evitando tautologia, ratificamos os dizeres no item 12.2.2, em especial assinatura da *Magna Charta Regis Johannis*, e que expressamente previa que ninguém poderia ser despojado de seus bens, costumes e liberdade, senão em virtude de julgamento por seus pares, de acordo com as leis do país.

Contudo, como o *habeas* tutelava somente o direito líquido e certo da liberdade locomotiva, havia a necessidade de outro instrumento para assegurar os demais direitos, direitos estes que com a peculiaridade da liquidez e certeza não vinham albergados pelo remédio heróico. Foi na Constituição de 1934 que o mandado de segurança ingressou na esfera legal pátria.

12.3.3. Conceito

O direito, uma vez que se apresente com liquidez e certeza, será protegido pelo mandado de segurança. Para Alem (1996, p. 20), o mandado de segurança é:

> [...] medida judicial cabível para proteger direito líquido e certo, violado ou ameaçado pela ilegalidade ou abuso de poder praticado por autoridade, não importando de que categoria e a função por esta exercida.

Desta forma, o mandado de segurança é uma ação que visa a tutelar, através de um procedimento dinâmico, um direito visualizado de plano, fartamente provado, que é o direito líquido e certo.

Ocorre que haverá outros direitos líquidos e certos não protegidos por mandado de segurança. Veja-se que o direito da liberdade locomotora será socorrido pelo *habeas corpus*, assim como o direito de informação (dados) será amparado pelo *habeas data*.[568]

De outra banda, temos como coator uma autoridade que promove ilegalidade ou abuso de poder. Esta autoridade pode ser um agente público, ou simplesmente que exerce uma função pública, bem como aquela que age por delegação, prestando serviços de natureza pública. No ângulo da legitimidade passiva, além do coator, poderemos encontrar outros interessados.

É nesta esteira que se pode conceituar o mandado de segurança como sendo a ação protetiva do direito líquido e certo, não amparado por *habeas corpus* ou *habeas data*, contra atos desregrados de autoridade.

12.3.4. Previsão legal

O artigo 5º, LXIX, da Constituição Federal prevê:

---

[568] Lei nº 9.507/97 regula o direito de acesso a informações e disciplina o rito processual do *habeas data*.

Conceder-se-á mandando de segurança para proteger direito líquido e certo, não amparado por *habeas corpus* ou *habeas data*; quando o responsável pela ilegalidade ou abuso de poder for autoridade pública ou agente de pessoa jurídica no exercício de atribuições do Poder Público.

Por sua vez, a Lei nº 12.016/09, e que revogou a Lei nº 1.533/51, prescreve em seu artigo primeiro:

Conceder-se-á mandado de segurança para proteger direito líquido e certo, não amparado por *habeas corpus* ou *habeas data*, sempre que, ilegalmente ou com abuso de poder, qualquer pessoa física ou jurídica sofrer violação ou houver justo receio de sofrê-la por parte de autoridade, seja de que categoria for e sejam quais forem as funções que exerça.

12.3.5. Prazo

Conforme refere o artigo 23 da Lei nº 12.016/09, o direito de requerer mandado de segurança extinguir-se-á decorridos 120 dias contados da ciência, pelo interessado, do ato impugnado.

Desta forma, o prazo para impetrar o mandado de segurança será de 120 dias a partir da data do conhecimento do ato ilegal.

Porém, existe orientação de que o prazo não começa a contar da ciência do ato a ser impugnado, mas, sim, a partir do momento em que ele produza gravame ao interessado. Neste sentido, professa Franco (1980, p. 29):

Este prazo de cento e vinte dias é decadencial, não se interrompendo nem se suspendendo desde o dia em que o ato se torna operante, pois enquanto o mesmo não se tornar apto a produzir uma lesão ao interessado não poderá ele ser impugnado judicialmente.

De outra banda, é possível se sustentar a tese de que na processualística penal não se poderá fixar prazo para a proteção de direito subjetivo público indisponível do acusado e assim se dizer que não se operará decadência contra a defesa. Porém, é de se destacar que a Súmula 632 do STF preconiza que é constitucional a lei que fixa o prazo de decadência para a impetração de mandado de segurança.

Como se trata de questão material, o prazo decadencial não se interrompe e nem se suspende.

Uma vez firmada a decadência, o mandado de segurança restará prejudicado. Entrementes, isto não impedirá a utilização de outra via instrumental para proteção do direito atingido pela ilegalidade.

12.3.6. Legitimidade

12.3.6.1. Legitimidade ativa

O mandado de segurança terá como legítimo ativamente qualquer pessoa, física ou jurídica, nacional ou estrangeira, cujo direito líquido e certo seja atingido por ato ilegal ou por abuso de poder da administração. (Artigo 1º da Lei nº 12.016/09)

No pensar de Cretella Junior (1974, p. 123):

> Todo e qualquer tipo de "entidade" (pessoa física, pessoa jurídica, bem como entidades que, não obstante, destituídas de capacidade jurídica, têm capacidade processual), cujo direito líquido e certo tenha sido "ameaçado" ou "violado" por ato ilegal ou abusivo de autoridade podem comparecer em juízo, por ser titular de direitos subjetivos, quando públicos ou privados, suscetíveis, portanto de controle jurisdicional, quando ameaçados ou feridos.

Para nosso estudo, o fulcro da legitimidade ativa encontra-se na pessoa física do acusado, na pessoa jurídica em que a lei estabelece responsabilidade penal, no Ministério Público e no terceiro interessado.

É de se destacar que mandado de segurança requer capacidade postulatória, razão que o impetrante deve ter *jus postulandi* ou estar acompanhado de alguém com habilitação técnica. Assim, por exemplo, como o réu não possui capacidade postulatória ele não poderá impetrar mandado de segurança pessoalmente.[569]

– *O acusado*

O réu, tendo seu direito líquido e certo, que não de liberdade ou de dados, atingido por ato de autoridade, será legítimo ativamente para o mandado de segurança. Mesmo que seja estrangeiro, terá legitimidade.

– *Pessoas jurídicas*

No caso das pessoas jurídicas, o artigo 225, § 3º, da Constituição Federal admite sanções penais por condutas lesivas ao meio ambiente, e a Lei nº 9.605/98 prevê em seu art. 3º que tais pessoas poderão ser responsabilizadas penalmente. Desta forma, as pessoas jurídicas poderão fazer uso do mandado de segurança.

– *Ministério Público*

Com relação ao Ministério Público, a lei orgânica desta instituição, nº 8.625/93, estabelece em seu artigo 32, I, que compete aos promotores de justiça impetrar mandado de segurança.[570] Outrossim, a Lei Complementar nº75/93, artigo 6º, VI,[571] estabelece atribuição ao *parquet* federal para impetração do *mandamus*.

É importante não confundir a parte Ministério Público com a participação do Ministério Público *custos legis*. Entretanto, seja como for, o Ministério Público, mesmo como fiscal da lei, poderá impetrar mandado.[572]

---

[569] JTJ- Lex,113/586

[570] "Como o Ministério Público é parte no processo penal, ele tem legitimidade para impetrar Mandado de Segurança quando entender violado direito líquido e certo por juiz de primeiro grau de jurisdição". STF, HC 69802, j. 16.03.1993. Mesmo sentido: STF, HC 66794, j. 07.04.1989.

[571] Ministério Público Federal.

[572] RT 756/502.

– *Terceiro*

É possível que terceiro reste legitimado quando houver, ao seu direito líquido e certo, qualquer ofensa.

Pensemos no exemplo do ofendido que busque a habilitação como assistente de acusação e tenha indeferido seu pleito pelo Juiz. Conforme o art. 273 do CPP, contra esta decisão não cabe recurso. Nestas condições, poderá fazer uso do mandado de segurança para garantir seu ingresso na lide.

Outrossim, imagine-se o caso do terceiro de boa-fé quando tiver suas coisas apreendidas. Ora, o adquirente tem direito de ser restituído e, uma vez que despreze os embargos de terceiros, face à ilegalidade incontroversa, pode fazer uso do mandado de segurança.

Também será terceiro aquele que mantém com o juízo alguma relação administrativa a qual pode resultar em agressão ao seu direito líquido e certo. Exemplo: peritos, tradutores, intérpretes, escrivães, oficiais de justiça, oficiais escreventes, ou outros auxiliares da justiça.

12.3.6.2. Legitimidade passiva

O sujeito passivo, com legitimidade, por der autoridade apontada como coatora, seja ela com funções administrativas ou judiciais.

Nos dizeres de Alem (1996, p.26)

> Impetrado é a autoridade coatora; quem ordena a prática do ato impugnado ou se omite em praticar o ato quando devia fazê-lo. A autoridade superior que recomenda sua execução não é o sujeito passivo da ação mandamental. Para sua identificação faz-se necessária a observação de que deve a mesma ter poderes e meios para corrigir a ilegalidade do ato. Assim, é a pessoa física que representa o Poder Público, e não o órgão público.

Logo, a pessoa tida como coatora não será uma simples pessoa jurídica ou o órgão a que pertence ou que represente no exercício de seu ofício. Também não será a simples autoridade mas sim, aquela que tenha praticado um ato dotado de força própria de autoridade que caracterize o desempenho de sua função e que disponha de atribuição para reformar a ilegalidade.

Nos órgãos colegiados, será coator o presidente e que assina o ato e determina sua execução.

Nos moldes do artigo 5º, LXIX, da Carta Política o impetrado será autoridade pública ou agente de pessoa jurídica no exercício de atribuições do Poder Público.

Nos termos da Súmula 510 do Supremo Tribunal Federal temos que praticado o ato por autoridade, no exercício de competência delegada, contra ela cabe mandado de segurança ou medida judicial.

Desta forma, a pessoa que exerça a função típica do Estado, o agente público, bem como a pessoa que por delegação preste serviço de natureza pública, poderá ser tida como coatora se for, nos dizeres de Meirelles (2003 p. 59):

> [...] autoridade superior que pratica ou ordena concreta e especificamente a execução ou inexecução do ato impugnado, e responde pelas suas consequências administrativas; o executor é o agente subordinado que cumpre a ordem por dever hierárquico, sem se responsabilizar por ela.

São exemplos de possíveis autoridades coatoras: os Juízes, autoridades policiais, militares etc.

Por certo, o promotor público poderá ser autoridade coatora, seja em razão da função postulatória (ex.: o *parquet* promove investigação e não permite vista do procedimento ao advogado.), ou meramente administrativa (ex.:o promotor público não respeita os horários e, em razão disto, deixa de atender a qualquer do povo que suscite questão criminal.)

E atenção: se o Ministério Público postular algo contrário ao direito, por certo caberá o *mandamus*. Entretanto, se o magistrado acolher tal pedido ilegal, ele passará a ser a autoridade coatora.

Destaca-se que a Lei nº 12.016/09 não firmou a legitimidade passiva apenas a uma figura junto ao mandado de segurança. Além da autoridade coatora, terá legitimidade a pessoa jurídica que esta integra, à qual se acha vinculada ou da qual exerce atribuições.

Conforme se depreende do artigo 7, II, da referida lei, o órgão de representação judicial da pessoa jurídica interessada deverá ser instado. E, na sequência, as autoridades administrativas remeterão ao Ministério ou órgão a que se acham subordinadas e ao Advogado-Geral da União ou a quem tiver a representação judicial da União, do Estado, do Município ou da entidade apontada como coatora, a ciência do mandado.

Assim, a nova lei, ao permitir, por exemplo, a legitimidade da pessoa jurídica a que se vincula a autoridade apontada como coatora, resulta por ampliar os legitimados passivamente no mandado de segurança.

12.3.7. Interesse de agir

O interesse de agir nasce com a necessária obtenção de providência jurisdicional do Estado. Doutrinadores referem que o interesse de agir reflete efetivamente um interesse secundário, pois o primário tratar-se-ia do interesse substancial, contido na própria pretensão. Assim, teríamos o interesse primário firmado naquilo que se busca proteger e o interesse secundário jungido à providência jurisdicional que tutelará aquele primeiro.

O interesse adstrito à ação mandamental vem firmado como própria condição de ação. Conforme Appio (1995, p. 89):

O interesse, legitimador da ação mandamental, que antes tratamos, é condição da ação, síntese da utilidade e necessidade da tutela jurisdicional, ou seja, interesse daquele que sofreu diretamente o gravame.

Giza-se que a Lei nº 12.016/09 inovou no que tange aos detentores de interesse junto à ação de mandado de segurança. Além da autoridade coatora, observaremos interesse a pessoa jurídica que esta integra, à qual se acha vinculada ou da qual exerce atribuições.

Examinando-se o art. 7º, II, temos que o juiz, ao despachar a inicial, ordenará que se dê ciência do feito ao órgão de representação judicial da pessoa jurídica interessada. Por sua vez, o art. 9º estabelece que as autoridades administrativas remeterão ao Ministério ou órgão a que se acham subordinadas e ao Advogado-Geral da União ou a quem tiver a representação judicial da União, do Estado, do Município ou da entidade apontada como coatora, cópia autenticada do mandado notificatório, assim como indicações e elementos outros necessários às providências a serem tomadas para a eventual suspensão da medida e defesa do ato apontado como ilegal ou abusivo de poder. O art. 14 § 2º, prescreve que a autoridade coatora poderá recorrer da sentença que denega ou concede o mandado. E o art. 15 estabelece que a pessoa jurídica de direito público interessada ou do Ministério Público poderá requerer a suspensão da execução da liminar e da sentença.

Destarte, alarga-se a possibilidade de outros interessados no feito do mandado de segurança, além da autoridade coatora.

12.3.8. Possibilidade Jurídica

Atinente à possibilidade jurídica do pedido ou à causa de pedir, podemos examinar que para haver condições à interposição do mandado de segurança é fundamental que o pedido tenha em vista ofensa ao direito líquido e certo, não amparado por *habeas corpus* e *habeas data* (artigo 1º da Lei nº 12.016/09).

E com a revogação da Lei nº 1.533/51, é essencial o exame do artigo 5º da Lei nº 12.016/09 para se conhecer a possibilidade jurídica do mandado de segurança. É que este dispositivo refere que não se concederá mandado de segurança quando se tratar:

I – de ato do qual caiba recurso administrativo com efeito suspensivo, independentemente de caução;

II – de decisão judicial da qual caiba recurso com efeito suspensivo;

III – de decisão judicial transitada em julgado.

Nestes termos, a conjugação do artigo 1º com o artigo 5º, ambos da Lei nº 12.016/09, reflete a possibilidade jurídica do mandado de segurança.

Conforme se depreende, a nova lei afastou a impossibilidade jurídica e que impedia mandado de segurança quando havia recurso previsto em lei. Agora, com a Lei nº 12.016/09, é cabível mandado de segurança mesmo quando exista recurso em lei, desde que este não tenha efeito suspensivo. Outrossim, a nova lei afastou a questão tormentosa que obstaculizava o mandado de segurança quando a decisão era cabível de ser atacada por correição parcial.

E com relação a impossibilidade jurídica face à decisão judicial transitada em julgado, agora prevista pela nova lei, não é de se esquecer que isto já era prescrito pela Súmula 268 do Supremo Tribunal Federal, cujo texto se mantém: *não cabe mandado de segurança contra decisão judicial com trânsito em julgado.*

12.3.9. Competência

A competência para o processamento e o julgamento do mandado de segurança vem disciplinada em vários ditames legais. Existe previsão na Constituição Federal, nas leis federais, nas Constituições Estaduais, nas leis de organização judiciária e nos regimentos internos dos tribunais.

Por certo, a questão da competência do mandado de segurança deve ser examinada *ratione personae, materiae* e *loci*. Assim, faz-se mister, sempre, o conhecimento do coator, do crime e do lugar da coação.

Será competente o Supremo Tribunal Federal para processar e julgar originariamente o mandado de segurança contra atos do Presidente da República; das mesas da Câmara dos Deputados e do Senado Federal, do Tribunal de Contas da União, do Procurador-Geral da República e do próprio Supremo Tribunal Federal (102, I, alínea *d,* da CF). Destaca-se, ainda, a Súmula 624 do Supremo Tribunal Federal e que estabelece que não compete ao Supremo conhecer originariamente de mandado de segurança contra atos de outros tribunais (A própria Súmula 330 do Supremo Tribunal Federal já referia ser ele incompetente para conhecer de mandado de segurança contra atos dos tribunais de justiça dos estados.).

Será competente o Superior Tribunal de Justiça, nos moldes do artigo 105, I, alínea *b,* da Constituição Federal, para julgar *mandamus* contra ato de Ministro de Estado, dos Comandantes da Marinha, do Exército e da Aeronáutica ou do próprio Tribunal. Também, salienta-se a Súmula 41 do Superior Tribunal de Justiça, a qual dita que este tribunal não tem competência para processar e julgar, originariamente, mandado de segurança contra ato de outros tribunais ou dos respectivos órgãos.

Já o Tribunal Superior Eleitoral e o Superior Tribunal Militar serão competentes nas matérias específicas de suas alçadas.

Os Tribunais Regionais Federais e de Justiça dos Estados e do Distrito Federal, via de regra, têm competência para processar e julgar os mandados em que o coator for autoridade sujeita à sua jurisdição. É de se ressaltar que a Constituição Federal, em seu artigo 108, I, *c*, estabelece a competência dos Tribunais Regionais Federais para julgar os mandados de segurança contra ato do próprio Tribunal ou de juiz federal.

O juiz federal terá competência para julgar os mandados de segurança contra ato de autoridades federais excetuados, por óbvio, os casos de competência dos tribunais federais (artigo 109, VIII, da CF).

Já o juiz de direito terá competência residual e julgará mandado de segurança quando a autoridade coatora for sujeito à sua jurisdição.[573]

Por fim, a Súmula 376 do STJ informa que compete à turma recursal processar e julgar o mandado de segurança contra ato de juizado especial. Giza-se, que não existe previsão legal e que estabeleça cabimento ou competência de mandado de segurança contra turma recursal do juizado especial criminal, sequer contra ato de juiz integrante da turma.

12.3.10. Recursos

12.3.10.1. Recurso necessário

– Ex officio

A decisão que conceder o *mandamus* deverá sofrer recurso necessário, face aos termos do artigo 14, § 1º, da Lei nº 12.016/09 e que dispõe que concedida a segurança, a sentença estará sujeita obrigatoriamente ao duplo grau de jurisdição.

Giza-se que a Lei nº 10.352/01, que alterou o art. 475 do CPC, afasta o recurso necessário quando o direito controvertido for de valor certo não superior a 60 salários mínimos ou a sentença estiver fundada em jurisprudência do plenário do Supremo Tribunal Federal ou em súmula deste Tribunal ou do Tribunal Superior competente. Assim, por exemplo, se a sentença do juízo singular de 1º grau conceder mandado de segurança para liberar um bem no valor de 1 salário mínimo, o qual foi apreendido ilegalmente pela Polícia, não haverá necessidade de recurso de ofício.

12.3.10.2. Recurso voluntário

– Pedido de suspensão

Nos termos do art.15 da Lei nº 12.016/09, caberá agravo contra a decisão do presidente do tribunal que suspender a execução da liminar e da sentença. Porém, o § 1º deste próprio artigo preceitua que uma vez indeferido o pedido

---

[573] Giza-se que em se tratando de coação promovida por Delegado de Polícia em inquérito policial, uma vez que se trate de ato administrativo, o juiz competente deverá ser o da Fazenda Pública e não o criminal.

de suspensão ou provido este agravo, caberá novo pedido de suspensão ao presidente do tribunal competente para conhecer de eventual recurso especial ou extraordinário. Já o § 2º estabelece que é cabível também o pedido de suspensão a que se refere o § 1º, quando for negado provimento ao agravo de instrumento interposto contra a liminar relativa ao artigo 15.

– *Agravo*

Conforme o art. 7º, § 1º, da Lei nº 12.016/09, caberá agravo de instrumento contra a decisão do juiz de primeiro grau que conceder ou denegar a liminar.

Outrossim, forte no art.15 da Lei nº 12.016/09, caberá agravo contra a decisão do presidente do tribunal que suspender a execução da liminar e da sentença.

O art. 16, parágrafo único da aludida lei estabelece que da decisão do relator que conceder ou denegar a medida liminar caberá agravo ao órgão competente do tribunal que integre.

O art. 10, § 1º da Lei nº 12.016/09 preceitua que uma vez indeferida a inicial pelo relator vinculado ao tribunal, caberá agravo.

Destaca-se que a Súmula 506 do Supremo Tribunal Federal preceitua que caberá agravo contra o despacho do presidente que deferir a suspensão da liminar. Já a Súmula 217 do Superior Tribunal de Justiça preconiza que não cabe agravo de decisão que indefere o pedido de suspensão da execução da liminar, ou da sentença em mandado de segurança.

– *Agravo regimental*

A questão do agravo regimental tornou-se um tema interessante, frente à Lei nº 12.016/09.

No Supremo Tribunal Federal o agravo vem previsto no artigo 317 do regimento interno, e a Súmula 622, do próprio tribunal, preconiza que não cabe agravo regimental contra decisão do relator que concede ou indefere liminar em mandado de segurança. Nesta esteira, seguiu-se entendimento pela inaplicabilidade desta súmula, visto faltar harmonia com o próprio regimento *interna corporis*.[574] Outrossim, o próprio Supremo, decidiu pela inexistência de vinculação ou subordinação por parte dos tribunais pátrios à Súmula nº 622, tendo em vista a sua natureza processual. Assim, não se impediu que outros tribunais adotassem entendimento diverso, admitindo o agravo.[575]

Contudo, conforme o art. 16, parágrafo único da Lei nº 12.016/09, da decisão do relator que conceder ou denegar a medida liminar caberá agravo ao

[574] AgRg 827.242-MT, j.7.12.06.
[575] STF/Rcl-AgR 5082 / DF - J.19/04/2007 pelo Tribunal Pleno,

órgão competente do tribunal que integre. Também, indeferida a inicial pelo relator vinculado ao tribunal, caberá agravo. (art. 10, § 1º da Lei nº 12.016/09)

Nestas condições, a legislação federal responde a um problema, até então existente no sistema recursal pátrio.

No Superior Tribunal de Justiça, o agravo vem no artigo 258 do RISTJ.

No regimento interno do Tribunal de Justiça do Estado do Rio Grande do Sul, o artigo 260 estabelece o agravo regimental contra a decisão do relator que no mandado de segurança indeferir a inicial, conceder ou negar liminar, ou decretar a perempção ou a caducidade da medida.

Já no regimento interno do Tribunal Regional Federal da 4ª Região, o artigo 225 firma o agravo regimental.

– *Apelação*

Uma vez indeferida a inicial pelo juiz de primeiro grau, caberá apelação conforme o art. 10, § 1º da Lei nº 12.016/09. Outrossim, nos termos do art. 14 da Lei nº 12.016/09, contra a sentença que denegar ou conceder o mandado de segurança, caberá apelação.

Depreende-se, por óbvio, que a apelação somente será admitida contra decisório de juiz singular de primeiro grau.

– *Embargos declaratórios*

São cabíveis os embargos de declaração na decisão que julga o mandado de segurança sempre que a mesma contiver ambiguidade, obscuridade, contradição ou omissão (artigos 382 e 619 do CPP).

– *Recurso ordinário ao Superior Tribunal de Justiça*

O art. 105, II, *b*, da Constituição Federal estabelece o Superior Tribunal de Justiça como competente para julgar o mandado de segurança, em recurso ordinário, denegado em única instância pelos Tribunais Regionais Federais ou pelos tribunais dos Estados, do Distrito Federal e dos Territórios. Ilustra-se que o art.18 da Lei nº 12.016/09, prevê esta modalidade recursal.

– *Recurso ordinário ao Supremo Tribunal Federal*

Como preceitua o art. 102, II, *a*, da Constituição Federal, o Supremo Tribunal Federal decidirá mandado de segurança, em recurso ordinário, denegado em única instância pelos Tribunais Superiores. Outrossim, o art.18 da Lei nº 12.016/09, prescreve este recurso.

– *Recurso extraordinário*

Contra a decisão que julga mandado de segurança é cabível recurso extraordinário, desde que seja observada a possibilidade jurídica prevista no art. 102, III, da Constituição Federal. O Supremo Tribunal Federal será competente para julgar este recurso. A própria Lei nº 12.016/09, em seu art. 18, preceitua esta possibilidade de recurso.

– Recurso especial

Contra a decisão que julga mandado de segurança é cabível recurso especial, desde que seja observada a possibilidade jurídica prevista no art.105, III, da Constituição Federal. O Superior Tribunal de Justiça será o competente para julgar este recurso. O art.18 da Lei nº 12.016/09 também estabelece este recurso.

12.3.11. Cabimento

Será cabível o mandado de segurança quando for necessária a proteção do direito líquido e certo, não amparado por *habeas corpus* ou *habeas data*, sempre que, ilegalmente ou com abuso de poder, alguém sofrer violação ou houver justo receio de sofrê-la por parte de autoridade. Logo, o mandado de segurança será admitido quando observado os moldes do artigo 1º da Lei nº 12.016/09.

Porém, forte no artigo 5º da Lei nº 12.016/09, não será cabível o mandado de segurança, quando se tratar:

• De ato do qual caiba recurso administrativo com efeito suspensivo, independentemente de caução;

• De decisão judicial da qual caiba recurso com efeito suspensivo;

• De decisão judicial transitada em julgado.

12.3.11.1. De ato do qual caiba recurso administrativo com efeito suspensivo, independentemente de caução

Ora, se o ato admite recurso administrativo com efeito suspensivo, independente de caução, não há razão para impetração de mandado de segurança.

Indiscutivelmente, na seara administrativa, o inquérito policial é o norte mais seguro para exemplificar a possibilidade do *mandamus* no objetivo de nossos estudos. O artigo 5º, § 2º, do CPP refere que do despacho que indeferir o requerimento de abertura de inquérito policial caberá recurso para o chefe de polícia.[576] Assim, já se entendeu que este recurso administrativo é que é cabível para atacar decisão da autoridade policial que indefere o início das investigações, sendo inviável a impugnação judicial desta decisão.[577]

---

[576] Inicialmente destaca-se que nos dias de hoje, em muitos Estados, não existe mais a figura do Chefe de Polícia, mas, sim, do Secretário de Justiça ou Delegado-Geral, entre outros, como titular da pasta policial.
[577] RT 498/356.

Contudo, o *writ* não pode ser afastado, pois o despacho que indefere o requerimento de abertura de inquérito policial permite recurso administrativo sem efeito suspensivo. Ademais, a decisão do superior hierárquico nenhum efeito interruptivo ou suspensivo refletirá nos prazos legais e estatuídos ao instrumento protetivo do direito material líquido e certo. Assim, é de se admitir o mandado de segurança contra o indeferimento de instauração de investigação policial.

Também, as decisões das comissões parlamentares de inquérito servem como outro exemplo que podem ofender o direito líquido e certo. Se existir recurso administrativo com efeito suspensivo, este é que deverá ser promovido contra as decisões. Caso contrário, mandado de segurança. Estudando um caso concreto, refere Vieira (2000, p. 237):

> No caso a seguir, decretou-se a indisponibilidade de bens de réu increpado da prática do delito de quadrilha ou bando, sob pretexto de ser exigível a medida como garantia da instrução criminal.
> Não afetando a providência a liberdade de ir e vir, e não acobertada por reclamação ou correição parcial, fez-se necessário recorrer a mandado de segurança.

Não é demais lembrar que, nestes casos, o impetrado não será a comissão, mas, sim, o presidente da comissão. Como professa Castro (1994, p. 117):

> O mandado de segurança só pode ser endereçado contra quem pode rever ou corrigir o ato praticado contra legem. Daí, o Presidente de CPI municipal, em nome da Comissão, é que será o impetrado [...]

E este aspecto é importante, pois a indicação errada da autoridade coatora inviabiliza o mandado de segurança.[578]

12.3.11.2. De decisão judicial da qual caiba recurso com efeito suspensivo

Anteriormente, na vigência da Lei nº 1.533/51, a regra era que o mandado de segurança seria inadmissível para atacar ato judicial quando, para este decisório fosse cabível recurso ou correição parcial. Neste sentido, inclusive, seguia a Súmula 267 do STF com a prescrição de que não cabe mandado de segurança contra ato judicial passível de recurso ou correição. Muito embora o Supremo Tribunal Federal tivesse abrandado esta orientação, admitindo mandado de segurança contra decisão judicial que comportasse recurso ou correição, desde que do ato impugnado ocorresse dano irreparável ao impetrante, cabalmente demonstrado,[579] a nova lei do mandado de segurança veio a resolver a questão.

É que nos termos do art. 5º, II, da Lei nº 12.016/09, resta expresso que não se concederá mandado de segurança quando se tratar de decisão judicial da qual caiba recurso com efeito suspensivo. A lógica deste ordenamento está no

---
[578] STF, RMS 22780. DJ 04.12.98
[579] RT592/321.

aspecto de que se a decisão pode ser atacada via recurso com efeito suspensivo, não há razão para impetração de mandado de segurança.

É de se lembrar que antes da Lei 12.106/09, era comum a impetração de mandado de segurança para dar efeito suspensivo ao recurso que não o tinha, promovido contra a decisão objurgada. Assim, a partir da nova lei se a decisão permitir recurso, mas este não suspender o decisório, caberá mandado de segurança.

Como exemplo prático podemos observar o agravo da execução criminal, cuja previsão no artigo 197 da Lei nº 7.210/84 não o estabelece com efeito suspensivo. Assim, uma vez que a decisão do juiz da execução criminal ofenda direito líquido e certo, caberá mandado de segurança.

12.3.11.3. De decisão judicial transitada em julgado

Sempre foi controvertida a questão sobre a possibilidade do mandado em processo findo. A Súmula 268 do Supremo Tribunal Federal já referia a impossibilidade do mandado de segurança contra decisão judicial com trânsito em julgado. Neste sentido, seguiram-se julgados,[580] inclusive destacando que não havia direito mais líquido e certo do que uma sentença transitada em julgado.[581]

Então, a partir da Lei nº 12.016/09, em seu artigo 5º, III, temos expressa a impossibilidade jurídica do mandado de segurança, quando se tratar de decisão judicial transitada em julgado.

Contudo, entendemos que esta regra não pode ser tida como absoluta. É que ocorrerão situações em que haverá a necessidade de se reformar questões jurídicas findas, face à cristalina ofensa ao direito líquido e certo. Por certo se tratam de situações excepcionais, em especial quando a coisa julgada contém vícios insanáveis. Exemplo: um adolescente resta condenado criminalmente ao pagamento de uma multa, em processo findo. Como se trata de parte ilegítima passivamente em processo criminal, é de se entender cabível o mandado de segurança, mesmo contra esta decisão judicial transitada em julgado, face à cristalina nulidade absoluta e impossibilidade de ser sanada através de *habeas corpus*.

Destacamos, que já se admitiu o *mandamus* contra a decisão transitada em julgado.[582] Entrementes, é de se gizar, jamais caberá mandado de segurança contra sentença absolutória julgada a termo. É que neste caso, este decisório não admite revisão *pro societate*.

---

[580] RT431/263. Mesmo sentido: RT 470/308.
[581] JUTACRIM-SP 66/178.
[582] RT 507/158. Mesmo sentido: RT 513/178 e 512/183.

12.3.12. Procedimento

O procedimento do mandado de segurança é semelhante ao *habeas*: simples e sumário e tem prioridade sobre todos os atos judiciais, salvo o *habeas corpus*, devendo ser julgado, quando possível, na primeira sessão.

É imprescindível se conhecer a Lei nº 12.016/09, para se compreender o procedimento. E, conforme o art. 27 desta própria lei, os regimentos dos tribunais e, no que couber, as leis de organização judiciária deverão ser adaptados às novas disposições legais.

Ilustra-se que no Supremo, o mandado de segurança vem redigido a partir do artigo 200 do regimento interno. No Tribunal Superior, o mandado de segurança vem estatuído a partir do artigo 211 de seu regimento. No Tribunal de Justiça gaúcho, o mandado de segurança vem descrito nos artigos 258 e seguintes do regimento interno. Já no Tribunal Regional Federal da 4ª Região, o mandado vem a partir do artigo 163 do regramento *interna corporis*.

Examinando-se a Lei nº 12.016/09, em especial seus artigos 6º, 7º e incisos, 9º, 11º, 12º e 13º, poderemos depreender o seguinte procedimento em síntese do mandado de segurança, frente ao juiz singular:

1- Distribuição do mandado de segurança, em duas vias, para o julgador. Giza-se que estas duas vias deverão ser do petitório, bem como dos documentos que acompanham. A petição inicial deverá observar as regras dos artigos 282 e 283 do CPC, indicando além da autoridade coatora, a pessoa jurídica que esta integra, à qual se acha vinculada ou da qual exerce atribuições, bem como contendo valor da causa.

2- Ao receber o pedido, o Juiz ordenará:

• Que se notifique o coator do conteúdo da petição inicial, enviando-lhe a segunda via apresentada com as cópias dos documentos, a fim de que, no prazo de 10 dias, preste as informações;

• Que se dê ciência do feito ao órgão de representação judicial da pessoa jurídica interessada, enviando-lhe cópia da inicial sem documentos, para que, querendo, ingresse no feito;

• Que se suspenda o ato que deu motivo ao pedido, quando houver fundamento relevante e do ato impugnado puder resultar a ineficácia da medida, caso seja finalmente deferida, sendo facultado exigir do impetrante caução, fiança ou depósito, com o objetivo de assegurar o ressarcimento à pessoa jurídica.

3- Em caso de medida liminar, uma vez notificadas, as autoridades administrativas terão prazo de 48 horas para remeter ao Ministério ou órgão a que se acham subordinadas e ao Advogado-Geral da União ou a quem tiver a representação judicial da União, do Estado, do Município ou da entidade apontada como coatora, cópia da notificação, bem como as indicações e elementos necessários às providências a serem tomadas para a eventual suspensão da medida e defesa do ato apontado como ilegal ou abusivo de poder;

4- Promovidas às devidas notificações, deverá ser juntado aos autos cópia autêntica dos ofícios endereçados ao coator e ao órgão de representação judicial da pessoa jurídica interessada e demonstração de que estas notificações foram entregues. Em caso de impetração por telegrama, radiograma, fax ou outro meio eletrônico, deverá ser demonstrada a comprovação da remessa;

5- Após o prazo de 10 dias para as informações, sejam elas apresentadas ou não, será dado vista ao Ministério Público pelo prazo, também, de 10 dias, improrrogáveis, sendo que com ou sem parecer, os autos seguirão para sentença que deverá ser proferida em 30 dias;

6- Procedente o pedido, será informada a autoridade coatora, bem como a pessoa jurídica interessada, sobre o inteiro teor da decisão.

7- Contra a sentença do julgador caberá recurso de apelação.

12.3.13. Considerações

12.3.13.1. Exemplos de cabimento de mandado de segurança criminal

• contra indeferimento do juízo criminal de pedido de quebra de sigilo telefônico;[583]

• contra decisão do juízo criminal que determina apreensão de mercadorias em quantidade superior à necessária para a perícia;[584]

• contra decisão do juízo criminal que indefere a restituição da coisa apreendida;[585]

• contra indeferimento do juízo criminal para habilitação de assistente de acusação;[586]

• contra decisão do juízo criminal que indefere pedido de vista de processo feito por advogado.[587]

Neste sentido é de se lembrar a Súmula vinculante n° 14 do Supremo, que prescreve que é direito do defensor, no interesse do representado, ter acesso amplo aos elementos de prova que, já documentados em procedimento investigatório realizado por órgão com competência de polícia judiciária, digam respeito ao exercício do direito de defesa.

---

[583] STJ- ROMS 15.965, DJU 19.01.03.
[584] RT 613/320
[585] RT592/321. Mesmo sentido: 606/331 e 607/305.
[586] RT150/524. Mesmo sentido: RT577/386, JTACrim SP 74/179.
[587] É direito do advogado ter vista do processo judicial. (artigo 7°, XV, da Lei n°8.906/94)

12.3.13.2. Direito líquido e certo

A perífrase *direito líquido e certo* foi cunhada pelos pretórios, e não pelos legisladores. Tanto que artigo 113, item 33, da Constituição Federal de 1934 referia o direito *certo e incontestável* quando já havia vozes no Supremo Tribunal Federal aludindo o direito líquido e certo.

Mas o que é direito líquido e certo? Este circunlóquio, por ser alicerce do mandado de segurança, necessita ser dissecado para melhor compreensão.

Inicialmente, observamos que direito é o poder decorrente da lei. Desta forma, a expressão *direito* se refere ao que faz jus o próprio indivíduo, e não o direito em si, exposto na norma jurídica. Assim, a tutela do mandado de segurança está jungida ao direito subjetivo, e não à lei, a qual não necessita de proteção, pois impera sem dúvidas.

Quanto ao aspecto da liquidez e certeza, é de se destacar que se trata de expressão infeliz. O vocábulo *líquido* nada se relaciona com a liquidez das obrigações, sequer com o vetusto artigo 1.533 do Código Civil de 1916 e que considerava líquida a obrigação certa, quanto à sua existência, e determinada, quanto ao seu objeto. Conforme professa Meirelles, sobre o circunlóquio *líquido e certo* (2003, p. 37):

> É um conceito impróprio – e mal-expresso – alusivo a precisão e comprovação do direito quando deveria aludir a precisão e comprovação dos fatos e situações que ensejam o exercício desse direito.

Desta forma, o *líquido*, por não ter ligação umbilical com as obrigações, resta como reforço, ou própria tautologia, para o *certo*, buscando delinear o afastamento da dúvida. Assim, face ao desprezável interesse em se buscar dividir liquidez de certeza, este complexo de palavras reproduz o fato certo, ou seja, aquele que é provado de imediato.

Líquido e certo é o que se apresenta evidente na sua existência, delimitado em sua extensão e comprovado de plano. Veja-se que o direito, quando existente, é sempre líquido e certo, diferentemente dos acontecimentos, que podem ser imprecisos, exigindo demonstração para a aplicação do Direito.

Nas lições de Barbi (2000, p. 53):

> Conceito de líquido e certo é tipicamente processual, pois atende ao modo de ser de um direito subjetivo no processo: a circunstância de um determinado direito subjetivo realmente existir não lhe dá a caracterização de liquidez e certeza; esta só lhe é atribuída se os fatos em que se fundar puderem ser provados de forma incontestável, certa, no processo.

Logo, objetiva-se a revelação de um fato incontestável, próprio de um *direito líquido e certo*.

12.3.13.3. Legitimidade do litisconsorte necessário

Ainda na vigência do artigo 19 da Lei nº 1.533/51, fornecido pela Lei nº 6.071/74, que estabelecia a aplicação ao processo de mandado de segurança dos artigos do Código de Processo Civil sobre o litisconsórcio, restava a obrigação de citação de outros interessados para integrarem a ação (artigo 47, parágrafo único, do CPC).[588]

Tal determinação legal se harmonizava com a Súmula nº 631 do Supremo Tribunal Federal na prescrição de que extingue-se o processo de mandado de segurança se o impetrante não promover, no prazo assinado, a citação do litisconsorte passivo necessário.

Como se depreende, a ideia central sempre foi de que, em havendo possibilidade do decisório afetar relação jurídica com terceiros, nasce à necessidade de se observar a figura do litisconsórcio necessário. Porém, para Thompson Flores Neto:

> Mandado de segurança é ação constitucional *sui generis*. É ação tão especial que não há réu. A autoridade impetrada não é citada, portanto, não contesta a inicial. Simplesmente é notificada para prestar informações sobre a omissão ou ato reputado ilegal. Ou seja, é tão-só instada a informar ao julgador porque agiu ou se omitiu.
>
> Essa peculiar característica, por si só, evidencia a inviabilidade lógica e técnica de formação de litisconsórcio passivo necessário, que, nos termos do art. 47 do CPC, só se dá entre réus, em ações cuja lide deva ser decidida de forma uniforme. Como não há réus, logo, não há lide típica, e a ação é decidida tendo em conta, estritamente, a verificação da legalidade ou ilegalidade da omissão ou do ato da autoridade impetrada, inconcebível a formação de qualquer espécie de litisconsórcio passivo.

A par disto, nova regra se impôs com a Lei nº 12.016/09. É que este novo diploma passou a estabelecer que deverão ser cientificados no feito do mandado de segurança além da autoridade coatora, a pessoa jurídica interessada e vinculada a esta. Logo, desde o início do feito passam a ser legitimados passivamente a autoridade que praticou o ato impugnado e a pessoa jurídica que esta integra, à qual se acha vinculada ou da qual exerce atribuições.

Por fim, face à omissão da lei no que se refere ao réu no processo penal, segue a Súmula nº 701 do excelso e que preceitua que no mandado de segurança impetrado pelo Ministério Público contra decisão proferida em processo penal, é obrigatória a citação do réu como litisconsorte passivo.

12.3.13.4. Da prova no mandado de segurança

Como foi visto, direito líquido e certo é o que se apresenta de forma manifesta na existência, delimitado na extensão e comprovado de plano. Assim, a

---

[588] O artigo 48 do CPC refere que os litisconsortes serão considerados, em suas relações, como parte adversa, litigantes distintos.

indiscutibilidade dos fatos deve ser provada documentalmente, razão pela qual o mandado de segurança deverá ser interposto acompanhado de uma prova pré--constituída.

Comungamos com o entendimento de que é possível que sejam trazidos outros documentos, em momento distinto, desde que sejam necessários face à questão superveniente.

Contudo, a inexistência de documentos não significa óbice à impetração, pois as informações da autoridade coatora poderão servir para embasar o pedido. Outrossim, poderá o impetrante, face à recusa da autoridade em fornecer-lhe documentos, requerer ao juízo tal exibição para permitir a instrução necessária ao deferimento do *mandamus* (artigo 6º, § 1º, da Lei nº 12.016/09).

12.3.13.5. Autoridade coatora

Conforme preleciona Teixeira Filho (1994, p. 107/108):

> A legitimidade para integrar o pólo passivo da relação jurídica processual decorrente do exercício da ação de segurança será sempre a autoridade pública praticante de ato que tenha lesado, ou ameace lesar, direito líquido e certo do impetrante.
>
> [...]
>
> Para os efeitos do mandado de segurança, devemos observar que a pessoa jurídica pode ser pública (União, Estado-membro, Distrito Federal, Município ou autarquia) ou privada, contanto que no exercício de atribuições do poder público. Ao estabelecer a atual Constituição da República que "incumbe ao Poder Público, na forma da lei, diretamente ou sob regime de concessão ou permissão, sempre através de licitação, a prestação de servíoes públicos" (art.175), fica evidente a possibilidade de o poder público delegar funções, hipótese em que se o agente da pessoa jurídica, no exercício de funções delegadas, praticar ato que viole ou ameace violar direito líquido e certo do indivíduo, este poderá fazer uso do mandado de segurança para restaurar o direito ou afastar o risco de lesão.
>
> [...]
>
> Como sujeito passivo na relação processual existente na ação de segurança é a autoridade pública, que tenha praticado o ato lesivo ou molestador de direito, fica vetado o uso do *mandamus* em relação à pessoa jurídica de direito privado

Desta forma, para ser coator, é necessário que a pessoa esteja no exercício de função pública, seja de forma direta ou através de delegação. Porém, não se deve confundir autoridade coatora com a pessoa jurídica que esta integra, à qual se acha vinculada ou da qual exerce atribuições, conforme prevê a Lei nº 12.016/09.

Diferentemente do *habeas*, o mandado de segurança não admitirá coator particular. Assim, caso a pessoa física, ou jurídica de direito privado sem poder (serviço) delegado, ofenda direito líquido e certo, a forma de proteção não será através do *mandamus*, mas, sim, através de ações comuns previstas na processualística.[589]

12.3.13.6. Natureza jurídica do mandado de segurança

Alguns referem ser o mandado uma causa,[590] outros de que se trata de medida acautelatória.[591] Ora, o mandado de segurança é uma ação impugnativa autônoma, pois gera relação processual independente, com vinculação jurídica própria. Poderá até ter aparência recursal ou cautelar, mas jamais deixará de ser uma ação impugnativa autônoma.

Com relação à característica desta natureza jurídica, de um lado brotam entendimentos de que o mandado é eminentemente civil, mas que esta sua especial condição não o impede de ser utilizado na esfera processual penal.[592] Já outros entendem que o mandado de segurança tem característica de ação civil própria, sendo que uma vez promovido na seara criminal terá feições de ação penal. Cogan (1990, p.90/91) refere:

> Diversamente do que conceituam alguns autores, o mandado de segurança não será sempre ação civil. Tem ele cabimento dentro desse conceito quando, no processo penal, for empregado para dirimir questões incidentais que não ponham fim ao processo nem digam respeito ao *status libertatis* do réu.

Para nós, o mandado de segurança terá contornos de ação civil, quando sua finalidade for efetivamente civil, ou de ação criminal, quando integrado na seara processual penal. Assim, a característica da natureza da ação do mandado de segurança estará vinculada a sua finalidade.

12.3.13.7. Eficácia preponderante no mandado de segurança

O mandado de segurança é uma ação mandamental que visa a atacar um ato tido como ilegal. Assim, sua eficácia preponderante se revela como um mandar. Porém, é possível se reconhecer, concomitantemente, outras eficácias:

Cautelar, firmada na antecipação do pedido. Exemplo: Quando a liminar conceder efeito suspensivo imediato;

Constitutiva, quando o mandado criar, modificar ou extinguir uma situação jurídica. Exemplo: Nulificar uma decisão face ao vício absoluto;

---
[589] Exemplo: Ação cautelar inominada com pedido de liminar.
[590] Revista Forense vol. 86, p. 404.
[591] Arquivo Judiciário vol. 39 p. 346.
[592] RTJ 148/802.

Declaratória, quando o mandado buscar a declaração de existência ou inexistência de uma relação jurídica. Exemplo: Declarar o direito de receber, em devolução, a coisa apreendida.

Condenatório, quando, por exemplo, condenar ao pagamento de custas.[593]

12.3.13.8. Forma de impetração

O mandado de segurança tem rígida forma de interposição, contrastando-se com o *habeas corpus*.

Conforme o art.6º da Lei 12.016/09, o pedido deverá ser apresentado em duas vias, com cópias dos documentos em ambas. Uma restará com o Juiz e a outra será enviada à autoridade apontada como coatora. Porém, considerando que o juiz deverá, ainda, dar ciência do feito ao órgão de representação judicial da pessoa jurídica interessada, enviando-lhe cópia da inicial (art. 7º, II), haverá agilidade se o impetrante apresentar o pedido em três vias.

O pedido será subscrito por quem possua capacidade postulatória (Exemplo: advogado, representante do Ministério Público etc.).

Conforme dispõe o artigo 4º da Lei nº 12.016/09, o mandado de segurança, em caso de urgência, poderá ser impetrado por telegrama, radiograma, fax ou outro meio eletrônico de autenticidade comprovada. Entendemos que não cabe mandado de segurança por telefone, pois o mesmo não foi albergado pela nova disposição legal.

12.3.13.9. Requisitos da petição do mandado de segurança

A ação de mandado de segurança obriga a determinado rigorismo para promoção, de forma bem distinta ao pedido de *habeas corpus,* por exemplo.

O artigo 6º da Lei nº 12.016/09 estabelece que a petição inicial deverá preencher os requisitos estabelecidos pela lei processual. Assim, devem ser observados os artigos 282 e 283 do Código de Processo Civil.

12.3.13.10. Mandado de segurança e matéria de fácil cognição

O procedimento sumaríssimo do mandado não admite cursivo instrutório, já que o direito a ser pleiteado deve ser aquele visualizado de plano.

Veja-se que se o mandado de segurança, destinado a proteger, apenas, o direito líquido e certo, ou seja, aquele direito comprovado de imediato, se deparar com a necessidade de dilação probatória, o mesmo restará prejudicado. É que não é possível na ação mandamental o exame de provas com profundidade

---

[593] Não há condenação em honorários advocatícios. (art.25 da Lei nº12.016/09)

de conhecimento. Neste sentido, julgados entendem pelo incabimento do mandado de segurança quando frente à questão de alta indagação.[594]

Mas atenção, não se pode confundir questão de profunda cognição com eventual polêmica sobre o direito. Neste sentido, inclusive, segue a Súmula 625 do Supremo Tribunal Federal e que preceitua que controvérsia sobre matéria de direito não impede concessão de mandado de segurança.

12.3.13.11. Da liminar/antecipação em mandado de segurança

A parte pode requerer uma medida imediata. Porém, o artigo 7º, III da Lei 12.016/09 revela que o juiz, de ofício, poderá ordenar que se suspenda o ato que deu motivo ao pedido, quando houver fundamento relevante e do ato impugnado puder resultar a ineficácia da medida, caso seja finalmente deferida.

Assim, a nova lei permite reconhecer na medida precoce uma efetiva tutela antecipada, pois conforme se observa do texto legal, o juiz ao determinar a suspensão do ato, razão do pedido mandamental, vincula-se ao texto do pedido e ao êxito de seu deferimento.

Como se sabe a doutrina estende à liminar, a imperiosidade da existência do *periculum in mora* (risco que a demora na prestação jurisdicional possa acarretar ao direito, provocando-lhe danos irreparáveis) e *fumus bonis iuris* (existência de plausibilidade do direito invocado).[595] Logo, tecnicamente, o que existe no mandado de segurança é uma verdadeira antecipação provisória da decisão que se pretende com o pedido mandamental, que resta chamada de liminar.

12.3.13.12. Suspensão da liminar concedida

Nos termos da nova lei, o presidente do tribunal, com competência para julgar eventual recurso no processo de mandado de segurança, frente ao requerimento de pessoa jurídica de direito público interessada ou do Ministério Público e para evitar grave lesão à ordem, à saúde, à segurança e à economia públicas, poderá suspender a execução da liminar e da sentença. Desta forma, o artigo 15 e seus parágrafos, da Lei 12.016/09, regulam a questão.

Giza-se que tal questão já era, de forma semelhante, objeto de regramento pelo regimento interno do Supremo Tribunal Federal no artigo 297, bem como pelo regimento interno do Superior Tribunal de Justiça no artigo 271.

---

[594] RT 670/ 332. Mesmo sentido: JUTACRIM-SP 59/138, e STJ RMS 5.074-Tel. Édson Vidigal- DJU 9.10.95, p.33.581.
[595] RTJ 112/140. Mesmo sentido: RT 627/281.

12.3.13.13. Da perda de eficácia da liminar

A Lei nº 4.348/64, que em seu artigo 1º, *b*, limitava a eficácia da liminar em 90 dias, admitida a prorrogação para mais 30 dias, restou revogada pelo artigo 29 da Lei nº 12.016/09.

É óbvio que a decisão precária não pode ter duração quase infinita, porém se sacrificar o impetrante quando a delonga processual não é de sua responsabilidade é absurdo jurídico.

Agora, o artigo 8º da Lei 12.016/09 estabelece que será decretada a perempção ou caducidade da medida liminar *ex officio* ou a requerimento do Ministério Público quando, concedida a medida, o impetrante criar obstáculo ao normal andamento do processo ou deixar de promover, por mais de 3 (três) dias úteis, os atos e as diligências que lhe cumprirem.

12.3.13.14. Efeitos da liminar no mandado de segurança

Existe entendimento de que se deferida a liminar e julgado improcedente o mandado de segurança, deverá haver, explicitamente, a reforma da liminar, sob pena de a mesma perdurar enquanto não transitar em julgado o feito. Professa Friede (2002, 100):

> Daí porque, ao ser julgado improcedente o pedido meritório, há necessidade de se suspender expressamente a liminar eventualmente deferida, sem o que se deve entender que continua a medida a produzir seus efeitos até que transite em julgado a sentença.

Não pensamos assim. Uma vez sendo a liminar no mandado de segurança uma medida de tutela antecipada, temos que o deferimento da decisão antecipatória restará, sempre, prejudicado e reformado implicitamente quando a decisão terminal for pelo indeferimento do *mandamus*. E nesta esteira, segue a Súmula 405 do Supremo Tribunal Federal que informa que denegado o mandado de segurança pela sentença, ou no julgamento do agravo,[596] fica sem efeito a liminar concedida, retroagindo os efeitos da decisão contrária.

Por sua vez, o art. 7º, § 3º, da Lei 12.016/09, preceitua que os efeitos da medida liminar, salvo se revogada ou cassada, persistirão até a prolação da sentença.

De outra banda, não é de se olvidar os termos da Súmula 626 do Supremo Tribunal Federal e que estabelece que a suspensão da liminar em mandado de segurança, salvo determinação em contrário da decisão que a deferir, vigorará até o trânsito em julgado da decisão definitiva de concessão da segurança ou, havendo recurso, até a sua manutenção pelo Supremo Tribunal Federal, desde

---

[596] Leia-se *agravo* em vez de *apelação*.

que o objeto da liminar deferida coincida, total ou parcialmente, com o da impetração.

12.3.13.15. Notificação no mandado de segurança

Conforme dispõe o artigo 7º, I e II, da Lei nº 12.016/09, o juiz ordenará que seja notificado o coator do conteúdo da petição inicial, para que em 10 dias preste as informações, bem como determinará ciência ao órgão de representação judicial da pessoa jurídica interessada, enviando-lhe cópia da inicial para que, querendo, ingresse no feito.

Por esta disposição, temos, indubitavelmente, que o que existe é uma comunicação para apresentar informações ou ingressar no feito, mas não citação para defender-se ou contestar a ação de segurança.

E não poderia ser diferente, pois se tratando o mandado de segurança de uma ação de proteção do direito líquido e certo não se poderia imaginar que em vez da notificação ocorresse, sim, uma citação para que fosse promovida contestação contra uma matéria incontroversa.

Contudo, a informação prestada pela autoridade coatora pode ter, sim, um caráter justificatório. Ou seja, para esclarecer o motivo que determinou o ato, então fustigado pelo mandado de segurança. Assim, ensina Sidou (1998, p. 196/197):

> A informação do sujeito passivo do mandado de segurança, ou coator, equivale genericamente à resposta do réu em que se atém o Código de Processo Civil no art. 297, e especificamente à contestação, via da qual é lícito à parte defender-se. Defender-se alegando senão todas pelo menos quase todas as circunstâncias que, em preliminar, desarmam o autor, dentro da peculiaridade processual do mandado de segurança, e, no mérito, justificam o ato acoimado de agravar direito.

Destarte, a informação prestada pode vir carregada de argumentos que busquem afastar o direito exposto pelo impetrante. Mas seja como for, tal informação será provocada mediante notificação.

12.3.13.16. Mandado de segurança e embargos de terceiros

É possível que haja a constrição de bens, adquiridos pelo indiciado ou réu, com os proventos da infração, ainda que já tenham sido transferidos a terceiros. Eventual ilegalidade deste ato poderá ser objurgada através de embargos de terceiros. Inclusive, no caso de sequestro, os artigos 129 e 130 do CPP preveem, expressamente, a admissão dos embargos face à medida assecuratória. Assim, os embargos de terceiros estatuídos na processualística civil, artigos 1046 e seguintes do CPC, servirão, outrossim, na seara penal.

Para Soares (1977, p. 374):

Consideram-se embargos de terceiro o meio regular de defesa, oposto por quem, não tendo sido parte ativa na lide, mas se julgando prejudicado, intervém no feito para salvaguardar seus direitos sobre os bens penhorados, arrecadados, arrestados ou seqüestrados, vendidos em praça pública.

Ocorre que se o ato de desapossamento refletir em uma ofensa ao direito líquido e certo é viável que os embargos sejam preteridos em nome do mandado de segurança criminal. Desta forma, se a matéria não for de alta indagação e se afaste da complexidade probatória, o mandado será a ação útil pela agilidade.

12.3.13.17. Mandado de segurança e a Lei nº 9.099/95

É possível ser promovido mandado de segurança contra decisão de Juiz da vara do Juizado Especial Criminal. Nestas condições, a Turma recursal será competente para o julgamento dos mandados de segurança. E é neste sentido que seguem os julgados do pretório gaúcho.[597]

Já contra o ato da Turma recursal não caberá mandado de segurança dirigido a outro tribunal. Conforme se entende, será da competência recursal do sistema dos juizados especiais os atos da Turma recursal.[598] Assim, contra a decisão da Turma recursal não caberá mandado de segurança para o Tribunal de Justiça.[599]

Ademais, a impossibilidade de se promover mandado de segurança contra a decisão da turma recursal, direcionando-o ao Supremo Tribunal Federal ou para o Superior Tribunal de Justiça, vem do próprio texto constitucional. Basta ver que a Constituição, em seu artigo 102, I, *d*, admite o julgamento do mandado pelo Supremo contra atos do Presidente da República, das mesas da Câmara dos Deputados e do Senado Federal, do Tribunal de Contas da União, do Procurador-Geral da República e do próprio Supremo Tribunal Federal. E o artigo 105, I, *b*, da Carta Magna prevê o julgamento do mandado pelo Superior Tribunal de Justiça quando se buscar atacar ato de Ministro de Estado, dos Comandantes da Marinha, do Exército e da Aeronáutica ou do próprio tribunal.

Da mesma forma, não serão admitidos recursos ordinários contra as decisões denegatórias de mandado de segurança proferidas pelas turmas recursais

---

[597] Revista dos Juizados Especiais, R/S, Tribunal de Justiça: nº 32-33/52, mandado de segurança nº 71000220848, j. 29.11.01. Mesmo sentido: nº 22/66, mandado de segurança nº 196265458, j.5.06.97 e nº 17/85, mandado de segurança nº 1196865297, j. 22.07.96.

[598] Revista dos Juizados Especiais, R/S, Tribunal de Justiça: nº 18/58.

[599] Revista dos Juizados Especiais, RS, Tribunal de Justiça: nº 34-35/77, mandado de segurança nº 598012508. Mesmo sentido: Revista dos Juizados Especiais, RS, Tribunal de Justiça: nº 34-35/77, mandado de segurança nº 599038494 e mandado de segurança nº 598014843.

do juizado especial criminal, ao Supremo Tribunal Federal[600] ou ao Superior Tribunal de Justiça.[601]

Giza-se, que sequer existe previsão legal e que estabeleça cabimento ou competência de mandado de segurança contra ato de juiz integrante da turma.

12.3.13.18. Mandado de segurança do parquet e citação do acusado

O acusado deve ser sempre instado a se manifestar sobre o mandado de segurança promovido pelo *parquet* contra decisão do Juiz no feito criminal. Por certo, o réu terá interesse sobre eventual objurgação processual, razão que lhe será assegurada possibilidade de intervir na ação mandamental e que objetiva a reforma de um ato judicial.

Este entendimento, já pacífico junto ao Supremo Tribunal Federal,[602] foi cristalizado pela Súmula nº 701 do STF e que informa que no mandado de segurança impetrado pelo Ministério Público contra decisão proferida em processo penal, é obrigatória a citação do réu como litisconsorte passivo.

12.3.13.19. Mandado de segurança e a coisa julgada

O artigo 19 da Lei nº 12.016/09 preceitua que a sentença ou o acórdão que denegar mandado de segurança, sem decidir o mérito, não impedirá que o requerente, por ação própria, pleiteie os seus direitos e os respectivos efeitos patrimoniais. Desta forma, nestas situações não haverá coisa julgada material.

A Súmula nº 304 do Supremo Tribunal Federal já preconizava que a decisão denegatória de mandado de segurança, não fazendo coisa julgada contra o impetrante, não impede o uso da ação própria.

Assim, por exemplo, se o pronunciamento do juiz for no sentido de não deferir a petição inicial por inépcia, por não concorrerem os pressupostos processuais ou as condições da ação, o juiz findará o feito através de decisão que, uma vez transitada em julgada, por não resolver o mérito, não afastará a permissibilidade de nova impetração de mandado de segurança ou a promoção de alguma outra ação. Porém, se a decisão do mandado de segurança houver julgado o mérito do pedido, uma vez transitada em julgado, haverá, sim, coisa julgada material e inviabilidade de nova discussão. Neste sentido, vem a lição de Buzaid, (1989, p. 253)

---

[600] STF-RMS AgR 26058/DF. DJ 02.03.07

[601] STJ RMS 19125/BA, DJ.12.09.05

[602] HC 76660, HC 75025.

Donde se conclui que, concedendo ou denegando a segurança, a sentença faz coisa julgada sempre que o órgão judiciário aprecia o mérito.

Destarte, o exame do mérito é essencial para se admitir ou não nova ação.

12.3.13.20. Mandado de segurança contra a coisa julgada

A Lei nº 12.016/09, em seu artigo 5º, III, preceitua a impossibilidade jurídica do mandado de segurança contra decisão judicial transitada em julgado. Esta nova regra se harmoniza com a Súmula 268 do Supremo Tribunal Federal a qual estabelece que não cabe mandado de segurança contra decisão judicial com trânsito em julgado. Destaca-se que os julgados já se seguiam nesta esteira,[603] inclusive destacando não existir direito mais líquido e certo do que uma sentença transitada em julgado.[604]

Entretanto, mantemos o entendimento de que esta regra não pode ser tida como absoluta. É que existirão situações excepcionais em que haverá a necessidade de se reformar decisões judiciais transitadas em julgado face às máculas irremediáveis. Como exemplo, retornamos ao do adolescente que resta condenado criminalmente ao pagamento de uma multa, em processo findo. Como se trata de parte ilegítima passivamente em processo criminal e não haverá possibilidade de prisão, o que torna incabível o *habeas corpus,* entendemos pela possibilidade do mandado face à decisão finda ser absolutamente nula.

Destacamos, que já se admitiu o *mandamus* contra a decisão transitada em julgado.[605] Entrementes, é de se gizar que jamais caberá mandado de segurança contra sentença absolutória julgada a termo. É que neste caso, o decisório não admite revisão *pro societate*.

12.3.13.21. Distinção do mandado de segurança da correição parcial

Na revogada Lei 1.533/51, o artigo 5º, II, estabelecia o não cabimento do mandado quando a decisão pudesse ser modificada mediante correição parcial. Assim, a doutrina era impecável na demonstração da distinção entre o mandado e a correição, sendo esta conceituada como um sucedâneo recursal que busca corrigir *error in procedendo*[606] e não *error in judicando,*[607] o que é próprio do

---

[603] RT431/263. Mesmo sentido: RT 470/308.

[604] JUTACRIM-SP 66/178.

[605] RT 507/158. Mesmo sentido: RT 513/178 e 512/183.

[606] "A correição parcial é medida para combater aqueles despachos de juízes que, por erro ou abuso, constituírem inversão tumultuária da ordem dos atos processuais, vale dizer, *error in procedendo*". JUTACRIM-SP 70/180. Mesmo sentido: RT 378/301 e 411/292.

[607] "A correição parcial não é medida para combater *error in judicando*, e sim aqueles despachos de Juízes que, por erro ou abuso, constituírem inversão tumultuária da ordem legal dos atos processuais, vale dizer, *error in procedendo*". JUTACRIM-SP 71/185. RJD 18/146 e RT 393/213.

mandado que se traduz como ação impugnativa autônoma que visa tutelar direito líquido e certo não amparado por *habeas corpus* ou *habeas data*.

O *error in judicando* é aquele em que o juiz interpreta o fato ou o direito de forma equivocada ou injusta, diferentemente do *error in procedendo* em que o juiz viola normas reguladoras de sua atividade firmando um procedimento distinto da regra.

Porém, com a Lei nº 12.016/09, e que afastou a proibição do cabimento do mandado quando possível a correição, temos que é cabível o mandado mesmo frente ao *error in procedendo*, desde que este se revele como ofensa ao direito líquido e certo.

12.3.13.22. Mandado de segurança e valor da causa

Como a petição inicial do mandado de segurança deverá observar as regras dos artigos 282 e 283 do CPC, a mesma sempre deverá trazer valor da causa.

Ilustra-se que este valor deverá ser o referente ao objeto da pretensão. Por exemplo, se o impetrante pretende a liberação de uma mercadoria avaliada em R$ 3.500,00, por certo o valor da causa deverá ser R$ 3.500,00. Porém, poderá ocorrer situação em que o valor da causa reste como de difícil estima. Neste caso, cabível a opção pelo valor de alçada, cuja quantia será aquela vigente no mês da impetração.

12.3.13.23. Direito líquido e certo e controvérsia sobre matéria de direito

O direito *líquido e certo,* que é aquele que se apresenta manifesto em sua existência e delimitação, pode se constituir em uma questão que carregue posições polêmicas.

Assim, não se pode confundir o direito controvertido com o direito contestável junto à existência e/ou delimitação. E neste sentido, segue a Súmula 625 do Supremo Tribunal Federal e que firma que a controvérsia sobre matéria de direito não impede concessão de mandado de segurança.

12.3.13.24. Embargos infringentes e de nulidade na decisão de mandado de segurança

Não cabem embargos infringentes e de nulidade contra decisão não unânime atinente ao mandado de segurança, pois se este é uma ação originária, jamais será decidido em segunda instância, na forma do artigo 609, parágrafo único, do CPP. E nesta esteira, segue a nova Lei nº 12.016/09, que em seu art. 25 prescreve que não cabem, no processo de mandado de segurança, embargos infringentes.

Destaca-se que tal amparo legal soma-se ao entendimento da Súmula 294 do Supremo Tribunal Federal, e que estabelece que são inadmissíveis embargos infringentes contra decisão do Supremo em mandado de segurança, bem como com a Súmula 169 do Superior Tribunal de Justiça, e que preconiza que não são admissíveis embargos infringentes no processo de mandado de segurança.

Por certo, mesma regra se adapta ao decisório não unânime de eventual recurso no processo de *mandamus*. Neste caso, mantêm-se os termos da Súmula 597 do Supremo Tribunal Federal e que estabelece que se for promovida apelação contra sentença de mandado de segurança, eventual acórdão que decida por maioria, não admitirá embargos infringentes.

12.3.13.25. Pedido de reconsideração na esfera administrativa e efeitos no prazo de impetração do mandado de segurança

O artigo 23 da Lei nº 12.016/09 firma o direito de requerer mandado de segurança no prazo de 120 dias contados da ciência, pelo interessado, do ato impugnado.

Como já se estudou, trata-se de prazo decadencial, razão que não se interrompe e nem se suspende. Assim, por exemplo, se for requerida a liberação de um bem apreendido e este pedido restar indeferido pelo Delegado de Polícia, uma vez que produza gravame ao interessado, deflagra-se o prazo material. Logo, eventual pedido de reconsideração não trará qualquer efeito a questão temporal. Veja-se que o prazo do *mandamus* é material.

E neste sentido segue a Súmula 430 do Supremo Tribunal Federal que firma que o pedido de reconsideração na via administrativa não interrompe o prazo para o mandado de segurança.

12.3.13.26. Mandado de segurança frente à pena de valor

Nas ações em que a pena não pode resultar em cerceamento do direito ambulatorial é inviável a impetração de *habeas*, instrumento protetivo da liberdade de locomoção do indivíduo. Assim, a Súmula nº 693 do Supremo Tribunal Federal estabelece que não cabe *habeas corpus* contra decisão condenatória à pena de multa, ou relativo a processo em curso por infração penal a que a pena pecuniária seja a única cominada.

Não é demais lembrar que o não pagamento da multa jamais converterá a pena patrimonial em prisão, face Lei nº 9.268/96.

Assim, contra condenação à pena de multa ou feito cuja infração penal tenha como única sanção a reprimenda pecuniária reconhecemos cabível, quando ocorrer ofensa ao direito líquido e certo, o mandado de segurança. Como exemplo, admitimos o mandado de segurança para trancar, face à extinção de punibilidade, ação penal promovida por contravenção de recusa de moeda de curso legal, cuja condenação só poderia resultar em multa.[608]

12.3.13.27. Mandado de segurança para dar efeito suspensivo ao recurso

A questão sobre ser possível que o *mandamus* outorgue suspensividade ao recurso que não possua efeito suspensivo,[609] bem como sobre a possibilidade de impetração pelo Ministério Público para obter a suspensividade do recurso,[610] ou não,[611] é controvérsia que pode ser solucionada com a Lei nº 12.016/09. É que no artigo 5º, II, temos que não se concederá o mandado contra decisão que possa ser atacada por recurso com efeito suspensivo.

Assim, uma vez ofendido o direito liquido e certo e não existindo recurso com suspensividade, será cabível o mandado de segurança.

12.3.13.28. Substituição do acórdão pelas notas taquigráficas

Buscando acelerar o processamento, o art. 17 da Lei nº 12.016/09 estabelece que nas decisões proferidas em mandado de segurança e nos respectivos recursos, quando não publicado, no prazo de 30 dias, contado da data do julgamento, o acórdão será substituído pelas respectivas notas taquigráficas, independentemente de revisão.

Ocorre que tal situação ensejará na impossibilidade de interposição dos recursos extraordinário e especial. É que estes recursos observam um formalismo complexo, entre os quais o prequestionamento que significa o esgotamento do tema de maneira clara. Ora, jamais se poderá revelar o prequestionamento através de uma simples nota taquigráfica.

Assim, a exigência da publicação do acórdão é inevitável.

12.3.13.29. Preferência para julgamento

Nos termos do art. 20 da Lei 12.016/09, os processos de mandado de segurança e os respectivos recursos terão prioridade sobre todos os atos judiciais, salvo *habeas corpus*. Veja-se, inclusive, que o § 1º, deste mesmo artigo, estabelece que na instância superior, os processos de mandado deverão ser levados

---

[608] Art.43 do Decreto-lei 3.688/41: Recusar-se a receber pelo seu valor, moeda de curso legal do País.
[609] RT 634/296. Mesmo sentido: RT 635/376 e 664/279
[610] TJRS, MS nº70013631825, j.14.06.06. Mesmo sentido: TJRS, MS nº 70013376454, j.01.12.05 e TJRS, MS nº 70013321187
[611] STJ-RMS 21046/SP, DJ 18.06.07. Mesmo sentido: STJ-HC 72161/SP, DJ.28.05.07 e STJ-HC 62169/SP, DJ 14.05.07.

a julgamento na primeira sessão que se seguir à data em que forem conclusos ao relator.

Contudo, a lei não esclarece se tal preferência estará acima daquelas outras previstas em lei. Exemplo: preferência etária, preferência face ao réu estar preso etc.

Logo, em havendo colisão, o critério da razoabilidade deverá ser invocado.

12.3.13.30. Crime de desobediência

Inovando, a Lei 12.016/09, em seu art. 26, preceitua que constitui crime de desobediência, nos termos do art. 330 do Código Penal, o não cumprimento das decisões proferidas em mandado de segurança, sem prejuízo das sanções administrativas e da aplicação da Lei 1.079, de 10 de abril de 1950, quando cabíveis.

Desta forma, a lei espanca qualquer interpretação diferente, em especial no sentido de enquadrar os servidores públicos, quando não observarem a decisão do mandado, em crime de prevaricação.

Porém, o dispositivo do artigo 26 permitirá certa irrazoabilidade. É que o artigo 10, da Lei 7.347/85, firma que constitui crime, punido com pena de reclusão de 1 a 3 anos, mais multa, a recusa, o retardamento ou a omissão de dados técnicos indispensáveis à propositura da ação civil, quando requisitados pelo Ministério Público. De outra banda, o crime de desobediência à ordem judicial, art. 330 do Código Penal, estabelece pena de 15 dias a 6 meses e multa. Ou seja, a lei interpreta que é seis vezes mais grave não atender a requisição do representante do Ministério Público do que a ordem do juiz de direito.

12.3.13.31. Concessão de liminar por ofício

Uma das inovações mais curiosas da Lei 12.016/09 é aquela que estabelece a possibilidade da concessão de liminar pelo juiz, independentemente de provocação do impetrante. E isto se depreende pelo artigo 7º, III e que preceitua que o juiz, ao despachar a inicial, ordenará que se suspenda o ato que deu motivo ao pedido, quando houver fundamento relevante e do ato impugnado puder resultar a ineficácia da medida, caso seja finalmente deferida.

Destarte, com o novo texto legal, o juiz de ofício ordenará a notificação do coator, a ciência da pessoa jurídica interessada e a suspensão do ato que origina o mandado, se cabível.

12.3.13.32. Impetrados

A Lei 12.016/09 não firmou apenas a legitimidade passiva da autoridade coatora junto ao mandado de segurança, mas, outrossim, o órgão de representação judicial da pessoa jurídica interessada. E como dispõe o artigo 9º, as autoridades administrativas remeterão ao Ministério ou órgão a que se acham subordinadas e ao Advogado-Geral da União ou a quem tiver a representação judicial da União, do Estado, do Município ou da entidade apontada como coatora, ciência do mandado. Logo, outras figuras passam a ter legitimidade na ação.

Desse modo, amplia-se a seara dos legitimados passivamente no mandado de segurança, permitindo a conclusão da existência de mais de um impetrado.

12.3.13.33. Extinção do feito face à conduta do impetrante

É possível que o processo de mandado de segurança reste prejudicado pelo comportamento do impetrante.

Neste sentido, a Súmula nº 631 do Supremo Tribunal Federal estabelece que se extingue o processo de mandado de segurança se o impetrante não promover, no prazo assinado, a citação do litisconsorte passivo necessário.

Já o artigo 8º da Lei 12.016/09 preceitua que será decretada a perempção ou caducidade da medida liminar *ex officio* ou a requerimento do Ministério Público quando, concedida a medida, o impetrante criar obstáculo ao normal andamento do processo ou deixar de promover, por mais de 3 (três) dias úteis, os atos e as diligências que lhe cumprirem.

12.3.13.34. Exigência de caução, fiança ou depósito

É facultado ao juiz, ao ordenar que se suspenda o ato que deu motivo ao pedido, exigir que o impetrante promova caução, fiança ou depósito, com o objetivo de assegurar o ressarcimento à pessoa jurídica. Isto vem previsto no artigo 7º, III, da Lei 12.016/09.

Contudo, deve-se ter uma atenção especial a esta faculdade de exigência para evitar que apenas os bem dotados em patrimônio possam acessar o judiciário, já que, por certo, um impetrante miserável estará impossibilitado de ofertar tais garantias.

12.3.13.35. Carência de informações ou de parecer do parquet

A ausência das informações da autoridade apontada como coatora ou a falta de manifestação da pessoa jurídica interessada não determinará prejuízo à ação mandamental, no sentido de inviabilizar sua procedência. Ao contrário, permite concluir que as manifestações do impetrante estão corretas.

Já com relação ao parecer do Ministério Público, a eventual falta não inviabilizará o processo. Basta ver que o art. 12, parágrafo único da Lei nº

12.016/09 preceitua que com ou sem parecer do *parquet* os autos serão conclusos ao juiz para decisão.

12.3.13.36. Recurso da autoridade coatora

Nos termos do art. 14, § 2º, da Lei 12.016/09, temos que a autoridade coatora poderá recorrer da sentença que denega ou concede o mandado. Por certo, tal inovação vem a prestigiar a inconformidade por parte do coator, na ação de mandado de segurança.

Contudo, como a Lei nº 12.016/09 inovou no que tange aos detentores de interesse junto à ação de mandado de segurança, explicitando outros legitimados passivamente, entendemos que além da autoridade coatora, a pessoa jurídica que esta integra, à qual se acha vinculada ou da qual exerce atribuições, e as representações legais, com legítimo interesse, poderão recorrer contra a sentença.

Por fim, muito embora a expressão trazida pelo autor seja *recorrer da sentença*, entendemos que tal recurso, também, possa ser promovido contra decisórios dos tribunais, já que não há lógica em se admitir somente a possibilidade de recurso contra decisório de juiz singular.

12.4. RECLAMAÇÃO

12.4.1. Nome

O próprio nome refere tratar-se de uma manifestação de insatisfação.

12.4.2. Origem

É ambígua a afirmação sobre a origem da reclamação. Poderia ter ela nascido do *agravo de ordenação não guardada*, previsto nas Ordenações, Livro 3º, Título 20, § 6º, ou no *agravo por dano irreparável*.

Entrementes, é certo que a reclamação se trata de uma criação pretoriana, firmada inicialmente pelo regimento interno do Supremo Tribunal Federal por razões vinculadas à especialidade de sua competência e à necessidade de assegurar-se a incontrastável autoridade de seus julgados.

12.4.3. Conceito

Trata-se do instrumento de caráter correcional utilizado no curso de uma relação processual e que visa a preservar a competência do tribunal ou garantir a autoridade de suas decisões, no caso de usurpação ou de insubordinação.

12.4.4. Previsão legal

Os artigos 102, I, *l*, e 105, I, *f*, da Carta Magna referem a reclamação dirigida ao Supremo Tribunal Federal e ao Superior Tribunal de Justiça, respectivamente.

A reclamação ainda vem prevista nos artigos 13 e seguintes da Lei 8.038/90.

Outrossim, vem disciplinada nos regimentos internos dos tribunais. No Supremo Tribunal Federal, a reclamação vem firmada a partir do artigo 156, sendo que no Superior Tribunal de Justiça, a partir do artigo 187.

12.4.5. Órgão julgador

O órgão julgador, no Supremo Tribunal Federal, será o Plenário (artigo 145, VII, do RISTF).

Já no Superior Tribunal de Justiça, a Corte Especial (artigo 173, IV, RISTJ).

12.4.6. Prazo

Não há prazo fixado para a reclamação. Entretanto, ela só é cabível enquanto não transitar em julgado a decisão que se busca fustigar.

12.4.7. Legitimidade e interesse

É essencial que o reclamante tenha legitimidade, ou seja, participe como sujeito ativo ou passivo. Já se rechaçou reclamação proposta pelo Ministério Público, em ação de *habeas*, em que o mesmo não atuou como parte.[612]

Outrossim, é necessário que o reclamante apresente efetivo interesse jurídico para pleitear a reclamação. Sem interesse jurídico necessário não caberá reclamar.[613] O artigo 159 do RISTF e o artigo 189 do RISTJ preceituam que qualquer interessado poderá impugnar a reclamação.

Desta forma, para propor a reclamação é necessário legitimidade e interesse.

12.4.8. Procedimento

Deve ser examinado o regimento interno do tribunal para se saber sobre o procedimento da reclamação. Assim, exemplificando, observamos o regimento do Superior Tribunal de Justiça:

---
[612] RTJ 170/764.
[613] RTJ124/411 e RTJ 160/788.

1- O interessado proporá reclamação, instruindo-a com prova documental necessária e dirigindo-a ao presidente do tribunal;

2- Autuada e distribuída ao relator, este requisitará informações à autoridade a quem for imputada a prática do ato impugnado, que as prestará em 10 dias (artigo 188, I, do RISTJ);

3- O relator poderá determinar a suspensão do processo ou do ato impugnado para evitar dano irreparável;

4- Qualquer interessado poderá impugnar o pedido do reclamante;

5- Ultrapassado o prazo para a informação, será aberta vista ao Ministério Público do processo de reclamação por 5 dias, se não for ele o reclamante;

6- Após, haverá o julgamento.

12.4.9. Cabimento

A reclamação tem cabimento em casos excepcionais, sempre que for necessária a preservação da competência do tribunal ou assegurar a autoridade de suas decisões. Já se entendeu que a reclamação é admitida quando incabível o mandado de segurança.[614]

12.4.10. Considerações

12.4.10.1. Natureza jurídica da reclamação

É interessante dissecar a natureza jurídica da reclamação, pois, conforme ela se caracterize, seja com a tonalidade de recurso ou coloridos de ação, haverá diferentes corolários lógicos que ditarão distintas interpretações.

A reclamação busca preservar a competência do tribunal ou garantir a autoridade de suas decisões. Tendo como pressuposto a existência de uma relação processual em curso e um ato que se ponha contra a competência do tribunal ou contrarie decisão deste já proferida no processo,[615] a reclamação só será admitida quando existir feito em desenvolvimento.

Seguindo a esteira de que a reclamação se promove frente a uma relação processual em andamento, emerge o entendimento de que se trata de um recurso. Porém, há o pensamento de que se trata de um expediente da administração judiciária ou simples representação. Por sua vez, decisão do Supremo Tribunal Federal aduz que a natureza jurídica da reclamação é de mera petição, e não

---
[614] Revista Forense 135/ 96.
[615] RTJ 131/11.

de recurso, de ação ou de incidente.[616]Outrossim, existe entendimento de que a reclamação é apenas uma medida corregedora.[617]

Para nós, a reclamação se apresenta como uma medida correcional, que pela sua característica formal se eleva à condição de ação impugnativa, já que se destina a atacar ato que viola a competência do tribunal ou da autoridade de sua decisão, gerando uma relação processual independente, com vinculação jurídica própria.

12.4.10.2. A usurpação promovida pelos Poderes

É importante destacar que, como a reclamação busca preservar a competência do tribunal ou garantir a autoridade de suas decisões, a mesma pode ter como objeto não só um ato do Judiciário, mas, outrossim, do Legislativo e do Executivo.

Sempre que um Poder, inclusive em sua esfera administrativa, promover usurpação ou insubordinação contra competência ou os ditames do tribunal, poderá ser promovida a reclamação, se incabível outra medida.

12.4.10.3. Quem pode propor a reclamação

Poderá ser reclamante o sujeito ativo que possuir interesse jurídico para seu pleito.[618] Os artigos 159 do RISTF e 189 do RISTJ admitem que qualquer interessado poderá impugnar a reclamação.

Por sua vez, será reclamado o sujeito passivo, responsável pela violação da competência ou autoridade do tribunal.

12.4.10.4. Da distinção com a reclamação da lista geral do júri

Não é de se confundir o instituto da reclamação, que tutela a competência do tribunal ou o respeito às suas decisões, com a reclamação promovida contra a lista geral dos jurados.

O artigo 439, parágrafo único, do CPP, estabelece como legítimo qualquer um do povo para promover a reclamação contra a lista geral dos jurados. Na realidade, a inconformidade que aqui se trata é sobre a inclusão ou exclusão de alguém no rol dos jurados, o qual é anualmente organizado pelo juiz-presidente do júri e publicado em novembro de cada ano, insurreição esta divorciada

---
[616] STF-Pleno, ADIn 2.212-1.CE, rel. Min.Ellen Gracie, j.2.10.03, DJU14.11.03, p.11.
[617] Revista Forense 144/61.
[618] RTJ124/411 e RTJ 160/788.

da reclamação que busca preservar a competência do tribunal ou garantir a autoridade das suas decisões.

12.4.10.5. Exemplos de possibilidade de reclamação

Buscando preservar a competência do tribunal ou garantir a autoridade de suas decisões, é possível os seguintes exemplos de cabimento de reclamação:

• Quando se verificar que o Juízo de primeiro grau insiste em dar andamento à ação penal cujo trancamento foi determinado pelo Superior Tribunal de Justiça;[619]

• Quando denegar o Juiz, na sentença, o direito do réu de responder recurso em liberdade, com motivação insuficiente que fundou a cassação do decreto de prisão preventiva pelo tribunal;[620]

• Quando o Superior Tribunal de Justiça conceder ordem de *habeas corpus* e o Juiz de primeiro grau determinar a prisão do acusado, sem presença de fatos novos;[621]

• Quando o Supremo decidir que o Deputado Federal deverá sofrer inquérito policial supervisionado pelo próprio excelso, diferentemente do entendimento do Ministério Público eleitoral.[622]

12.4.10.6. A reclamação se condiciona a ato não julgado definitivamente

A ausência de coisa julgada junto ao ato judicial que se busca reclamar se tornou tema do excelso tribunal. Nesta esteira, seguiu-se a Súmula nº 734 do STF que preceitua que não cabe reclamação quando já houver transitado em julgado o ato judicial que se alega tenha desrespeitado decisão do Supremo Tribunal Federal.

A nós parece acertado tal entendimento, pois não se poderia admitir um novo meio de objurgação à coisa julgada.

12.4.10.7. Da reclamação e dos embargos infringentes

A Súmula nº 368 do Supremo Tribunal Federal é clara no sentido de que não há embargos infringentes no processo de reclamação.

Destarte, uma vez decidida a reclamação pelo órgão colegiado, tratando-se de decisão não uníssona, restarão prejudicados os embargos infringentes.

---

[619] STJ- Rcl. 2322/RJ, DJ 25.06.05.
[620] STJ- Rcl 2216/SP, DJ. 28.05.07.
[621] STJ-Rcl 2357/MA, DJ 21.05.07.
[622] STF Rcl.4830/MG, DJ 15.06.07.

12.4.10.8. Do cabimento (ou não) da reclamação para todos os tribunais

Conforme se depreende da leitura dos artigos 102, I, *l*, e 105, I, *f*, da Carta Magna, a reclamação é cabível ao Supremo Tribunal Federal e ao Superior Tribunal de Justiça. Tanto que vem prevista no artigo 145, VII, do RISTF, bem como no artigo 173, IV, RISTJ. Assim, segue o entendimento de que não é admissível a reclamação em outros tribunais. Nesta esteira, o Supremo já decidiu que é incabível reclamação para tribunais estaduais.[623]

Porém, em sentido oposto, o próprio Supremo entendeu que a Constituição Estadual pode autorizar a utilização do instituto da reclamação pelo Tribunal de Justiça, sem invadir a competência privativa da União em legislar sobre direito processual, razão do cabimento da reclamação junto aos tribunais estaduais.[624]

Para nós, é viável a reclamação para outros tribunais, além do Supremo Tribunal Federal e Superior Tribunal de Justiça. E assim entendemos, pois reconhecemos a questão da simetria bem como ausência de proibição legal, já que a Constituição Federal não a limita.

12.4.10.9. Cabimento da reclamação contra decisão judicial

Por certo é cabível a reclamação contra decisão judicial, que não tenha o manto da coisa julgada.

Desinteressa que sejam decisões interlocutórias ou definitivas, pois tanto umas como as outras são suscetíveis de ser cassadas por via de reclamação.[625]

12.4.10.10. Cabimento da reclamação contra decisão em feito de execução

Imagine-se que o juízo da execução criminal promova decisão que viole a competência do tribunal ou ofenda a autoridade de suas decisões. Assim agindo, teremos o juízo como usurpador. Nestes casos, mesmo em se tratando de juízo de execução criminal, será cabível a reclamação ao Supremo ou Superior Tribunal de Justiça.

E neste sentido, já se admitiu a reclamação contra decisão proferida em execução.[626]

---

[623] STF-Pleno: ADIn 2.212-CE-Medida Cautelar, rel.Octávio Galloti, j.25.5.00; *apud* Inf. STF 190, de 22.5.00, p. 1. Mesmo sentido: Tribunal de Justiça/RS, AI nº 70010471118, 7ª Câmara Cível, rel. Luiz Felipe Brasil Santos. J.10.03.05.
[624] STF-Pleno, ADIn 2.212-1.CE, rel. Min.Ellen Gracie, j.2.10.03, DJU14.11.03, p. 11.
[625] STF-Pleno, Rcl 377-2-PR-EDcl, rel.Min. Ilmar Galvão, j.18.06.93, DJU20.08.93, p. 16.317.
[626] RTJ 68/591.

12.4.10.11. Descabimento da reclamação face à coisa julgada

A reclamação só pode ser promovida na ausência da coisa julgada. Assim, é fundamental a existência de um processo em andamento para sua propositura, pois se ocorrer o termo da relação processual não caberá reclamação.[627] E não poderia ser diferente, pois estando findo o feito não será viável admissão de que a coisa julgada fique vulnerável a impugnação diversa da revisão criminal ou do *mandamus*. E com este ideário já se entendeu que permitir reclamação, em casos desta ordem, é *expor a coisa julgada a meio de ataque permanente e indefinidamente utilizável*.[628]

12.4.10.12. Do cabimento de agravo regimental em reclamação

Cabe agravo regimental em decisão de reclamação.

Como se sabe, a reclamação e o agravo não são procedimentos idênticos, mas remédios com diferentes efeitos e diversas razões. Assim, eventual lesão junto ao decisório da reclamação permitirá a interposição de agravo.[629]

12.4.10.13. Da função corregedora da reclamação

É inviável se pensar que a reclamação não se trate de uma medida correcional. Conforme se observa na processualística, a reclamação, por se destinar a objurgar a violação à competência do tribunal ou da autoridade de sua decisão, resulta por ser uma intrumentalização com função de corrigir desvios.

Inclusive, neste sentido já se entendeu ser ela uma remédio processual correcional, de função corregedora.[630]

12.4.10.14. Reclamação, ação e prisão domiciliar para advogado

É possível que a reclamação tenha esteira em julgamento de ação pelo Supremo.

Basta ver a Ação Direta de Inconstitucionalidade n°1.127, em que o Supremo Tribunal Federal reconheceu a constitucionalidade do art. 7°, inc. V, da Lei n. 8.906/94 (Estatuto da Advocacia)[631] e, em reclamação, deferiu prisão domiciliar para advogados, onde não exista na localidade sala com as carac-

---
[627] RTJ 56/539.
[628] RTJ 68/595.
[629] Rcl.Agr 872/SP, DJ 02.05.05.
[630] Rcl.Agr 872/SP, DJ 02.05.05.
[631] Foi declarada, apenas, a inconstitucionalidade da expressão *assim reconhecidas pela OAB*

terísticas daquela prevista no art. 7º, inc. V, da Lei n. 8.906/94, enquanto não transitada em julgado a sentença penal condenatória.[632]

12.4.10.15. Reclamação por mera demonstração de desrespeito

Cabe reclamação, quando do ato do julgador se presume demonstração de afronta à autoridade da decisão do Supremo.

Desta forma, deu-se provimento a reclamação, simplesmente pelo fato do Supremo ter reconhecido a competência do Tribunal de Justiça para julgar *habeas corpus*, e existir despacho do desembargador relator que, sem apreciar pedido de liminar, determinou vista dos autos ao Ministério Público para opinar sobre a competência determinada.[633]

---

[632] STF/ Rcl 5212 / SP- j.27.03.08.
[633] STF/ Rcl 5296 / SP, j.26.02.08.

13. Recursos, sucedâneos recursais e ações impugnativas no Juizado Especial Criminal

Em nome da melhor didática, muito embora já tenhamos pincelado informações separadamente sobre os recursos, sucedâneos e ações impugnativas cabíveis no Juizado Especial Criminal, ratificamos nossos estudos a fim de facilitar o entendimento sobre a matéria.

A Lei nº 9.099/95 estabelece em seus artigos 82 e 83 os recursos de apelação e os embargos declaratórios a serem interpostos nos decisórios do Juizado Especial Criminal. Nestas condições legais parece, *prima face,* que a lei especial é franciscana em seu rol de recursos em espécie. Contudo, o dispositivo expresso no artigo 92, e que preceitua que se aplicarão subsidiariamente as disposições do Código de Processo Penal, resulta por permitir a ampliação do número de recursos cabíveis neste juizado especial.

As decisões do juiz do juizado especial criminal poderão ser julgadas pela turma recursal, colegiado composto por três juízes em exercício no primeiro grau de jurisdição, reunidos na sede do próprio juizado. O verbo *poderá* estabelece que deverá haver legislação própria, inclusive local, para a competência recursal. No juizado especial criminal do Estado do Rio Grande do Sul, existe a turma recursal especialmente constituída para julgar os recursos dos juizados especiais, tudo conforme previsão constitucional estadual, artigo 102, § 2º. Por sua vez, a lei que institui os juizados especiais criminais no âmbito da Justiça Federal, Lei nº 10.259/01, em seu artigo 21 estabelece que as turmas recursais serão instituídas por decisão do Tribunal Regional Federal, que definirá sua composição e área de competência, podendo abranger mais de uma seção. Logo, é de se adotar a turma recursal como colegiado firmado para julgar as decisões dos juízes singulares dos juizados especiais.

Desse modo, segue exame sobre os recursos, sucedâneos e ações impugnativas cabíveis nos Juizados Especiais Criminais.

13.1. RECURSO EM SENTIDO ESTRITO

Conforme se observa da lei que dispõe sobre os juizados especiais criminais, inexiste qualquer previsão para a interposição do recurso em sentido estrito. Por sua vez, o IV Encontro de Coordenadores de Juizados Especiais Cíveis e Criminais do Brasil firmou o Enunciado nº 19, o qual restou assim redigido:

Não cabe recurso em sentido estrito no Juizado Especial Criminal.

E é pela carência legal que diversas decisões proferidas por julgadores do juizado especial criminal não admitem o recurso em sentido estrito, razão que uma vez interposto o reconhecem como apelação.[634]

Ocorre que, para nós, tal omissão legal não serve como fundamento para afastar o recurso estrito do procedimento sumaríssimo. Primeiramente, veja-se que o artigo 92 da Lei nº 9.099/95 refere que se aplicam subsidiariamente as disposições do Código de Processo Penal. Logo, é possível acolhê-lo. De outra banda, jamais se pretendeu tornar irrecorríveis as decisões adotadas pelos Juizados Especiais Criminais que no procedimento comum permitiria recurso em sentido estrito. Desta forma, admitimos o estrito no âmbito do juizado especial criminal.

E nesta senda já se reconheceu como cabível o recurso em sentido estrito no JEC,[635] bem como a competência de seu julgamento pela turma recursal.[636]

13.2. APELAÇÃO

O artigo 82 da Lei nº 9.099/95 refere que da decisão de rejeição da denúncia ou queixa e da sentença caberá apelação. E mais, contra a sentença que aplica a pena restritiva de direitos ou multa, ou seja, a transação, também será admitida a apelação (artigo 76, § 5º, da referida lei).

Nos termos do artigo 82, § 1º, da Lei nº 9.099/95 o prazo da apelação é de 10 dias, o que é totalmente divorciado do prazo de 5 dias da apelação do artigo 593 do CPP. E mais, o § 1º do artigo 82 da lei especial estabelece que a apelação será interposta por petição escrita, da qual constarão as razões e o pedido do recorrente. Desta forma, impossível dizer-se tecnicamente sobre termo ou petição de recurso e apresentação de razões *posteriori*, nos moldes do artigo 600, § 4º, do CPP, pois a Lei nº 9.099/95 deixa claro que a apelação será interposta com petitório e razões.

---

[634] RSE 71000759209, j.24.08.05, Turma Recursal Criminal do R/S. Mesmo sentido: RSE 71000773309, j.24.08.05, Turma Recursal Criminal do R/S.

[635] RJTRTJSC 5/179.

[636] Recurso em sentido estrito. A Lei 9.099/95, ao estabelecer o recurso de apelação para as hipóteses que menciona no art. 82, não exclui outros recursos previstos no Código de Processo Penal, nem pretendeu tornar irrecorríveis outras decisões que podem ser adotadas pelos Juizados Especiais Criminais. Tais recursos evidentemente devem ser apreciados pelas Turmas Recursais. O entendimento decorre do próprio sistema processual, uma vez que a Constituição (art. 89, I) permite, sem limitação, o julgamento de recursos pelas mencionadas turmas, e a própria legislação citada prevê a aplicação subsidiária do Código de Processo Penal se as respectivas disposições não forem incompatíveis. JUTARS 202/74.

E como professa Oliveira (2001, p. 56):

> É um recurso monofásico, diferentemente da apelação prevista no Código de Processo Penal que é um recurso bifásico. Deve ser escrito, mas nada impede que a parte apele por termo nos autos desde que ofereça as razões no prazo devido.

O prazo para contrarrazões da apelação será de 10 dias.

Giza-se, por fim, que já houve julgado admitindo a apelação para destituir decisão de suspensão condicional do processo.[637]

A apelação será julgada pela turma recursal.

13.3. RECURSO ADESIVO

Observando a legislação do juizado especial criminal, reconhece-se que não existe qualquer amparo legal para o recurso adesivo.

Porém, o aderente não se harmoniza com os princípios que norteiam o processamento do juizado especial. Basta ver o critério da celeridade (artigo 62 da Lei nº 9.099/95) que resulta em óbice ao recurso adesivo. Nesta esteira, não se tem admitido o recurso adesivo no Juizado Especial Criminal.[638]

É de se ressaltar, entretanto, que frente aos termos do artigo 500, II, do CPC, que permite o aderente no Recurso Extraordinário, deparamos com uma exceção à regra recém-esboçada. É que sendo o Extraordinário admissível no Juizado Especial Criminal e havendo previsão legal para aderência junto a este recurso, é de se concluir que neste caso será admitido o adesivo.

13.4. EMBARGOS DECLARATÓRIOS

O artigo 83 da Lei nº 9.099/95 preceitua que caberão embargos de declaração quando, em sentença ou acórdão, houver obscuridade, contradição, omissão ou dúvida. Como se observa, a lei substituiu a expressão *ambiguidade* pelo vocábulo *dúvida*.

Dúvida é quando o decisório contém assertivas que permitem diversas interpretações.

Obscuridade é a incerteza. O comando decisório se apresenta com falta de clareza, o que impossibilita o conhecimento exato de seus limites. Neste caso, a incompreensão é tal que sequer dúvida existe.

---

[637] "A Lei dos Juizados Especiais não prevê recurso da decisão que nega ou concede a suspensão do processo. Recebimento da inconformidade, denominada de Correição Parcial, como apelação. Desconstituída a decisão de suspensão condicional do processo, por pertencer, a iniciativa, ao Ministério Público. Apelação provida". RJTJERGS 191/116. Mesmo sentido: JTAERGS 100/121.

[638] "Recurso adesivo. Ausência de previsão no sistema da Lei nº 9.099/95. Não-conhecimento". Revista dos Juizados Especiais, Doutrina e Jurisprudência, Tribunal de Justiça R/S, 34-35/45, j. 22.02.02. Mesmo sentido: 16/44., j. 14.12.95.

Contradição é a divergência. Ou seja, o decisório apresenta duas proposições antagônicas e que não podem subsistir ao mesmo tempo. Como o conteúdo da sentença não se harmoniza, existe a contradição.

Omissão é a ausência de algum pronunciamento que o juiz deveria fazer. Como a decisão deve seguir todas as observâncias legais, aquilo que não for objeto de manifestação do juiz, e que deveria ter sido, resultará em omissão.

O artigo 83, § 1º, do recém-aludido diploma prevê que os embargos terão o prazo de 5 dias para serem interpostos, contados do dia da ciência da decisão. Veja-se que no procedimento penal comum o prazo é de 2 dias (artigos 382 e 619 do CPP).

Já o § 2º refere que quando opostos contra a sentença, os embargos suspenderão o prazo para o recurso. Muito embora a lei seja omissa sobre a oposição de embargos contra o acórdão, os mesmos, por certo, são cabíveis.

Lembremos que suspensão de prazo significa dizer que o mesmo se manterá sustado até o dia em que começar a fluir novamente para concluir o tempo faltante. Já na interrupção, o prazo recomeça desde o início. Destaca-se que no procedimento comum, embora divergências, tem-se admitido que a interposição dos aclaratórios interrompe o prazo recursal.

Nestas condições, é aconselhável memorizar que os embargos declaratórios do processo penal comum e do juizado especial criminal podem se diferenciar no que se refere ao prazo e ao efeito.

Por fim, conforme dispõe o artigo 82, § 3º, da Lei nº 9.099/95, os erros materiais podem ser corrigidos de ofício. Contudo, nada impede a interposição de embargos declaratórios para socorrer a decisão frente ao erro material.

13.5. AGRAVO DA EXECUÇÃO

O artigo 84 da Lei nº 9.099/95 dispõe que *aplicada exclusivamente pena de multa, seu cumprimento far-se-á mediante pagamento na Secretaria do juizado.*

Por sua vez, nos termos do artigo 51 do CP, determinado pela Lei nº 9.268/96, a multa será considerada dívida de valor, aplicando-se-lhe as normas da legislação relativa à dívida ativa da Fazenda Pública. Desta forma, o juízo para a execução da multa, destacando-se no caso do Estado do Rio Grande do Sul, será especializado ou vara cível, sendo de atribuição da Fazenda Pública do Estado a promoção da execução. Nestes casos, então, não caberá agravo de execução, face a procedimento civil.

Entretanto, se a exigência da multa estiver, ainda, no juízo especial criminal, entendemos ser possível a interposição de agravo da execução penal.

Por exemplo: Se o indivíduo satisfizer a multa e o juiz se negar a extinguir a punibilidade, caberá agravo.

E nesta esteira, inclusive, já se entendeu que a decisão existente após o trânsito em julgado de decisão homologatória de transação penal, que defere pedido de parcelamento ou redução de pena pecuniária imposta, é passível de agravo em execução.[639]

13.6. CARTA TESTEMUNHÁVEL

A carta testemunhável serve para atacar decisão que denegar o recurso ou na que, admitindo-o, obstar à sua expedição e seguimento para o juízo *ad quem*. Vem prevista no artigo 639 do CPP.

Assim, em havendo situação no processamento do juizado especial criminal que denegue recurso ou obste seu seguimento à turma recursal, não há razão para rechaçar a carta testemunhável. Logo, a mesma deve ser admitida no JEC.[640]

13.7. RECURSO EXTRAORDINÁRIO

Cabe recurso extraordinário contra as decisões das turmas recursais do Juizados Especiais Criminais. Veja-se que as turmas recursais são órgãos jurisdicionais de primeira instância. Logo, o dispositivo constitucional do artigo 102, III, e que refere que compete ao Supremo Tribunal Federal julgar em recurso extraordinário as causas decididas em única instância se molda a questão. Neste sentido, seguiu-se o julgado qualificando a turma recursal como órgão colegiado de primeira instância.[641]

Inexiste ilegalidade no fato de as turmas serem constituídas por juízes com a jurisdição de primeiro grau.[642]

A Lei nº 10.259/01, e que dispõe sobre a instituição dos juizados especiais criminais no âmbito da Justiça Federal, em seu artigo 15 preconiza o cabimento do recurso extraordinário e o próprio processamento. De outra banda, a Súmula 640 do STF refere que é cabível recurso extraordinário contra decisão proferida por juiz de primeiro grau nas causas de alçada, ou por turma recursal de juizado especial cível e criminal.

---

[639] RJDTACRIM 38/407.

[640] Existe julgado da Turma Recursal/RS, negando provimento à carta testemunhável, por não caber ao assistente de acusação interpor recurso fora dos casos do art. 271 do CPP. (Apel.nº 71000294165, Turma Recursal Criminal, Rel. Dr. Luiz Renato Alves da Silva, Santana do Livramento. 26-06-02)

[641] JTJRS 195/51. Neste mesmo sentido, HC 75308, julgado em 18.12.97, STF, rel. Ministro Sydney Sanches, que reconhecia a Turma como órgão colegiado de 1º grau.

[642] Além do artigo 82 da Lei nº 9.099/95, a Constituição do Estado do Rio Grande do Sul, em seu artigo 102, admite a possibilidade de a turma recursal ser constituída por juízes de primeiro grau.

13.8. AGRAVO DE INSTRUMENTO

Caso o recurso extraordinário não seja admitido pelo juízo *a quo*, será cabível o agravo de instrumento, forte art. 28 da Lei nº 8.038/90, no prazo de cinco dias. Neste sentido, vigora a Súmula nº 727 do STF, que estabelece que não pode o magistrado deixar de encaminhar ao Supremo Tribunal Federal o agravo de instrumento interposto da decisão que não admite recurso extraordinário, ainda que referente à causa instaurada no âmbito dos juizados especiais.

13.9. OUTROS RECURSOS

Por fim, não seria demasiado referir que são incabíveis determinados recursos existentes na processualística penal, face à incompatibilidade com a estrutura e o rito sumariíssimo do Juizado Especial Criminal.

– Dos embargos infringentes e de nulidade

Não são admissíveis no juizado especial criminal os embargos infringentes e de nulidade, artigo 609, parágrafo único, do CPP, pois as turmas recursais do JEC não representam órgão de segunda instância.

Muito embora o artigo 609 do CPP traga a perífrase *turmas criminais*, existe divórcio impactante entre estas e as *turmas recursais*. As *turmas recursais* são colegiados do juizado especial criminal. Já as turmas criminais são cortes dos tribunais.

Desta forma, não se têm admitido embargos[643] contra decisões não unânimes da turma recursal.

– Do recurso especial

Outrossim, não será admitido o recurso especial. A Súmula 203 do STJ deixa límpida e cristalina esta impossibilidade ao referir que não cabe recurso especial contra decisão proferida, nos limites de sua competência, por órgão de segundo grau dos Juizados Especiais. Ademais, o texto constitucional, no artigo 105, III, preceitua o recurso especial contra as decisões de Tribunais Regionais Federais ou pelos Tribunais dos Estados, do Distrito Federal e dos Territórios. Ora, como já visto, a turma recursal não é tribunal, sequer de segunda instância, é apenas um colegiado formado por juízes de primeiro grau.

– Do recurso ordinário constitucional

Quanto ao recurso ordinário constitucional, os artigos 102, II, e 105, II, da Constituição Federal estabelecem sua possibilidade desde que contra decisões dos tribunais. Como a turma recursal do juizado especial criminal não é

---
[643] EI proc. 71000532028. J.27.01.05, Turma Recursal Criminal do R/S.

tribunal, torna-se incabível o ordinário contra decisão deste colegiado. E assim seguem julgados.[644]

13.10. CORREIÇÃO PARCIAL

A correição parcial é um sucedâneo recursal cabível contra ato ou decisão de magistrado que importe erro de ofício ou abuso de poder, que resulte na inversão tumultuária do procedimento, para o qual não caiba recurso. Indubitavelmente, é cabível a correição parcial nas decisões do Juizado Especial Criminal.

Nestes casos, as correições promovidas contra as decisões dos juízes dos juizados serão julgadas pela turma recursal. E assim, observam-se julgados do Tribunal de Justiça gaúcho.[645]

Como exemplo, tem-se promovido correição contra audiência realizada por juiz leigo,[646] para desconstituir audiência preliminar,[647] para refazer a condução da transação penal,[648] para deferir diligências requeridas[649] etc.

13.11. REVISÃO CRIMINAL

A necessidade de se reverter a decisão condenatória transitada em julgado, independentemente da potencialidade do crime, mas que se apresente contrária à lei ou à evidência dos autos, ou se firme em elementos falsos, demonstrando que o juízo foi iludido, ou, por fim, se depare com novas provas, que melhorem a situação do condenado, é por demais evidente. Jamais se poderia prestigiar uma decisão finda, apenas por critérios formais, quando cristalina sua ilegalidade e/ou injustiça.

Em específico, no caso em tela, a ausência de proibição de revisão criminal nos juizados especiais criminais, nos moldes da rescisória do cível (expressamente impedida no artigo 59 da Lei nº 9.099/95), rascunha a sua possibilidade.

Examinando a matéria a Comissão Nacional de Interpretação da Lei nº 9.099/95, de 26 de setembro de 1995, em sua conclusão décima segunda, enten-

---

[644] STF-RMS AgR 26058/DF. DJ 02.03.07. Mesmo sentido: STJ RMS 19125/BA, DJ.12.09.05
[645] Processos 70005046024, 70005032404 e 70003821881 do Tribunal de Justiça do Estado do Rio Grande do Sul.
[646] Processos 70005154020, 70005078605, 7000512140 e 70005125398 do Tribunal de Justiça do Estado do Rio Grande do Sul.
[647] Processos 70005046032 e 70005032297 do Tribunal de Justiça do Estado do Rio Grande do Sul.
[648] Processos 70005179155, 70005162649, 70005146295, 70005112974 e 70005121728 do Tribunal de Justiça do Estado do Rio Grande do Sul.
[649] Correição Parcial, Juizado Especial Criminal/RS: Processos 71000678136, 71000653154

deu que os tribunais estaduais têm competência originária para revisão criminal de decisões condenatórias do juizado especial criminal.

Ocorre que, em sentido contrário, se pacificou no Tribunal de Justiça do Estado do Rio Grande do Sul a orientação de que a revisão criminal, contra decisão proferida no juizado especial criminal, não poderá ser processada e julgada pelos grupos criminais do próprio tribunal face à incompetência existente.[650]

Por sua vez, o juizado especial criminal do Estado do Rio Grande do Sul inicialmente ofertou orientação no sentido de sua impossibilidade de julgar revisão criminal, por ser a turma recursal existente, em todo o Estado, composta por, apenas, três juízes e não se constituir em grupo recursal com sete julgadores.[651] Porém, posteriormente, esta orientação foi reformada. Com argumentos de que a revisão criminal estava amparada no artigo 5º, XXXV, da Constituição Federal e que eventual dificuldade na composição para seu julgamento resolver-se-ia com convocação de suplentes para a formação do grupo de julgadores, a turma recursal do Juizado Especial Criminal do Estado do Rio Grande do Sul passou a admitir o julgamento de revisão criminal.[652]

13.12. *HABEAS CORPUS*

Indiscutível a possibilidade de *habeas* no Juizado Especial Criminal. Basta existir constrangimento ilegal ou risco de constrangimento ilegal à liberdade locomotora do indivíduo para ser cabível o remédio heróico.

Tratando-se de crime de menor potencialidade ofensiva e inexistir incompetência em razão da pessoa ou da matéria, o Juizado Especial Criminal será competente para processar e julgar o *habeas*.

Se a autoridade coatora for o Juiz do Juizado Especial Criminal, o *habeas* deverá ser dirigido à turma recursal. Porém, caso a turma recursal seja coatora, o remédio heróico será direcionado ao tribunal de segundo grau ao qual está vinculado o julgador do juizado especial. E aqui, a questão é interessante. Pelo fato de as turmas não serem juízos de segunda instância, se entendia pela apli-

---

[650] "Os grupos Criminais do Tribunal de Justiça não possuem competência para julgar pedido de revisão concernente à decisão proferida pelo Juizado Especial Criminal. Isso porque, além de inexistente previsão legal para assim proceder, não há subordinação hierárquica entre a Justiça Comum e os Juizados Especiais e Turmas Recursais, formando esses um juízo independente." Processo nº 70003519881, data de julgamento 14.12.01, pelo 2º Grupo de Câmaras Criminais, Revista de Jurisprudência 213/91. Mesmo sentido: Processo nº 70002478022, data do julgamento em 10.08.01 e Processo nº 70002448967, data do julgamento em 10.10.01.
[651] Recurso 71000188623, Turma Recursal Criminal, Rel. Nereu José Giacomolli, 22.03.01. RJE/RS-Doutrina e Jurisprudência nº 30/31, p.57/58. Mesmo sentido, Revisão Criminal nº 71000641704. Rel. Fernando Flores Cabral. 08.11.04. RJE/RS-Doutrina e Jurisprudência nº 42/43, p.121/122.
[652] Processos 71000977561, 71000971093, 71000808535 da Turma Recursal Criminal dos Juizados Especiais Criminais do Estado do Rio Grande do Sul.

cação do artigo 102, I, *i*, da Constituição Federal, o qual outorgava competência ao Supremo Tribunal Federal. Nesta esteira, inclusive, firmou-se a súmula 690 do STF e que assegurou competência ao Supremo para julgamento de *habeas* contra decisão de turma recursal do juizado especial criminal. Porém, em 23.08.06, o plenário do Supremo Tribunal Federal, em nova discussão sobre o tema, conclui não ser mais esta corte competente para processar e julgar, originalmente, pedido de *habeas* tendo como coator a turma recursal do JEC. Conforme entendimento do excelso, estando os integrantes das turmas recursais dos Juizados Especiais submetidos, nos crimes comuns e nos de responsabilidade à jurisdição do Tribunal de Justiça ou do Tribunal Regional Federal, incumbe a cada qual, conforme o caso, julgar os *habeas* impetrados contra ato que tenham praticado.[653] Destarte, com a nova interpretação, o Supremo Tribunal Federal passou a não mais aceitar *habeas* contra as turmas recursais e determinar remessa dos autos ao tribunal inferior.[654] Por sua vez, estes passaram a conhecer, processar e julgar *habeas corpus* impetrado contra decisão proveniente das turmas recursais criminais.[655]

13.13. MANDADO DE SEGURANÇA

É possível ser promovido mandado de segurança no Juizado Especial Criminal.

Se o ato ilegal for de Juiz da vara do Juizado Especial, caberá mandado de segurança, o qual será julgado pela turma recursal.[656] Neste aspecto, segue a Súmula 376 do STJ e que informa que compete à turma recursal processar e julgar o mandado de segurança contra ato de juizado especial.

Porém, restará prejudicado mandado de segurança contra ato da turma recursal. É que inexiste tribunal competente para o julgamento. O artigo 102, I, *d*, da Constituição prevê a competência do julgamento de mandado de segurança pelo Supremo contra atos do Presidente da República, das mesas da Câmara dos Deputados e do Senado Federal, do Tribunal de Contas da União, do Procurador-Geral da República e do próprio Supremo Tribunal Federal. Já o artigo 105, I, *b*, da mesma Carta preceitua a competência do julgamento do mandado pelo Superior Tribunal de Justiça quando ato ilegal for de Ministro de Estado ou do próprio tribunal. Ora, a decisão da turma recursal se constituiu em pronunciamento de colegiado de função de segundo grau. Contudo, a turma não é tribunal, não é segunda instância.

---

[653] STF HC 86834, j. 23/08/2006.

[654] HC-QO 86009 / DF – Distrito Federal, j.29/08/2006. Mesmo sentido: HC-QO 86026 / SP – São Paulo, j.26/09/2006 e HC-AgR 89378 / RJ – Rio de Janeiro, j. 28/11/2006.

[655] TJRS, AR 70019129667, j. 31.05.07. Mesmo sentido: TJRS, HC 70017398801, j.15.03.07.

[656] TJRS/ Mandado de Segurança n°71000685156, j. 28.10.05. Mesmo sentido: TJRS/ Mandado de Segurança n°699049839, j.24.03.99 e STJ/ CC n° 40319/MG, DJ05.04.04.

Por fim, os tribunais de segundo grau não são competentes para julgar mandado de segurança contra decisões do colégio do Juizado Especial Criminal. Assim, não se tem admitido o *mandamus* contra decisório da turma recursal.[657]

---

[657] TJRS, proc. nº 70018967851, DJ 8.06.07. Mesmo sentido: TJRS, proc. nº 71001236116, DJ 30.03.07; STJ-RMS 9.065-SP, j. 2.4.08; STJ-MS 12634-MG, DJ 1.10.01 e STJ-RMS 10.351/RJ, DJ 1.7.99.

14. Parecer do Ministério Público na segunda instância sem o contraditório

Parece-nos prudente referir este tema, em um estudo que aborde recursos criminais, principalmente quando se sabe que na segunda instância o Ministério Público, através do Procurador de Justiça, promove parecer, que é encaminhado ao feito, sem o devido contraditório.

Inicialmente, é de se relembrar que o princípio do contraditório revela a igualdade de tratamento às partes, admitindo a dialética probatória e argumentativa entre os contendores. Ou seja, haverá paridade de armas com admissão das mesmas oportunidades.

Muito embora o argumento predileto e escolhido para evitar o contraditório no parecer do *parquet* seja de que o Ministério Público na segunda instância, em uma ação penal pública, esteja tão somente no papel de fiscal da lei, é impossível pensar que seu suporte subjetivo reste firmado em um inabalável desinteresse acusatório.

O entendimento de que o órgão acusador de segunda instância despreze a *opinio delicti* de seu colega de primeiro grau é incabível quando se sabe que, no processo penal de ação pública, o Ministério Público se apresenta uno e indivisível. Ora, o promotor público, que é quem oferece a denúncia, mantém a acusação e pleiteia a aplicação de uma pena, tem sua legitimidade estendida ao tribunal, na pessoa do Procurador de Justiça, o qual pode, inclusive, sustentar oralmente o interesse no agravamento da situação do acusado. Veja-se que se não fosse assim, não haveria representatividade do órgão acusador no tribunal. É evidente que o Procurador faz o papel do Promotor. Substitui-o legalmente.

Veja-se, ainda, que nos termos do artigo 616 do Código de Processo Penal é possível a existência de diligências probatórias. Ou seja, é viável a promoção de um cursivo instrutório. Se tal medida fosse promovida no próprio tribunal, quem representaria a parte acusadora? Obviamente, o Procurador de Justiça.

Desta forma, é incabível dizer-se que o Procurador de Justiça é mero fiscal da lei, sem qualquer relação com o Promotor de Justiça parte acusadora, que lhe antecedeu.

Nestas condições, deve ser oportunizado à parte contrária dizer sobre o parecer do Procurador de Justiça. Ademais, se tal parecer não fosse imperioso, o mesmo seria desprezado pela economia processual. Contudo, sabe-se que a supressão do parecer ministerial acarreta em nulidade absoluta, forte no artigo 564, III, *d*, do CPP. Ora, nestas condições é de se reconhecer a importância vital ao processo, da manifestação do procurador de Justiça, que muitas vezes serve de fundamento para o posicionamento do julgador.

Sendo o Procurador de Justiça jungido ao Promotor de Justiça, ambos integrantes da mesma instituição do Ministério Público, que se apresenta única, deve seu parecer ser examinado, antes do julgamento, pela defesa. Para Moreira (2003, p. 263):

> Com efeito, sempre nos pareceu que este pronunciamento do Procurador de Justiça na segunda instancia, ainda que na condição de *custos legis* soava estranho, mesmo porque fiscal da lei também é o Promotor de Justiça atuante junto à primeira instância e, no entanto, nunca se dispensou a ouvida da defesa [...]. Para nós, este privilégio fere o contraditório (ação *versus* reação), a isonomia (paridade de armas), o devido processo legal (a defesa fala por último) e a ampla defesa (direito do acusado de ser informado também por último).

Para Toron (1997, p.4) a Procuradoria da Justiça:

> [...] embora sob o rótulo de fiscal da lei, desenvolve acusações muito mais contundentes que o próprio órgão de acusação. Sobretudo nas hipóteses em que este é recorrente e, por último, novamente, a Procuradoria-Geral de Justiça se manifesta. É imperioso que a defesa, neste caso, até para o resguardo da amplitude do direito de defesa, manifeste-se por último.

E neste sentido, segue decisão entendendo pela nulidade processual quando inexistir contraditório ao parecer do Ministério Público na segunda instância.[658]

E, em nosso sentir, não poderia ser diferente, pois se a manifestação do Ministério Público reforçar a tese da acusação, contrariando os interesses da defesa, é natural que seja permitido o contraditório para ofertar condições ao acusado de se manifestar. Se o parecer do *parquet* influi no convencimento do julgador, pois caso contrário não haveria razão de existir, é certo que a manifestação da defesa deve-se dar em seguimento. Por esse sentido, defendemos que a defesa deva ser intimada do parecer do Ministério Público para usufruir do contraditório, inclusive, por se constituir este princípio processual um elemento supedâneo da conduta processual eticamente correta.[659]

---

[658] "Ministério Público. Atuação. Parte. A turma, por maioria, concedeu a ordem para anular o processo a partir do julgamento, por entender que, na hipótese, o Ministério Público, além de atuar como fiscal da lei, era também parte, e como tal, à luz da Constituição vigente, não pode proferir sustentação oral depois da defesa." HC 18.166-SP, julgado em 19.02.02.

[659] Aqui o conceito de ética é o trazido por nós como uma opção individual, em que existe a adesão íntima da pessoa a valores, princípios e normas morais. (Constantino, 2002, p. 17/18).

Muito embora saibamos que existem posições contrárias,[660] mantemos nosso entendimento de que se deve dar vista à defesa sobre o parecer da Procuradoria, nos crimes de ação pública, para manter-se imaculado o feito criminal no que tange à ampla defesa.

---

[660] DJU Seção I, 15.04.94, p. 8047.

15. Decisão de natureza civil em processo criminal – agravo de instrumento

O recurso de agravo é possível na seara do processo penal. Basta ver o agravo em execução penal, previsto no art.197 da Lei nº 7.210/84, ou o agravo de instrumento nos casos de denegação de recurso extraordinário ou especial, art. 28, *caput*, da Lei nº 8.038/90, ou o agravo em agravo de instrumento estatuído no art. 28, § 5º da Lei nº 8.038/90, bem como o eventual agravo regimental previstos nos regimentos internos dos tribunais.

Contudo, tem-se observado um fenômeno interessante e que se trata da admissão do recurso de agravo de instrumento, somente previsto no campo do direito processual civil, para decisões de medidas assecuratórias em feitos criminais.

Com relação as medidas assecuratórias, o art. 125 do CPP estabelece que caberá o sequestro dos bens imóveis, adquiridos pelo indiciado com os proventos da infração, ainda que já tenham sido transferidos a terceiro. Já o art. 132 do CPP refere o sequestro de bens móveis e o art. 134 do CPP firma que a hipoteca legal sobre os imóveis do indiciado poderá ser requerida pelo ofendido em qualquer fase do processo, desde que haja certeza da infração e indícios suficientes da autoria. Por sua vez, o art. 136 do CPP prescreve que o arresto do imóvel poderá ser decretado de início, revogando-se, porém, se no prazo de 15 (quinze) dias não for promovido o processo de inscrição da hipoteca legal.

Como se depreende, estas medidas estão estabelecidas na processualística penal com a finalidade de garantir a reparação do dano *ex delicto*, a efetividade da sanção pecuniária, bem como o pagamento das custas processuais que reste condenado o acusado. Por consequência as assecuratórias buscam, efetivamente, constritar bens através de ato processual penal que possui grande intimidade com a natureza civil.

E mais, estas medidas assecuratórias exibem a mesma essência das cautelares, pois têm como premissas o *periculum in mora* e o *fumus boni júris*, já que se forjam no intento de se garantir contra a delonga processual.

Desta forma, julgados tem admitido como recurso cabível para atacar decisões junto às medidas assecuratórias, o Agravo de Instrumento civil,[661] considerando a aplicação do art. 3º do CPP e que estabelece que a lei processual penal admitirá interpretação extensiva e aplicação analógica, bem como o suplemento dos princípios gerais de direito.

Por certo, tal admissão segue em caráter excepcional,[662] já que o emprego do agravo de instrumento como meio recursal para parte impugnar decisão interlocutória junto a processo criminal não vem estabelecido na regra formal criminal. Assim, consoante diversos precedentes,[663] tem sido aceito o uso agravo de instrumento civil para atacar decisão de caráter liminar que defere *medidas assecuratórias* criminais.

Porém, deve-se ter atenção para não se desprezar os eventuais recursos estabelecidos na lei processual penal. Assim, não se deve confundir, por exemplo, uma decisão que indefere pedido de restituição de bens apreendidos, cujo recurso cabível é a apelação, com decisão que desatende pedido de tutela antecipada para liberação de bens apreendidos, que admite agravo de instrumento.[664]

É importante destacar que a admissão do agravo de instrumento civil na processualística penal[665] se dá através de uma hermenêutica em benefício da defesa, já que no processo penal são permitidas interpretações em benefício do acusado.

A utilização do agravo civil na seara penal não revela qualquer ofensa ao princípio da taxatividade, pois não se trata de recurso inominado ou situações em que o legislador efetivamente não buscou estabelecer recursos. Mas, sim, do aproveitamento de um recurso civil para situações processuais penais desamparadas de instrumentos de objurgação e avizinhadas das questões de natureza civil.

---

[661] TRF 4ª região, AG nº 2001.04.01.036332-8, DJ 17/10/2001. Mesmo sentido: TRF 4ª região AG 2009.04.00.013581-4, D. E. 08/07/2009, e TRF 4ª região AG 2009.04.00.004421-3, D. E. 01/04/2009.

[662] TRF 4ª região, AG 2006.04.00.002964-8, DJ 26/04/2006.

[663] TRF 4ª região MS nº 2002.04.01.22411-4/RS, DJU 9/7/2003, p. 574. Mesmo sentido TRF 4ª região ACR nº 2006.70.00.009012-1/PR, DJU 22/11/2006 e AG 2006.04.00.001530-3, D.E. 18/07/2007.

[664] TRF 4ªregião, EDAG 2006.04.00.004209-4, DJ 14/06/2006.

[665] TRF4ª região, AG 2008.04.00.036111-1, D. E. 03/10/2008.

16. Bibliografia

ACOSTA, Walter P. *O Processo Penal*, 18. ed. Rio de Janeiro: Coleção Jurídica da Editora do Autor, 1989.
ALEM, José Antonio. *Mandado de Segurança*. Campinas: Peritas. 1996.
AMARAL, Agamenon Bento do. *Mandado de Segurança no Juízo Criminal*. Curitiba: Juruá, 1997.
APPIO, Eduardo. *Mandado de Segurança Criminal*. Porto Alegre: Livraria do Advogado, 1995.
AQUINO, José Carlos G. Xavier de Aquino. *Manual de Processo Penal*. São Paulo: Saraiva, 1997.
ARAGÃO, Paulo César. *Recurso adesivo*. São Paulo: Saraiva. 1974.
ASSIS, Araken de. *Introdução aos Sucedâneos Recursais, in Aspectos Polêmicos e Atuais dos recursos e Outros Meios de Impugnação às Decisões Judiciais*. Coordenação Nelson Nery Junior e Teresa Arruda Alvim Wambier. Série Aspectos Polêmicos e Atuais dos recursos, Vol. 6. São Paulo: Revista dos Tribunais, 2002.
——. *Direito e Justiça* vol. 27. Porto Alegre: Edipucrs, 2003.
AVENA, Norberto Cláudio Pâncaro. *Processo Penal*. São Paulo: Editora Método, 2005.
ÁVILA, Humberto. *Teoria dos Princípios*. 4ªed. São Paulo: Malheiros, 2004.
BALTAZAR JUNIOR, José Paulo. *Sentença Penal*. Porto Alegre: Verbo Jurídico, 2004.
BARBI, Celso Agrícola. *Do Mandado de Segurança*. 10. ed. Rio de Janeiro: Forense, 2000.
BEMFICA, Francisco Vani. *Da Lei penal, da pena e sua aplicação, da execução da pena*. Rio de Janeiro: Forense,1995.
BITENCOURT, César Roberto. *Juizados Especiais Criminais e Alternativas à Pena de Prisão*. Porto Alegre: Livraria do Advogado, 1995.
——. *Manual de Direito Penal*, vol. 16. São Paulo: Saraiva, 2000.
BONFIM, Edsom Rocha. *Recurso Especial: Prequestionamento, Interpretação Razoável*. Belo Horizonte: Del Rey, 1992.
BONILHA, José Carlos Mascari. *Manual de Processo Penal*. São Paulo: Juarez de Oliveira, 2000.
BOSCHI, José Antonio Paganella. *Ação Penal*. 2. ed. Rio de Janeiro: Aide, 1997.
——. *Das Penas e seus Critérios de Aplicação*. Porto Alegre: Livraria do Advogado, 2002.
BOSCHI, Marcus Vinicius. *Da Retroatividade da Jurisprudência Penal Mais Benigna*. Porto Alegre: Verbo Jurídico, 2004.
BRUNO, Aníbal. *Direito Penal*, tomo II, 4. ed. Rio de Janeiro: Forense, 1984.
BUENO, Francisco da Silveira, *Dicionário Escolar da Língua Portuguesa*, 8. ed. Publicado por Fundação Nacional de Material escolar, 1976.
BUZAID, Alfredo. *Do Mandado de Segurança*. São Paulo: Saraiva, 1989.
CABRAL NETTO, Joaquim. *Instituições de Processo Penal*. Belo Horizonte: Livraria Del Rey, 1997.
CALLEGARI, André Luís. *Teoria Geral do Delito*. Porto Alegre: Livraria do Advogado, 2005.
CAPEZ, Fernando. *Curso de Processo Penal*, 5. ed. São Paulo: Saraiva, 2000.
CARNEIRO, Athos Gusmão. *Dos Embargos de Declaração e seu Interesse Efeito Interruptivo do Prazo Recursal*. Porto Alegre: Ajuris 82, tomo I, ano XXVI, junho, 2001.
CARVALHO, Jeférson Moreira de. *Curso Básico de Processo Penal*, vol. 2. São Paulo: Juarez Oliveira, 2000.
CASTRO, José Nilo de. *A CPI Municipal*. Belo Horizonte: Del Rey. 1993.

CHIOVENDA, Giuseppe. *Instituições de Direito Processual Civil*, vol. III. São Paulo: Saraiva, tradução J.Guimarães Menegale, 1969.
COGAN, José Damião Pinheiro Machado. *Mandado de Segurança na Justiça Criminal e Ministério Público*. São Paulo: Saraiva, 1990.
CONSTANTINO, Lúcio Santoro de. *Habeas Corpus*. Porto Alegre: Livraria do Advogado, 2001.
——. *Médico e Paciente, Questões Éticas e Jurídicas*. Porto Alegre: EDIPUCRS, 2002.
——. *Ensaios Penais em Homenagem ao Professor Alberto Rufino Rodrigues de Sousa*. Organizador: Ney Fayet Júnior. Porto Alegre: Ricardo Lenz Editor, 2003.
——. *Nulidades no Processo Penal*. 2. ed. Porto Alegre: Verbo Jurídico, 2006.
CRETELLA JUNIOR, José. *Do Mandado de Segurança*. São Paulo: Universidade de São Paulo, 1974.
DUARTE, Beatriz Ely. *Processo Penal, Estudo Programado* vol. II. Porto Alegre: Sagra Luzzato, 1995.
ESPÍNOLA FILHO, Eduardo. *Código de Processo Penal Brasileiro Anotado*, vol. 3. Rio de Janeiro: Editora Rio, l980.
——. *Código de Processo Penal Brasileiro Anotado, VI*. Rio de Janeiro: Editora Rio, 1976.
——. *Código de Processo Penal Brasileiro Anotado*, 5. ed. Rio de Janeiro: Editora Borsoi, 1961.
ESTRAZULAS, Michèlle dos Santos. *Relativização da Coisa Julgada-Insegurança Jurídica Social*. Anais da III Semana Acadêmica da Faculdade de Direito da UFSM. Santa Maria: UFSM, Centro de Ciências Sociais e Humanas, 2003.
FARIA, Bento de. *Código de Processo Penal*, vol.II. Rio de Janeiro: Record, 1960.
FAYET, Ney de Souza. *Sentença Criminal e suas nulidades*, 5. ed. Rio de Janeiro: Aide, 1987.
FERNANDES, Antonio Scarance. *Recurso no Processo Penal*, 2. ed. São Paulo: Revista dos Tribunais, 1999.
FERREIRA, Aurélio Buarque de Holanda. *Minidicionário da Língua Portuguesa*. Rio de Janeiro: Nova Fronteira, 1977.
FIGUEIRA JUNIOR, Joel Dias. *Comentários à Lei dos Juizados Especiais Cíveis e Criminais*, 3. ed. São Paulo: Revista dos Tribunais, 2.000.
FRAGOSO, Heleno Cláudio. *Lições de Direito Penal*, 15. ed. Rio de Janeiro: Forense, 1995.
FRANCO, Ary Azevedo, *Código de Processo Penal*, vol. III. Rio de Janeiro: Forense.
FRANCO, Luiz Antonio Barbosa. *Mandado de Segurança*. Bauru, São Paulo: Edtora Jalovi Ltda., 1980.
FREITAS, Juarez. *A Interpretação Sistemática do Direito*. São Paulo: Malheiros, l995.
FRIEDE, Reis. *Aspectos Fundamentais das medidas Liminares*, 5. ed. São Paulo: Forense Universitária. 2002.
GIACOMOLLI, Nereu José. Aproximação à garantia da Motivação das Decisões Criminais. *Revista Ibero-Americana de Ciências Penais*. Porto Alegre: ESMP, CEIP, ano 6, nº11, Janeiro/Junho, 2005.
GIORGIS, José Carlos Teixeira. *Prazos no Processo Penal*. Rio de Janeiro: Aide, 2002.
GOMES FILHO, Antonio Magalhães. *Recurso no Processo Penal*, 2. ed. São Paulo: Revista dos Tribunais, 1999.
GOMES FILHO, Luiz Manoel. *Da Utilização do Recurso Adesivo no Direito Processual Penal*. RT 701/428, março de 1994.
GONÇALVES, Victor Eduardo Rios. *Juizados Especiais Criminais*. São Paulo: Saraiva, l998.
GRECO FILHO, Vicente. *Manual de Processo Penal*, 5. ed. São Paulo: Saraiva, 1998.
——. *Manual de Processo Penal*. São Paulo: Saraiva, l991.
GRINOVER, Ada Pellegrini. *Recurso no Processo Penal*, 2. ed. São Paulo: Revista dos tribunais, 1999.
GUSMÃO, Sady Cardoso. *Código de processo penal – breves anotações*. Rio de Janeiro, 1942.
HOUAISS, Antônio. *Dicionário da Língua Portuguesa*. Rio de Janeiro: Objetiva, 2001.
JARDIM, Afrânio Silva. *Direito Processual Penal*, 6. ed. Rio de Janeiro: Forense, 1997.
JESUS, Damásio E. de. *Código de Processo Penal Anotado*. 14. ed. São Paulo: Saraiva, 1998.
——. *Lei dos Juizados Especiais Criminais Anotada*, 4. ed. São Paulo: Saraiva, 1997.
——. *Código de Processo Penal Anotado*,16. ed. São Paulo: Saraiva, 1999.
——. *Direito Penal*. vol. 3. 16. ed. São Paulo: Saraiva, 1995.
LIMA, Roberto Gomes. *Teoria e Prática da Execução da Pena*, 3. ed. Rio de Janeiro: Forense, 1997.
MAGALHÃES NORONHA, Edgard. *Curso de Direito Processual Penal*, 19. ed. São Paulo: Saraiva, 1989.
MALCHER, José Lisboa da Gama. *Manual de Processo Penal Brasileiro*. Rio de Janeiro: Livraria Freitas Bastos, 1980.
MARQUES, Frederico. *Elementos de Direito Processual Penal*, vol. 2. Rio de Janeiro: Forense, 1961.

――. *Instituições de Direito Processual Civil*, vol. IV, 3. ed. Rio de Janeiro: Forense, 1969.
――. *Tratado de Direito Processual Penal*, vol.1. São Paulo: Saraiva, 1980.
――. *Elementos de Direito Processual Penal*, vol. IV, São Paulo: Bookseller,1998.
MARREY, Adriano, *Teoria e Prática do Júri*. São Paulo: Revista dos Tribunais, 2000.
MEDINA, José Miguel Garcia. *O Prequestionamento no Recurso Extraordinário e Especial*. 3. ed. São Paulo: Editora RT, 2002.
MEIRELLES, Hely Lopes. *Direito administrativo brasileiro*. 22. ed. São Paulo: Malheiros, 1997.
――. *Mandado de Segurança*. 25. ed. São Paulo: Malheiros, 2003.
MESQUITA JUNIOR, Sidio Rosa de. *Manual de Execução Penal: teoria e prática*. São Paulo: Atlas, 1999.
MIRABETE, Julio Fabbrini. *Juizados Especiais Criminais*. São Paulo: Atlas, 2000.
――. *Execução Penal*. São Paulo: Atlas, 2000.
――. *Processo Penal*, São Paulo: Atlas, 2001.
MONTEIRO, Samuel. *Recurso Extraordinário e Argüição de Relevância*. São Paulo: Hemus, 1988.
MORAES, Alexandre. *Direito Constitucional*. 10. ed. São Paulo: Atlas, 2001.
MOREIRA, José Carlos Barbosa. *O Juízo de admissibilidade no sistema dos recursos civis*, Revista da Procuradoria Geral do Estado do Rio de Janeiro, vol.19, item 62, tese publicada em 1968.
MOREIRA, Rômulo de Andrade. *Direito Processual Penal*. Rio de Janeiro: Forense, 2003.
MOSSIN, Heráclito Antônio. *Recursos em matéria Criminal*, 3. ed. São Paulo: Atlas, 2001.
NALINI, José Renato Nalini. *Manual de Processo Penal*. São Paulo: Saraiva, 1997.
NASSIF, Aramis. *Considerações sobre Nulidades no Processo Penal*, Porto Alegre: Livraria do Advogado, 2001.
NEGRÃO, Theotonio. *Código de Processo Civil*. 34. ed. São Paulo: Saraiva, 2002.
NERY JUNIOR, Nelson. *In Teoria Geral dos Recursos*, 4. ed. São Paulo: Revista dos Tribunais, 1997.
NOGUEIRA, Paulo Lúcio. *Curso Completo de Processo Penal*. São Paulo: Saraiva, 1991.
NORONHA, Carlos Silveira. *Do recurso adesivo*. Rio de Janeiro: Forense, 1974.
NUCCI, Guilherme de Souza. *Código de Processo Penal Comentado*. São Paulo: Revista dos Tribunais, 2004.
OLIVEIRA, Beatriz Abraão de. *Juizados Especiais Criminais.Teoria e Prática*. Rio de Janeiro: Renovar, 2001.
PACHECO, J.E.Carvalho. *Habeas Corpus*. 4.ed. Paraná: Juruá,1977.
PERALLES, Ubiracyr. *Teoria e Prática da Execução da Pena*. 3. ed. Rio de Janeiro: Forense, 1997.
PEREIRA, Pedro Rodrigues. *Júri/Quesitos*. Porto Alegre: Livraria do Advogado, 1991.
PORTO, Hermínio Alberto Marques. *Júri*. 5. ed. São Paulo: Revista dos Tribunais, 1988.
PRADO, Luis Regis. *Curso de Direito Penal Brasileiro*, 2. ed. São Paulo: Revista dos Tribunais, 2000.
PRADO, Amauri Reno do. *Manual de Processo Penal*. São Paulo: Juarez de Oliveira, 2000.
RANGEL, Paulo. *Direito Processual Penal*. Rio de Janeiro: Lumen Juris, 1999.
REALE, Miguel. *Lições Preliminares de Direito*. 9. ed. São Paulo: Saraiva, 1991.
RIBEIRO LOPES, Maurício Antônio. *Comentários à Lei dos Juizados Especiais Cíveis e Criminais*; 3. ed.. São Paulo: Revista dos Tribunais, 2.000.
RODRIGUES, Maria Stella Villela Souto Lopes. *ABC do Direito Penal*, 13. ed. São Paulo: Revista dos Tribunais, 2001.
ROSA, Antonio José Miguel Feu. *Execução Penal*. São Paulo:Revista dos Tribunais, 1995.
ROSA, Inocêncio Borges. *Processo Penal Brasileiro*, vol. 2. Porto Alegre: Globo.
SANGUINÉ, Odone. *Irreotroatividade e Retroatividade das Alterações da Jurisprudência Penal*. Revista Ajuris, Julho/99. Anais do Curso de Direito Penal. Porto Alegre, 1999.
SCHEREDER, Karla da Costa Sampaio. *A Reformatio in Pejus Indireta no Protesto por Novo Júri*. Revista do Centro Acadêmico de Ciências Sociais e Humanas da Universidade Federal de Santa Maria. Vol.18, n°2, Julho-Dezembro de 2005.
SIDOU, J. M. Othon. *Habeas Corpus, Mandado de Segurança, Mandado de Injunção, Habeas Data, Ação Popular*. Rio de Janeiro: Forense, 1998.
SIQUEIRA, Galdino, *Curso de Processo Criminal*. São Paulo: Livraria Magalhães,1930.
SIQUEIRA, Geraldo Batista de. *Processo Penal*. Bauru: Jalovi, 1980.
SILVA, Ayres Luiz Ferreira da. *Processo Penal, Estudo Programado*. Vol. II. Porto Alegre: Sagra Luzzato, 1995.

SILVA, César Antonio. *Doutrina e Prática dos Recursos Criminais*, 2. ed. Rio de Janeiro: Aide, 1999.
SILVA, José Afonso da. *Do recurso adesivo no processo civil brasileiro*. São Paulo: Revista dos Tribunais, 1977.
SILVA, Ovídio A.Batista. *Curso de Processo Civil, vol.1*, 3. ed. Porto Alegre: Fabris, 1996.
SOARES, Orlando. *Curso de Direito Processual Penal*. Rio de Janeiro: José Konfino, 1977.
SOUTO, Maria Stella Villela. *ABC do Processo Penal*, vol. II. Rio de Janeiro: Forense, 1959.
TEIXEIRA FILHO, Manuel Antonio. *Mandado de Segurança*. São Paulo: LTr, 1994.
THOMPSON FLORES NETO, Thomaz. *O inconcebível litisconsórcio passivo em mandado de segurança*. Brasília: Editora Justilex, Revista JUSTILEX nº 66, p. 35/36, 2007.
TOLEDO, Francisco de Assis, *Princípios Básicos de Direito Penal*, 5. ed. São Paulo: Saraiva, 1994.
TORON, Alberto Zacarias. *O garantismo e a realidade*. Boletim do IBCRIM, nº 58, Edição Especial, set. 1997.
TORNAGHI, Hélio. *Curso de Processo Penal*, 6. ed. São Paulo: Saraiva, 1989.
——. *Curso de Processo Penal*. Vol. 2. 5. ed. São Paulo: Saraiva, l988.
——. *Instituições de Processo Penal*, vol. 4. São Paulo: Saraiva, 1978.
TOURINHO FILHO, Fernando da Costa. *Manual de Processo Penal*. São Paulo: Saraiva, 2001.
——. *Processo Penal*, vol. 4. São Paulo: Saraiva, 1995.
——. *Processo Penal*, vol. 2. São Paulo: Saraiva, 1995.
TOVO, Paulo Cláudio. *Estudos de Direito Processual Penal*. Porto Alegre: Livraria do Advogado, 1995.
——. *Nulidades no Processo Penal Brasileiro*. Porto Alegre: Fabris, 1988.
TUCCI, Rogério Lauria. *Teorias do Direito Processual Penal*. São Paulo: Revista dos Tribunais, 2003.
——. *Tribunal do Júri*. São Paulo: Revista dos Tribunais, 1999.
VIEIRA, Luís Guilherme. *Casos Penais*. Rio de Janeiro: Forense, 2000.
WAMBIER, Luiz Rodrigues. *Curso Avançado de Processo Civil*, 4. ed. São Paulo: Revista dos Tribunais, 2002.